감정의 세계, 정치

세계정치 29

감정의 세계, 정치

발행인 서울대학교 국제문제연구소
주소 서울시 관악구 관악로 1(220동 504호)
전화 02-880-6311
팩스 02-872-4115
전자우편 ciscis@snu.ac.kr

2018년 10월 31일 초판 1쇄 펴냄
2019년 9월 10일 초판 2쇄 펴냄

지은이 은용수, 민병원, 소병일, 하홍규, 용채영, 민희, 이중구, 김성경, 이민정
기획 서울대학교 국제문제연구소
책임편집 은용수

편집 김천희
디자인 김진운
마케팅 최민규
펴낸곳 (주)사회평론아카데미
펴낸이 윤철호, 김천희
등록번호 2013-000247(2013년 8월 23일)
전화 02-2191-1182(영업) 02-326-0333(편집) 팩스 02-326-1626
주소 서울시 마포구 월드컵북로 12길 17
이메일 academy@sapyoung.com 홈페이지 www.sapyoung.com

ⓒ 은용수, 민병원, 소병일, 하홍규, 용채영, 민희, 이중구, 김성경, 이민정, 2018
ISBN 979-11-88108-87-9 94340

세계정치 29

감정의 세계, 정치

서울대학교 국제문제연구소 편
은용수 책임편집

사회평론아카데미

*이 저서는 2018년도 서울대학교 미래 기초학문 분야 기반조성 사업의 지원을 받아 수행된 연구 결과물임.

*이 저서는 2015년 대한민국 교육부와 한국연구재단의 지원을 받아 수행된 연구임. (NRF-2015S1A3A2046903)

서문

감정의 세계, 감정의 정치

본 저서는 감정을 우리 삶과 세계(관)의 중심으로 끌고 오고 직시하려는 시도다. 여기에 참여하고 있는 모든 저자들이 지적하듯, 최근까지도 인문사회과학 분야 전반에서 감정은 연구대상으로서 주목받지 못하고 주변부에 머물러 있었다. 근대의 상징인 이성중심주의는 데카르트의 '코기토'(Cogito)로부터 칸트와 헤겔의 관념론을 거쳐 현재까지도 합리주의, 공리주의, 실증주의, 분석주의, 과학주의, 제도주의 등 다양한 이름과 형태로 유지되고 있다. 더욱이 이성 vs. 감정이라는 이원론적 사고에서 감정은 통제나 계도가 필요한 부정적인 '그 무엇'으로 여겨져 온 것이 사실이다. 물론, 데이비드 흄, 아담 스미스, 스피노자와 같이 감정을 중시한 근대의 철학자들도 있었고, 니체, 베르그송, 화이트 헤드, 들뢰즈와 같은 현대의 철학자들은 디오니소스적 도취와 '생'(leben), 과정, 차이, 시간 등의 개념을 통해 감정에 대한 새로운 통찰을 주고 있지만, 이들의 생(성)철학은 사회과학자들에게 여전히 형용모순처럼 '익숙하지만 낯선' 이름이다. (국제)정치학에서는 더욱 그러하다. 이성과 합리성을 핵심전제로 하는 이론이 주류를 이루고 있으며, 이성과 감정을 구별짓듯, 사실과 가치의 구별이 '과학'을 보증한다는 실증주의적 인식론이 지배적이다. 신현실주의, 신자유주의, 구조적(웬트류의) 구성주의라는 국제정치 주류이론들을 예로 보자. 이들은 국가를 하나의 통합된 합리적 행위자로 가정한다. 그리고 이러한 행위자가 '실증적'으로 환원될 수 있는 국제체제적 압력이나 구조적 요인들에 대해 이성적으로 반응하는 것으로 국가의 행동패턴을 설명한다. 이러한 설명은 가설로 형식화되어 제시되고 경험적으로 검증된다. 여기서 감정은 설명이나 가설, 검증의 대상조차 아니다. 나아가 정부의 합리적 정책결정은 편익계산과 이익의 극대화라는 물질적 관점으로부터 규정되며, 이를 저해하는 심리/감정적 요인들은 당위적으로 거부되는 것이 옳다고 판단한다. 사회학도 마찬가지다. 김홍중에 따르면, 파슨스의 실증주의 사회이론이 패권적 위치를 점하게 된 1930년대부터 20세기 후반까지 감정은 사회적 현상의 "설명의 대상으로도, 원인으로도 평가받지 못한 채, 이론적 잔여범주"로 남아 있었다. 파슨스는 사회적 행위의 제도규범적 성격을 강조하였고 사회제도의 작동에서 "감정중립성"을 중시함으로써 감정을 "사적 친밀성의 일부로 유폐"시킨 것이다. 즉, 이성과 감정의 이분법적 구별을 기본전제로 하는 이론이나 분석, 그리고 감정을 이성적 통제가 필요한 대상으로 여기는 인식은 인문사회연구 분야 전반에 퍼져 있는 것이다.

그러나 이러한 경향은 과학적, 이론적, 그리고 윤리도덕적인 측면 모두에서 적절하지 못하다. 뇌신경과학부터 빅히스토리(Big History)까지, 탈식민주의부터 코스모폴리탄(세계시민주의) 연구에 이르기까지, 최근의 이론들과 경험적 증거들은 감정이 단순히 개인의 신체적 느낌이나 '합리적 지성'의 방해물이 아니라, 인간의 의식활동과 지적 판단의 중요한 요소로 작동하고 있고, 나아가 인류의 생존, 진화 그리고 거시적 정치사회공동체 형성에 이르기까지 매우 큰 역할을 하고 있고 있음을 보여준다. 데카르트의 오류(Descartes' Error), 카그라스 증후군(capgras syndrome), 호모사피엔스의 진화, 변연계 공명, 공감실험 등등, 관련된 많은 연구와 증거들은 감정의 문제가 곧 우리 개인의 삶과 집단의 세계에 깊숙이 연결되어 있음을 보여준다. 이는 그러한 삶과 세계에서 필연적으로, 그리고 쉼 없이 발생하는 정치적 운동과 현상에 감정이 매우 큰 영향력을 행사할 수 있음을 시사한다. 본서는 바로 이러한 문제의식에서 출발하여 다음과 같은 질문을 고민한다. 감정은 무엇인가? 감정은 재현/표상인가, 잠재/실재인가? 감정은 어떻게 작동하는가? 감정은 개인적인 것인가, 사회적인 것인가? 이 둘의 구별은 유의미한 것인가? 감정은 개인의 행동과 공동체 형성에 어떤 영향을 끼치는가? 감정은 보편도덕의 기반이 될 수 있는가? 감정은 규범의 역할을 할 수 있는가? 감정과 권력의 관계는 무엇인가?

이처럼 본 저서가 탐구의 중심으로 삼고 있는 것은 바로 감정의 세계와 감정의 정치를 직시하는 질문들이다. 하여 본서의 제목은 "감정의 세계, 정치"다. 여기서 자간(字間)의 쉼표가 주는 의미는 결코 가볍지 않다. 이 쉼표는 논리형태(logical form)가 아닌 '언어게임' 속에서 작동하는 쉼표다. 단순한 구별이 아닌 '차이'이면서 연결이고, 종합적 흐름이다. 본서에서 우리는 감정이라는 문제를 함께 사유하고 분석하지만 동시에 각 장(저자)마다 감정의 세계, 정치를 바라보는 시선과 서로를 마주하는 위치는 다르고 다양하다.

우선, 민병원은 감정의 개념을 역사철학적으로 고민하고 이를 국제정치학으로 다시 연결시킨다. 감정의 개념을 감정-이성의 대립구도에서 벗어나 재정립하고 이 과정에서 '열정'의 개념을 새롭게 제안한다. 역사적, 철학적 배경에서 열정과 감정의 개념을 비교하는 것이다. 이를 바탕으로 인간 본성을 탐구하는 국제정치학에서 이성과 감정, 그리고 열정의 관계가 어떻게 설정되어야 하는지, 그리고 이러한 관계 설정이 어떤 함의를 갖는지를 살펴본다. 소병일은 감정에 대한 논의를 철학적으로 한 걸음 더 밀고 들어간다. 특히 감정 중에서도 상호적/사회적 감정인 '공감'에 주목하고 이를 윤리공동체의 맥락에서 깊이 있게 논한다. 즉 공감을 윤리적 삶 혹은 공동체적 조화의 기초로 모색해왔던 주요 철학자들의 특징과 한계를 검토하고 나아가 현대사회에서 공감(연구)가 나아갈 방향을 모색한다. 하홍규는 감정의 문제를 사회학적 측면에서 검토한다. 감정을 단순히 인간의 (심리적 또는 생리적) 내면 현상으로만 보려는 경향에서 벗어나 사회적 관계 속에서 파악하고자 하는 사회학자들의 여러 시도들을 소개한다. 감정의 사회적 본질을 인정하고 나아가 사회의 감정적 구성을 주창하는 사회학의 주요연구들을 체계적으로 논하고 있는 것이다. 은용수와 용채영은 국제정치학에서 최근 주목받고 있는 감정연구들을 이론적, 방법론적 측면에서 비판적으로 검토하고, 향후 이론화에 주는 함의를 제시한다. 특히 국제정치적 맥락에서 감정연구의 핵심과제는 개인의 감정이 어떻게 집단화/정치화되는지를 파악하는 것에 있다고 보고, 감정과 권력정치의 관계를 좀 더 명료하게 이해하기 위한 연구방향과 관련 개념을 제시한다.

앞선 글들이 감정의 세계, 감정의 정치를 사상적, 개념적, 이론적 측면에서 조망하고 있다면, 뒤이은 글들은 이러한 논의를 좀 더 구체적인 이슈로 연결시키고 (정치적) 경험사례를 통해 확장시킨다. 본서의 후반부를 여는 민희의 글은 2016-17 촛불집회 현상에 주목하면서 다음과 같이 묻는다. '견고한 연대가 없는' 개개인들을 '매주 광장으로 이끄는 힘'은 무엇이었을까? 이에 대한 답으로 정치학의 일반적 패러다임인 합리성 모델에서 벗어나 '분노'라는 감정의 역할에 초점을 맞춘다. 박근혜-최순실 게이트에 대한 개인의 분노표출과 이러한 분노가 집합적 분노로 전환되는 과정을 '집합행동의 틀'과 '온라인 표현 공론장'을 중심으로 논한다. 이중구는 한미동맹을 분석대상으로 삼는다. 그간 한미동맹은 비대칭적 '안보-자율성 교환 동맹'의 전형적인 형태로서 합리성의 관점에서 이해되어 왔다. 그러나 한국인들이 한미동맹에 갖는 양가적 감정과 대미담론의 변화에서 알 수 있듯 한미동맹의 지속 혹은 발전을 이해하는 데 있어 감정의 역할에 주목할 필요가 있음을 이중구의 글은 잘 보여준다. 다른 한편 김성경은 감정, 특히 '마음'과 '마음의 습속'(habits of the hearts)이라는 개념을 통해 북한사회와 북한체제를 새롭게 조명한다. 지도자와 인민의 직접적 소통을 목적으로 하는 북한의 신소(伸訴)제도와 문화는 주체사상과 수령에 대한 절대적 충성의식/의례와 연결되면서 북한주민 '마음의 습속'을 형성하게 되었고, 이는 주변 이웃 관계보다는 당이나 수령과의 직접적 관계를 우선시하는 생활태도로 이어지게 된다. 김성경은 이러한 마음의 습속이 북한주민들의 '몸에 새겨진 도덕률'이며 이는 현재의 북한사회/체제를 유지하게 할 수도 있고 향후 변화를 만들어 낼 수도 있는 '사회적 힘'이라는 것을 설득력 있게 보여준다. 끝으로 본서는 이민정의 글도 함께 싣는다. 비록 본서의 프로젝트가 진행될 때 물리적으로 함께 논의되진 않았으나, 감정의 정치를 국제정치학적 측면에서 이해하는 데 의미 있는 기여를 하고 있다고 판단하기 때문이다. 이민정의 글은 흔히 '감정문제'라고 알려진 한일 간 과거사 이슈를 다른 각도로 살펴본다. 구체적으로는 일본군 '위안부' 문제에 대해 인정한 1993년 '고노 담화'의 형성과정을 살펴보면서 당시 일본 정부가 내세운 '도의적 책임'의 논리가 사실은 국제적 질서와 규범의 변화를 고려한 정치적 이해판단에서 비롯되었음을 보여준다.

본 저서는 이처럼, 감정이라는 공통된 주제를 씨줄로 삼고 철학, 사회학, 정치학, 국제관계학, 그리고 외교, 안보, 민족문제를 날줄로 엮어 종합적인 이해를 도모한다. 따라서 앞서 언급했듯 본서의 각 장은 단순한 구별이 아닌 의미 있는 차이이면서도 연결이고, 감정을 이해하기 위한 종합적이고 복합적인 연속인 것이다. 그리고 이러한 연결과 차이는 요새 많이 쓰는 말로 하자면 '다학제적'(interdisciplinary) 접근이며, 이는 본서의 가장 큰 장점이자 커다란 지적공헌이라고, 나는 믿는다. 특히 본서를 발행하는 시리즈인 『세계정치』적 맥락에서는 더욱 그러하다. 예를 들어 감정이 국제정치에서 어떻게 작동하는지를 이해하기 위해서는 감정의 존재, 의미, 본질은 물론이고, 감정과 행동유발 간의 상관관계, 감정의 집단화/사회화 메커니즘, 집단공동체 형성에서 감정의 역할 등등, 매우 다양한 문제에 대한 종합적 이해가 요청된다. 이는 국제정치학이 본연의 경계에서 벗어나 혹은 그 경계를 적극적으로 허물고 타 분야와 연결되고 그들의 통찰을 충분히 소화해야만 함을 시사한다. 이러한 측면에서 볼 때, 본 저서는 감정연구의 중요한 성과로 평가받을 수 있다.

이번 연구를 기획하고 진행하고 완성하는 데 많은 분들과 기관으로부터 도움을 받았다. 가장 먼저 저자분들께 깊은 감사의 마음을 전한다. 서로 다른 분야에서, 게다가 학기 중의 바쁜 스케줄 가운데서도 공동저술작업에 흔쾌히 응해주시고 수준 높은 원고를 작성하여 발표와 토론을 해주신 모든 저자분들께 감사의 말씀을 다시금 드린다. 이와 함께 본서의 기획의도에 공감과 지원을 아낌없이 해주시고, 원고들의 초안을 발표하는 자리에서 긴 시간 함께 토론하면서 글의 완성도를 높이는 데 큰 도움을 주신 신욱희 선생님께도 진심으로 감사의 말씀을 드린다. 더불어 까다롭고 손이 많이 가는 저서의 교정작업을 도와준 안태현 박사님께도 감사의 마음이 크다.

물론 본서는 감정연구의 완성과는 거리가 먼, 오히려 출발이자 기초로서 더 큰 의미가 있다. 여전히 남은 과제는 많고, 가야 할 길 역시 멀기 때문이다. 그럼에도 이번의 연구가 감정에 관심을 갖고 있는 모두에게 단단한 디딤돌이 될 수 있다면 더할 나위 없겠다. 본서에서 미처 다루지 못했거나 혹은 논의의 깊이가 충분치 못한 채로 남아 있는 개념, 이론, 사상, 이슈, 사례는 향후 본서에 참여한 저자들의 개별연구나 확장된 '다학제적' 연구를 통해 지속되길 희망한다.

2018년 8월, 은용수

차례

세부 차례

제1장

국제정치와 인간 본성
— 이성, 감정, 그리고 열정

International Politics and Human Nature
— Reason, Emotions and Passion

민병원 | 이화여자대학교 정치외교학과 교수

최근 들어와 국제정치학에서 '감정'의 역할에 대한 관심이 증폭되고 있다. 이는 인간 본성의 핵심 요소로서 이성이 지배해온 전통적인 관념에 대한 하나의 도전으로서 중요한 의미를 지닌다. 문제는 '감정'의 개념에 대한 과학적 탐구가 비교적 최근에 이루어졌으며, 그로 인하여 여러 개념과 이론들이 혼재함으로써 아직까지 뚜렷한 성과를 내지 못하고 있다는 점이다. 이를 고려하여 이 논문에서는 이성과 감정의 대립구도를 중심으로 하여 새롭게 제기되어야 할 문제들을 짚어 본다. 우선 '이성'에 대항하는 '감정'의 개념이 충분한 자격을 지니고 있는가를 비판적 관점에서 검토한다. 이를 위해 '열정'의 개념을 그 역사적, 철학적 배경에서 살펴보고, 이를 '감정' 개념과 비교한다. 이러한 바탕 위에 인간 본성을 탐구하는 국제정치학에서 이성과 감정, 그리고 열정의 관계가 어떻게 설정되어야 하는지, 그리고 이러한 관계 설정이 어떤 함의를 갖는지를 살펴본다.

Emotions have recently taken attention in explaining phenomena of international relations. This is important because international relations has been dominated by the paradigm of reason and rationality as the core of human nature. The turn to emotions is desirable, but problems are that its scientific conceptualization has been quite late and that still ambiguous fronts coexist between different concepts and theories. This paper discusses several theoretical issues regarding the binary confrontation between reason and emotion. First of all, it evaluates the status of emotion as a challenging notion against the dominant reason. Trajectories of passion and emotions are presented with their historical and philosophical backgrounds in a comparative manner. This leads to theoretical implications of passion and emotions as essential elements of human nature in terms of their relationship to international relations.

KEYWORDS 인간 본성 human nature, 이성 reason, 감정 emotions, 열정 passion, 국제정치 international relations

I 들어가는 말

국제정치는 여러 사회과학 분야 중에서도 가장 거시적인 대상을 다룬다. 그럼에도 불구하고 가장 미시적인 단위체로서 '인간'에 대한 탐구에도 매진해왔다. 이러한 거시-미시적 차원의 연계성은 인간 '본성'에 대한 탐구로부터 시작하며, 이를 인간들의 집합체인 사회와 국가, 국제정치로 확대하는 데에서 확립된다. 그만큼 인간 본성에 대한 탐구는 사회과학의 가장 핵심적인 근원을 이룬다. 그 중에서도 이성과 감정은 인간 본성의 가장 주요한 요소로 간주되어 왔으며, 특히 근대 이후 '이성'의 패러다임은 인간에 관한 모든 담론을 지배해왔다. 사회과학도 이러한 추세에서 예외는 아니었는데, 특히 20세기 초부터 시작된 국제정치학은 그중에서도 합리성과 실증주의의 패러다임의 영향을 크게 받은 분야라고 할 수 있다. 이런 맥락에서 '이성'의 주도적인 위상에 대하여 한 세기 넘는 기간 동안 큰 도전이 제기되지 않았다는 사실은 그리 이상하다고 볼 수 없을 것이다.

최근 들어와 국제정치학에서 '감정'의 역할에 대한 관심이 증폭되고 있다. 이는 인간 본성의 핵심 요소로서 이성이 지배해온 전통적인 관념에 대한 하나의 도전으로서 중요한 의미를 지닌다. 문제는 '감정'의 개념에 대한 과학적 탐구가 비교적 최근에 이루어졌으며, 그로 인하여 여러 개념과 이론들이 혼재함으로써 아직까지 뚜렷한 성과를 내지 못하고 있다는 점이다. 이를 고려하여 이 논문에서는 이성과 감정의 대립구도를 중심으로 하여 새롭게 제기되어야 할 문제들을 짚어 본다. 우선 '이성'에 대항하는 '감정'의 개념이 충분한 자격을 지니고 있는가를 비판적 관점에서 검토한다. 이를 위해 '열정'의 개념을 그 역사적, 철학적 배경에서 살펴보고, 이를 '감정' 개념과 비교한다. 이러한 바탕 위에 인간 본성을 탐구하는 국제정치학에서 이성과 감정, 그리고 열정의 관계가 어떻게 설정되어야 하는지, 그리고 이러한 관계 설정이 어떤 함의를 갖는지를 살펴본다.

II 인간 본성에 대한 국제정치학의 관심

전쟁은 왜 일어나는가? 전쟁의 원인에 관해서는 그동안 수많은 이론들이 제시되어 왔고 또 지금도 쏟아져 나오고 있다. 일찍이 월츠(Kenneth Waltz)는 전쟁의 원인에 관한 철학적 분석을 통해 인간과 국가, 그리고 국제체제라는 서로 다른 층위의 전쟁원인론을 비교한 바 있다. 그중에서도 월츠는 전쟁이 인간 본성에 기인한다고 보는 오랜 전통과 그 한계에 대하여 다루면서 이를 사회정치적 단위로 확장할 것을 주장해왔다. 즉 국가와 국제체제의 속성을 함께 탐구함으로써 전쟁의 원인을 보다 체계적으로 이해할 수 있다는 것이 그의 입장이었다. 월츠의 분석에 따르면, 인간 본성에 초점을 맞추는 시각에서는 전쟁이 인간의 이기심, 공격성, 그리고 어리석음에서 유래한다는 점을 강조한다. 이와 같은 시각은 일정한 수준의 결정론적 입장을 함축하고 있는데, 왜냐하면 인간 본성이라는 것이 노력으로 바꿀 수 있는 것이 아니기 때문이다. 따라서 현실주의 이론가들 중에서도 인간 본성의 '어두운 측면'을 강조해온 사람들은 국제정치 현상을 있는 그대로 받아들이는 입장을 취할 수밖에 없다는 것이 월츠의 생각이었다(Waltz [1959] 2007).

물론 현실주의자들이 모두 비관론자라고 할 수는 없다. 아우구스티누스나 스피노자는 인간 본성의 이러한 모습이 근원적으로 '자기 보존'의 욕구로부터 비롯되기 때문에 상대적으로 자연스러운 현상이라고 보았다. 그렇다면 사회 속의 개인은 진정한 이익을 위해 서로 조화롭게 살아가는 법을 터득해야 하는데, 이성을 통한 통제나 정치적 권위체의 설립, 사회계약은 이를 위한 다양한 대안으로 등장하였다. 말하자면 이러한 시각은 낙관론적 현실주의에 해당한다고 볼 수 있다(Waltz [1959] 2007, 46-47). 월츠가 '구조' 변수를 강조하는 신현실주의의 대부라는 점을 고려할 때, 이와 같이 인간 본성에 관한 균형 잡힌 논의가 자못 의외로 받아들여질 수 있다. 하지만 그의 구조이론조차도 '인간 본성'의 심오한 논의로부터 시작하고 있다는 점을 고려할 때 그를 단순히 구조이론가라고만 지칭할 수는 없을 것이다. 그만큼 인간과 사회를 과학적으로 분석하는 데 있어 인간 본성에 관한 논의는 중요한 출발점이라 할 수 있다.

전쟁의 원인에 관한 월츠의 논의 중에서도 인간 본성에 초점을 맞추고 있는 여러 입장들은 핵심적인 구성 요소로서 '이성'과 '열정'을 꼽고 있다. 다만 열정을 부정적인 관점에서 다루고 있는지, 아니면 부정적이면서 긍정적인 측면을 모두 고려하는 것인지에 따라 입장의 차이가 존재한다. 비관론자들은 인간 열정의 부정적인 특성 때문에 전쟁을 포함하는 정치적 병폐가 발생할 수밖에 없다고 보는 반면, 낙관론자들은 이를 잘 다스릴 경우 더 바람직한 결과를 얻을 수 있다고 보는 점에서 차이가 있을 따름이다. 국제정치의 고전 현실주의자들은 적어도 낙관론자의 관점에 익숙해져 왔는데, 예를 들어 라인홀트 니버(Reinhold Niebuhr)와 같은 학자들은 인간 본성이 '선'과 '악'을 향한 가능성을 모두 지니고 있기 때문에 정치적 병폐의 원인을 이러한 인간 본성에서 찾아야 한다고 보았다. 전쟁이 인간 본성에서 유래한 것이라면, 평화 역시 인간 본성으로 인하여 가능했다는 것이다(Waltz [1959]2007, 53). 이러한 점에 대하여 아우구스티누스, 스피노자, 모겐소 등이 유사한 견해를 보여 왔는데, 그렇다면 중요한 점은 어떻게 인간 본성을 바꾸거나 통제할 수 있는가에 달려 있다.[1]

전쟁의 원인에 관한 월츠의 논의와 마찬가지로, 국제정치학 이론 논쟁에서도 인간 본성에 관한 관심이 최근 들어와 부쩍 증가해왔다. 인간의 본성이 국제정치라는 거시적 현상의 기저에 자리 잡은 근원적인 원인이 된다는 인식이 확산되면서, 일찍이 이러한 주제를 심도 있게 논의해온 고전 현실주의에 다시금 주목하고 있는 것이다. 특히 고전 현실주의 입장을 대변하고 있는 모겐소(Hans J. Morgenthau)에 새롭게 관심이 모아지고 있는데, 그가 언급했던 '현실주의 6원칙'의 첫 번째는 "정치는 사회 일반과 마찬가지로 인간 본성에 뿌리를 두고 있는 객관적 법칙의 지배를 받는다"는 것이었다. 모겐소의 관점에서 국제정치의 객관적 법칙이란

1　월츠는 이러한 중요한 과제를 고전 현실주의자들이 제대로 다루지 못했다는 점을 비판하고 있다. 전쟁의 원인이 쉽사리 바꿀 수 없는 인간 본성에 놓여 있다면, 고전 현실주의자들의 논의는 공염불에 불과할 것이라는 암묵적인 비판을 가하고 있는 것이다. 월츠는 이러한 문제에 대한 해법을 한층 더 거시적인 국가와 국제체제의 측면, 즉 사회정치적 제도로부터 찾고 있다(Waltz [1959]2007, 68-69).

'권력의 기준으로 규정된 이익'에 불과하다. 현실주의 국제정치이론은 인간의 동기나 이데올로기적 선호(preferences) 자체에 관심을 가지지 않으며, 이러한 요인들이 결국에는 권력과 이익이라는 형태로 전환되어 국제정치를 움직인다고 보는 것이다(Morgenthau 1972, 4-5).

사실 현실주의 이론에 등장하는 '인간'은 반(反)사회적이고 공포에 가득 차 있으며, 자기 이익만을 추구하고 권력을 탐하는 존재로서 규정되어 왔다(Schuett 2010a, 23).[2] 인간은 이기적일 뿐만 아니라 '타고난 권력욕'(animus dominandi)을 지니고 있다는 점을 강조했던 모겐소는 합리주의 철학이 인간의 본성을 제대로 이해하지 못해왔다고 비판했다. 그에 따르면 과학의 발전에 토대를 둔 합리주의 전통은 인간의 '이성'에만 초점을 맞추었던 까닭에 인간의 마음에 대하여 제대로 통찰하지 못했다. 이성과 계몽, 과학과 진보에 대한 19세기의 믿음과 달리, 20세기 초의 비정상적이고 잔혹했던 정치적 격변을 경험한 모겐소의 관점에서 인간의 이성은 결코 순수한 것이 아니며, 언제나 비(非)이성적인 요소와 혼재할 수밖에 없는 것이었다(Morgenthau [1946]2010, 194-195).

현실주의 이론가로서 모겐소는 이성조차도 감정의 노예에 불과하다고 본 흄(David Hume)의 언명에 공감하고 있었다. 비이성적인 힘이 압도하는 세상에서 이성에만 호소하는 일은 헛된 생각

2   모겐소를 정점으로 한 현실주의 국제정치이론의 비관주의적 인간관은 케난(George F. Kennan), 리프먼(Walter Lippmann), 카아(E. H. Carr), 니버(Reinhold Niebuhr) 등에 의해 공유되어 왔으며, 이들 모두는 궁극적으로 국제정치를 이해하는 데 있어 인간 본성에 대한 이해가 필수적이라고 보았다.

이라는 점을 강조한 것이다. 이런 점에서 그는 이성이 '스스로 움직일 수 없는 등불'과 같은 것이라고 보았다(Morgenthau [1946] 2010, 207). 감정을 포함한 비이성적인 요소들이 이성을 움직인다고 간주했기 때문이다.[3] 특히 모겐소의 고전 현실주의는 인간의 공격성과 공포, 그리고 권력욕이 만들어내는 국제정치의 본질을 설파했다는 점에서 이성을 기반으로 한 '사회과학'의 발전과는 다른 입장을 견지해왔다. 물론 모겐소의 이러한 접근이 월츠의 신현실주의 이론에 의해 대체되면서 인간 본성의 '이상한 죽음'이 초래된 것도 사실이다(Schuett 2010a, 23-24). 또한 신현실주의는 인간 본성이 고정된 변수라고 전제하고 특히 인간 본성으로 모든 사회현상을 설명하려는 환원주의에 비판적이었다.

하지만 월츠의 신현실주의 이론조차도 여러 가지 점에서 인간 본성에 관한 문제를 진지하게 검토했다는 사실을 등한시해서는 곤란하다. 사실 월츠는 인간 본성에 관한 고전 현실주의의 전제를 상당 부분 받아들였는데, 국가 간의 관계를 이론화하는데 있어 인간의 본성에 대한 성찰을 시작점으로 삼았다. 예를 들어 그는 국가도 인간과 마찬가지로 '생존'을 추구하며 또한 주위의 세력 증강에 '두려움'을 느끼기 때문에 세력균형 정책을 모색하는 성향이 있다고 설명했다(Crawford 2009, 274-276). 이처럼 현실주의 국제정

3   모겐소는 합리주의와 자유주의가 인간 본성에 내재된 비이성적 힘에 대하여 제대로 통찰하지 못하고 그에 제대로 대처하지 못했다는 점을 강하게 비판했다. 그는 1848년 독일의 자유주의 혁명이 실패로 돌아간 이후 유행했던 "독일이 햄릿이고 햄릿이 독일이다"는 표현을 예로 들면서, 오로지 이성에만 의존하여 세상을 바꾸려는 생각이 얼마나 부질없는가를 질타했다. 본능과 이성은 서로를 필요로 하며, 어느 한쪽이 배제된다면 완전할 수 없다는 것이다(Morgenthau [1946]2010, 209-210).

치이론에 대한 새로운 관심은 고전 현실주의건 신현실주의건 간에 인간 본성에 관한 논의를 통해 국제정치의 본질적인 모습을 이론화했다는 점에서 동일하다. 그리고 이러한 본성의 핵심 요소는 인간의 '이성'과 '감정'이라고 할 수 있는데, 이들 각각의 역할이나 의미에 대한 논의의 수준에는 어느 정도 차이를 보이고 있다.

III 이성의 저편, 감정과 열정

1. 인간 본성으로서 이성과 감정

고대 그리스 철학자 소크라테스에 따르면 인간의 심리적 동인은 세 가지로 이루어져 있는데, 욕구(appetite), 정신(spirit), 그리고 이성(reason)이 바로 그것이다. 그가 언급한 '욕구'는 인간의 생물학적 본성에서 비롯된 충동, 예를 들어 배고픔이나 목마름, 섹스, 고통에 대한 혐오감 등을 포함한다. 또한 '정신'은 영웅적인 행동을 일으키는 '티모스'(thymos)로서, 격렬하고 경쟁적인 모습을 연출한다. 오늘날 '열정'이라는 개념에 가장 가까운 것이 바로 이러한 '정신'으로서, 고대와 중세에는 이것이 귀족들의 명예욕과 같이 상류 사회에 널리 퍼져 있었지만 근대에 들어와 점차 억압되고 약화되기 시작했다는 것이 정설이다. 이에 비하여 '이성'은 선악을 구분할 수 있는 능력으로서, 어떻게 인간을 행복하게 만들 수 있는지, 그러한 목적을 위해 어떻게 욕구와 정신을 억제 또는 완화함으로써 긍정적인 상호작용이 일어날 수 있는지가 중요한 관건이라는 것이 소크라테스의 생각이었다. 근대의 국제정치관은 이러한 세 가지의 요소 중에서도 '이성'에 그 토대를 구축해왔고, 이것을 인간 본성의 핵심적인 요소로 인식하는 추세는 오늘날에도 여전히 지속되고 있다(Lebow 2006, 431-432).

하지만 사회과학에서 '이성'이 인간 본성의 주요 요인으로 자리 잡게 된 것은 비교적 최근에 들어와서였다. 근대 초기에 르네상스와 인본주의가 활발하게 일어나면서 중세의 '신'이 지배하던 세계관이 '인간' 중심적인 세계관으로 변화해왔고, 무엇보다도 인간의 '이성'이 만물의 근원으로서 최고의 자리를 차지하기 시작했다. 그리하여 18세기가 되면 과학의 발전과 인간의 개화를 통해 보다 나은 미래를 만들어갈 수 있다는 계몽주의(Enlightenment) 사조가 유럽을 뒤흔들기 시작했고, 인간과 사회에 대한 성찰도 한층 고양되었다. 인간이 만물의 영장으로서 우주 만물의 중심에 놓이게 되면서 인간의 본성에 대한 탐구는 철학적으로나 과학적으로 근대의 주된 관심사가 되었던 것이다. 철학적으로는 '주체'로서의 인간의 지위에 대한 진지한 성찰이 이루어졌고, 과학적으로는 신에 의존하지 않는 인간 진화의 메커니즘이 체계적으로 밝혀지기 시작했다.

베버(Max Weber)는 이러한 시대정신의 연장선상에서 찬란한 근대의 정신이 '합리성'(rationality)의 원칙에 뿌리를 내리고 있다고 진단했다. 국가와 사회 속에 깊숙이 자리 잡아온 근대의 합리주의 전통은 인간 본성에 내재된 최고의 요소, 즉 '이성'의 결과물이었다(Lebow 2005, 304). 하지만 베버의 지적 전통을 이어받은 합리주의는 20세기에 들어와 이성의 극단적인 형태, 즉 '도구적 합리성'(instrumental rationality)을 낳고 말았다. 일찍이 흄이 이성은 열정의 '노예'라고 표현하기도 했지만, 오늘날의 과학주의적, 실증주의적 세계관은 도구와 수단으로서의 역할에 지나치게 경도되어 왔다는 비판도 거세게 일어나기 시작했다. 국제정치학도 이러한 사회과학의 전통 아래 지나치게 합리주의적 전통에 매몰되어 왔다는 반성이 제기되었다. 국제정치의 현실에 대한 통찰이 인간 본성에 관한 고대와 중세의 진지한 고찰에 그 뿌리를 내리고 있음에도 불구하고, 근대의 합리주의 전통은 인간 본성에 관한 논의를 더 발전시키는 대신에 과학의 뒤편으로 매장시켜 버렸던 것이다. 그리하여 20세기 후반의 사회과학은 인간 본성에 대한 고전 현실주의의 탐구라는 전통으로부터 너무 멀리 벗어난 것이 아닌가 하는 반성이 이루어지기 시작했다.[4]

이런 맥락에서 최근 감정에 대한 학문적 관심이 증가하면서 주류 국제정치학이 어떻게 이 측면을 무시해왔는가에 대한 다양한 비판들이 쏟아져 나오고 있다는 점은 고무할 만하다. 이러한 비판적 입장에서는 '감정' 변수가 국제정치에서 매우 중요하며, 행위자들 사이의 관계에서 다른 사람의 인식이나 동기를 판단하는 데 감정이 큰 영향을 미친다는 점을 강조한다. 무엇보다도 투키디데스(Thucydides)나 홉스(Thomas Hobbes), 클라우제비츠(Carl von Clausewitz) 등 전통적인 현실주의 사고에서 감정과 열정의 요소가 활발하게 논의되었음에도, 이후 실증주의 사조가 확산하면서 상대

---

4 르보우(Richard Ned Lebow)는 사회과학의 전제조건이 미시경제학적 영향을 받아 지나치게 합리주의적 개인에 맞추어져 있었던 까닭에 사회적 존재로서 인간이 지닌 정체성과 이해, 그리고 여기에 영향을 미치는 '감정'의 변수를 등한시해왔다는 점을 비판하고 있다(Lebow 2005, 291-297).

적으로 감정에 대한 관심이 위축되어왔다는 점을 지적한다. 그럼에도 이들은 최근 인지과학의 발달로 인해 인간의 감정에 대한 새로운 이해가 가능해지기 시작했고, 이에 따라 합리적 이해관계와 이성의 패러다임을 넘어서는 '감정의 패러다임'이 점차 부상하고 있다고 주장한다(Crawford 2000; Mercer 2005).

물론 주류 국제정치이론에서 감정 변수를 등한시해왔다는 사실에도 불구하고 심리학이나 외교정책 연구를 비롯하여 구성주의 관점에서는 국제정치에서 감정의 문제를 진지하게 고려해왔다는 점을 지적할 필요가 있다. 이는 정치학의 주요한 관심대상으로서 집단정체성을 형성하는 데 감정이 중요한 매개체 역할을 수행한다는 사실과 밀접하게 연관되어 있다. 다시 말해 개인과 집단을 하나로 연결하는 과정에서 사람들 간에 감정의 공유가 일어난다는 점이 정치적 연대나 민족주의와 같은 집단 현상을 이해하는 데 빼놓을 수 없는 요소인 것이다. 이처럼 감정은 인간과 사회의 '정체성' 구축에 필수적인데, 이런 점에서 전통적으로 감정이 사적(private)이고 비합리적(irrational)이라는 선입견은 분명 타당하지 않다. 오히려 인간 개체와 공동체 사이의 연결고리로서 감정이 차지하는 위상은 매우 중요하며, 사회과학의 전통적인 전제조건인 합리성만큼이나 감정의 역할은 크다고 할 수 있다(Bleiker and Hutchison 2008, 122-124).

인간의 감정은 그것이 판단과 설득에 영향을 미친다는 점에서 인지(cognition) 변수만큼이나 중요하다. 감정은 사람들 사이에 정보를 공유하도록 도와줌으로써 신념을 구성하고 강화할 수 있도록 해주는 '동화 메커니즘'(assimilation mechanism)이기 때문이다. 합리적 행위자들조차도 이와 같은 '감정적 신념'(emotional beliefs)에 의존한다는 점에서 감정은 이성 못지않게 인간 행동에 영향을 미친다. 감정은 사람들로 하여금 주관적 확률이나 증거의 해석을 통해 자신의 신념을 강화하고 다른 사람들을 설득하도록 돕는다 (Mercer 2010). 그만큼 최근의 국제정치학자들이 강조하고 있는 감정 변수는 분명 전통적인 이성의 요소에 버금가는 역할을 수행한다고 할 수 있다. 흄의 지적처럼 열정과 감정 변수가 이성을 완전하게 압도하는 것인지에 대해서는 논란의 여지가 있지만, 20세기에 들어와 변방으로 밀려났던 감정의 요소가 인간 본성에 대한 성찰의 핵심으로 다시 복귀하고 있다는 점은 분명하다. 그리고 이러한 복귀는 국제정치학의 핵심 단위로서 인간의 본성을 탐구하는 데 새로운 전기를 열어주고 있다.

2. 감정과 열정, 같은 것인가?

감정과 열정은 여러 가지 면에서 동일하지 않지만, 많은 경우에 혼용되어 사용되는 개념이기도 하다. 오늘날 학계에서 사용하고 있는 감정 개념은 무엇보다도 인간됨의 핵심적인 요소로 간주되고 있다. 특히 '자신'과 나머지 '세계', 그리고 그것과의 '관계'를 인식할 수 있는 능력과 관련된 느낌을 일컬어 감정이라고 부른다. 여기에는 외부 환경에서 비롯된 자극에 대한 신체의 생리적 반응이 우선적으로 포함되는데, 이것은 인간이 신체를 통하여 외부 환경과 상호 작용한다는 의미를 담고 있다. 또한 인간은 자신의 신체가 이러한 신체적 반응을 보인다는 '느낌'(feeling)을 갖는데, 이것은 서로 다른 상황에서 다양한 방식으로 드러나는 개별적인 감정들을 사람들이 경험하게 된다는 것을 뜻한다. 나아가 감정은 우리의 무의식적인 신체 메커니즘의 영향을 받는데, 이를 통하여 우리의 신념체계나 가치가 은연중에 어떤 사건이나 상황을 해석하는 데 기여하게 된다. 이러한 메커니즘은 인간이 특정한 조건에서 생존하도록 도와주면서 동시에 그러한 기능이 유전자에 각인되어 후대에 계승될 수 있도록 한다(Coicaud 2014, 487-488).

감정은 우리가 경험하는 다양한 유형에 걸쳐 두 가지의 공통적인 측면을 지닌다. 하나는 감정의 가치(valence)인데, 이는 즐거움 또는 불쾌함이라는 서로 대비되는 신경생리학적 상태를 가진다는 점이다. 다른 하나는 감정이 활성화(activation)되는 강도인데, 강하거나 약한 상태로 이러한 활성화 과정이 일어날 수 있다. 이와 같은 특징과 더불어 감정은 생리적 변화, 행동 지향성, 주관적 경험이라는 세 가지 요소로 구성된다. 첫째로 생리적 변화는 감정이 촉발되는 동안에 신체가 겪는 자동적인 반응으로서 심장 박동이 빨라지거나 혈압이 높아지는 현상, 얼굴 표정이 바뀌는 경우 등을 포함한다. 둘째로 감정은 특정한 대상을 향하거나 그로부터 멀어지려 하는 움직임을 유발한다는 점에서 행동 지향적이다. 다시 말해 사람들은 감정을 통해 어떤 행동을 취하려는 동기를 지니게 된다. 셋째로 감정은 주관적 경험을 동반한다. 이것은 감정이 일어나는 기간 동안에 개인적으로 경험하는 현상으로서, 인간 감정을 구성하는 여러 요소들 중에서 가장 근원적인 것이기도 하다(Vallerand 2015, 157).[5]

한편 열정은 감정에 비하여 '의지'(will)의 요소를 강하게 내포한다. 무언가를 열망하거나 욕구한다는 점에서 그렇다. 따라서 열정은 감정에 비하여 더 적극적이고 의도적인 속성을 지닌다. 어떤 결과를 만들어내기 위한 목적의식이 분명한 것이다. 이처럼 열정이 '행동'(action) 지향적인 것이라면 그것은 당연히 특정한 '가치'와 연계되어 있다. 열정을 지닌 사람들은 자신들에게 필수적이거나 절박하다고 생각하는 대상을 지향하는 동기를 갖기 때문이다. 그중에서도 열정은 더 만족스러운 상태를 향한 '변화'를 추구한다는 점에서 감정과 구분된다. 물론 이러한 변화가 항상 긍정적인 결과를 가져온다고 볼 수 없으며, 경우에 따라 부정적인 방향으로 전개될 수도 있다. 어떤 결과를 초래하건 간에, 열정은 결국 감정을 만들어 내거나 그로부터 영향을 받곤 한다. 또한 열정은 감정과 달리 공공적(public) 성격이 강한데, 이는 바깥에 드러냄으로써 다른 사람들과 공유하려는 성향에서 유래한다. 그리하여 열정을 가진 사람들은 자신들의 의지를 외부로 분명하게, 그리고 강렬하게 드러내면서 그것을 행동으로 옮기려고 한다(Coicaud 2014, 491-492).

　감정과 열정을 구분하는 또 다른 차이는 시간의 지속성에서 찾을 수 있다. 칸트의 논의는 이러한 차이를 분명하게 드러내고 있는데, 그에 따르면 감정은 단기간에 걸쳐 일어나는 강도 높은 신체적 변화로서, 특정한 자극에 대한 반응이다. 이에 비해 열정은 상

5　감정과 열정의 관계에 대해서는 다양한 입장이 공존하고 있는데, 일부 학자들은 열정이 감정의 한 유형이라고 보는 반면 다른 학자들은 감정이 열정의 일부라고 보기도 한다(Coicaud 2014, 490). 이 글에서는 양자의 관계에 대하여 특정한 입장을 취하기보다 양자 사이에 어떤 개념적 차이가 존재하는가에 초점을 맞추고자 한다.

대적으로 오랜 기간 지속되며 경우에 따라서는 평생에 걸쳐 유지되기도 한다. 또한 열정은 나름대로의 이성적인 근거를 지니고 있으며, 어떤 대상에 대한 욕구를 동반한다는 점에서 인간의 '동기'(motivations)를 형성하는 주된 근원이다. 만약 누군가가 자극이 없는 상태에서도 어떤 목적을 향해 움직인다면 이것은 그러한 행동을 촉발하도록 만드는 열정 때문인 경우가 많다. 이런 맥락에서 감정이 '일시적인 마음 상태'를 가리키는 반면, 열정은 '삶의 방식'이라는 견해도 제시된 바 있다. 사람들의 열정은 감정을 유발하는 원인이 되기도 하며, 경우에 따라 감정은 사람들의 열정으로 이어지기도 한다는 점에서 매우 밀접한 연관을 가지는 것으로 알려져 있다. 어떤 개념이 더 근원적인가에 대해서는 논란이 지속되고 있지만, 이들 두 개념이 차별적으로 사용되어왔다는 점은 분명하다(Vallerand 2015, 161-163).

열정은 인간이 삶을 통하여 경험하거나 구현하려는 원초적이면서 이차적인 욕망과 밀접하게 연관된다. 어떤 대상에 대한 바람과 몰입의 경험은 분명 열정이 무엇인가를 알 수 있도록 해준다. 이런 점에서 열정은 플라톤이 언급한 '에로스'(eros)와도 유사한 의미를 지니고 있는데, 특히 어떤 규범적 이상형(ideal)에 대한 지향성을 띠고 있다는 점에서 그러하다. 특히 에로스나 열정은 영혼을 구성요소인 '감정'과 '인지' 능력을 모두 필요로 한다는 점에서 단순한 욕망과 구분된다. 하지만 '선'(good)에 대한 욕망이라 할 수 있는 에로스와 달리, 열정은 선과 악 어느 방향으로도 전개될 수 있다는 점에서 차이를 보인다(Hall 2002, 730-731). 인간의 열정은 욕구와 같이 인간을 움직이는 강렬한 동기가 되면서 동시에 좋은 방향으로만 진행한다고 보기 힘든 양면성을 지니고 있는 것이다.

열정은 인간들의 공동체 생활, 즉 정치과정에서 중요한 역할을 수행하는데, 이는 다음의 세 가지 차원에서 살펴볼 수 있다. 첫째, 어떤 대상을 향한 욕망으로서의 열정은 사람들의 정치적 선택과 가치를 결정한다. 다시 말해 사람들의 선택은 그들이 실현하려는 욕망에 의해 결정된다. 이러한 욕망의 대상에는 정의, 평등, 자유, 안전 등 다양한 가치들이 포함된다. 이와 같은 가치를 반영하는 정치제도와 과정의 선택은 결국 사람들이 지닌 열정에 달려 있는 것이다. 둘째, 열정은 사람들의 정치공동체를 지탱한다. 사회적 유대관계로서 공동체는 그 구성원들 사이에 '집단적 생활'이라는 이상향을 추구하도록 만들어준다. 무엇보다도 공동체 구성원들 사이의 연결을 통해 정체성을 만들어낼 수 있도록 해주는 것이 열정의 역할이다. 예를 들어 민족주의나 애국주의는 공동체를 한데 묶어주는 이데올로기로 언급되곤 하지만, 그 이면에는 구성원들 사이의 정체성을 증폭시켜주는 '열정'의 요소가 자리 잡고 있다. 셋째, 열정은 정치적 행동을 이끌어내는 동기로 작용한다. 사람들은 자신들이 추구하는 목표에 대한 '지식'을 획득하고 이를 행동으로 옮긴다. 이러한 과정에서 그들의 지식은 곧 권력이 되며, 자신들의 목표를 향한 그들의 열정이 강할수록 지식과 그 결과로서의 권력도 배가된다. 예를 들어 페미니즘과 같은 정치적 운동은 변화를 위한 지식과 '권한 부여'(empowerment)의 과정을 통해 참여자들의 열정을 행동으로 전환시킨다(Hall 2002, 739-741).

다양한 정치 현상 중에서 민족주의, 정체성, 종교적 근본주의,

테러 등에 대하여 최근 관심이 커지고 있는데, 이러한 주제들은 모두 감정적인 차원의 현상으로 분류될 수도 있지만, 또 다른 측면에서는 인간의 극렬한 행동을 야기시키는 동인으로서 열정과 관련이 깊다고 할 수 있다. 이와 같은 열정은 집단의 정체성이나 종교적 신념과 같이 인간 개인 또는 집단들이 특정한 행동을 취하게끔 만들어준다. 실증주의 사회과학이나 미시경제학의 기본 전제인 합리적 인간의 모델로 설명하기 어려운 현상을 이와 같은 열정의 요소로 설명할 수 있는 것이다. 특히 합리적인 추론으로 인간의 행동을 예측하기 어려운 경우 열정의 변수가 중요한 역할을 수행한다. 국제정치학의 대상 상당수가 일정한 패턴을 만들어내는 규칙적인 현상이기는 하지만, 혁명이나 테러, 전쟁과 같이 매우 드물지만 대단히 강렬한 경험의 이면에 자리 잡은 인간 행동의 비(非)합리적 또는 무(無)합리적 요인에 대한 관심은 지극히 당연하다. 또한 이러한 현상을 설명하기 위한 열정의 패러다임은 분명 중요한 대안의 접근이라 할 수 있다.

하지만 일상적인 상황에서 '열정'이라는 개념은 '감정'이라는 개념에 비해 더욱 규모가 크고 위험한 것으로 간주되는 경향이 있다. 이는 사회적 차원에서 가끔씩 발생하는 거시현상의 배경에 인간의 열정이 내포되어 있기 때문이다. 예를 들어 열정은 사회를 변화시키는 사회운동의 저변에 깔려 있는 역사적 열망을 대변하기도 하는데, 전쟁 이외에도 노동운동, 페미니즘, 시민권 운동 등 혁명적 성향의 집단행동에 자주 동반된다. 이런 점에서 열정은 '위험한 것'으로 여겨지기도 하지만, 이는 그것을 바라보는 관점의 차이에 따라 정반대로 해석될 수 있다. 예를 들어 지배세력의 관점에서는 혁명적 열정이 대단히 위험한 것일 수도 있지만, 사회를 전복하려는 혁명세력의 관점에서는 이러한 열정이 자신들의 이상과 목표를 실현하기 위한 긍정적인 수단으로 간주될 것이다(Walzer 2004, 110-111). 이렇게 본다면 일상적인 차원에서 누구나 보유하고 있는 감정과 달리, 열정의 요소는 간헐적이면서도 격렬한 인간적 동기가 분출하도록 만드는 계기로 작동한다고 할 수 있다. 이런 점에서 감정의 측면과 더불어 열정은 인간 심연의 깊은 곳에서 인간의 동기를 형성하는 '보이지 않는 에너지'와도 같은 역할을 수행한다. 그렇다면 '열정'은 '정치'와 결코 분리할 수 없는 인간 본성의 핵심적인 요소가 아닐 수 없다.

IV 감정 이전의 열정: 역사적 고찰

고대 그리스 철학자들은 고통과 쾌락과 같은 감정 상태를 지칭하는 표현으로 '파토스'(pathos)라는 용어를 사용했다. 플라톤은 어떤 대상으로부터 쾌락 또는 불쾌감을 느낄 수 있도록 신체를 움직이는 강력한 동인을 '열정'(pathé)이라고 불렀다. 하지만 열정에 대한 플라톤의 인식은 사뭇 부정적이었다.[6] 그는 폴리스에 거주하는 인간들이 탁월함(arete)을 위해 교육되어야 한다고 강조했는데, 비극적 영웅에게서 볼 수 있는 열정은 이러한 가르침에 최악의 장

---

6   플라톤은 시인과 같은 예술가들이 실재를 '모방'하려는 '미메시스'(mimesis)에 머물러 있다는 점에서 그들을 비판적으로 보았다. 열정이 사람들을 바람직하지 않은 것에 탐닉하도록 만들기 때문이라는 것이 그 이유였다(Frevert 2016, 50).

애물일 따름이었다(Held [1990]2007, 163). 한편 아리스토텔레스는 열정, 권력, 습관이 영혼(soul)에 깃들어 있다고 보고, 그중에서도 열정이 인간을 움직이는 주된 요소라고 보았다. 이러한 열정은 공포, 확신, 질투, 즐거움 등 다양한 감정과 더불어 욕구와 욕망 등을 포함하는 것으로 간주되었다. 아리스토텔레스의 덕(virtue) 철학은 플라톤과 달리 이와 같은 인간의 열정에 대하여 중립적인 입장을 취했는데, 열정을 올바른 방향으로 이끌어주기만 한다면 삶의 활력소로 삼을 수 있다고 보았기 때문이다. 그에 따르면, 극장을 나서는 관객들은 신체와 정신, 영혼이 정화되는 카타르시스 상태를 경험함으로써 자신들의 열정을 통제하고 이를 미덕으로 전환시킬 수 있는 균형감각을 유지할 수 있었다(Frevert 2016, 50).

아리스토텔레스의 가르침을 이어받은 스토아학파에서도 열정은 인간의 행복을 추구하는 데 있어 중요한 지렛대였다. 인간의 삶이 욕망과 쾌락, 고통에 지배당해서는 안 되며, 인간의 마음을 자연의 일부로서 간주하고 다른 사람을 건전하고 공정하게 대해야 한다는 스토아학파의 주장은 열정을 다스리는 일이 그만큼 중요하다는 교훈으로 이어졌다. 특히 이때부터 '선한 열정'과 '나쁜 열정'이라는 개념이 명확하게 구분되기 시작했다. 이러한 구분은 곧 열정을 부정적으로만 인식하고 억제하던 과거의 관행에서 벗어나 이를 '아파테이아'(apatheia), 즉 '평온한 마음의 상태'로 전환시켜야 한다는 가르침을 낳았다.[7] 나쁜 열정은 자연스럽거나 적

---

7   이 개념은 '무열정'(impassivity), 즉 '열정(pathe)이 없는 상태'를 지칭한다. 스토아학파는 인간이 자신의 감정을 완전하게 통제할 수 있고 그럼으로써 자신의 잠재력을 극대화할 수 있는 상태가 이러한 '아파테이아'라고 보았다. 이러한 능력

절하지 못한 충동, 즉 지나친 수준의 충동이지만, 인간의 능력을 통해 이를 통제할 수 있다는 것이 스토아 철학자들의 입장이었다 (DeBrabander 2007, 17).

하지만 그리스 시대의 아리스토텔레스가 열정에 대한 '중용'의 미덕을 강조했던 반면, 스토아 철학자들에게는 이러한 미덕이 전적으로 '내면'으로부터만 가능한 것이었다. 이들이 보기에는 열정에 흔들리지 않고 내적 평온함을 유지할 수 있는 마음의 상태가 인간의 행복을 보장하는 최선의 방법이었다(Held [1990]2007, 317-319). 로마제국의 세네카(Seneca)도 열정과 감정을 조절함으로써 마음의 평안과 조화로운 상태를 이룰 수 있어야 한다고 가르쳤다.[8] 이처럼 고대 로마시기에 이르기까지 열정 또는 감정은 인간 본성의 핵심적인 요소로서 간주되었고, 이것이 적절한 방식으로 통제되거나 완화되어야만 행복한 상태를 이루는 데 도움이 되는 것이라고 이해되었다. 비록 고대의 인간 개념이 대단히 제한된 범위 내에 국한되어 있기는 했지만, 당시의 철학자들은 인간 본성이 지니고 있는 불안함과 위험을 극복하기 위한 자기 성찰과 조화의 미덕이 중요하다는 점을 깨닫고 있었던 것이다.

한편 중세 유럽의 기독교에서는 열정과 감정의 요소가 인간의 욕망을 상징하는 것으로서 이것을 다스리지 못할 경우 '원죄'(cardinal sin) 상태를 벗어나지 못한다는 암묵적 전제를 공유하고

은 '현자(賢者)'들에게나 가능한 것이었다(Held [1990]2007, 318).

8   로마시대에 들어와서는 그리스의 '열정'(pathos) 대신 '감정'(adfectus) 또는 '동요'(perturbatio)라는 표현이 널리 사용되었다. 예를 들어 '가장 거친 감정'(adfectus efferatissmos)은 악(vice)의 대표적인 사례로 간주되었다(Sorabji 2000, 380 ; Graver 2007, 243).

있었다. 다만 이와 같이 타락한 인간, 즉 욕망을 억제하지 못함으로써 낙원으로부터 추방된 인간의 처지는 신에 의해 부과된 것으로 간주되었다. 따라서 아우구스티누스(St. Augustine of Hippo)는 기독교인들이 신을 믿는 한 공포, 욕망, 슬픔, 기쁨과 같은 감정을 느끼는 것이 당연한 결과라고 보았다(Frevert 2016, 51). 감정의 노예상태로부터 자발적으로 벗어나기 위해서는 질투, 분노, 음탕함과 같은 사악한 열정을 극복하려는 '의지'가 필요하다고 역설했다. 고대의 열정 관념이 인간 본성에 주어진 것으로서 끊임없는 통제와 완화의 노력을 필요로 한 것이었다면, 중세에 들어와서는 유일신에 의해 부과된 인간의 질곡으로서 열정을 다스리기 위한 기도와 절제의 미덕이 강조되었다.

13세기의 토마스 아퀴나스(Thomas Aquinas)도 열정이 잘못된 방향으로 발산되지 않도록 훈련시켜야 할 필요성을 잘 인식하고 있었다. 그는 열정에 내재되어 있는 욕구가 '선한 의지'에 의해 다스려질 경우 이것이 자발적이면서 바람직한 행동의 원천이 될 수 있다고 보았다. 다시 말해 열정도 미덕의 근원에 포함시킬 수 있다는 것인데, 다만 신중함(prudence)과 의지(will)에 의해 적절하게 안내될 경우에만 그러했다(Irwin 2008, 579). 또한 아퀴나스는 '열정'을 능동적인 감각욕구를 나타내는 집합적 개념으로서 인식하고, 이것이 신체적 변화와 연관되어 있다는 점을 부각시켰다. 그에 따르면, 열정은 인간 '영혼'(anima)의 민감한 부분으로서 '신체'라고 하는 자연적 상태로 드러날 수밖에 없는 것이었다. 하지만 이러한 열정을 이성으로 다스리지 못한다면 곧 '죄악'으로 이어질 것이고, 이를 잘 다스려 적절한 질서를 만들어낼 경우에는 '미덕'

으로 이어질 것이었다. 이처럼 중세 기독교에서 체계화된 '열정'의 개념은 그 자체로서 중립적이고 자연적인 의미를 담고 있었지만 이를 '이성'과 '의지'로써 통제해야 할 절대적인 필요성이 강조되고 있었다(Dixon 2003).

17세기에 들어와 근대가 열리면서 이성과 계몽의 정신이 널리 퍼지기 시작했는데, 이런 상황에서 데카르트(René Descartes)는 '영혼의 열정'(passions de lâme)이 '야성적 충동'(animal spirits)에서 비롯되는 것이라고 보았다. 이와 같은 생물학적 반응은 인간의 영혼이 외부의 자극에 반응하면서 신체 기관들을 움직이도록 해주는 동인으로 생각되었다. 데카르트는 인간의 신체 반응에 대한 인식, 감성, 또는 감정을 일컬어 '열정'이라고 규정하였는데, 무엇보다도 이러한 열정은 외부의 사물이나 사람에 대한 영혼의 욕구나 회피 성향을 야기한다는 점에서 인간의 외부와 내부를 연결하는 핵심 고리라는 것이 그의 주장이었다. 이처럼 근대에 들어와 열정이나 감정이 과거와 달리 신체 등의 물리적 요소와 통합되기 시작하였고, 데카르트는 이러한 인간 본성의 핵심적인 모습을 체계적으로 이론화하였다.

데카르트의 이론에 따르면 '열정'은 '신체의 움직임에 대한 수동적 인식'에 불과한 것이었다(James 1997). 이러한 시각의 변화는 인간 본성에 대한 근대의 과학적 인식을 더욱 조장하는 계기가 되었다. 실제로 계몽주의 시대에 들어와 신체 반응에 대한 과학자들의 관심이 커지기 시작했는데, 그들은 인간의 신체가 감각기관들로 이루어져 있다는 점에 주목하면서, 열정이 단순한 '의지'를 통해 구현된다고 간주하던 과거와 달리 신체 기관을 통해 감지되는 기능적 속성을 지니고 있다는 사실을 중시하였다.[9] 또한 이때부터 인간의 '영혼' 개념이 확장되면서 열정과 감정이 독립적인 요소로 존재한다고 인식하기 시작했다. 즉 과거 기독교 시대의 영혼 개념이 '이해'(understanding)와 '의지'라는 양대 요소에 중점을 두었던 반면, 근대에 들어와 열정 또는 감정이라는 세 번째 요소가 부각된 것이다(Frevert 2016, 51). 결국 근대의 인간은 이성과 감정 또는 이성과 열정의 완전한 복합체로서 자리매김하기 시작했고, 고대나 중세와 같이 불완전한 개체라는 인식은 서서히 퇴보하게 되었다.

데카르트는 영혼이 정신적 실체로서 '사유하는 것'(res cogitans)에 해당하며, 신체는 물질적 차원에서 '연장하는 것'(res extensa)에 해당한다고 보았다. 이것이 그의 유명한 심신이원론으로서, 인간의 신체와 정신을 분리함으로써 근대 과학을 통한 인간 본성의 이해를 한층 제고시키는 데 큰 도움을 주었다. 특히 생명체로서 인간이 신체를 통해 외부의 자극에 반응한다는 점에서는 동물과 유사하지만, '사유'의 능력을 지니고 있다는 점에서 현저한 차이를 보인다(Boros 2006, 128). 이와 같은 사유는 인간의 적극적이고 능동적인 의지를 전제로 하는 것이며, 데카르트 철학에서 '열정'은 바로 이러한 의지를 인식하는 수동적인 핵심 요소였다. 이로써 데카르트는 인간 행동의 원인을 인간 내부의 열정에서 찾으면

9   1884년 제임스(William James)는 "감정이란 무엇인가?"라는 질문을 제기하면서 '신체'가 갖는 중요성을 강조하였고, 이로써 감정의 과학적 탐구에 새로운 전기를 마련했다. 그가 보기에 감정이란 단지 생리적 변화에 대한 '인식'에 불과한 것으로서 비(非)자발적이면서 본능적으로 발생하는 것이었다. 신체의 감각기관에서 일어난 반응이 두뇌에 전달되면서 이것이 다시 신체 근육과 내장에 자극을 가하는 과정이 감정의 핵심 메커니즘이라는 것이 그의 견해였다(Frevert 2016, 52).

서 이를 모든 인간에 보편적인 것으로서 다루게 된다. 또한 인간 본성의 요소로서 열정은 인간 개인들 사이에 드러나는 차이와 개체성의 근원이 된다. 이러한 인식은 공동체와 도덕이 어떻게 만들어지게 되는지, 그리고 사람들 사이의 열정이 어떻게 갈등으로 이어지는지에 대한 설명을 가능하게 해준다.

열정에 관한 근대 데카르트의 철학은 스피노자(Baruch Spinoza)의 철학과 뚜렷하게 대비된다. 데카르트와 스피노자는 모두 인간의 열정에 대하여 가치중립적으로 탐구했지만, 데카르트가 물리학을 근간으로 열정의 '실체'(substance)를 밝히는 데 집중했다면, 스피노자의 경우에는 기하학적 접근을 통해 그 '속성'(attributes)을 드러내고자 하였다. 이러한 차이로부터 시작하여 데카르트가 신체-마음 이원론을 제시한 반면, 스피노자는 시스템 차원에서 전체의 작동 메커니즘과 기능적 역할을 규명하는 데 노력했다(Boros 2006, 130). 특히 스피노자는 마음과 신체가 하나이며 서로 분리할 수 없다고 봄으로써 위계질서적인 데카르트의 신체-마음 이원론을 배척하였다(Brown and Stenner 2001, 82-84). 이러한 스피노자의 철학은 그동안 상대적으로 이성의 그늘에 가려져 있던 열정의 요소를 전면으로 부각시킴으로써 인간 본성의 복합적인 속성을 분명하게 정립하는 데 기여했다.

또한 근대에 들어와 열정과 감정이 인간 본성의 핵심적인 요소로서 받아들여지면서 이성과 더불어 감정에 대한 체계적인 인식이 시작되었는데, 칸트(Immanuel Kant)는 이러한 변화를 완성시킨 철학자였다. 그에 따르면 '감정'(Gefühl)은 '정서'(affects)와 '열정'(passions)이라는 개별적인 요소로 구성되는데, 정서가 강럴한 욕구가 단기간에 나타나는 경우를 가리키는 반면, 열정은 상대적으로 장기간에 걸쳐 나타나면서 평가와 판단의 여지를 지니는 경우를 가리킨다. 이와 같이 칸트의 체계적인 구분을 통해 감정은 인간 행동의 독립적인 원인으로 자리 잡기 시작했다. 또한 이러한 변화는 감정과 열정이 인간성(humanity)을 규정하는 핵심적인 요소로 인식되고 있다는 것을 보여주었다. 계몽철학의 완성자로서 칸트는 인간의 본성이 이성과 감정의 통합적 체계에 잠재되어 있다는 것을 명료하게 드러내었다. 이처럼 근대에 들어와 한층 더 체계적으로 이론화된 감정과 열정에 대한 담론을 통해 인간 본성에 대한 탐구가 심층적으로 이루어지는 계기가 마련된 것이다.

이상에서 살펴본 바와 같이, '감정'과 '열정'에 대한 탐구의 역사는 근대에 들어와 다음과 같은 몇 가지의 특징으로 귀결되었다. 첫째, 과거의 감정과 열정이 불안정하거나 위험한 것으로서 도덕적 판단을 요구하는 것으로 간주된 반면, 근대에는 이성과의 대비에 더 초점을 맞추었다. 과거에는 '미덕 대 열정'의 구도가 지배적이었지만, 근대에는 '이성 대 열정'의 구도가 지배하기 시작했다. 둘째, 중세에는 '의지'의 작용 여부에 따라 열정이 선악의 근원이 될 수 있다고 본 반면, 근대에는 과학적 접근이 강조되면서 인간 신체와의 연계성이 부각되기 시작했다. 그리하여 '열정' 대신 '감정'이라는 표현이 더 빈번하게 사용되기 시작했다. 정신적 측면을 강조하던 '열정'에 대비하여 '감정의 신체화'(somatization)가 빠르게 이루어지면서 인간 본성의 통합적인 측면이 강조되었다. 이러한 변화는 '감정'이라는 요소가 모든 인간에게 공통적으로 나타나는 보편적인 것이라는 인식으로 이어졌다. 셋째, 이러한 보편주의적 성향에도 불구하고 감정이 시대와 상황에 따라 다양한 모습으로 나타날 수 있다는 점도 강조되었다. 이는 감정이라는 인간 개체의 경험이 사회문화적 상황과 결코 분리될 수 없다는 인식을 바탕으로 한다. 예를 들어 감정의 표현이 서구와 비(非)서구 사이에 동일한 방식으로 나타날 것이라고 기대하기 힘들다. 이와 같은 논의를 통해 우리는 근대에 이르기까지 인간 본성에 관한 논의가 주로 '열정'에 관한 탐구에서 비롯되어 점차 '감정'으로 확대되어 왔고, 후자가 보다 일반적인 개념으로 자리 잡았음을 알 수 있다. 그렇다면 이러한 변화가 국제정치와 인간 본성에 대한 연구에 대하여 갖는 함의는 무엇일까?

V 열정과 감정의 국제정치: 이론적 함의

1. 인간 본성의 통합적 접근: 열정과 감정의 구별과 그 이후

앞서 살펴본 바와 같이, '감정' 개념은 자연과학의 발전을 바탕으로 하여 신체의 변화에 대한 인식을 포함하는 통합적 관점을 지향해왔다. 이러한 점을 고려한다면, 고대와 중세에 걸쳐 보편적으로 사용되었던 '열정' 개념의 위상은 근대에 들어와 상대적으로 위축되어 왔다고 볼 수 있다. 근대의 자연과학이 고대의 자연철학을 압도한 것이다. 그럼에도 불구하고 인간 본성에 관한 탐구에서조차 자연과학이 지배하고 있다고 보기 어려운 점이 존재한다. 사실 감정에 관한 근대의 논의는 비록 과학적인 형태는 아닐지라도 이미

고대부터 지속되어 왔다고 볼 수 있는데, 이런 점에서 '심리학'이
등장하기 이전의 감정 논의를 결코 폄하할 수 없다는 인식이 커지
고 있기 때문이다. 어떤 측면에서는 인간 본성에 관한 고대와 중세
의 논의가 근대 이후의 자연과학적, 심리적 접근에 비해 더 진지한
통찰력을 지니고 있다는 견해도 제시되고 있다(Elster 1999, 50).[10]

인간 본성에 관한 탐구를 기반으로 현실주의 국제정치학을
정립했던 모겐소 역시 인간 본성에 대한 계몽주의와 과학의 전
통에 의존하는 낙관주의적 시각에 비판적이었다. 무엇보다도 그
는 인간이 이기적이면서 '권력을 향한 탐욕'을 지닌 존재라는 점
을 잊어서는 안 된다고 설파했다. 이러한 인간의 성향은 궁극적으
로 프로이트가 제시했던 두 가지 본능, 즉 인간의 '자기 보존'(self-
preservation)과 '자기 주장'(self-assertion)에 근거한 것이었다. 여
기서 '자기 보존'의 성향은 물리적 생존을 위한 욕구이며, '자기 주
장'은 다른 인간을 향한 외부지향적인 태도를 가리킨다. 이와 같은
인간의 이중적 본능에 관한 가설은 이후 고전 현실주의자들에 의
해 적극적으로 채택되기에 이른다(Schuett 2010b, 26-27). 이런 점
에서 우리는 근대를 지배해온 '이성'의 역할에 대한 '열정'과 '감
정'의 도전이 갖는 의미를 새삼 되새기게 된다. 합리성의 전제조건
하에서만 작동하는 이성의 세계는 너무 단순한 것으로 인식되기

10   엘스터(Jon Elster)는 인류 역사 수천 년에 걸쳐 축적되어온 지혜를 과학적 심리
      학이 쉽사리 전도할 수는 없다고 주장했다. 자연과학의 혁명적 업적과는 달리, 인
      간 본성을 다루는 심리학에서는 그만한 규모의 혁명이 일어나지 않았다는 것이
      다. 그는 데카르트, 스피노자, 흄, 칸트 등 감정에 관한 논의를 이끌었던 근대의
      모든 철학자들이 아리스토텔레스의 전통을 따르고 있다는 점을 분명하게 밝히고
      있다(Elster 1999, 50-51).

시작했고, 이제는 과학의 뒤편에 밀려나 있던 비(非)이성의 영역이 전면에 등장하기 시작한 것이다.

물론 이러한 변화가 '이성'에서 '열정'이나 '감정'으로 패러다임의 변화를 뜻하는 것은 결코 아니다. 다만 그들 사이에 존재해온 위계질서 관계가 붕괴되면서 인간 본성을 이해하는 데 있어 한층 더 통합적인 방식이 필요하다는 결론을 강조할 필요가 있다. 이런 맥락에서 일찍이 스피노자가 천명했던 시스템적 사고는 인간 본성에 대한 국제정치학의 탐구에도 시사하는 바가 크다. 그에 따르면, 인간의 핵심 본질은 존재의 형태와 잠재력을 유지하려는 노력에 있는데, 그는 이러한 힘을 '코나투스'(conatus)라고 불렀다. 이러한 노력이 마음으로만 나타나면 의지(voluntas)의 문제에 국한되지만, 마음과 신체를 통해 나타나면 그것은 '욕망'(appetitus)이된다. 이런 점에서 욕망은 인간의 자연적인 본성이자 인간 행동의 원천이라고 할 수 있다. 이런 맥락에서 스피노자는 감정(affectus)이 신체의 변화라고 이해했고, 이를 통하여 신체의 행동 역량이 강화되거나 위축되는 결과가 초래된다고 보았다. 스피노자는 오늘날과 같이 인지(cognition)와 감정을 배치되는 것으로 이해하지 않고, 대신에 제한된 존재들 사이에서 감정이 창발적으로 나타난다는 점을 강조했다(Brown and Stenner 2001, 88-89). 스피노자는 열정과 감정을 이성에 연결했다는 점에서는 스토아학파의 전통을 따랐지만, 그들보다 한 단계 더 나아가 감정과 신체를 하나로 통합하는 계기를 마련했다는 점에서 독특한 지위를 차지하고 있다(DeBrabander 2007, 19-20; Damasio [2003]2007).

그동안 국제정치학이나 사회과학 전반에 걸쳐 '감정'과 유사 개념들 사이에 분명한 경계가 설정되지 못해온 것이 사실이다. 그로 인하여 감정, 감성, 느낌, 정서, 열정 등 수많은 개념들이 혼용되어 왔으며, 이러한 혼란은 지금도 계속되고 있다(Damasio [2003]2007). 이들 사이의 개념적 차이를 명확하게 구분하는 일은 이 논문의 범위를 벗어나지만, 그 용례와 의미가 역사 속에서 변천을 거듭해왔다는 점에 대해서는 주목할 필요가 있다. 무엇보다도 '열정'과 '감정'은 시대적으로나 상황적으로 서로 다른 맥락에서 사용되어 왔기 때문에 이 논문에서는 이들이 동일한 개념으로 간주될 수 없다는 점을 강조한다. 앞서와 같이 역사적 논의를 통해 고대와 중세의 '열정'에 대한 사고가 근대의 과학적 '감정'의 개념으로 서서히 대체되면서 오늘날에는 감정 담론이 인간 본성에 관한 논의의 핵심을 형성하고 있다. 그로 인하여 열정의 본질에 대한 고찰이 과거에 비해 상대적으로 약화되었다는 점을 염두에 둘 필요가 있다.

이와 같은 구분은 '감정'과 '느낌'(feeling)의 관계에서도 엿보인다. 심리학 연구에 따르면, '느낌'은 자신이 감정을 경험하고 있다는 주관적이고도 의식적인 인지과정이다(Mercer 2014). 이에 비하여 '감정'은 신체적 반응을 동반한 인식에 더하여 기존의 사회적, 문화적, 정치적 맥락과 복잡하게 연계되어 있다(Crawford 2014). 따라서 오늘날 '감정'이라는 개념은 인간 개체의 본성적인 측면뿐 아니라 다른 인간과의 관계, 즉 사회적 측면에 대한 고찰이 포함되어 있다. 따라서 좁은 의미의 '느낌'이 인간 개체 내부에서 일어나는 주관적 과정으로서 다른 개인들의 주관적 경험과 연계되는 고리 역할을 하는 것과 달리, '감정' 개념은 (1) 신체의 변화에 나타난 현상과의 연계성, 그리고 (2) 다른 사람과의 소통이라는 두 측면에 초점을 맞춘다(Hutchison and Bleiker 2014, 501). 근대 이후 과학주의에 뿌리를 내리고 있는 실증주의적 관점이 '감정'의 개념을 떠받치고 있으며, 나아가 단순한 유기체의 차원을 넘어서는 인간들 사이의 사회적, 문화적 관계에 대한 고찰이 더불어 동반되고 있는 것이다.

감정에 대한 이론적 논쟁은 최근에 들어와 요소과정론의 관점으로 수렴되고 있다. 이 프레임워크에 따르면, 감정이란 '유기체의 관심사에 부합하는 외부 또는 내부의 자극에 대하여 하위시스템이 상호 연계되고 통합된 방식으로 만들어내는 변화'라고 규정된다(Scherer 2005, 697). 여기에서 '요소'(components)란 유기체의 작동에 필요한 부분으로서, 인지적 요소, 신경생리적 요소, 동기적 요소, 표현 요소, 그리고 주관적 느낌 요소를 포함한다. 또한 '과정'(process)이란 외부의 자극에 대하여 이러한 요소들이 서로 협동하여 만들어내는 변화를 가리킨다. 이처럼 '감정'의 개념은 신체의 다양한 측면에서 일어나는 변화의 총체적 시스템을 뜻한다. 이에 비하여 '느낌'(feeling)은 주관적 경험을 대변하는 표현으로서, 다면적인 감정의 일부라고 볼 수 있다.[11] 이처럼 감정과 느낌, 그리고 그에 앞서는 열정의 개념에 대한 차별화되면서도 보완적인 역할 설정은 인간 본성에 관한 사회과학적 이해를 증진시키는 데 큰

---

11 셰어러(Klaus Scherer)는 1884년 제임스(William James)가 제기했던 "감정이란 무엇인가?"라는 질문은 이런 점에서 감정(emotion)의 실체가 아니라 느낌(feeling)의 실체에 관한 것이라고 주장한다. 이 질문이 감정의 개념에 대한 수많은 논란의 출발점이 되었다는 점을 감안할 때 제임스의 질문은 혼란을 야기한 책임으로부터 자유롭지 못하다는 것이 셰어러의 비판이다(Scherer 2005, 699).

기여를 해왔으며, 이는 국제정치학 분야에서도 큰 도움을 줄 것으로 전망된다.

2. 국제정치 질서의 근원과 인간 본성

모겐소와 같은 현실주의자들의 시각에서는 이익이나 감정과 같은 비이성적 요소들을 이성의 힘으로 통제할 수 있다고 보았다. 적어도 자연과학 분야에서는 이러한 합리적 경험이 누적되면서 개인들은 자신들의 생존과 성장을 영위하고 동시에 공동체에도 이바지할 수 있게 되었다는 것이다. 이성은 서로 대립하는 비이성적 요소들 사이에 조화를 유지하며, 목적과 수단이 비이성적 충동과 조화를 이루도록 조정한다는 것이 이러한 시각의 바탕에 깔려 있다. 또한 이성은 서로 상충하는 목표들 사이에 균형을 유지하면서 수단과 목적 사이에도 적절하게 조화가 이루어질 수 있도록 해준다. 하지만 이러한 이성의 역할이 제대로 작동하는 자연과학 분야와 달리 사회 현상에서는 비이성적이고 사회적인 제약이 늘 존재한다 (Morgenthau [1946]2010, 211). 예를 들어 혁명이나 전쟁은 통제되지 않은 인간의 감정과 열정으로 인한 결과로서, 인간의 합리적인 이성에 따라 조절되고 판단되어야만 한다. 이처럼 열정과 감정에 대한 '이성의 통제'라는 관념은 전형적인 현실주의자들의 입장을 대변한다. 이들이 그리는 국제정치의 '질서'는 바람직한 기준에 따라 그렇지 못한 요소들을 얼마나 잘 길들이고 규제하는가에 달려 있는 것이다. 현실주의자들의 '질서'와 '조화'는 어디까지나 수직적 위계질서를 염두에 둔 지배관계라고 할 수 있다.

이처럼 정치 현상 속에서 열정은 혁명과 전쟁과 같은 격변의 시기를 특징짓는 인간 본성의 한 측면으로 여겨지기도 하지만, 다른 한편으로는 자유주의적 관점에서 귀족주의적 명예와 영광을 대변하기도 한다. 고대와 중세에 걸쳐 귀족들은 자신들의 고상한 지위를 유지하기 위한 명예와 자존심의 상징을 구축해왔는데, 이러한 전통은 근대 초 계몽주의 시기까지 이어졌다. 이러한 '선택받은 소수'의 특권과 존엄성을 유지하려는 열정의 전통은 계몽주의와 제국주의의 지배구조를 정당화하는 논리적 기반이 되기도 했다. 다른 한편으로 이러한 열정의 전통은 스미스(Adam Smith)와 같이 자본주의적 '이해관계'조차도 열정의 한 축으로 간주할 수 있다는 믿음으로 이어졌다. 열정이 불안정하고 위험한 것이라는 생각은 스미스 시기에 들어와 보다 안정적이고 바람직한 방식으로 관리할 수 있다는 낙관론으로 바뀌기 시작했다. 이러한 자유주의적 낙관론은 현실주의 관점과 달리 열정을 긍정적인 방식으로 다스릴 수 있다는 확신에서 비롯되었다(Walzer 2004, 121-122).

스미스가 제시한 '열정 대 열정'의 개념은 이러한 인간 본성을 형성하는 여러 요소들 사이의 수평적 관계를 상정한다. 현실주의자들의 질서가 '열정 대 이성'의 위상을 수직적으로 파악했다면, 스미스가 관찰했던 근대의 수평적 질서는 다양한 열정들 사이의 견제와 균형을 통해 만들어낼 수 있는 바람직한 결과로 간주되었다. 사실상 스미스의 '보이지 않는 손'(invisible hands)이라는 비유도 서로 대립하는 열정들 사이에 자연스럽게 형성되는 자연의 질서라는 의미가 담겨 있는 것이었다. 이러한 개념을 통해 그는 질서를 만들어내는 것으로 간주되던 '신의 손가락'(Finger of God) 또는 '신의 섭리'(Divine Providence)라는 종교적 논리를 뛰어넘고자 했다. 이런 점에서 자유주의자들이 생각했던 사회질서는 현실주의자들의 관념에 비해 훨씬 더 용이하면서도 자연스러운 것이었다.

이처럼 조화와 균형의 원리가 열정들 사이의 대립을 통해 실현될 수 있다는 자유주의적인 생각은 스미스뿐 아니라 흄, 퍼거슨(Adam Ferguson), 맨드빌(Bernard Mandeville) 등에 의해 공유되고 있었다. 자유주의자들의 눈으로 바라본 세계의 복잡한 질서는 위대한 '설계자' 없이도 '보이지 않는 손'에 의해 가능한 것이었으며, 이러한 세속주의적 사고의 이면에는 '열정'에 대한 생각의 전환이 깊숙하게 자리 잡고 있었다(Ullmann-Margalit 1997, 182-184). 19세기 이후 빠르게 성장한 과학주의, 특히 생물학과 생태학에서 널리 사용되기 시작한 '균형'의 개념도 이러한 지적 분위기의 영향을 받은 것이었다. 정치학 분야에서는 '사회계약'이나 '견제와 균형'의 원리, 그리고 국제정치학 분야에서는 '세력균형'의 논리가 그 전통을 이어받은 것이라고 할 수 있다.

물론 사회 질서에 관한 탐구가 '조화'와 '균형'에만 초점을 맞추면서 다양한 요소들이 각자의 기능을 수행하는 데 충실하면 된다는 스미스의 주장은 '기능주의'(functionalism)의 성향을 대변한다는 비판도 가능하다. 기존의 사회 시스템이 조화롭다는 인식은 그것을 떠받치는 권력관계를 정당화하게 되고, 결국 지배권력을 지지하는 결과로 이어질 수 있기 때문이다. 말하자면 조화와 균형의 질서는 현재의 사회질서가 '최적화된'(optimized) 상태라고 보는 '보수주의'의 이데올로기로 변질될 수 있으며, 따라서 기득권층의 가치체계로부터 결코 자유롭지 않을 것이다(Ullmann-Margalit

1997, 188-189). 이럴 경우 사회질서의 변화나 개선은 불가능해진다. 스미스가 염두에 두었던 '열정 대 열정'의 구도가 원래 불안정하고 위험한 열정의 전복적 특성을 다른 열정으로 견제하려는 취지였음을 감안할 때, 이러한 비판적 추론은 타당하다. 다시 말해 사회질서를 움직이고 변혁시킬 수 있는 '열정'의 힘이 사실상 다른 힘과의 대결을 조장하는 기존 권력체계에 의해 누그러짐으로써 열정이 가진 본래의 가능성을 제약하는 결과를 초래할 수 있기 때문이다.

3. 이성에 대항하는 열정과 감정: 이성의 간계

인간 본성의 핵심요소로서 이성과 열정, 그리고 감정의 관계를 돌이켜볼 때, 그동안 국제정치의 패러다임을 지배해온 이성 중심의 사고에도 중대한 변화가 기대된다. 다만 비(非)이성적 요소에 대한 개념화와 이론화가 아직 체계적으로 이루어지지 못한 상황에서 '이성 대 감정' 또는 '이성 대 열정'의 전선이 충분하게 형성되었다고 판단하기에는 이르다. 현 시점에서 국제정치를 움직이는 근본적인 동인으로서 감정과 열정의 양자 사이에는 일정한 수준에서 '이성'에 대립하는 공동전선을 수립하면서 동시에 고유한 속성을 세련된 방식으로 재구성하는 작업이 병행될 필요가 있다. 심리학과 사회심리학 등 자연과학적 접근이 고도로 발전하면서 '감정'에 관한 우리의 지식은 계속 증가하고 있다. 이에 비해 '열정'에 관한 탐구는 근대 이후 대단히 미미한 수준에 머물러 있다.

지금까지 논의된 '감정'의 성격은 신체적 연관성과 더불어 인간 본성에 대한 체계적인 틀 내에서 이해되고 있다. 특히 인간 신체와의 연관성이 더욱 부각되면서 데카르트의 이원론을 넘어서고 스피노자의 통합적 관념에 부합하는 방식으로 체계적인 논의가 빠르게 이루어지고 있다. 이에 비해 '열정'의 요소는 여전히 인간의 의지와 정신적 차원에 집중되어 있기는 하지만, 적어도 이것이 인간의 행동을 유발하는 힘과 에너지의 원천으로 다루어져야 한다는 점에 대해서는 이견이 없다. 다만 '감정' 변수가 과학적이고 생물학적인 반응을 포함한다는 점에서 무(無)도덕적 속성을 띤 것으로 간주되기 시작한 반면, '열정'의 경우에는 이것이 통제되지 않을 경우에는 '악'의 결과를, 잘 다스려질 경우에는 '선'의 결과를 가져올 수 있다는 잠재적 이중성을 지닌 것으로 파악된다. 이런 점에서 '이성 대 감정'의 대립구도와 별도로 '이성 대 열정'의 대립구조는 '불안정한 에너지의 원천'으로서 열정과 그것을 통제하기 위한 이성을 대비시킨다는 점에서 정치적 '질서'를 이해하는 데 훨씬 직관적이라고 할 수 있다.

그동안 감정의 개념을 수립하는 데 있어 과학적 성과들이 충분하게 반영되면서 인간 본성이 궁극적으로 '결정론'(determinism)의 관점에서 이해될 수밖에 없다는 한계를 보여 왔다. 이에 비해 '열정'은 비록 불안정한 힘의 원천이기는 하지만 '변화'의 가능성을 내포하고 있다는 점에서 윤리적 함의까지 내포한다. 이런 점에서 정치 질서의 근간을 이루는 인간 본성은 '감정'의 차원이 아니라 '열정'의 차원에서 기존의 '이성' 중심의 패러다임과 대비되는 것이 바람직하다(Waltz [1959]2007). 사회정치적 '제도'를 통해 윤리적 우월성을 지닌 변화를 꾀할 수 있다는 실천의 가능성은 분명 감정이 아니라 열정에 기원을 두기 때문이다. 헤겔에 따르면, 이성이 역사를 구현하는 데 있어 인간의 열정은 수단으로서 작용한다. 인간의 행동은 필요와 열정, 이해관계, 성격, 그리고 재능으로부터 비롯되며, 이러한 욕구를 충족시키기 위해 촉발되기 때문이다. 이러한 자연적인 충동은 법이나 도덕의 제한을 받지 않으며, 인간 본성의 근간을 이룬다. 이처럼 헤겔의 관념 속에서 '열정'이란 질서나 자기 절제, 도덕과는 거리가 먼 것이었다. 세계의 모든 위대한 역사는 바로 이런 열정을 통해 성취되어 왔는데, 이는 역사 발전의 단계에서 부과된 합리적 제약보다는 인간의 동기와 연관된 열정에 그 뿌리를 두고 있다. 비록 헤겔이 열정을 '이성의 시녀'라고 표현하기는 했지만, 이것은 이성의 목표가 세계역사라는 조건 하에서만 그러하다. 실제 인간의 역사는 감정과 열정의 혼란스러운 소용돌이 속에서 뚜렷한 이성의 패턴을 만들어내며, 이러한 이성은 부정적인 열정을 소멸시키고 긍정적인 열정을 받아들이는 상호작용을 통해 역사를 만들어나간다. 헤겔은 이성이 수행하는 이러한 역할을 가리켜 '이성의 간계'(cunning of reason)라고 불렀다 (Avineri 1973, 390-391).

헤겔은 열정이 개인들이 가지는 특수한 속성이라고 보았지만, 이러한 특수성이 보편적 영역에 걸쳐 행동을 촉발시키는 힘을 만들어낸다는 점을 부인하지 않았다. 다시 말해 특수한 범위 내에 머물러 있는 열정의 에너지가 보편적인 역사의 움직임을 가능하게 해주는 동력이 된다고 주장한 것이다. 비록 잠재적이기는 하지만, 열정은 에너지와 의지, 행동의 주관적 측면이라고 할 수 있다는 것인데, 이럴 경우 열정은 단지 인간의 비합리적 속성에 그치는 것이 아니라 세계정신이 그 목적을 달성하는 과정에서 중재역할을 수행한다고 볼 수 있다. 헤겔은 알렉산더 대왕, 줄리어스 시저, 나폴레옹과 같은 사람들이 바로 이러한 역사의 궤적을 새롭게 그린 세계정신의 구현이라고 보았는데, 따라서 이들을 개인적인 열정이나 자기 이익의 차원에서 평가해서는 안 되며 그들이 이룩한 역사적 의미라는 기준에서 평가해야 한다고 주장했다(Avineri 1973, 392-393).

결국 헤겔이 천명한 '이성의 간계'는 이성이 인류 보편의 역사적 목표(telos)를 구현하기 위해 개인의 열정과 이해관계, 동기를 이용하는 모습을 비유한 것이라고 할 수 있다. 이런 점에서 '보이지 않는 손'의 비유와 '이성의 간계'라는 비유는 모두 인간의 행동이라는 결과가 원래의 뜻에 부합하게끔 설계된 것이 아니라는 점, 즉 '의도하지 않은 결과'(unintended consequences)로 이어진다는 점을 강조하고 있다. 하지만 두 원칙을 좀 더 고찰해보면, '이성의 간계'는 역사 속의 극소수의 영웅들에게만 해당되며, 이들이 인류의 보편정신의 발전을 가져온 주역이라는 헤겔의 주장 역시 분명하다. 이에 비해 '보이지 않는 손'의 원리는 다수의 평범한 개인들에게 해당하며, 이러한 개인들이 각자 사적 이해관계를 추구하는 상황을 설정하는 데 그치고 있다(Ullmann-Margalit 1997, 192-194). 다시 말해 스미스의 자유주의는 조화와 균형이 자동적으로 이루어질 것이라는 전제하에 '열정 대 열정'의 구도를 인간 본성을 다스릴 수 있는 해법으로 제시한 것이다. 이런 점에서 헤겔이 상정한 '이성 대 열정'의 구도는 스미스가 상정한 '열정 대 열정'의 구도에 비해 훨씬 더 다이내믹하면서도 권력관계의 본질을 보여주는 효과가 있다고 할 수 있다.

　이상의 논의를 정리하면, 기존의 사회과학을 지배해온 '이성'의 패러다임에 대한 도전에서 '감정'과 '열정'은 동일한 하나의 변수로 간주될 수도 있지만, 각각이 지닌 특성을 바탕으로 개별적인 전선을 형성할 수 있다는 점이 분명하다. 우선 '이성 대 감정'의 대립구조는 상당한 정도로 과학적 차원의 요소들을 반영할 수 있다. 신체와 두뇌 작동 메커니즘에 대한 첨단기술의 발전에 힘입어 인간 본성의 체계적 탐구는 더욱 빠른 속도로 진행될 것으로 보인다. 다른 한편에서 '이성 대 열정'의 구도는 인간 본성의 정신적 측면에 초점을 맞추면서 정치의 본질적인 모습을 드러내는 혁명과 민족주의, 정체성, 전쟁 등 격렬한 경험을 이해하고 설명하는 데 도움을 줄 수 있다. 이런 점을 고려할 때 감정과 열정의 정치학을 둘러싼 치밀한 개념 설정과 세련된 이론화 작업이 요구된다고 하겠다.

VI 맺는 말

국제정치는 '인간'을 가장 기본적인 단위로 삼고 있으며, 국가와 국제사회 등 보다 거시적인 단위체를 분석하는 데 있어서도 인간의 속성으로부터 추론한 비유가 자주 동원된다. 이런 점에서 국제정치의 주류 이론들이 인간 본성에 대한 심층적인 탐구에 심혈을 기울여온 것은 결코 우연이 아니다. 무엇보다도 고전 현실주의의 이러한 강조점에 대하여 최근 새로운 관심이 촉발되고 있으며, 이 논문은 이러한 추세를 통하여 인간 본성의 핵심요소인 이성과 감정,

그리고 열정의 관계를 어떻게 설정할 수 있는가에 대하여 살펴보았다. 인간 본성에 대한 이해를 결여한 그 어떤 이론도 결코 인간 사회의 복합체인 국제정치의 본질적인 모습을 제대로 그려낼 수 없기 때문에 이러한 작업은 앞으로도 계속 이어질 것으로 보인다.

국제정치는 '복지'의 정치가 아니라 '생존'의 정치라는 점에서 국내정치와 차별화된다. 대부분의 사람들에게 "잘 사는가, 못 사는가?"의 문제가 아니라 "죽느냐, 사느냐?"의 문제가 더 절박하기 때문이다. 이런 점에서 '열정'의 요소는 전통적인 '이성'이 지배해온 패러다임의 한계를 보완하는 데 있어 대단히 중요한 변수임에 틀림없다. 하지만 근대에 들어와 여러 변화 속에서 이러한 열정의 측면이 대폭 위축되고 그 자리를 '감정'의 변수가 차지해왔다. 물론 이러한 역사적 변화에 관한 많은 연구들이 이루어지고 있지만, 고대와 중세에 이루어졌던 인간 본성의 정신적 측면에 대한 고찰, 즉 '열정'에 대한 관심은 점차 약화되어 왔다는 사실을 부인하기 어렵다. 이 논문에서는 이러한 점을 지적하고, 국제정치의 근간을 이루는 인간 본성에 대한 탐구에서 이성과 감정뿐 아니라 열정의 요소를 등한시할 수 없다는 점을 강조했다. 이러한 작업을 통해 다양한 패러다임과 이론들이 혼재해 있는 국제정치학 영역 내에서 '인간 본성'에 대하여 한층 더 통합적이고 체계적인 논의가 이루어질 것으로 기대한다.

참고문헌

Ariffin, Yohan. 2016. "Introduction: How Emotions Can Explain Outcomes in International Relations." In *Emotions in International Politics: Beyond Mainstream International Relations*, edited by Yohan Ariffin et al., 1-19. Cambridge: Cambridge University Press.

Avineri, Schlomo. 1973. "The Instrumentality of Passion in the World or Reason: Hegel and Marx." *Political Theory* 1(4): 388-398.

Bleiker, Roland and Emma Hitchison. 2008. "Fear No More: Emotions and World Politics." *Review of International Studies* 34: 115-135.

Boros, Gábor. 2006. "Seventeenth-Century Theories of Emotion and Their Contemporary Relevance." *EUJAP* 2(1): 125-142.

Brown, Steven and Paul Stenner. 2001. "Being Affected: Spinoza and the Psychology of Emotion." *International Journal of Group Tensions* 30(1): 81-105.

Coicaud, Jean-Marc. 2014. "Emotions and Passions in the Discipline of International Relations." *Japanese Journal of Political Science* 15(3): 485-523.

_____. 2016. "The Question of Emotions and Passions in Mainstream International Relations, and Beyond." In *Emotions in International Politics: Beyond Mainstream International Relations*, edited by Yohan Ariffin et al., 23-47. Cambridge: Cambridge University Press.

Crawford, Neta C. 2000. "The Passion of World Politics: Propositions on Emotion and Emotional Relationships." *International Security* 24(4): 116-156.

_____. 2009. "Human Nature and World Politics: Rethinking 'Man'." *International Relations* 23(2): 271-288.

_____. 2014. "Institutionalizing Passion in World Politics: Fear and Empathy." *International Theory* 6(3): 535-557.

Damasio, Antonio. (2003)2007. *Looking for Spinoza: Joy, Sorrow and the Feeling Brain*. 임지원 옮김. 『스피노자의 뇌: 기쁨, 슬픔, 느낌의 뇌과학』. 서울: 사이언스북스.

DeBrabander, Firmin. 2007. *Spinoza and the Stoics: Power, Politics and the Passions*. London: Continuum.

Dixon, Thomas. 2003. *From Passions to Emotions: The Creation of a Secular Psychological Category*. Cambridge: Cambridge University Press.

Elster, Jon. 1999. *Alchemies of the Mind: Rationality and the Emotions*. Cambridge: Cambridge University Press.

Frevert, Ute. 2014a. "Defining Emotions: Concepts and Debates over Three

Centuries." In *Emotional Lexicons: Continuity and Change in the Vocabulary of Feeling 1700-2000*, edited by Ute Frevert et al., 1-31. Oxford: Oxford University Press.

_____. 2014b. "Emotional Knowledge: Modern Developments." In *Emotional Lexicons: Continuity and Change in the Vocabulary of Feeling 1700-2000*, edited by Ute Frevert et al., 260-273. Oxford: Oxford University Press.

_____. 2016. "The History of Emotions." In *Handbook of Emotions*, edited by Lisa Barrett, Michael Lewis and Jeannette Haviland-Jones, 49-65. New York: Guilford.

Graver, Margaret. 2007. *Stoicism and Emotion*. Chicago: University of Chicago Press.

Hall, Cheryl. 2002. "Passions and Constraint: The Marginalization of Passion in Liberal Political Theory." *Philosophy and Social Criticism* 28(6): 727-748.

Held, Klaus. (1990)2007. *Treffpunkt Platon*. 이강서 옮김. 『지중해 철학기행』. 파주: 효형출판.

Hirschman, Albert O. 2013. *The Passions and the Interests: Political Arguments for Capitalism before Its Triumph*. Princeton: Princeton University Press.

Hutchison, Emma and Roland Bleiker. 2014. "Theorizing Emotions in World Politics." *International Theory* 6(3): 491-514.

Irwin, Terence. 2008. *From Suarez to Rousseau.* Vol.2 of *The Development of Ethics: A Historical and Critical Study.* Oxford: Oxford University Press.

James, Susan. 1997. *Passion and Action: The Emotions in Seventeenth-Century Philosophy*. Oxford: Clarendon Press.

Lebow, Richard Ned. 2005. "Reason, Emotion and Cooperation." *International Politics* 42: 283-313.

_____. 2006. "Fear, Interest and Honor: Outlines of a Theory of International Relations." *International Affairs* 82(3): 431-448.

McDermott, Rose. 2014. "The Body Doesn't Lie: A Somatic Approach to the Study of Emotions in World Politics." *International Theory* 6(3): 557-562.

Mercer, Jonathan. 2005. "Rationality and Psychology in International Politics." *International Organization* 59: 77-106.

_____. 2010. "Emotional Beliefs." *International Organization* 64: 1-31.

_____. 2014. "Feeling Like a State: Social Emotion and Identity." *International Theory* 6(3): 515-535.

Morgenthau, Hans J. (1946)2010. *Scientific Man versus Power Politics*. 김태현 옮김. 『과학적 인간과 권력정치』. 파주: 나남.

_____. 1972. *Politics among Nations: The Struggle for Power and Peace*, 5th Edition. New York: Alfred A Knopf.

Scherer, Klaus R. 2005. "What Are Emotions? And How Can They Be Measured?"

Social Science Information 44(4): 695-729.

Schuett, Robert. 2010a. "Classical Realism, Freud and Human Nature in International Relations." History of the Human Sciences 23(2): 21-46.

_____. 2010b. Political Realism, Freud, and Human Nature in International Relations: The Resurrection of the Realist Man. New York: Palgrave Macmillan.

Sorabji, Richard. 2000. Emotion and Peace of Mind: From Stoic Agitation to Christian Temptation. Oxford: Oxford University Press.

Stearns, Peter. 2016. "Emotion and Change: Where History Comes In." In Emotions in International Politics: Beyond Mainstream International Relations, edited by Yohan Ariffin et al., 48-64. Cambridge: Cambridge University Press.

Ullmann-Margalit, Edna. 1997. "The Invisivle Hand and the Cunning of Reason." Social Research 64(2): 181-198.

Vallerand, Robert J. 2015. The Psychology of Passion: A Dualistic Model. Oxford: Oxford University Press.

Waltz, Kenneth. (1959)2007. Man, the State and War: A Theoretical Analysis. 정성훔 옮김. 『인간, 국가, 전쟁: 전쟁의 원인에 대한 이론적 고찰』. 서울: 아카넷.

Walzer, Michael. 2004. Politics and Passion: Toward a More Egalitarian Liberalism. New Haven: Yale University Press.

필자 소개

민병원 Min, Byoung Won

이화여자대학교 정치외교학과(Department of Political Science and Diplomacy, Ewha Womans University) 교수
서울대학교 외교학과 졸업, 미국 오하이오주립대학교 정치학 박사

논저 "인터넷 거버넌스와 국제정치의 다자주의", "포스트 휴머니즘과 인공지능의 국제정치: 계몽주의와 인간중심주의를 넘어서", "Not So Universal? The Search for Indigenous International Relations Theories in South Korea"

이메일 byomin@ewha.ac.kr

제2장

공감과 공동체적 삶

Empathy and Communal Life

소병일 | 고려대학교 철학연구소 연구원

* 본 논문은 필자가 과거 학술지에 게재했던 논문들을 수정·보완하여 재구성한 것임을 미리 밝힌다.

본 논문은 공감을 기초로 윤리적 혹은 공동체적 조화를 모색하였던 주요 철학자들의 입장의 특징과

한계를 검토하고, 미흡하나마 현대 사회에서 요구되는 공감의 연구 형태를 제시하는 것을 목적으로 한다.

현대 사회에서 윤리의 기초로 공감능력이 다시 주목받고 있다. 경험과학을 중심으로 하는 공감을 강조하는 입장들은 대부분 자각하지 못하고 있겠지만, 근·현대 공감 윤리학의 계보를 잇고 있다. 인간의 공감능력을 증명이 불필요한 경험적 사실로 전제하고, 이 능력에서 윤리적 삶 혹은 공동체적 삶의 가능성을 찾는 공감 윤리학의 전통은 경험과학으로 공감능력의 실재를 증명할 수 있으며, 공감능력의 강화를 통해 사회적인 문제를 해결할 수 있다는 현대 공감담론을 선취하고 있다. 그런데 현대 공감담론은 과거 공감 윤리학보다 더 발전한 것으로, 달리 말해 공감 윤리학의 한계를 극복한 것으로 보이진 않는다.

현대 공감담론이 현대 사회에서 실질적인 도움이 되려면 이론이나 실천의 차원에서 과거 공감 윤리학이 노정한 한계를 극복해야 한다. 이를 위해 본 논문은 흄, 쇼펜하우어, 막스 셸러 그리고 누스바움을 중심으로 공감을 윤리의 기초로 삼는 이론들의 특징과 문제점을 살펴보고자 한다.

The purpose of this paper is to examine the theoretical features and limitations of the positions of major philosophers who sought ethical or community harmony on the basis of sympathy, and to suggest briefly the way of studies of sympathy required in society today.

In 21st century, the empathy is once again gaining attention. While most of the positions that emphasize empathy based on empirical science are not self-aware, they continue to follow the genealogy of modern or contemporary empathy ethics. The tradition of empathy ethics, which assumes human empathy as empirical facts that do not require proof and looks for the possibility of ethical life or communal life in this capacity, has led to the modern theory that can prove the existence of empathy by empirical science and by strengthening the ability to empathize, can solve social problems. However, today theories of empathy are not more advanced than empathy ethics in the past and do not appear to have overcome the limitations of the ethics.

In order for today's discourse on empathy to be helpful to 21st society, it must overcome theoretical and practical limits in the past sympathy ethics. To this end, this paper examines the characteristics and problems of the theories that make empathy as the basis of ethics, focusing on important theorists such as Hume, Schopenhauer, Max Scheler and Nussbaum.

KEYWORDS 공감 compassion/empathy/sympathy, 공감 윤리학 empathy ethics/sympathy ethics, 공감담론 theory of empathy

I 들어가며

본 논문은 공감을 기초로 윤리적 삶 혹은 공동체적 조화를 모색하였던 주요 철학자들의 입장의 특징과 한계를 검토하고, 미흡하나마 현대 사회에서 요구되는 공감의 연구 형태를 제시하는 것을 목적으로 한다.[1]

최근 대립이나 갈등과 같은 사회적 문제가 증폭되면서 공감의 회복을 강조하는 연구들이나 대중서가 주목받고 있다. 이러한 공감담론은 공감을 넓은 의미에서 '타인의 감정을 함께 느끼는 상태 혹은 능력'으로 정의하며, 대부분 empathy라고 표현하는 경향을 가진다.[2]

현대 공감 연구에서 나타나는 특징은 심리학, 뇌과학, 신경생물학, 진화생물학 등 경험과학적인 연구 성과를 적극적으로 활용한다는 데 있다.[3] 예를 들어 『공감의 진화』에서 폴 에얼릭과 로버트

1 　윤리는 그 자체로 많은 논쟁거리를 포함하는 주제다. 그러나 본 논문에서 필자는, 과거 공감 윤리학자 대부분이 윤리를 타자와의 공존 또는 조화의 의미로 사용했던 것을 받아들여, 윤리적인 삶과 공동체적인 삶을 동일한 의미로 사용할 것이다.

2 　개념사적으로 empathy라는 용어 사용은 미국의 심리학자 E. B 티치너(Titchener)가 독일의 미학자 테오도르 립스(Theodor Lipps)의 Einfühlung(감정이입) 개념을 영어로 empathy로 번역한 것에서 그 기원을 찾을 수 있다. 립스는 Einfühlung 개념을 '다른 사람이나 그의 행동들에 공명(resonance)하는 현상들 또는 그것들을 내적 또는 심적(metal)으로 모방'하는 현상을 설명하기 위해 사용하였다. 그런데 미국의 심리학자 티치너는 이 개념을 미학적 체험을 넘어 심리학적으로 '다른 사람이 겪는 고통의 정서적 상태로 들어가 그들의 고통을 자신의 고통인 것처럼 느끼는 현상'을 지시하기 위해 사용한다. 한편 테오도르 립스에게 영향을 끼친 독일의 미학자 로베르트 비셔는 Einfühlung을 다른 사람의 입장이 되어 그들이 어떻게 느끼고 생각하고 이해하는 것'이라고 정의한다. empathy 개념의 미국 심리학 내 수용과 의미 확장에 관한 간단한 소개는, Karsten Stueber(2013, 1607-1608); 제레미 리프킨(2010, 19-21) 참조.

온스타인은 인간이 진화론적으로 공감능력을 발달시킬 수밖에 없었던 존재라고 주장하며, 이러한 공감능력의 발전을 현대 사회에서 나타나는 대립과 갈등을 극복할 방법으로 제시한다.[4] 이와 유사한 방식으로 뇌 과학자나 신경생리학자 등은 정밀한 실험과 관찰을 통해 인간에게는 타고난 공감능력이 있음을 증명하고, 이 능력의 발전을 권유한다.

이처럼 과학을 활용하여 현대 사회에 만연한 문제를 해결하고자 하는 현대 공감담론은 분명 긍정적이다. 그런데 이러한 담론들이 좀 더 섬세하게 검토할 경우 공감의 정의나 그것의 실천적 활용에 있어 해소되어야 할 문제점을 안고 있다는 점은 충분히 논의되지 못하고 있다.

현대의 공감 연구자들은, 특히 경험과학자들 대부분은 자각하지 못하고 있겠지만, 근대 공감 윤리학의 계보를 잇고 있다. 인간의 공감능력을 증명이 불필요한 경험적 사실로 전제하고, 이 능력에서 윤리적 삶 혹은 공동체적 삶의 가능성을 찾는 18세기 흄의 윤

---

3   경험과학 분야에서 공감에 대한 연구를 촉발시킨 사건은 거울뉴런의 발견이다. 1996년 자코모 리촐라티(Giacomo Rizzolatti)를 중심으로 한 이탈리아 신경생리학자들이 발견한 거울뉴런은 인간이 타인의 행위와 감정에 대해 동일한 반응을 하는 뇌의 신경세포를 일컫는다. 이후 거울뉴런은 다양한 분야의 논문들에서 인간이 선천적으로 타인의 행위를 모방하거나 타인의 감정을 공유할 수 능력을 본성으로 타고 났음을 증명하는 과학적 증거로 활용되기 시작한다. 거울뉴런의 발견과 그 기능에 관해서는 요아힘 바우어(2012, 28-33) 참조. 거울뉴런을 통해 도덕성을 해명하려는 국내의 논문으로는 정진우(2012) 참조. 공감을 인간의 선천적 능력 혹은 본성으로 정립하려는 시도는 현대 사회에서 크게 발전한 (진화)생물학자에서도 나타난다.

4   『공감의 진화』의 저자들은 공감을 '다른 사람의 기분과 경험을 감정적으로 이해하는 능력'으로 정의한다. 폴 에얼릭 · 로버트 온스타인(2012, 9) 참조.

리학과 경험과학으로 공감능력의 실재를 증명할 수 있고, 공감능력의 강화를 통해 사회적인 문제를 해결할 수 있다는 현대 공감담론은 그 논의구도가 거의 판박이다. 그런데 현대 공감담론은 18세기 흄의 공감 윤리학보다 더 발전한 것으로, 달리 말해 공감 윤리학의 한계를 극복한 것으로 보이진 않는다.

현대 공감담론이 현대 사회에서 실질적인 도움이 되려면 이론이나 실천의 차원에서 과거 공감 윤리학이 노정한 한계를 극복해야 한다. 그리고 이를 위해서는 과거의 공감 윤리학을 되돌아보아야 한다.

II 공감을 공동체적 삶의 기초로 삼는 철학적 입장들

공감에 관한 논의는 주로 흄과 같은 근대 경험주의자들의 윤리학적 관심에서 시작되었지만, 쇼펜하우어와 막스 셸러 또한 다른 철학적 전통에서 공감을 윤리적으로 중시했다. 그리고 현대의 누스바움은 앞선 철학자들처럼 공감을 윤리의 기초로 삼지 않지만 공감의 윤리성 문제에 관심을 보인다. 이제 이들을 중심으로 공감 윤리학은 공감을 어떻게 윤리적으로 정립하려고 했는지 그리고 여기서 파생되는 문제점은 무엇인지 검토해 보자.

1. 흄－sympathy

선천적인 이성능력의 역할을 거부하는 흄은 개인들 상호 간의 윤

리적 관계를 유지할 수 있는 능력을 이성이 아닌 '공감'(sympathy)
에서 찾는다. 그에 따르면 '인간의 본성에는 타인의 경향과 감정을
수용할 수 있는 공감능력'[5]이 있으며, 이 능력은 증명이 불필요한
경험의 사실이다.

실제로 우리가 다른 사람의 정념과 감정(sentiment)을 공감할 때,
이런 과정은 우선 우리의 마음(mind)에 오직 관념으로 나타나고 우
리가 다른 어떤 사실 문제를 표상할 때처럼 다른 사람에게 속한 사실
로 여겨진다는 점은 명백하다. 그리고 다른 사람의 감정에 대한 **관념**
은 그 관념이 재현하는 실제 **인상**으로 전환되며, 정념은 우리가 그
정념에 대해 형성한 심상과 어울리도록 발생한다는 것도 명백하다.
이 모든 것이 가장 분명한 경험적 사실이며 철학의 어떤 가설에도 좌
우되지 않는다.(Hume 1978, 319-320. 필자 강조)

그리고 흄은 이러한 공감이 직접 발생하는 것이 아니라 '상상
력'을 매개로 한다고 주장한다.[6] 풀어서 말하면 공감이란 내가 특
정한 상황 속에서 타인이 그러한 감정을 느낄 것이라고 상상하고,
그 상상이 나에게 타인과 동일한 감정을 일으키는 것이다. 이와 같
은 공감은 직관이나 직접적인 느낌 혹은 단순한 모방이 아니라 상

---

5 Hume(1978, 316) 참조.
6 흄의 철학에서 공감은 매개된 것이 아니라 타인의 감정에 대한 직접적인 경험이
   나 모방을 포함한다는 주장도 있다. Hardin(2007, 42-43); Bohlin(2009, 148)
   참조. 이러한 주장은 흄이 종종 이러한 해석이 가능한 언급들을 한다는 점에서 전
   적으로 틀렸다고 말하기는 어렵다. 그런데 이러한 해석들은 흄 자신이 공감이란
   '상상력에 의해 관념이 인상으로 전환된 것'이라고 자주 단언할 때, 정확한 흄의
   입장을 대변한다고 보기 어려워 보인다. Hume(1978, 427) 참조.

상의 과정을 거친다는 점에서 반성의 결과물이다.[7] 그렇다면 어떻게 나는 타인이 느끼는 그 감정을 상상할 수 있는가? 흄은 그 이유를 인간들 사이의 '유사성'(resemblance)에서 찾는다.

자연은 모든 인간이라는 창조물들 사이에서 유사성을 유지해 왔으며, 우리는 우리 자신에게서 발견할 수 없는 정념이나 원리를, 어느 정도 차이가 있고 다르겠지만, 다른 사람에게서 발견할 수 없다. 이는 신체의 유기적 구조(fabric)뿐만 아니라 정신의 유기적 구조에 있어서도 마찬가지다. 부분들이 형태나 크기에 있어서 다를 수 있지만, 그것들의 구조(construction)나 구성(composition)은 일반적으로 동일하다. 각 부분들의 모든 다양성 함께 유지되는 매우 주목할 만한 유사성이 있다. 그리고 이 유사성은 타인의 감정(sentiment)들을 함께 하고 그 감정들을 즐겁고 수월하게 받아들이는 데 기여함에 틀림없다.(Hume 1978, 319, 427)

흄에 의하면 인간은 약간의 차이가 있을 수 있지만, 기본적으로 육체적으로나 정신적으로 크게 다르지 않기에, 어떤 특정한 상황에 놓이면 그 상황에 맞는 감정을 유사하게 느낄 수밖에 없는 존재인 것이다.

그렇다면 공감능력은 어떻게 윤리적 관계 또는 공동체적 관계

---

7 흄은 공감이 일어나는 순간이 아무리 짧더라도 이 과정에는 의식의 활동이 개입되어 있음을 강조한다. Hume(1978, 317) 참조. 알트만(R. W. Altmann)은 흄 철학에서 공감은 감각 인상에서 나오는 것이 아니라 '근원적으로 상상력의 기능'이라고 주장한다. Altmann(1980, 130) 참조.

의 기초가 될 수 있는가? 주지하다시피 흄은 선과 악을 가르는 궁극적 기준을 쾌락과 고통에서 찾으며, 인간은 본성적으로 쾌락을 추구하고 고통을 피한다고 전제한다.[8] 여기서 그가 제시하는 쾌락은 단순한 감각적인 흥분을 넘어 정의와 같은 덕스러운 행위, 즉 공동체와 타인을 이롭게 하는 행위들의 결과물이다.[9] 그런데 인간은 공감능력이 있어 타인의 느낄 쾌락과 고통을 함께 느끼며, 고통을 회피하고 쾌락을 추구하는 본성에 따라, 타인의 고통을 제거하고 쾌락을 증진시키는 방향으로, 즉 윤리적 관계를 형성한다는 것이 흄의 생각이다.

사람들이 타인의 쾌락과 고통을 공감한다는 흄의 주장은 일단 틀린 것으로 보이지 않는다. 우리는 일상생활에서 이러한 현상을 쉽게 경험하기 때문이다. 그런데 이러한 공감능력은 타인에 대한 직·간접인 배려와 이를 통한 공동체적 삶의 가능성을 보여주기는 하지만, 동시에 해명되어야 할 난제를 포함한다. 그 난제는 결국 내가 타인의 감정을 있는 그대로 느낄 수 있느냐는 물음으로 압축된다. 우선 흄이 전제한 것처럼 나와 타인이 '동일'한 것이 아니라 '유사'하다는 점에서, 공감을 통해 내가 느끼는 타인의 감정이 타인의 실제 감정이라고 말하기 어렵다. 여기에는 내가 타인과 유사한 감정을 느낄 것이라는 개연성만이 존재할 뿐이다. 특히 공감이 '상상'을 매개로 한다고 할 때, 그 상상이 객관적인 혹은 공정한

---

8   흄에 따르면 도덕의 일차적 기준은 만족과 불만족이라는 감정이다. Hume(1978, 471) 참조.
9   흄은 본래 인간은 공익에 도움이 되는 사람에게서 즐거움을 느끼며, 인류의 복지에 관심을 갖는다고 주장한다. Hume(1978, 584) 참조.

인식과 평가를 보장한다고 말하기 어렵다. 즉 공감은 주관적이고 자의적인 판단에서 완전히 자유로울 수 없다. 그리고 흄 자신도 인정하였듯이 공감은 '관계, 친숙, 유사성'의 영향을 받는다.[10] 달리 말하면 공감은 거리와 시간의 영향을 받는다.[11] 공감은 자신과 관계가 먼 사람들이 아니라 가까운 사이, 즉 혈연관계나 친구 사이에 더 잘 작동하며, 시간적으로 최근의 것에 더 잘 작동한다. 이는 공감에 의한 윤리적 관계란 가족이나 직접적으로 나의 이익과 연관된 타인들 사이의 관계로 좁혀진다는 것을 의미한다. 결국 이러한 공감능력의 제약은 흄이 공감을 통해 보장받으려는 윤리적 관계가 각 개인이 처한 상황과 조건에 의존할 수밖에 없는 것임을 보여준다.

흄은 공감의 제약성과 한계를 극복할 수 있다고 생각한다. 그는 그 근거를 '일반적 관점'(general point of view)과 같은 것에서 찾는다.[12] 공감은 일시적이며 편협할 수 있으며 그 형태가 개인이 속한 문화나 지역에 따라 달라질 수 있다는 지적에 대해, 흄은 인간이라면 어떤 식으로든 따를 만한 혹은 인정할 만한 '공통의 관점'(common point of view)[13]이나 '불변적인 일반 기준',[14] 즉 사회적 관습과 규약 같은 것이 있다고 답한다. 즉 공감의 상대성을 일반적 관점을 통해 벗어날 수 있다는 것이다.

그런데 과연 '일반적 관점'을 통해 인간은 자기중심적 성격을

---

10   Hume(1978, 354) 참조.
11   Hume(1978, 317-318, 427) 참조.
12   '일반적 관점'과 공감에 있어 그것의 역할은 Brown(2008, 234-235) 참조.
13   Hume(1978, 591) 참조.
14   Hume(1978, 603) 참조.

넘어 공적인 이익을 추구할 수 있을까? 흄이 말하는 '일반적 관점' 또한 한 개인이 속한 특정한 정치, 경제, 문화 등의 특정한 조건에 제약을 받는다. 따라서 '일반적 관점'에서 공감의 한계를 일부 조정하거나 보완하는 수준 이상의 역할을 기대하기는 어려워 보인다. 흄은 '일반적 관점' 이외에도, 비록 이성적인 것은 아닐지라도, 언어나 반성을 통해 공감의 한계를 교정할 수 있다고 주장한다.[15] 그에 따르면 교양을 가진 인간이라면 사회적으로 유용한 가치를 추구하며, 타인과 윤리적인 관계를 맺으며 살아갈 것이기 때문이다. 그러나 이러한 주장도 기대나 낙관에 가까워 보인다.

정리하면, 흄은 공감의 제약성이나 한계를 건전한 상식을 통해 극복할 수 있다고 생각한다. 그런데 공감의 상대성을 극복할 방법이 역시 상대적일 수밖에 상식이라고 할 때, 흄이 제시하는 공감 윤리학은 불안정할 수밖에 없다.

2. 쇼펜하우어-Mitleid

쇼펜하우어 철학에서 공감은 독일어 Mitleid에 해당하며, 문자대로 해석하면 '고통을 함께 느끼는 것'이다. 쇼펜하우어 또한 이러한 고통에 대한 공감만이 윤리적 가치를 가진다고 주장한다.[16] 그

---

15   흄은 타인의 구체적인 상황을 고려할 수 있다면 대화를 통해 협소하고 고정된 감정을 교정할 수 있다고 본다. Hume(1978, 581-582) 참조. 그리고 여기서 흄이 말하는 반성능력은 이성주의자들이 말하는 논증적 추론이 아니라 감정이나 느낌에 관한 2차적 반추능력이다. 이와 같은 반성을 통해 감정은 훈련되고 세련되어진다. 이에 관해서는 양선이(2011, 172-173) 참조.
16   쇼펜하우어는 '인간은 타인의 고통에 대해서만 직접적으로 관여할 수 있다'고, 달리 말해 그는 타인의 쾌는 우리와 무관하다고 말한다. Schopenhauer(1993, 742-

가 고통에 대한 공감을 중시하는 이유는 그의 형이상학과 인간학적 전제와 맞물려 있다. 그는 인간의 삶은 '삶에의 의지'를 통해 유지된다고 전제한다. 그런데 '삶에의 의지'는 '개별화의 원리'에 의해 지배받으며, '개별화의 원리'는 인간이 겪는 모든 고통의 근원을 이룬다.

쇼펜하우어의 인간관은 홉스를 연상케 하지만, 공감을 윤리학의 중심으로 끌어들이는 방식은 흄과 비슷하다. 쇼펜하우어는 '개별화의 원리'와 분리될 수 없는 '이기주의'(Egoismus)를 인간의 고유한 본성으로 상정하고, '이기적 동기에 의하지 않는 행위가 윤리적 행위'라고 주장한다.[17]

그런데 쇼펜하우어는 공감을 윤리적으로 중시했던 만큼 공감에 관해 일관된 입장을 전개했다고 말하기 어렵다. 공감을 논의한 그의 대표적인 저작은 1818년 『의지와 표상으로서의 세계』와 그 후 21년 후에 발표된 『도덕의 기초에 관하여』다. 공감에 관한, 상대적이지만 좀 더 섬세한 논의는 『도덕의 기초에 관하여』에서 나타난다. 그런데 두 글은 공감의 발생과 역할을 동일하게 서술하지 않는다.

우선 『의지와 표상으로서의 세계』에서 쇼펜하우어가 말하는 공감의 특징을 살펴보자.

---

744) 참조. 쇼펜하우어는 쾌의 공감에서 오는 윤리적 삶의 가능성을 충분한 검토 없이 원천적으로 봉쇄한다.

17   Hamlyn(1980, 136) 참조. 쇼펜하우어는 이러한 공감은 결국 이기주의로 표출되는 삶에의 의지를 부정하는 역할을 하기에 '의지의 **진정제**'(Quietiv)라고도 말한다. Schopenhauer(1986, 515) 참조. 강조는 쇼펜하우어.

(공감은) 단순하고 순수하게 인식된 고통이 그것을 마음대로 제 것으로 하여, 개별화의 원리를 간파함으로써 **그러한 인식**이 생겨나게 하든지, 또는 직접 스스로 느껴진 고통이 **그러한 인식**이 생기게 하든지 하는 것이다.[18]

위의 인용문에서 강조된 '그러한 인식'이라는 표현에서 드러나듯이, 공감이란 직접적인 것이 아니라 인지의 결과물이다. 쇼펜하우어는 '고통에 대한 공감' 또한, 그 자신의 고통에서 시작하건 타인의 고통에 대한 자각에서 시작하건, '삶에의 의지'에 대한 인식 혹은 통찰에 의해 발생한다고 생각한다. 물론 쇼펜하우어는 직접적인 고통도 공감을 불러일으킨다고 주장한다. 그런데 직접적인 고통에서 시작된 그 공감도 직접적인 것은 아니다. 예를 들어 우리는 울음을 고통에 대한 직접적인 반응이라고 생각한다. 그러나 쇼펜하우어는 '반성(Reflexion) 속에서 그 고통이 반복될 때' 울음이 터진다고 주장한다.[19] 인간은 고통 자체가 아니라 '그 고통에 대한 표상 때문에 우는' 존재인 것이다.[20]

쇼펜하우어는 『의지와 표상으로서의 세계』에서 앞선 내용 이상을 공감에 대해 엄밀하게 논하지 않는다. 그는 이 책에서 공감에 관한 하나의 일관된 입장을 전개하는 데에는 관심이 없었던 것으로 보인다. 예를 들어 그는 어디에서는 공감이 '아가페적 사랑'에서 나타나는 신비한 능력이며, 이를 통해 이기주의를 극복할 수 있

---

18   Schopenhauer(1986, 517). 괄호와 강조는 필자.
19   Schopenhauer(1986, 512) 참조.
20   Schopenhauer(1986, 513) 참조.

다고 주장한다. 그러나 다른 곳에서 그는 공감을 이기주의를 극복할 수 있는 하나의 '가능성' 정도로 고려하며, 또 다른 곳에서는 앞선 주장과 반대로 이기주의에서 완전히 벗어날 방법은 없다고 주장하기도 한다. 그리고 『의지와 표상으로서의 세계』의 마지막 부분에 이르러서 그는 '무(無)'로 돌아가려는 종교적 체험을 이기주의를 극복할 수 있는 유일한 방법으로 제시한다.[21]

그렇다면 『도덕의 기초에 관하여』에서 공감은 어떻게 묘사될까? 이 책은 이기주의에서 벗어날 수 있는 유일한 방법은 '고통에 대한 공감'이라고 말한다.

타인의 고통에 대한 이 완전히 직접적인, 심지어 본능과 같은 관여, 즉 공감은 도덕적 가치를 갖는 행위들의 유일한 원천이다. 다시 말해 공감은 어떤 이기적인 동인도 없는, 바로 그 때문에 우리 자신 안에 내적 만족감을 불러일으키는 행위들의 유일한 원천이다.(Schopenhauer 1993, 761)

여기서 쇼펜하우어는 공감을 직접적인 관여, 심지어 본능과 같은 것으로 묘사한다는 점에서, 공감을 인지의 결과물로 보았던 『의지와 표상으로서의 세계』와 차이를 보인다. 나아가 그는 이러한 공감은 '상상 속에서 타인의 고통을 나의 고통으로 착각하는 환상'이 아니라고도 주장한다.[22]

21 쇼펜하우어에 따르면 '우리 앞에 남는 것은 무(無)밖에 없다.' Schopenhauer (1986, 557) 참조.
22 Schopenhauer(1993, 743-744) 참조.

우리가 아니라 그가 고통받는 것이, 우리에게 매순간 명백하고 생생하게 의식된다. 그리고 우리가 아니라 바로 그의 안에서 우리는 고통을 느낀다. 우리의 느낌이 아니라 그의 고통 속에서 우리는 슬픔을 느낀다. 우리는 그와 함께, 따라서 그의 안에서 고통받는다. 우리는 그의 고통을 그의 것으로 느끼고, 그것이 우리의 것이라는 환상을 갖지 않는다.(Schopenhauer 1993, 744)

인용문에 따르면 공감은 타인의 고통을 있는 그대로 의식하는 것이며 타인의 고통을 그 자체로 느끼는 상태다. 한편 쇼펜하우어는 '공감을 일깨우기 위해서는 추상적인 인식이 아니라 직관적 인식, 구체적 경우에 대한 단순한 이해만이 요구된다'(Schopenhauer 1993, 781)고 주장하기도 한다. 여기서 그 단순한 이해가 무엇인지 정확치 않으나 『도덕의 기초에 관하여』에서 공감은 직접적인 것에 가깝다.[23]

그렇다면 쇼펜하우어에게 있어 공감은 어떻게 윤리적 관계를 보장할 수 있는가? 그에 따르면 공감은 두 단계로 발전한다. 공감의 첫 단계는 부정적인 혹은 수동적인 태도로 나타난다.

첫 단계는 나에게 내재하는 반도덕적 힘의 결과로 나 자신이 타인에게 초래할 고통을 저지하고 그에 대항하여 멈추라고 소리치는 단계다.(Schopenhauer 1993, 746)

23 쇼펜하우어는 이 책에서도 공감을 표상된 것이라고도 주장한다. 이러한 측면에서 그의 공감 규정은 엄밀하다고 말하기 어렵다.

이 상태의 공감은 자신의 불의와 폭력에 타인이 고통받는다는 것을 표상을 통해, 즉 간접적인 방식으로 시작된다. 그리고 이러한 타인의 고통에 대한 의식으로부터 "누구도 해치지 말라"는 원칙이 나타난다(Schopenhauer 1993, 746).[24] 나아가 이 원칙은 타인의 육체적 고통은 물론이고 정신적 고통도 초래하지 않으려는 노력으로 확장된다고 쇼펜하우어는 주장한다. 그는 첫 번째 단계의 공감이 수동적이라고 규정하는데, 그 이유는 이때의 공감은 타인의 고통을 느낄 뿐 적극적으로 타인의 고통에 개입하지 않는 상태에 머물기 때문이다.

공감의 두 번째 단계는 적극적 혹은 능동적인 상태이며, 타인의 고통이 그 자체로, 즉 직접적으로 나의 행위를 추동한다. 이 단계에서 인간은 타인을 훼손하지 않는 것을 넘어 타인에 관여하고자, 즉 돕고자 한다. 그리고 그는 다음과 같이 말한다. '어떤 논증으로 지지되지도, 논증이 필요하지도 않은 이 직접적인 관여에 인간애와 할 수 있는 한 모두를 도우라는 박애(caritas)의 유일하게 순수한 근원이 놓여 있다'(Schopenhauer 1993, 760). 쇼펜하우어는 두 번째 단계의 공감이 가지는 직접성을 다음과 같이 설명한다.

이것(공감)은 내가 나를 타인과 어느 정도 동일화했고, 그래서 아와 비아를 가르는 빗장이 그 순간에 지양되었음을 전제한다. 오직 그럴 때만 타인의 상황, 그의 결핍, 그의 필요, 그의 고통이 **직접적으로** 나의 것이 된다. 그러면 나는 그를 더 이상, 경험적 직관이 부여한 그

---

24   쇼펜하우어는 누구도 해치지 말라는 원칙을 '정의의 원칙'이라고 규정한다.

의 존재처럼, 나에게 생소한 것, 나에게 무관한 것, 나와 완전히 다른 것으로 바라보지 않고, 그의 피부가 나의 신경을 포함하지 않더라도 그의 내부에서는 나는 똑같이 고통받는다. 이를 통해서만 그의 고통, 그의 필요가 나에게 동기가 될 수 있다.(Schopenhauer 1993, 763. 강조는 필자)

이상의 주장에 따르면, 『도덕의 기초에 관하여』에서 쇼펜하우어는 『의지와 표상으로서의 세계』의 공감 규정을 부분적으로 반복하면서 윤리학에 맞게 변화·확장시키고 있음을 알 수 있다. 이에 따르면 공감은 크게 세 가지 특성을 가진 것으로 정리될 수 있다. 첫째, 공감은 타자의 고통을 의식하는, 정확히 말하면 표상으로 받아들이는 것이다. 둘째 공감은 주관적 느낌에 의한 착각이 아니라 타인의 고통 그 자체를 직접 느끼는 것이다. 셋째 공감은 수동적인 상태와 능동적인 상태로 구분할 수 있으며, 수동적인 상태에서 능동적인 상태로 발전한다.

만약 쇼펜하우어의 공감론을 있는 그대로 받아들인다면, 인간은 이기주의를 넘어 능동적으로 타인을 도울 수 있는 존재다. 인간은 공감을 통해 타인의 고통을 있는 그대로 정확히 느끼고 타인의 그 고통을 제거하기 위해 노력하는 존재이니 말이다. 이러한 쇼펜하우어의 입장은 이전보다 공감을 윤리의 기초로 규명한 것처럼 보이지만 여전히 모호하다.

이러한 쇼펜하우어의 공감 이론은 다음과 같은 문제점을 노출한다. 첫 번째로 공감의 발생이 표상에 의한 것이라는 쇼펜하우어의 주장은 그의 기본적인 철학체계에 비추어 볼 때 자연스러운 귀결이다. 그런데 쇼펜하우어는 공감이 표상 후 발생한다고 주장하지만 그것의 인지적 성격에 대해 구체적으로 설명하지 않는다. 여기서 쇼펜하우어는 흄이 상상에 의해 공감이 발생한다고 주장할 때 제기된 문제에 직면하게 된다. 과연 표상을 통해 타인의 상태를 있는 그대로 받아들이고 동일한 감정을 느낄 수 있을까? 물론 고통에 대한 표상이 타인을 적극적으로 도우려는 행위로 발전할 수 있다는 것은 우리의 일상적인 경험이 말해준다.[25] 그런데 관념이 인상으로 전환될 수 있다는 흄의 주장처럼 표상이 느낌으로 전환될 수 있다고 해도, 어떻게 타인의 고통을 '있는 그대로' 느끼는 것이 가능한지 의문이 남는다. 이러한 의문에 대해 쇼펜하우어는 자신의 주장을 증명하기보다는 이러한 공감을 일상적으로 쉽게 체험할 수 있으며, 그 과정은 '신비롭다'는 말로 그 대답을 대신한다 (Schopenhauer 1993, 763). 그리고 그는 이러한 대답이 미흡하다고 생각했는지 『도덕의 기초』 마지막 부분 부록에서 공감은 실재하며 형이상학적으로도 증명할 수 있다고 주장한다.[26] 달리 말해 그는 공감을 경험의 문제, 혹은 증명의 문제가 아닌 형이상학의 문제로 넘긴다. 그의 형이상학에 따르면 만물은 서로 연결되어 있다. 그

---

25 쇼펜하우어의 공감 윤리학은 현상의 전개에 따라 진행되기에 현상학적이라는 해석도 있다. Struebel(2015, 217) 참조.

26 이 글은 공감을 중심으로 쇼펜하우어의 윤리학을 검토하기에 특별히 언급하지 않았지만, 그의 철학 체계 내에서 윤리학과 의지의 형이상학의 관계에 관한 논쟁들이 있었다. 쇼펜하우어의 철학은 형이상학부터 모두 윤리학적이라는 입장에서부터 그의 윤리학과 의지의 형이상학 사이의 논리적 일관성에 관한 상이한 해석들이 존재한다. 기존의 논쟁에 대한 간략한 소개와 쇼펜하우어의 윤리학을 형이상학의 자연스러운 결과물로 파악하는 입장은 Koßler(2008, 230-250)를 참조할 것.

리고 그는 근거로 '이것은 너다'(tat-tvam ais)(Schopenhauer 1993, 809)라는 명제로 압축되는 고대 인도의 신비한 체험 혹은 직관적인 자각을 제시한다. 그런데 이러한 형이상학적 증명 방식은 신비주의의 한계에서 벗어날 수 없다. 비록 쇼펜하우어는 과거 윤리학이 일종의 요청이나 바람에 의존한다고 비판하지만, 그의 윤리학 또한 공감이라는 신비한 능력을 요청하는 상황에 빠지고 만다.

두 번째, 공감이 수동적인 상태에서 능동적인 상태로 발전한다는 쇼펜하우어의 주장도 객관적인 근거를 가진다고 보기 어렵다. 그에 따르면 공감은 수동적 단계에서 능동적 단계로 전환된다. 그런데 이 부분에서 쇼펜하우어는 어떻게 공감이 타인에 대한 적극적인 도움의 형태로 확장될 수 있는지 설명하지 않는다. 공감의 확장은 일상적인 경험을 통해서도 확인할 수 있지만, 우리는 공감하지만 타인을 돕지 않는 사례 또한 흔하게 발견한다. 결국 공감의 단계적 발전은 논리적으로 신비주의에 의존할 때만 유지되며, 신비주의에 의존할 경우 공감의 윤리적 발전은 당위적인 기대나 희망의 산물에 가까워진다. 결국 쇼펜하우어가 신비주의에 의존하는한, 그의 공감 윤리학의 목표는 공감의 신비로움에 대한 자각으로 뒤바뀐다.

흄과 비교하자면 쇼펜하우어의 공감 윤리학은 흄의 난점을 신비주의로 봉합했다는 인상을 준다. 흄에게 공감의 상대성을 극복하는 것이 난제였다면, 쇼펜하우어는 이 문제를 신비주의로 밀봉한 것이다. 덴마크 국립 아카데미가 지적했던 것처럼, 쇼펜하우어의 입장은 모호하고 작위적이라는 비판에서 벗어나기 어렵다.[27]

물론 쇼펜하우어가 주장한 것처럼 공감은 논리로 설명할 수 없는 신비한 능력일 수 있다. 그러나 이러한 능력이 실재한다고 해도 그의 윤리학은 이기주의의 극복이 쉽지 않다고 말한다. 질문을 던져보자. 그 신비한 공감능력을 타고 났다면, 왜 어떤 인간들은 이기적으로, 비윤리적으로 살아가는가? 『의지와 표상으로서의 세계』에서 쇼펜하우어는 이러한 질문에 대해 굳이 대답할 필요가 없었다. 위에서 살펴보았듯이 그는 공감이 삶에의 의지를 완전히 통제할 수 없다는 입장을 취했기 때문이다. 그런데 『도덕의 기초』에서 쇼펜하우어는 자신에게 던져질 질문을 예상한 듯이 다음과 같이 스스로 묻는다.

> 공감이 모든 참된, 즉 사심 없는 정의와 인간애의 근본동인이라면, 어떤 이는 그것을 통해 움직이지만, 어떤 이는 그렇지 않은 이유는 무엇인가?(Schopenhauer 1993, 786)

이 질문은 쇼펜하우어 그 자신은 물론이고 공감을 강조하는 윤리학자나 현대 경험과학자들이 꼭 해명해야 할 난제이다. 공감 능력을 타고난 본성으로 전제하는 입장은 현실에서 그 본성이 제대로 실현되지 않는 이유를 어떻게 설명할 것인가? 쇼펜하우어의 경우 그 이유를 '성격'에서 찾는다. 공감이 윤리적 행위의 동인이지만 성격에 따라 사람들은 공감을 동인으로 삼아 행위하지 않을 수도 있다는 것이다.

---

27 Schopenhauer(1993, 815) 참조.

성격들의 차이는 선천적이고 근절될 수 없다.(Schopenhauer 1993, 786)

이 주장에 따르면 어떤 사람들은 성격상 이기주의나 악의에 따라 행위할 수밖에 없고, 당연히 공감을 통한 윤리적 관계를 형성할 수 없다. 그리고 쇼펜하우어는 못을 박듯이 인간의 성격은 변하지 않는다고 단언한다.[28] 나아가 그는 이성적 반성이나 통찰, 교육도 타고난 성격을 변화시키지 못하며 타고난 성격을 실현시키는 매개 혹은 수단만을 바꿀 수 있다고 말한다. "이기주의 자체를, 악의 자체를 누구에게서도 앗을 수 없다"(Schopenhauer 1993, 793). 그는 자신의 입장을 '행동은 존재에서 나온다'(Schopenhauer 1993, 790)는 명제로, 그리고 자유의지에 대한 다음과 같은 비아냥거림으로 재확인시킨다.

어떤 측면에서도 영향받지 않는 자유로운 의지 결정은 오래전 철학의 유년기에 나온 발명품일 뿐이다.(Schopenhauer 1993, 790)

쇼펜하우어는 소위 개과천선을 인정하지 않는다. 그의 이러한 입장은 독자를 혼란스럽게 한다. 왜냐하면 그는 신비한 공감능력이 윤리적 행위의 동인이라고 기껏 설명한 후 성격에 따라 공감이 윤리적 관계를 보장하지 못할 수도 있다고 주장하기 때문이다.

28 쇼펜하우어 또한 후천적 성격에 관해 언급한다. 그런데 그 후천적 성격은 "자신의 불변하는 성격을 성찰함으로써 획득하게 되는 좀 더 나은 자기이해이다." 크리스토퍼 제너웨이(2001, 102) 참조.

쇼펜하우어가 왜 이런 주장을 하는지 좀 더 살펴보자. 그에 따르면 모든 인간 행위의 세 가지 동인인 '이기주의', '악의', '공감'은 사람마다 다르게 나타난다. 그런데 세 가지 동인 중 하나가 다른 동인들을 지배하거나 혹은 변화시킬 수 없다.

성격도 변화될 수 없다. 인간애의 동기는 좋은 성격을 위해 강력한 자극이지만, 이기적 동기만을 수용하는 이에게는 어떤 힘도 없다. 그럼에도 불구하고 그가 박애적인 행위를 하게 하려면 그것은 오직 '**현혹**'(Vorspiegelung)을 통해서만 일어날 수 있다.(Schopenhauer 1993, 792. 강조는 필자)

좋은 성격을 가진 사람은 더 많이 공감하고 윤리적으로 살아가겠지만, 나쁜 성격의 사람은 이기주의나 악의에 따라 비윤리적으로 살아갈 뿐이다. 그런데 인용문에서 언급되듯이, 쇼펜하우어는 이기적인 인간이 윤리적인 행위를 할 수 있는 가능성을 완전히 무시하진 않는다. 그는 '현혹'을 통해, 즉 타인의 고통을 줄이는 것이 자신의 이익이 된다고 속임으로써 이기적인 인간을 윤리적인, 정확히 말하면 윤리적으로 보이는 행위를 하도록 유도할 수 있다고 생각한다. 현혹이 성공한다면, 공감하는 인간과 이기적인 인간 사이에 형식적이나마 윤리적 관계가 형성될 수 있다. 그러나 그 관계는 오래 지속될 수 없다. 왜냐하면 인간의 성격은 근본적으로 변화하지 않으며 이러한 현혹은 일시적인 효과만 갖기 때문이다.[29]

---

29 쇼펜하우어는 '타인의 성격을 바꾸는 것은 납을 금으로 바꾸는 것만큼 불가능하다'는 주장도 한다. Schopenhauer(1993, 792) 참조.

정리하면, 쇼펜하우어는 인간에게 신비한 공감능력이 있다고 전제하지만, 공감능력이 성격으로 주어진 이기심은 극복할 수 없다는 입장을 취한다. 이러한 결론은, 만약 그가 공감을 통한 보편 윤리학을 모색했다면, 이론적 일관성의 측면에서 불만족스러울 수밖에 없다. 그러나 역설적으로 그의 공감 윤리학은 공감에 대한 낙관이나 희망이 아니라 변하지 않는 인간의 이기심을 경고함으로써, 의도한 것인지 알 수 없으나, 역설적으로 공감을 윤리의 기초로 삼으려는 입장들이 봉착하게 되는 이론적 난관을 환기시키는데 기여했다고 평가할 수 있다.

3. 막스 셸러-Sympathie

막스 셸러는 공감을, 흄과 쇼펜하우어와는 다른 방식으로, 보편적인 윤리의 근거로 삼는다. 막스 셸러는 주관주의와 상대주의에 빠지지 않는 보편적 공감 윤리학을 정립하고자 했다.[30] 이를 위해 그는 흄이나 쇼펜하우어가 충분히 수행하지 못한, 공감에 대한 섬세한 분석을 통해 윤리적으로 가치가 있는 '실질적 혹은 진정한' 공감의 형태를 제시하고자 노력한다.

셸러는 『동감의 본질과 형태』에서 공감을 다른 철학자들처럼 타자를 이해하고 함께 느끼는 인간의 선천적 능력이라고 규정한

---

30 공감 윤리학이 보편성을 담지할 수 있으려면 공감은 보편적 원리에 따라 작동해야 한다. 셸러에게 공감은 단순한 감정이 아니라 고유한 원리를 가진 정신능력의 실현이다. 셸러의 철학 체계 내에서 공감의 의미와 그 윤리학적 함의에 대한 설명은 금교영(1999)의 논문을 참조.

다.[31] 그리고 그는 진정한 공감을 그와 유사한 다른 심리적 현상들과 구분한다.[32] 흥미롭게도 그는 흄이 윤리의 기초로 삼았던 공감 현상을 '감정전염'(Ansteckung)이나 '감정이입'(Einsfühlung)과 같은 것으로 분류하고 이는 윤리의 기초가 될 수 없다고 지적한다.

막스 셸러는 '감정전염'을 설명하기 위해 슬픈 기분의 사람이 술집의 즐거운 분위기에 영향을 받아 그 자신도 즐거움을 느끼게 되는 상황을 예로 든다. 이러한 감정전염은 타인의 감정에 대한 체험을 반드시 필요로 하지 않는다는 특징을 가진다. 그래서 셸러는 그것이 '비자의적이며 무의식적'이라고 말한다(Scheler 2009, 25-26). 이에 따르면 쇼펜하우어가 중시했던 고통에 대한 공감도 그것이 전염의 형태로 발생한다면 진정한 공감이 될 수 없다(Scheler 2009, 28-29). 전염을 통한 고통의 공감은 우선 타인의 고통을 나도 느끼게 만든다. 그런데 나는 본능적으로 고통을 없애려고 노력하게 되며, 이 과정에서 공감의 대상, 즉 타인의 고통은 잊히게 된다. 이 때문에 고통의 전염은 결과적으로 타인의 고통을 회피하는 결과를 가져오기에 진정한 공감도, 따라서 윤리적 동기도 될 수 없다.

'감정이입' 역시 진정한 공감이 될 수 없다. 셸러에 따르면 감정이입이란 타인의 감정을 나의 감정과 타인의 자아를 나의 자아와 동일시하는 것이다. 감정이입은 외줄을 타는 곡예사와 그것을

31 물론 막스 셸러는 흄처럼 인식의 출발점을 인상과 같은 감각에서 찾지 않는다. 막스 셸러에 따르면 감각이 받아들여지는 구조, 즉 '정신적, 지적, 그리고 감정적 구조(constitution)'가 감각 경험 이전에 존재한다. 흄과 막스 셸러의 인식론적 차이에 관한 설명은 Kelly(1997, 27-28) 참조.

32 Scheler(2009, 1장) 참조. 국내 번역본은 막스 셸러 저·조정옥 역, 『동감의 본질과 형태』(아카넷, 2006)으로 이후 번역은 한국어 번역본을 따르되, 번역에 있어 입장 차이가 있을 경우 원문과 비교하여 수정함.

관찰하는 관객들의 관계에서 그 예를 찾을 수 있는데, 셸러에 따르면 이것 또한 감정이입처럼 비자의적일 뿐만 아니라 무의식적으로 타인과 나를 동일시하는 현상일 뿐이다(Scheler 2009, 28-29). 셸러는 타인의 감정에 휩쓸리거나 동일하게 반응하는 감정이입도 진정한 공감이 아니며 윤리의 토대가 될 수도 없다고 주장한다. 감정이입 상태의 공감은 윤리적 고려의 대상이 되어야 하는 타인의 실제적인 체험(Erlebnis) 혹은 삶을 고려하는 것이 아니기 때문이다.

막스 셸러가 보기에 윤리의 기초가 될 수 있는 진정한 공감은 각 개인의 고유성과 독립성이 인정되면서도 동시에 더 높은 가치 속에서 조화를 이루는 것이어야 한다. 그렇다면 셸러가 제시하려는 진정한 동감은 어떠한 인지 상태를 지시할까?

> (진정한) 공감은 타인의 느낌을 느끼는 것이지만 느낌에 대한 단순한 앎이 아니며 그가 그 감정을 갖고 있다는 단순한 판단도 아니다.(Scheler 2009, 20. 괄호는 필자)

인용문에 따르면 진정한 공감은 타인의 감정에 대한 앎이나 판단, 쇼펜하우어의 표현을 빌리자면 표상과 같은 것이 아니다. 셸러는 진정한 공감이 '뒤따라 느낌'(Nachgefühl)을 기반으로 한다고 주장한다.[33] 이 느낌은 표현 그대로 타인의 감정을 따라서 느끼는 것이다. 그런데 '뒤따라 느낌'은 공감이 발생하는 조건일 뿐 진정한 공감을 필연적으로 형성하는 것은 아니다. 예를 들어 타인의

---

33 이 '뒤따라 느낌'은 동감 없이도 일어날 수 있고, 뒤따라 느낌에 의해 동감에 정반대되는 것이 나타날 수 있다.

고통에서 기쁨을 느끼는 잔인한 인간은 진정한 공감을 형성할 수 없다.

막스 셸러는 진정한 공감은 타인을 하나의 자아로 '체험'(Erlebnis)하는 것이라고 말한다. 이러한 공감은 타인의 감정에 대한 (유비)추리나, 투사적인 감정이입과 모방충동에서 발생하지 않는다. 우리가 흔히 공감이라고 부르는 이러한 느낌들은, 셸러에 따르면, 단지 내가 타인을 이해하고 있다는 착각을 불러일으킬 뿐이다. 진정한 공감은 타인의 체험에 실제적으로 '참여'하는 것이어야 한다. '참여'란, 셸러에 따르면, '뒤따라 느낌'으로 주어진 그 느낌이 타인의 것이라는 '사실'(Tatbestand)로 받아들이고, 그 느낌에 대한 '가치 태도'(Wertverhalten)를 사실로 대하여 반응하는 것이다.

정리하면, 셸러가 말하는 진정한 공감은 타자의 실제적인 삶에 대한 참여, 즉 타자를 있는 그대로 받아들이는 것이다(Scheler 2009, 50-51).[34] 그렇다면 우리는 어떻게 타자의 실제적인 삶에 참여할 수 있는가? 만약 이러한 참여에 의한 공감이 가능하다면 셸러는 흄과 쇼펜하우어의 한계를 넘어 공감을 보편적 윤리의 기초로 세울 수 있게 될 것이다.

셸러는 진정한 공감이 가능한 이유를 공감의 생성과정과 그 구조에서 찾는다. 그는 공감이 '뒤따라 느낌'을 통해 형성되긴 하

---

34   켈리(Kelly)는 막스 셸러가 생각하는 진정한 공감은 네 가지 특성을 가진다고 주장한다. 첫째, 내가 공감하는 감정은 내 감정이 아니라 타인의 감정으로 주어져야만 한다. 둘째, 이것이 공감 내내 유지되어야 한다. 셋째, 그럼에도 불구하는 나는 타인에게 자유롭게 다가설 수 있어야 한다. 넷째, 진정한 공감 행위는 인지적 행위이며, 이는 타인의 감정적 상태들에 관한 것이다. Kelly(1997, 147-148) 참조.

지만, 그 전에 공감이 가능한 원천적인 토대가 이미 존재한다고 주장한다. 그에 따르면 타인에 대한 체험은 추리 이전에 이미 표현으로 드러나는 현상들 속에서 원본적인 지각의 형태로 직접 주어진다. 예를 들어 셸러는 인간은 타인의 '붉어진 얼굴에서 수치심을 웃음에서 기쁨을' 직접 지각한다고 말한다.[35] 그런데 단순히 타인의 표정에 대한 관찰로 타자를 체험할 수 있는 것은 아니다. 그에 따르면 자아와 타자의 체험 사이에는 이미 '직관적인 본질 관계'가 놓여 있다.[36] 즉 공감은 단순히 우연적이고 개별적인 타인의 표정이나 동작을 지각해서 발생하는 것이 아니다. 달리 말해 셸러는 표정이나 표현을 통해 타인을 이해할 수 있는 것은 그 표현들 속에 '보편적인 문법'이 있기 때문이라고 주장한다. 그리고 그 문법은 타인을 따라하는 모든 종류의 흉내와 팬터마임을 이해할 수 있는 궁극적인 토대를 이룬다.[37] 정리하면, 셸러는 공감을 형성하는 타인에 대한 관찰과 상상은 이미 보편적인 문법의 구조 속에 놓여 있기 때문에, 공감은 그 자체로 주관적이고 자의적인 것이 아니라고 주장하는 것이다.

여기서 잠시 셸러와 흄의 입장이 어떤 차이를 보이는지 비교해 보자. 셸러가 보기에 흄은 인간의 유사성을 근거로 '감정이입'이나 '감정전염'을 진정한 공감이라고 착각하고 있기에 진정한 공감에 의한 윤리적 관계를 제시할 수 없다. 흄과 달리 셸러는 사람들이 타인의 개별성을 있는 그대로 받아들일 수 있는 공감이 가능

---

35 Scheler(2009, 21) 참조.
36 Scheler(2009, 20) 참조.
37 Scheler(2009, 22) 참조.

한 구조가 공감 이전에 존재한다고 전제하고 있으며, 이 때문에 보편적인 윤리관계가 가능하다고 주장하는 것이다.

셸러가 공감 이전에 존재한다고 주장하는 인간학적·형이상학적 전제들을 좀 더 구체적으로 살펴보자. 그의 전제들은 다음과 같다. 첫째, 인간은 본래 타자의 체험에 참여하고 타자를 이해할 수 있는 선천적 능력을 가지고 있다. 셸러는 이러한 사실을 '원본적인 지각'의 형태로 알 수 있다고 주장한다.[38] 두 번째로 생명체의 본능에 따른 행동은 생리적 과정과 심리적 과정을 그대로 표현한다.[39] 이 때문에 인간은 타인의 신체 변화를 지각하면서 그의 심리를 투명하게 파악할 수 있다. 셋째로 진정한 공감이 가능한 이유는 인간에게는 '정신'(Geist)[40]과 '사랑'[41]이라는 고유한 능력이 있으며, 이

---

38 Scheler(2009, 21) 참조.
39 생명체의 행동으로 나타나는 '본능'의 특징은 다음과 같다. 첫째, 그것은 의미(논리)에 알맞은 것이어야만 한다. 그 행동은 생명체의 그 자체의 전체를 위해, 즉 그 생명체의 영양과 번식을 위해서나 다른 생명체의 전체를 위해서 목적 지향적이어야만 한다. 즉 본능은 개체가 아닌 종에 봉사한다. 둘째, 본능적인 행동은 어떤 확고하고 불변적인 리듬에 따라 진행된다. 이러한 본능적인 행동은 항상 내면상태를 표현한다. 직접적이건 간접적이건 행동으로 표현되지 않는 내면적이고 심적인 것은 존재하지 않는다. Scheler(1975, 18-24, 78) 참조. 국내 번역본은 막스 셸러 저·진교훈 역, 『우주에서 인간의 지위』(아카넷, 2001)이며, 인용은 번역본을 따르되, 번역에 입장 차이가 있을 경우 원문과 비교하여 수정함.
40 셸러에 따르면 인간은 정신능력을 통해 주어진 현실을 부정하고, 그것의 선천적 본질에 다다를 수 있다. 공감과 관련하여 보자면, 정신은 공감하는 대상의 내면적 가치를 이해할 수 있는 인간의 고유한 능력이라고 말할 수 있다. 바꾸어 말하면 공감은 정신을 통해 타자에 대한 단순한 느낌이나 체험을 넘어 타자에 대한 실질적 이해로 나아갈 수 있다. '정신은 근원현상과 본질내용들을 직관하는 것이면서, 선의, 사랑, 후회, 경외, 정신적 경탄, 축복과 절망, 자유로운 결단과 같은 의지적이고 정서적인 활동을 포괄'한다. 셸러의 정신 개념과 그 특성에 관해서는 Scheler(1975, 36-71) 참조.
41 셸러에 따르면 사랑은 인간이 세계를 받아들이는 형이상학적 원리이자 힘이다. 사랑은 세계의 대상들에 대한 참여와 관여의 모든 정신 작용들의 근원이다. 셸러

것들의 전개를 통해 인간은 주어진 신체성과 환경에서 벗어날 수 있기 때문이다. 여기서 셸러가 말하는 '정신'은 그 자체로 활동하며 고귀한 가치를 추구하는 능력이며, 사랑은 우주의 질서와 가치를 실현하는 원리이자 동력이다. 이러한 정신과 사랑이 있기 때문에 인간은 공감을 통해 타인과의 단순한 감정적 결합을 넘어 공존과 조화라는 보편적 가치를 고양시킬 수 있다. 셸러의 입장을 간단히 정리하면, 존재론적으로 서로의 감정을 있는 그대로 파악할 수 있는 질서 속에서 놓인 인간은, 이러한 사실을 인식할 수 있을 뿐만 아니라 더 높은 가치로 고양시킬 수 있는 능력을 타고났기에 진정한 공감에 도달할 수 있는 존재다.[42]

그렇다면 공감을 중심으로 보편 윤리학을 제시하려던 셸러의 기획은 과연 성공적일까? 분명 그의 윤리학은 이전의 철학자들이 공감을 논의하며 엄밀하게 고려하지 못한 타자의 개별성과 고유성을 환기시키는 장점을 가진다. 그러나 그의 공감 윤리학이 성공적인지는 의문이다. 공감이 윤리적인 삶의 근거가 되기 위해서는 셸러가 주장한 것처럼 공감이 타인의 구체적인 삶을 받아들이는 과정이어야만 할 것이다. 그러나 이러한 셸러의 철학은 흄과는 다른 차원의 문제를 노출한다. 그 문제는 셸러가 논거로 삼았던 인간학적·형이상학적 전제에 놓여 있다. 그 전제와 여기서 파생되는 문제점은 다음과 같다.

첫째, 셸러는 진정한 공감의 필수 요소가 타인에 대한 선천적

의 사랑 개념에 관한 간단한 정리는 M. S. 프링스(2003, 69-84) 참조.

42   이러한 입장은 종교적 신비주의를 통해 이 문제를 해결하려고 했던 쇼펜하우어와 유사하다.

이해이며 이는 '본질직관'을 통해 알 수 있다고 전제한다. 비록 그의 현상학적 관점과 방법을 받아들이지 않더라도 인간에게는 그와 유사한 능력들이 있음을 경험이 알려준다.[43] 그런데 인간의 생리적 과정과 심리적 과정이 일치한다는 셸러의 두 번째 전제는 받아들이기 힘들다. 셸러의 이러한 전제는 당시 행태주의 심리학의 영향을 받은 것으로 보인다. 그러나 현대 심리학의 다양한 실험은 셸러의 생각과 달리 생리적 과정과 심리적 과정이 일치하지 않는 것이 일반적이라고 말한다. 생리와 심리의 일치라는 전제는 인간은 타인을 있는 그대로 이해할 수 있다고 주장하기 위해 꼭 필요하지만 현대 과학은 그것이 선언이나 요청에 가깝다는 것을 보여준다. 마지막으로 셸러의 주장 중 가장 받아들이기 어려운 부분은 '정신'의 발전과 '사랑'의 힘의 절대성에 관한 전제일 것이다. 이 부분은 셸러의 형이상학적인, 특히 그의 종교적인 믿음과 관련 있다.[44] 예를 들어 셸러는 진정한 공감의 사례를 '부처의 회심'[45]에서 찾는다. 그런데 이러한 셸러의 종교적 혹은 형이상학적 전제는 바로 다른 종교나 형이상학에 기반한 반론에 직면할 수밖에 없다. 쉽게 말해 셸러는 자신의 전제하는 종교적 입장을 받아들이지 않는 사람은, 예

---

43 셸러는 현상학적 환원을 통해 '모든 구체적 우연적 경험에 앞서 기초가 되는 본질성과 가치 혹은 연관을 탐구'할 수 있다고 보았다. 셸러의 철학에서 현상학적 환원의 의미는 김종헌(1998)의 논문 참조.

44 Scheler(1980, 86) 참조. 셸러는 종교적 태도, 즉 탈육체화, 탈세계화를 통해 본질에 도달할 수 있다고 본다. 셸러 철학에서 가톨릭이 차지하는 역할이 그의 전체 철학 체계에서 일관되게 유지되었다고 보기는 어렵다. 그러나 그는 절대자를 종교적으로 추구하는 태도를 보인다는 점은 의문의 여지가 없다. 셸러와 가톨릭의 관계에 관해서는 진교훈(2004)의 논문 참조.

45 셸러는 진정한 공감이나 인간 정신의 발현의 사례로 부처를 자주 언급한다. Scheler(2009, 61, 71); Scheler(1975, 50, 58) 참조.

를 들어 불교를 믿지 않는 사람은 진정한 공감에 도달할 수 없다고 말해야 하는 상황에 처하게 된다.

물론 셸러가 전제하는 종교적, 형이상학적 전제는 경험적인 증명의 대상이 아니다. 셸러의 공감 윤리학이 경험으로 증명되지 않는 전제에서 출발하기에 비현실적이라는 비판은 가능하지만, 이 때문에 원천적으로 불가능하다고 단언할 수는 없다. 그러나 셸러의 형이상학적 전제를 경험적 사실로 받아들인다고 해도, 쇼펜하우어가 그러했던 것처럼, 공감을 통한 보편 윤리학의 가능성은 그리 낙관적으로 보이지 않는다. 일단 셸러가 말했던 '정신'과 '사랑'의 힘이 실재한다고 가정해 보자. 그런데 이러한 가정은 구체적인 개인의 삶을 논하는 데 한계를 가질 수밖에 없다. 여기서 다른 철학자들에게도 던졌던 질문을 다시 던져보자. 만약 '보편적인 문법 구조'와 '사랑'과 '정신'이라는 보편적인 힘이 존재한다면, 인류의 역사는 물론이고 개인의 삶에서 끊임없이 반복되었던 공감의 부재와 그에 따른 비윤리적 상황은 어떻게 설명할 것인가? 셸러는 그러한 상황이 발생하게 되는 원인을 일차적으로 인간에 대한 그릇된 이해와 문명의 발달에서 찾는다. 그에 따르면 문명이 발달할수록 기계론적 혹은 자연주의적 입장들이 발전한다.[46] 여기서 자연주의란 고대로부터 발생하여 자연과학이 발달한 근대 세계나 현대 자본주의 사회에서 더욱 만연하게 된 입장으로, 인간을 기계나 생물처럼 다루면서 생명의 고유성과 법칙을 제대로 파악하지 못하는 상태를 지시한다. 셸러는 이러한 자연주의가 사랑과 같은 인

---

46   Scheler(1975, 81-87) 참조. Scheler(2009, 272-274, 370-372) 참조.

간의 고유한 정신능력의 실현에 장애가 된다고 주장한다. 왜냐하면 자연주의는 결국 인간을 영혼이 아닌 신체로 제한하여 이해하는 것이기 때문이다. 이에 셸러는 영혼의 눈을 통해 주어진 환경에 벗어나 자신의 공감능력을 감지하고, 행동하라고, 즉 이 세계의 기본 원리인 '사랑'을 실현하라고 조언한다.[47] 여기서 사람들이 진정한 공감을 이루지 못한 이유는 자연주의에 빠져 정신과 사랑의 힘을 제대로 자각하지 못한 것이 된다. 그렇다면 자연주의에서 벗어날 방법은 무엇인가? 이에 대해 셸러는 다시 정신과 사랑의 힘을 자각하라고 답할 것이다. 이러한 셸러의 답변은 순환논법 또는 전제를 결론으로 사용하는 오류를 범한다는 비판에서 벗어나기 어려워 보인다. 그리고 그 극복방안이 종교적 믿음이나 깨달음과 같은 것이라서 단순한 논리의 차원을 넘어선 것이라고 해도, 셸러는 부처와 같은 극소수만이 진정한 공감에 도달할 수 있으며, 그 소수마저 언제든 쇼펜하우어가 말하는 이기적인 인간들에 의해 고통받을 수 있다는 사실에 대해서는 이야기하지 않는다.

4. 누스바움 - compassion

누스바움은 앞서 다룬 철학자들과는 다른 철학적 전통, 즉 현대적으로 재해석된 스토아주의적 관점에서 공감(compassion)의 윤리성을 재조명한다.[48] 국내에서는 『감정의 격동』이라고 번역된

---

47   프링스(2003, 65-66) 참조.
48   국내 번역본에서는 compassion을 '연민'이라고 번역한다. 그런데 '연민'이라는 번역어는 일상적 사용방식이나 누스바움의 입장을 잘 반영할 수 없기에 필자는

*Upheaval of Thought: The Intelligence of Emotions*에서 그녀
는 과거 경험주의 공감 윤리학자나 공감을 강조했던 현대 경험과
학자들과 자신을 구분하기 위해 공감의 개념적 기원과 그 한계
를 정리한다.[49] 그녀에 따르면 윤리에 적합한 공감은 sympathy,
empathy, Mitleid가 아닌 compassion, 더 정확히 말해 '합리적
공감'(rational compassion)이다.[50]

누스바움은 공감을 인지적인 것이며 그 속에 세 가지 인지적
인 요소를 포함한다고 말한다.

> 공감은 세 가지 인지적 요소를 가지고 있다. **크기에 대한 판단**(심각
> 하게 나쁜 사건이 어떤 사람에게 일어났다), **그런 일을 당해서는 안
> 된다는 판단**(이 사람이 이 고통을 자초한 것이 아니다), **행복주의
> 적eudamonistic 판단**(이 사람 또는 생명체는 내가 세우고 있는 목
> 표와 기회의 중요한 요소, 목적으로 그에게 좋은 일을 촉진해야 한
> 다).(누스바움 2015, 587. 강조는 필자)

누스바움에 따르면 합리적 공감은 '누군가에게 심각하게 나쁜
일이 일어났다는 판단'과 '그 나쁜 일은 그 누군가의 탓이 아니라
는 판단', 그리고 '그 누군가가 나의 행복과 관련이 있다는 판단'과
관련이 있다. 이러한 누스바움의 주장은 그녀가 앞서 살펴보았던

compassion을 좀 더 외연이 넓은 '공감'으로 번역할 것이다. 이후 인용은 국내
번역본을 따르나, 번역어와 해석의 차이가 있을 경우 수정할 것이다.
49 누스바움(2015, 552-555) 참조.
50 '합리적 공감'이라는 표현은 누스바움이 공감에 관한 논의를 마무리할 때쯤 사용
된다. 누스바움(2015, 766).

철학자들보다 공감의 인지적 성격을 강조하고 있음을 보여준다. 예를 들어 흄은 타인의 고통을 함께 느낀다는 경험에서 윤리적으로 공감을 옹호하지만, 누스바움은 세 가지 판단 요소가 윤리적인 공감에 필수적이라고 주장한다. 세 가지 요소 중 앞의 두 가지 요소는 이해하기 어렵지 않다. 그러나 행복주의적 판단은 누스바움의 고유한 입장을 반영한 것이기에 잠시 언급하고 넘어가자. 누스바움이 말하는 행복주의는 고대 그리스적 전통의 행복관을 염두에 두는 것이며, 그녀가 모든 감정에 내재해 있다고 믿는 판단의 기준이다.[51]

누스바움은, 마치 막스 셸러가 진정한 공감을 '감정이입'이나 '감정전염'과 구별하였던 것처럼, 자신의 '합리적 공감'을 현대 사회에서 많이 논하는 공감(empathy)과 구별한다. 그녀에 따르면 empathy는 타자의 경험을 상상으로 재구성하는 것이며, 숙련된 배우가 자신이 연기하고자 하는 대상과 맺는 관계와 같다는 점에서 '상상의 공감'이며,[52] 나와 타자를 구별한다는 점에서 '참된 공감'(compassion)과 유사하다.[53] 그러나 '상상의 공감'은 윤리적일 수 없다. 왜냐하면 이러한 공감은 고문 기술자도 가질 수 있기 때문이다.[54]

누스바움은 참된 공감이란 나와 타자를 구분하면서도 나의 행

---

51 행복은 다소 피상적이나 '좋은 삶'과 연관이 있다. '좋은 삶'은 주관적 만족을 비롯하여 시민적, 개인적 사랑이나 우정에서 나타나는 상호관계도 포함한다. 누스바움(2015, 78-79) 참조.
52 누스바움(2015, 597-599) 참조.
53 상상의 공감은 '도덕적으로 중립적이나 연민과 연관성이 크다.' 누스바움(2015, 607).
54 누스바움(2015, 600) 참조.

복과 연관된 존재로 타인을 바라볼 때만 가능하다고 주장한다. 그리고 '참된 공감'은 고전적인 스토아주의자들이 거부했던 '외재적 선'(external good)[55]에 관심을 가지며, 나아가 공적인 삶, 즉 타인들의 '발전과 번영의 기회를 마련'[56]하는 데 관심을 가지는 것이기도 하다.

이러한 누스바움의 공감 이론은 기본적으로 그녀의 감정 이론과 연결되어 있다. 그녀는 인지주의적 감정론을 옹호한다. 이러한 감정론에 따르면 감정은 대상지향적이며, 믿음, 가치평가를 포함한다.[57] 달리 말해 누스바움은 감정을 비이성적이고 육체적인 것이 아니라 넓은 의미에서 합리적이고 삶의 과정에서 동반되는 의사결정에 필수적인 것으로 상정한다. 이러한 맥락에서 보면 그녀의 공감 이론은 자신의 감정론에 충실한 결과물이라고 말할 수 있다.

그렇다면 '합리적 공감'은 어떻게 형성되는가? 누스바움은 합리적 공감이 몇 가지 방법을 통해 증진될 수 있다고 주장한다. 그 중 중요한 것이 인문학과 예술을 중심으로 하는 도덕 교육과 시민 혹은 공민(civic) 교육이다. 그리고 그녀는 다른 것에 영향을 받지 않을 정도로 풍부한 재정의 독립적인 미디어와 합리적 공감을 불어넣을 수 있는 '정치지도자', '복지', 그리고 평등을 기반으로 한 '법'의 역할을 강조한다.[58]

누스바움은 자신의 공감 이론에서 고전적인 덕 윤리와 합리주

55 '외재적 선'에 관해서는 누스바움(2015, 700) 참조.
56 참된 연민과 공적 삶에 관한 보다 구체적인 설명은 누스바움(2015, 744-745) 참조.
57 누스바움(2015, 71-77) 참조.
58 누스바움(2015, 766-813).

의 계열의 윤리학의 장점을 아우르는 방식을 취한다. 특히 어설픈 공감이 상대방에 모욕을 줄 수 있으며, 이것은 오히려 인간의 자존 감에 상처를 줄 수 있다는 누스바움의 지적은 기존의 공감 윤리학 에서 볼 수 없었던 예리함을 보여준다. 그러나 현대의 경험과학을 통해 스토아주의의 감정론을 수정·보완한 그녀의 공감 이론 또한 이론적으로 여전히 메울 점이 많다.

우선 사소하지만 compassion만이 합리적 공감이라는 누스 바움의 규정부터 반박에 열려 있다. 감정은 지역과 문화에 따라 다 양하고 때론 상이한 방식으로 이해된다. 마찬가지로 공감을 지시 하는 다양한 단어가 존재하며, 누구도 어떤 특정한 단어가 윤리적 인 공감이라고 정의할 자격을 원초적으로 가질 수 없다. 누스바움 이 자신이 추구하는 공감은 compassion이 아니라 sympathy 혹 은 pity라고 정의했다고 해서 그녀가 전하고자 하는 윤리적 내용이 전달되지 않는 것은 아니다. 예를 들어 누스바움과 유사한 문제의 식에서 인간의 공감능력을 해명하려고 현대 경험과학자들이 그러 한 공감을 empathy라고 정의한다고 해도, 그녀는 그들의 정의가 틀렸다고 말할 수 없다.

내용으로 들어가자면, '합리적 공감'의 인지적 요소에 관해 질 문을 던질 수 있다. 그녀는 공감이 세 가지 인지적 요소들을 가질 때 윤리적으로 정당화된다고 생각한다. 그리고 그러한 인지적 요 소들을 발전시키고 확장하기 위해 교육과 정치, 경제를 변화시켜 야 한다고 주장한다. 이러한 누스바움의 주장에는 철학적·인간학 적인 전제가 깔려 있다. 변형된 스토아주의와 우아하고 고상한 그 리스적 시민을 모델로 한 인간상이 그것이다. 스토아주의의 감정론 자체는 논쟁거리이니 이론적 선택의 문제로 볼 수 있으나, 인간학적인 전제는 실천철학적으로 쉽게 받아들이기 어려워 보인다. 과거 공감 윤리학을 제기한 철학자들 일부는 인간의 비합리성 또는 이기심, 추악함을 사실을 받아들이고, 이를 극복할 수 있는 본능으로 공감을 제시했다. 그런데 누스바움은 인간의 어두운 면을 언제든 교정될 수 있는 것처럼 상정한다. 그녀는 감성에 내재된 이성적 성격을 제대로 이해한다면, 감정에 대한 미몽에서 벗어나 합리적 공감에 도달할 수 있다고 주장한다. 이러한 누스바움의 주장은 앞서 막스 셸러에게 제기된 문제를 노정할 수밖에 없다.

정리하자면 누스바움은 공감이 윤리성을 담보하기 위한, 물론 감정 일반에 이성적 질서가 내재해 있다는 전제하에, 인지적 조건들과 가능성을 제시한다. 그러나 그녀는 과거 철학자들이 공감에서 윤리적 기초로 찾았던 이유를 너무 쉽게 망각한 것으로 보인다. 예를 들어 흄은 누스바움이 자명하다고 전제하는 이성적 질서를 의심했기에 본능으로 주어진 공감에서 윤리적 혹은 공동체적 삶의 가능성을 모색했다. 그녀가 경험과학을 통해 자신의 스토아주의적인 전제가 증명된다고 주장하지만, 흄의 문제의식을 근본적으로 제거할 수는 없다. 그리고 그녀가 전제하는 스토아주의적 형이상학은 막스 셸러의 종교나 형이상학과 다를지라도, 공감 자체가 윤리성을 담보한다고 선언하는 논의구도에서 벗어나기 힘들어 보인다.

III 공감 윤리학이 남기는 문제들

이제까지 흄, 쇼펜하우어, 막스 셸러, 그리고 누스바움을 통해 여러 공감 윤리학의 이론적 특징과 문제점을 살펴보았다. 공감의 윤리를 기초로 삼는 철학적 이해방식은 거칠지만 공감의 기원에 관해 크게 두 가지 입장을 보인다. 첫 번째, 흄으로 대표되는 경험주의적 이해방식으로, 공감을 부정할 수 없는 경험적 사실로 받아들인다. 두 번째는 쇼펜하우어와 막스 셸러로 대변되는 종교적·형이상학적 이해방식이며, 공감을 경험 이전에 주어진 선천적 능력으로 상정한다. 그리고 누스바움은 공감 윤리학의 전통에 서 있지 않으나, 이성적 질서에 놓인 것으로 파악한다는 점에서 두 번째 이해방식에 가깝다.

첫 번째 경험주의적 이해방식은 형이상학에 의존하지 않고 공감을 통해 윤리적 삶의 가능성을 모색한다. 그리고 공감의 상대성, 제약성을 극복하고 공감이 야기할 수 있는 비윤리적 행위를 제어하기 위해 '일반적 관점'과 같은 건전한 상식을 동원한다. 그런데 이러한 상식 또한 시간, 지역, 문화의 영향을 받는다고 할 때, 첫 번째 입장은 근본적으로 공감의 상대성 문제를 해결하는 데 난점을 드러낸다.

두 번째 형이상학적 이해방식은 첫 번째 입장이 가지는 상대성의 문제를 형이상학의 차원에서 극복하는 논리의 구조를 보인다. 이 입장은 공감은 상대적인 경험이 아니라 근본적으로 타인을 이해하고 받아들이는 능력이라고 전제한다. 그러나 그러한 형이상학적 전제가, 쇼펜하우어가 이기주의의 막강한 힘을 계속 환기시키듯이, 공감의 윤리성을 보장할 수는 없다. 누스바움의 경우 공감에 앞서는 이성적 질서를 전제한 후, 그러한 이성 능력의 실현이 공감의 윤리성을 보장할 수 있다고 생각한다. 그러나 누스바움도 다양한 비윤리적 공감이 발생하는 이유나 그 극복방안에 대해 공감 윤리학자들보다 더 나은 답변을 내오진 못한다.

결국 공감을 윤리적 삶의 토대나 과정으로 삼으려는 어떤 입장도 다음의 질문을 비켜갈 수 없다. 공감이 타고난 것이고 윤리적 혹은 공동체적 삶의 기초라면 왜 그러한 공감은 제대로 작동하지 않는가? 이제 이에 관한 현대 공감담론의 입장을 들어보자. 경험과학을 중심으로 하는 현대 공감담론의 경우 크게 두 가지 이유를 제시한다. 첫 번째는 뇌의 선천적인 혹은 후천적인 장애에서 그 이유를 찾는 것이다.[59] 두 번째는 그 이유를 유아기 시기 부모, 특히 사랑과 배려의 주체로서 어머니의 역할이 축소되는 양육환경 혹은 가정의 붕괴, 폭력과 경쟁을 부추기는 사회·문화적 환경 그리고 교육에서, 즉 후천적인 것에서 찾는 것이다.[60]

첫 번째 관점은 '성격'은 변화하지 않는다는 쇼펜하우어의 운명론과 크게 다르지 않다. 만약 선천적인 장애가 문제라면 인류사에서 나타났던 셀 수 없는 대립과 갈등은 선천적인 장애를 가진 자들의 탓이 크다. 과연 이렇게 바라보는 것이 적절한지 여부를 떠나서, 이러한 입장에 따르면 뇌의 선천적인 혹은 후천적인 장애를 사

---

59 예를 들어 거울뉴런이 있는 전두엽이 손상된 사람의 경우 공감능력이 떨어져 다른 사람과 대화하거나 의사결정에 있어 장애를 보인다.

60 폴 에얼릭·로버트 온스타인(2012, 200-204); 요하임 바우어(2012, 130-137) 참조.

전에 막을 수 없다면 인류는 계속해서 대립과 갈등을 겪어야 하는 운명에 놓이게 된다. 그리고 선천적인 공감능력 장애자들을 어떠한 방식으로 격리할 때만, 우리는 윤리적 공동체를 형성할 수 있다는 결론에 도달하게 된다.

공감능력은 선천적이나 후천적인 환경이나 조건에 의해 변화한다는 두 번째 관점에 따르면 공감이라는 본성이 실현되는 데 장애가 되는 부분만 걷어낸다면 자연스럽게 개인들 간의 윤리적 관계가 회복될 수 있다. 그래서 이 관점은, 이미 흄도 그러했지만, 부모나 교육, 확장하자면 언론과 같은 다양한 매체들의 역할을 중시한다. 그러나 이러한 방법은 사람마다 공감능력이 촉발되는 환경과 조건, 동기가 다르다는 점에서 역시 흄이 그러했던 것처럼 공감의 상대성을 문제로 남긴다.

공감이 타인과의 공존에 중요한 역할을 할 수 있음을 누구도 부정하지 않을 것이다. 일반적으로 사람들은 타인의 고통을 공감할 수 있으며, 이 고통을 없애고자 노력한다. 어떠한 공감 이론도 윤리적, 달리 말해 개인들의 공동체적 조화를 보장할 수 없는 이유는 근본적으로 공감이 타자에 대한 실질적인 이해를 담보한다고 확언할 수 없기 때문이다. 많은 경험과학자들이 밝혀냈듯이 우리의 공감능력은 일상의 경험에 따라, 달리 말해 후천적인 수많은 조건에 따라 다르게 작동한다. 공감의 형태나 조건에 따라 수시로 변하듯이 그 공감이 언제나 타인에 대해 동일한 행위를 낳지 않는다. 심지어 공감능력은 윤리적 행위로 이어지지 않는 경우가 많으며, 나아가 적대적인 대립 속에서 더 잘 작동하는 것처럼 보인다. 그러나 현대의 공감담론은 여전히 공감에 대한 단순한 기대에 의존하는 것처럼 보인다.

그렇다면 현대 공감담론이 나아갈 방향은 어디인가? 본 논문이 다루었던 내용으로 한정하면 현대의 공감담론은 쇼펜하우어가 극복하기 어렵다고 생각했던 이기주의와 누스바움이 언급한 자존감 훼손의 문제에 열려 있어야 한다. 공감만 있다면 이기주의의 문제는 자연스럽게 해소될 것이라고 믿으며 공동체를 이루는 개인의 행복과 자존감을 고려하지 못하는 공감 윤리학은 언제나 집단주의나 획일주의를 부추기는 이론적 토대로 변질될 수 있기 때문이다. 나아가 공감을 연구하는 집단은 공감에 대한 막연한 윤리학적 낙관에서 벗어나 공감의 대상이 감정들, 즉 공동체의 윤리성을 담보하거나 반대로 저해할 수 있는 감정들에 대해 관심을 기울여야 할 것이다.

참고문헌

금교영. 1999. "막스 셸러의 윤리학적 공감론." 『철학논총』 16: 3-23. 부산: 새한철학회.

김종헌. 1998. "현상학적 환원의 인간학적 의미." 『철학』 56: 119-142. 서울: 한국철학회.

리프킨, 제레미 저·이경남 역. 2010. 『공감의 시대』. 서울: 민음사.

바우어, 요하임 저·이미옥 역. 2012. 『공감의 심리학』. 서울: 에코리브르.

양선이. 2011. "공감의 윤리와 도덕규범." 『철학연구』 95: 153-179. 서울: 철학연구회.

에얼릭, 폴·로버트 온스타인 저·고기탁 역. 2012. 『공감의 진화』. 서울: 에이도스.

정진우. 2012. "사회적 인지와 도덕성." 『공감인지란 무엇인가』. 대전: 충남대학교출판문화원.

제너웨이, 크리스토퍼 저·신현승 역. 2001. 『쇼펜하우어: 헤겔의 관념론에 대항한 염세주의 철학자』. 서울: 시공사.

진교훈. 2004. "셸러의 인간 이해 – 그의 정신의 의미를 중심으로-." 『가톨릭철학』 6: 143-172. 한국가톨릭철학회.

케이건, 제롬 저·노승영 역. 2009. 『정서란 무엇인가』. 서울: 아카넷.

프링스, M. S. 저·금교영 역. 2003. 『막스 셸러 철학의 이해』. 파주: 한국학술정보.

Altmann, R. W. 1980. "Hume on Sympathy." *Southern Journal of Philosophy* 18(2): 123-136. Memphis: Dept. of Philosophy, Memphis State University.

Bohlin, Henrik. 2009. "Sympathy, Understanding, and Hermeneutics in Hume's Treatise." *Hume Studies* 35(1/2): 135-170. Hume Society.

Brown, Charlotte R. 2008. "Hume on Moral Rationalism, Sentimentalism, and Sympathy." *A Companion to Hume*, edited by Elizabeth S. Radcliffe, 217-239. Blackwell.

David, Susan A., Ilona Boniwell, and Amanda Conley Ayers, eds. 2013. *The Oxford Handbook of Happiness*. Oxford: Oxford University Press.

Hamlyn, D. W. 1980. *Schopenhauer*. The Arguments of the Philosophy, edited by Ted Honderich. London: Routledge.

Hardin, Russell. 2007. *David Hume: Moral and Political Theorist*. Oxford: Oxford University Press.

Hume, David. 1978. *A Treatise of Human Nature*, edited by L. A. Selby-Bigge. Oxford: Clarendon Press. 1978.

Kelly, Eugene. 1997. *Structure and Diversity*. Dordrecht: Kluwer Academic Publishers.

Koßler, Matthias. 2008. "Life is but a Mirror: On the Connetion between Ethics, Metaphysics and Character in Schopenhauer." *European Journal of Philosophy* 16(2): 230-250. Oxford: Blackwell.

Nussabaum, Martha C. 2005. *Upheaval of Thought: The Intelligence of Emotions*. Cambridge: Cambridge University Press.; 마사 누스바움 저·조형준 역. 2015. 『감정의 격동』. 서울: 새물결.

Scheler, Max. 1975. *Die Stellung des Menschen im Kosmos*. Bern: Francke. 막스 셸러 저·진교훈 역. 2001. 『우주에서 인간의 지위』. 아카넷.

_____. 1980. *Vom Ewigen in Menschen*. Bern: Francke.

_____. 2009. *Wesen und Formen der Sympathie*. Bouvier: Bonn. 막스 셸러 저·조정옥 역. 2006. 『동감의 본질과 형태들』. 아카넷.

Schopenhauer, Arthur. 1986. *Die Welt als Wille und Vortstellung*. Sämtlich Werke 1. Frankfurt am Mai: Suhrkamp.

_____. 1993. *Über die Grundlage der Moral*. Sämtlich Werke 3. Frankfurt am Main: Suhrkamp.

Struebel, Thorsten. 2015. "Phänomenologie des Mitleids. Analyse eines moralischen Gefühls im Anschluss an Husserl und Schopenhauer." In *Feeling and Value, Willing and Action*, edited by M. Ubiali and M. Wehrle, 207-227. Phaenomenologica 216. Springer.

Stueber, Karsten. 2013. "Empathy." In *The International Encyclopedia of Ethics*, edited by Hugh Lafollette, vol. 3. Wiley-Blackwell.

필자 소개

소병일 So, Byoungil

고려대학교 철학연구소(Institute of Philosophical Studies, Korea University)
연구원
고려대학교 철학과 졸업, 동 대학원 서양철학 박사

논저 "헤겔의 행복한 인간—'욕망 충족'과 '기본 권리의 실현'을 중심으로", "공감은 이기주의를 극복할 수 있는가?—쇼펜하우어의 '공감(Mitleid) 윤리학'에 대한 비판적 고찰", "공감과 공감의 윤리적 확장에 관하여—흄과 막스 셸러를 중심으로"

이메일 gutphil@korea.ac.kr

제3장

감정, 삶, 사회
— 감정 사회학 이론들

Emotion, Life, Society
— Sociological Theories of Emotion

하홍규 | 연세대학교 사회발전연구소 전문연구원

이 글은 감정에 대한 사회학적 접근들을 소개한다. 감정을 단순히 인간 (정신적 또는 신체적) 내면 현상으로만 보려는 경향을 거슬러서 감정을 사회 관계 속에서 파악하고자 하는 사회학자들의 여러 가지 시도들이 소개되고 있다. 이 글은 크게 두 부분으로 구성되어 있는데, 하나는 감정의 사회적 본질을 설명하는 것이다. 곧 감정은 신체 생리학적 또는 심리적인 것이 아니라, 사회적인 것이라는 입장이다. 두 번째는 사회적인 것 자체가 감정적이기 때문에 사회적 삶(행위), 사회 관계, 사회 구조를 설명하기 위해서는 감정이 고려되어야만 한다는 입장이다. 사회 과정은 감정에 의해 설명되어야 한다는 것이다. 감정은 사회문화적으로 구성되는 것이기도 하지만, 사회를 구성하는 것이기도 하다. 구조와 행위의 관계 안에서 감정을 논의하고자 하는 사회학자들은 전자를 결코 무시하지는 않지만, 특히 후자의 입장을 택하고 있다.

This article introduces a variety of sociological approaches to emotion. Striving against the tendency to view emotions simply as mentally or physically internal phenomena, sociological theories are suggested to identity them relative to social relations. It is mainly comprised of two parts; one is to explain the social nature of emotion, representing the position that emotions are neither physiological nor psychological, but rather social. And the other suggests the position that emotions should be taken into account in order to explain social life(action), social relations and social structure since the social itself is emotional. That is, social process should be explained in terms of emotions. Emotions are socio-culturally constructed but also are constructing the social. Those who want to discuss emotions in the relations of structure and action do not completely ignore the former but pay specific attention to the latter.

KEYWORDS 감정 emotion, 사회 관계 social relation, 구조와 행위 structure and action, 상징적 상호행위론 symbolic interactionism, 사회구성주의 social constructionism, 감정 작업 emotion work, 감정 규칙 emotion rule, 감정적 사회학 emotional sociology

이 글은 감정에 대한 사회학적 접근들을 소개하고자 기획되었다. 나는 여기서 감정을 단순히 인간 (정신적 또는 신체적) 내면 현상으로만 보려는 경향을 거슬러서 감정을 사회 관계 속에서 파악하고자 하는 사회학자들의 여러 가지 시도들을 소개하고자 한다.

감정이 실제로 모든 사회 현상에서 중요한 역할을 하고 있음에도 불구하고, 사회학의 역사에서 감정은 주된 자리를 차지하지는 못했었다. 지금은 상황이 바뀌어, 감정 사회학은 사회학 내에 하나의 독립된 전문 분야로 확립되어 있다. 사회학의 창건자 가운데 하나인 뒤르케임(Emile Durkheim)이 사회학을 철학이나 심리학과 엄연하게 구별되는 독립적인 학문 영역으로 세우고자 개인적 현상으로 여겨졌던 '자살'을 사회학 연구주제로 선택했듯이, 뒤르케임의 후예 사회학자들도 순전히 개인적인 현상으로 여겨져 왔으며, 또한 그로 인해 심리학과 생리학이 연구 지배권을 행사해 왔던 '감정'을 사회학 연구의 주제로 삼고 연구하기 시작했던 것이다. 한국에서 감정이 사회학적 관심의 대상이 된 것은 비교적 최근의 일이지만,[1] 미국에서 감정 사회학이 등장하게 된 것은 1970

1 국내에서 감정 사회학 분야를 이끌고 있는 박형신은 우리 학계와 일반인들 사이에 감정 사회학에 대한 관심이 생겨나게 된 것이 알리 혹실드의 『관리되는 마음: 인간 감정의 상업화』(번역서 제목은 『감정 노동』)이 2009년 우리말로 옮겨져 출판되면서부터라고 회고한다(박형신 2017, 219). 그러나 감정 사회학 저서가 나오기 시작한 것은 몇몇 감정 사회학 논문들을 편역한 『감정사회학』이 출판된 1995년부터이다. 이후 많은 감정 사회학 책들이 번역 출판됨으로써 감정 사회학에 대한 관심이 성장하게 되었다. 대표적인 저서들만 나열해 보자면, 바바렛, 『감정의 거시사회학 – 감정은 사회를 어떻게 움직이는가?』(2007); 바바렛(엮음), 『감정과 사회학』(2009); 일루즈, 『감정 자본주의』(2010); 굿윈 · 제스퍼 · 폴레타(엮음), 『열정적 정치』(2012); 제스퍼, 『저항은 예술이다』(2016); 럽턴, 『감정적 자아』(2016); 버킷, 『감정과 사회관계』(2017); 해리스, 『감정사회학으로의 초대』

년대 후반부터라고 할 수 있다(Kemper 1978; Hochschild 1979; Shott 1979).[2] 1975년 미국 사회학회 연례학술대회에서 감정 세션이 처음으로 구성되었고, 1978년 '상징적 상호행위 학회 연례학술대회'(Annual Symposium of the Society for the Study of Symbolic Interaction)가 감정을 주제로 하여 열렸으며, 이후 미국 사회학계에서는 감정 사회학 연구 성과물들이 저서와 논문의 형태로 쏟아져 나왔다. 1985년 감정 사회학에 선구적이었던 상징적 상호행위론자들은 저널 『상징적 상호행위(Symbolic Interaction)』의 특집으로 '감정 사회학'을 다루었으며, 이 특집호에는 8명의 학자들의 글과 그동안 출판된 감정 사회학 저서들에 대한 리뷰들이 실렸다. 이러한 노력들이 쌓여 1986년에는 드디어 미국 사회학회(American Sociological Association)가 소식지 Footnotes를 통해 새로운 '감정 분과'의 조직을 알리기에 이르렀다. 미국 사회학회뿐 아니라 영국 사회학회는 1989년에 감정 사회학 연구 모임을 결성했으며, 호주 사회학회는 1992년부터 지속적으로 연례학술대회에 감정 패널을 두고 있다(바바렛 2007, 48; 실링 2009, 25).

최근 증가하고 있는 감정에 대한 사회학적 연구들은 단지 감정에 대한 (심리-생리학적 이해를 넘어서서) 사회학적 이해를 높이는 것만이 아니라 사회생활 자체를 감정적인 것으로 파악하려는 시

(2017) 등이 있다.

2   마르크스, 베버, 뒤르케임, 짐멜 등 고전 사회학자들의 저서에서 '감정'의 중요성을 발견하는 것이 어렵지는 않으나, 그들의 작업이 '감정 사회학'으로 발전되지는 않았다. 그러므로 이 글은 실제로 감정 사회학이 발전하게 된 계기로부터 논의를 시작하고자 한다. 고전 사회학에서 발견되는 감정의 중심성에 대해서는 김홍중 (2013)을 볼 것.

도들을 포함하고 있다. 감정 사회학은 사회학의 인지주의적 경향 (cognitivist tendency)을 넘어서,[3] 단지 감정에 대한 사회학적 이해 만이 아니라, 우리가 사회와 행위를 이해하는 방식 자체의 전환, 곧 사회학 연구의 '감정적 전환'(emotional turn)을 의미한다.[4]

I 감정과 사회

1. 사회적인 것으로서의 감정 - 감정은 사회적이다

감정을 이해하는 데 사회학적 시각을 사용한다는 것은 감정의 본질이 사회적임을 드러내는 것이다. 곧 인간 감정의 사회적 본질을 강조하는 것이다. 미국 사회학회가 감정분과의 조직을 알리면서 소개하고 있는 감정 사회학의 주요 연구 질문들을 보면,

어떠한 상호행위적 요소들이 특정한 감정을 일으키는가? 규범은 어떻게 감정적 표현과 느낌을 규제하는가? 남자와 여자 사이에, 계급들 사이에, 인종 집단들 사이에, 그리고 문화마다 어떠한 감정적 차

3　감정 사회학이 사회학의 인지주의적 경향을 넘어서고자 한다 하여, 이성이 아닌 감정으로의 전환을 추구하는 것은 아니다. 감정 사회학은 이성과 감정의 이원론 자체를 부인하며, 그와 같은 이원론이 올바른 사회과학적 사유를 방해했다고 본 다. "우리는 감정에 대한 관념 그 자체—그리고 감정과 이성의 구분—를 산출해 온 유산을 극복하지 않고는, 감정을 새롭게 인식하려는 노력에 착수할 수 없다" (칼훈 2012, 80).

4　감정적 전환은 '억압된 것의 귀환'으로 표현되기도 한다(Goodwin, Jasper and Polleta 2000).

이가 있는가? 사랑, 질투, 화, 그리고 여타 감정들의 규범과 구조적 조건이 역사에 따라 변화해 왔는가?(ASA 1986, 14)

이 물음들을 통해서 우리는 '감정'이 사회적이라는 전제 위에서 다루어지고 있음을 알 수 있다. 사회학자들은 감정이 사회적이며, 단순히 타고난 신체생리학적인 현상이 아니라―감정의 신체생리학적 요인을 인정하는 경우라도 그것은 인간의 감정을 설명하는 데는 매우 불충분하다고 여긴다―는 가정을 공유하고 있다. 곧, 감정은 인간이 환경 속에서 또는 동료 사회성원들 사이에서 일어나는 여러 가지 변이들에 대한 단순한 기계적·생리적 반응이 아니라는 것이다. 맥카시(E. Doyle McCarthy)의 표현대로, 감정은 "사회적 과정에 의해 형성된, 사람들의 느낌과 '감정적 삶'에 사회적 중요성을 부여하는 행위자들과 집단들에 의해 생성되는 사회적 대상이다. 사회적 대상으로서 감정은 특정한 사회 관계들과 언어 체계 안에 존재한다"(McCarthy 1989, 65-66). 그래서 감정 사회학은 감정이 사회적인 것이라는 데 주목하면서, 감정에 대한 생리학적 또는 심리학적 접근과는 매우 다른 물음들을 던지고 답하려 시도해 왔다. 감정 사회학이 탐구하고 있는 연구 분야들은 감정 표현과 감정 경험, 사회적 상호작용에서의 감정, 정체성과 감정, 역사적 관점에서의 감정, 감정에 대한 비교-문화적(cross-cultural) 연구, 감정과 폭력, 감정 영역의 이론과 조사연구의 전통들 등을 포함하고 있다.

이 연구 분야 목록은 감정 사회학이 어떻게 심리학적 접근과는 다른 방식으로 감정에 대하여 연구하고자 하는지 잘 보여준다.

"대부분의 심리학자들은 일반적으로 우리가 감정과 관련하여 가지고 있는 단어들이 (특정한 감정적 반응과 관련한 근원적인 신경회로 체계 또는 인지적 성향과 관련되어 있기 때문에) 신경심리학적 용어로 기술될 수 있는 실체를 지칭한다고 가정한다"(버킷 2017, 11). 이렇듯 감정을 신경생리학적 용어로 설명하려는 경향은 심리학자들뿐 아니라 철학자들, 과학자들, 심지어 일부 사회학자들 사이에서도 발견된다. 사실 르네 데카르트와 데이비드 흄 이래로 형성된 철학적 사고는 감정을 외부 대상(원인)에 의해 자극되어 갖게 되는 정신 또는 신체의 상태로 보는 것을 당연시하고 있다.[5] 이러한 경향은 우리가 사용하는 감정과 관련된 언어 표현들이 우리로 하여금 감정을—그것이 이른바 정신적이든 신체적이든지 간에—인간 내

5 　나는 몇 해 전에 쓴 글 "분노를 보다-감정과 사회적 맥락"(2013a)에서 감정을 내면 현상으로 보는 경향에 대한 비판을 진행하면서, 감정을 내면 현상으로 보았던 철학자들, 심리학자들, 과학자들의 여러 견해들을 망라한 적이 있다. 보기를 들어 그 가운데 몇 가지만 따오자면 다음과 같다. 이와 같은 경향은 감정 연구에 매우 일반적이다.

　　나는 감정의 **본질**을 특정한 존재나 사건에 관계된 사고의 내용에 반응하는 데 집중된 뇌 체계의 통제 아래에서 신경 세포 말단들에 의해 수많은 기관들에 유발된 신체 상태의 변화들의 모음으로 이해한다. (Damasio 1994, 139)

　　감정은 우리의 의식적인 마음속으로 침입해 들어온다. 반가운 감정이든 그렇지 않은 감정이든 간에 그런 침입으로 인해 우리는 우리의 느낌을 알 수 있다. 하지만 감정이 의식적인 느낌으로서 진화한 것은 아니다. 감정이 진화된 방식은 행동적, 생리적으로 특수하게 분화된, 뇌에 의해 조정되는 신체반응이다. (르두 2006, 56)

　　우리는 항상 두뇌의 심리적 과정에 관한 한 최초의 감각 통합(sensory integra-tion)이 있은 후의 모든 것은 흔히 외적인 것으로 남아 있는 듯 보이지만, 내적이라는 것을 인식해야 한다. (Panksepp 1998, 49)

적인(internal) 또는 사적인(private) 현상으로 보도록 이끌기 때문에 발생한다(버킷 2017, 10). 보기를 들어, "나는 이러저러한 감정을 느끼고 있어"라고 말할 때, 우리는 감정을 '느낌'과 연결지음으로써, 감정이 내 안에서(in) 일어나는 상태 또는 사건으로 여기게 된다. 또는 우리는 느낌/감정을 가지고(have) 있다고 표현하기 때문에 "흔히 감정을 어떤 내적 상태로 보게 되며, 겉으로 드러난 표정, 제스처, 말은 그 내적 상태의 외적인 표현으로 보게 된다"(하홍규 2013a, 93). 이러한 오해는 '감각으로서의 느낌'(feelings that are sensation)과 감정으로서의 느낌(feeling that are emotion)을 구분하지 못한 데서 비롯된다(범주오류). 보기를 들어, 우리는 '분노'라는 감정을 느낀다고 말하지만, "이 느낌은 우리 신체 내에 뚜렷한 장소를 갖고 있어서 우리의 신체의 상태에 대해 알려줄 수 있는 감각과는 범주적으로 구별되어야 한다"(하홍규 2013a, 99). 과연 우리 신체상에서 특정한 감정의 위치를 말할 수 있는가? 감각은 신체 내에 위치가 있지만, 감정은 그렇지 않다. 사랑하는 사람을 잃어 "마음이 아플 때"(여기서 아프다는 표현은 은유적이다) 가슴에 손을 대거나 부여잡지만, 신체적으로 가슴이 아파서 그렇게 행동하는 것은 아니다.

감정은 사회적인 것이다. 따라서 감정 연구는 인간 내부에서, 정신 안에서 또는 뇌 안에서, 어떤 일이 일어나는가를 밝힘으로써 이루어질 수 없다. 감정에 대한 연구는 인간의 감정에 대한 연구여야 하며, 인간은 사회 안에서, 다른 사람과의 관계에서 또는 특정한 상황 속에서 살아가는 존재이기에 인간의 감정에 대한 연구는 인간 삶의 특정한 문화적 형태들의 배경을 전제로 하여 이루어져야 한다(Hacker 2004).

2. 사회적인 것의 감정성 - 사회는 감정적이다

감정 사회학은 감정의 사회성만을 주장하는 것이 아니라, 보다 대
담하게 사회의 감정성을 주장한다. 곧, 사회구조, 제도, 문화가 감
정적으로 구성되어 있다는 것이다. 모든 사회 현상 가운데 그리고
모든 사회관계 가운데 인간들의 감정은 존재하며, 중요한 역할을
하고 있다. 가족, 친구, 연인 등의 친밀한 인간관계들뿐만 아니라
월드컵 응원, 촛불시위, 페스티발, 전쟁 등과 같은 집합적 현상들에
서도 감정은 매우 뚜렷하게 존재하고 있다. 이 현상과 관계들 가운
데 감정은 쉽게 알아차릴 수 없을 정도로 은근하지만 지속적으로
나타날 수도 있고, 폭발하는 힘으로 순간적으로 표출되기도 한다.

감정은 모든 사회 현상의 필수적 구성 요소이다. 나아가 사회
는 감정적으로 구성되어 있다. 사회가 감정적으로 구성되어 있음
을 보여주고자 한 이는 누구보다 뒤르케임이다(김홍중 2013, 22).[6]
그는 사회가 개인의 외부에 작용하는 단순한 물리적 힘이 아니라
진정한 존경의 대상으로서 도덕적 힘이라는 것을 강조하면서, 사
회적인 것이 곧 감정적임을 잘 보여주고 있다.

---

6   김홍중은 이를 감정을 합리성과 대비시켜서 사회적인 것의 합정성(合情性)이라고
표현한다. 그의 말을 빌리면, "뒤르케임은 '사회적인 것'의 표피에서 드러나는 공
리주의적 합리성의 저변에서 '계약의 비계약적 전제'를 이루며, 개개인 행위자의
깊은 마음까지를 규정하는 '합정성'의 거대한 지층을 발견한다"(김홍중 2013, 18-
19).

…어떤 에너지의 흐름이 외부로부터 우리에게 들어오지 않는 때는 우리의 삶 속에서 단 한순간도 없다는 것이다. 자신의 임무를 완수한 인간은, 그의 동료들이 그에게 품고 있는 동정, 존경, 애정들을 표현하는 온갖 종류의 표시들 속에서, 대개의 경우 그 자신이 설명할 수는 없지만 그를 떠받쳐 주는 위안감을 발견한다. 사회가 그에 대해서 가지고 있는 감정은 그가 자신에 대해 품고 있는 감정을 더욱 고양시켜 준다. 왜냐하면 인간은 그의 동료들과 도덕적 조화를 이루고 있기 때문에, 마치 그가 믿는 신이 호의적으로 그에게 눈길을 돌리고 있음을 느낀다고 믿고 있는 신자처럼, 행동하는 데 있어서 더 많은 자신감과 용기와 대담성을 가지게 된다. 이와 같이 사회는 우리의 도덕적 본성의 지속적인 평형유지를 만들어낸다. (뒤르케임 1992, 302)

사회는 사회가 그 성원들에게 불러일으키는 특별한 감정들에 의해서 지속적인 도덕 질서를 창조해 낸다. 사회가 개인들에게 불러일으키는 감정은 우리가 단순한 사물들에게서 느끼는 감정들과는 본질적으로 다르다. 그 감정은 집합 의례에서 폭발하는 열광의 순간에 가장 극명하게 **느낄** 수 있지만, 반드시 예외적인 상황에서만 느낄 수 있는 것은 아니다. 우리는 언제나 삶 속에서 사회의 힘을 **느끼고** 산다.

그래서 사회 실재의 본질은 감정적이라고 결론내릴 수 있다. 사회 실재가 감정적이라는 사실로부터 사회학이 연구해야 할 주제가 다름 아닌 사회생활의 맥락 가운데 복합적으로 존재하는 감정 구조(affective structures) 또는 감정 동학(emotional dynamics)이라는 것이 드러난다(Bericat 2016, 497). 감정을 배제한 채 이루어지는 사회생활에 대한 연구는 그 자체로 불완전할 수밖에 없다.

II 감정 사회학 이론들

1. 감정에 대한 상징적 상호행위론[7] 접근

감정을 사회학의 연구 대상으로 이끄는 데 우선적으로 기여했던
이들은 상징적 상호행위론자들이었다. 상징적 상호행위론이라는
용어는 블루머(Herbert Blumer)가 만든 것인데, 이는 자신의 선생
이었던 미드(George Herbert Mead)의 사상을 바탕으로 하고 있다.
따라서 상징적 상호행위론 입장에서 어떻게 감정에 접근하는가 살
피기 위해 미드의 생각으로부터 시작하는 것은 정당해 보인다.

1) 사회적 행위로서 감정 – 조지 허버트 미드

프래그머티스트 미드는 자아와 정신(mind)은 사회적으로 구성된
다는 테제를 제시하였다. 곧 자아와 정신은 사회적 상호행위의 맥
락 안에서 생겨나고 주어진 그대로 존재하는 것이 아니라 점진적
으로 발달하는 사회적 현상이다. 미드에게 '정신'은 인간 신체의

---

7   블루머의 책을 번역한 박영신은 'interaction'을 흔히 사용되고 있는 '상호작용'이
     라는 낱말이 풍기는 비인격적이고 기계적인 느낌 대신에 블루머가 의도하는 바대
     로 인격적이며 인간적인 말의 풍김을 강조하고자 '교섭'으로 옮겼다. 그러나 나는
     '교섭'이라는 낱말 역시도 '협의,' '의논,' 절충' 등의 의미로 제한적이라고 생각한
     다. 그래서 나는 사용하지는 않던 낱말이지만, 블루머의 의도를 살리면서도 제한
     적이지 않은 표현으로 '상호행위'라고 옮기고자 한다.

어딘가에 위치하는 어떠한 기관(organ)도 아니고, 보이지는 않지만 없다고 말할 수 없는, 곧 존재하는 형이상학적 실체도 아니다. 정신은 본질적으로 사회적 현상이며, 따라서 정신을 개인 유기체의 관점에서 바라보는 것은 개개인이 사회적 삶에 참여함으로써만 그(녀)가 가진 생리학적 가능성을 실현할 수 있다는 사실을 간과하게 한다(하홍규 2011, 215-216).

미드는 이와 같이 주장하기 위해, 분트(Wilhelm Wundt)의 병행론, 곧 정신적 현상에 대한 물리적 대응물을 찾으려는 시도에 대해 비판한다. 우리가 사고하고, 느끼고, 경험할 때, 곧 이른바 정신적 활동을 할 때 중추신경계는 필수적인 기제임에 틀림없다. 그러기에 많은 이들이 우리가 사고하고, 느끼고 경험하는 것들을 신체생리적인 요인들로 환원하려는 유혹에 빠지기 쉽다. 그러나 우리는 중추신경계 안에서 생겨나는 자극이 사고, 느낌, 경험의 내용과 과연 같은 것인지 물어야 한다. 미드는 이 물음에 답하기 위해 두 가지 종류의 정보를 구분한다. 하나는 에너지와 자극과 같은 물리적(physical) 정보이고, 다른 하나는 우리가 의미라고 부르는 상징적(symbolic) 정보이다. 그리고 이 두 가지 정보의 범주적 차이는 분명하게 구분되어야 한다. "중추신경계 안의 진동은 신경 요소들 안에서 진행되는 전기적 또는 화학적 또는 기계적 과정인 반면, 우리가 보는 것은 색이 있는 빛이다"(미드 2010, 194). 존 듀이(2010, 49)의 표현대로, 우리는 '기호와 상징의 세계'에 살고 있기에, 우리가 보고, 듣고, 느끼고 그리고 기억하고, 잊어버리고, 상기할 때 관련되는 정보는 상징적이다.

미드에게는 감정 역시도 신체생리적인 요인으로 환원될 수 없다. 그는 "감정은 자아와 유기체 사이의 기계적 관계에 의해서 설명되지 않는다"(Mead 1982, 172)고 말하면서, 감정에 대한 설명은 심리생리학적 대응물에서 찾기보다는 사회적 행위(social acts)에서 찾아져야 한다(Mead 1964, 125)고 주장한다.

> 행위가 혈액의 흐름이 일어나기 전에 시작되어야 한다…우리가 질적으로 다른 감정적 분위기(emotional tones)를 찾게 되는 곳이 바로 행위 준비 상태이며, 여기서 우리는 행위 이전에 증가된 혈액 흐름을 발견하게 된다. 우리는 또한 **상징적 자극**(symbolic stimuli)이라 부를 수 있는 것을 발견하며, 이는 원래 직감적 행위에 의해서만 요구되는 혈관운동 과정을 일으키는 경향이 있다…이러한 형식의 상징적 자극들은 **미학적 자극**으로 인식되며, 전쟁과 사랑의 춤 안에서 가장 잘 연구될 수 있다. (Mead 1895, 163-164; 글쓴이의 강조)

우리 인간의 사고와 행위, 그리고 감정은 신체 생리적 현상만으로는 설명될 수 없는 차원, 곧 상징적 차원을 갖고 있다. 상징은 나 개인의 것이 아니다. 동료 사회 성원들과 공유하는 것이다. 내가 홀로 있을 때 속으로 뇌까리는 말이 사적인 소유가 아니듯이 내가 느끼는 감정 또한 내적인/사적인 것이 아니다. 감정은 우리 신체 안에 있는 것이 아니라, 우리가 세계 안에서 행하는 행위이다. 감정을 표현할 때 우리 신체 안의 물리적 과정과 병행하나, 그 둘이 동일한 것은 아니다. 생리적 과정이 필수적으로 동반되기는 하나 그것이 우리가 감정/감정 행위라고 부르는 것과 동일한 것은 아니다.

2) 상징적 상호행위와 감정 - 허버트 블루머

블루머는 상징적으로 이루어지는 사회적 상호행위에 주된 관심을 두고 있기에 '감정'에 대한 논의를 특별히 발전시키지는 않았다. 하지만, 상징적 상호행위에 대한 그의 논의는 후에 감정에 대한 상징적 상호행위론적 접근을 시도한 학자들에게 중요한 밑거름이 되었다.

상징적 상호행위론은 다음 세 가지 방법론적 전제 위에 형성되었다. 첫째, 인간은 대상들―물질적 대상들, 사회적 대상들, 추상적 대상들―이 인간에 대하여 지니고 있는 의미를 바탕으로 하여 그 대상들에 대해 행동한다. 둘째, 대상들의 '의미'는 대상 자체로부터 연유하는 것이 아니라, 사회적 상호행위로부터 비롯되는 사회적 산물이다. 곧 의미는 사람들이 상호행위할 때 정의를 내리는 활동에서 그리고 그 활동을 통하여 그 정의를 공유함으로써 형성된다. 셋째, 이러한 의미들은 사람들이 맞부딪히는 대상들을 다루면서 사용하는 해석 과정 속에서 처리되고 변형된다(블루머 1982, 28-33). "이때 해석과정은 기존의 의미를 기계적으로 적용하는 것이 아니라 자기 교섭을 통하여 적극적으로 형성해 내는 과정이다. 그러기에 동일한 구조적 지위에 있는 개인들이라 하더라도 각자 다른 방식으로 행동할 수 있으며, 동일한 행동이라 하더라도 다른 맥락에서는 다른 의미를 가질 수 있다"(하홍규 2013b, 89-90).

인간들 사이의 상호행위는 심리적이든 사회적이든 어떠한 요인에 의해 설명될 수 있는 것이 아니라 그 자체로 해석을 통한 적극적인 **형성 과정**이다. 여기서 '해석'은 요인들 사이의 매개변수로 다루어져서는 안 된다. 해석은 그 자체로 독립변수(요인)에 의해서

결정되지 않는 의미들을 구성하는 형성적이고 창조적인 과정이다.

교섭에 참여하는 이는 서로가 상대방의 계속되는 행동 노선을 지속적으로 해석함으로써 각자의 행동 노선을 세워 나가야 한다. 참여자들이 서로의 계속적인 행동을 고려할 때는 그들 각자의 의도, 소망, 느낌, 그리고 태도를 억제하거나 재조직하거나 조절해야 한다. 마찬가지로, 다른 사람의 행동에 의하여 형성되는 상황에 대한 규범, 가치 및 집단 규정의 적합성을 판단하여야 한다. **심리적 장치의 요인들과 사회 조직의 요인들은 해석 과정을 대체할 수 있는 것이 아니다.** (블루머 1982, 120; 글쓴이의 강조).

블루머가 상호행위에 대한 논의를 하면서 인간을 단순히 반응하는 유기체가 아니라 능동적인 유기체로 제시할 때, 나는 그가 미드처럼 감정이 단지 외부 자극에 대한 신경생리학적 반응이 아니라는 점에 주목하고 있다고 본다. 곧 감정은 단순히 감각과 같은 느낌의 상태가 아니라, 사회적 상호행위의 과정에서 끊임없이 창발하고 구성된다.

상징적 상호행위론의 입장에서 감정에 접근하는 데 또 하나의 중요한 전제는 '문화'나 '사회 체계,' '사회 계층,' '사회 역할'과 같은 구조적 특징들과 규범적 특징들은 인간 행위의 결정 인자가 아니라, 사회 행위가 일어나는 상황이며, 그 상황을 해석하기 위해 사용되는 상징들을 제공하는 맥락적 틀이라는 점이다. 그래서 감정은 특별히 정의적(definitional)이고 상황적 영향에 의해 형성되기 쉽다(Shott 1979, 1321). 상황에서 행위자들이 공유하고 있는 상황 정의(the definition of situation)는 바로 감정적 경험에 필수적이다. 곧 같은 자극이라도 그 자극에 대한 상황 정의에 따라 다른 감정 표현이 가능하다.

3) 감정적 상호주관성 – 노먼 덴진

상징적 상호행위론의 입장에서 감정에 대해 본격적으로 논의하기 시작한 이는 덴진(Norman Denzin)이다. 덴진은 감정이 단지 생리학적·문화적·구조적 요인들에 대한 인지적 반응이 아니라, 자신과의 상호행위와 타인과의 상호행위를 포함하는 사회적 행위로 연구되어야 하는 상호행위적 과정이라는 데 블루머와 의견을 같이한다. 감정에 대해 생리적이든 사회문화적이든 요인들에 의해 접근하는 것은 감정의 자기-준거적 차원을 결여하고 있다. 감정은 과정이며, 감정 경험에서 중요한 것은 감정 자체가 아니라 그것을 느끼고 있는 자아이다. 그래서 그는 감정을 사회학적으로 연구하기 위해서는 상호행위하는 자아와 타인들에 대한 연구로 시작해야 한다고 주장한다.

덴진은 자신의 책 『감정의 이해에 대하여(On Understanding Emotion)』([1984]2009)를 "의식의 한 형태로서 감정은 어떻게 살아남고(lived), 경험되며, 표현되고(articulated) 느껴지는가?"(Denzin [1984]2009, 1)라는 질문으로 시작한다. 그는 이 질문이 단지 상호행위론의 입장에서만이 아니라, 해석적·사회현상학적 접근에 의해서도 답해져야 한다고 하였다. "사람들은 그들의 감정이다. 한 사람이 누구인지 이해하기 위해서는 감정을 이해하는 것이 필수적이다. 거꾸로 감정을 이해하기 위해서는 사람이라고 부르는 현상의 이해가 필수적이다"(Denzin [1984]2009, 1). 그렇다면 감정이란 무엇인가? 그는 감정이 어떠한 사물(things)이 아니라 과정임을 반복하여 강조한다. 감정이란 우선적으로 사람이 느끼는 것, 곧 '자아감정'(self-feeling)이다. "감정은 사람들이 자신을 향하거나 타인들에 의해 자신들에게 향했던 감정적이고 인지적인 사회 행위들로부터 떠오르는 시간적으로 체화되고 상황지어진 자아감정이다"(Denzin [1984]2009, 49).

그리고 그는 감정의 기초 위에서 짐멜(Georg Simmel)이 오래 전에 던졌던 물음 '사회는 어떻게 가능한가?'에 대해 답하고자 한다. 사회란 순수한 자기-이해와 경제적 교환에 의해 이루어지는 것이 아니라, 스미스(Adam Smith), 쿨리(Charles Horton Cooley), 스코틀랜드 도덕철학자들의 도덕 공감 이론(theory of moral sympathy)이 보여준 것처럼 사회는 감정성과 공감의 도덕적 기초 위에서 가능하다. "개인들은 그들의 느낌과 감정성[8]을 통하여 타인들에게 연결된다. 감정성을 통하여 그들은 타인들을 알게 된다. 인지, 사고, 그리고 의미는 감정성의 지평 안에 위치해 있다"(Denzin [1984]2009, 241). 우리는 감정적 상상력을 통하여 타인이 느끼는 감정을 자각할 수 있으며, 심지어 타인들을 위한 행위도 가능하게 된다. 감정성은 사람을 사회에 연결시켜주며, 사회는 '감정적 사회성의 원칙'(Denzin [1984]2009, 243)에 의해 구성된다. "사회 조직의 기초에 감정성이 있다. 왜냐하면 감정성은 이해의 기초이기 때문이다"(Denzin [1984]2009, 146).

---

8 '감정성'(emotionality)은 감정적이 되는 과정으로서 사람을 사회적 상호행위의 과정에 위치시킨다(Denzin [1984]2009, 3).

덴진의 감정 논의 가운데 가장 흥미로운 것은 사회적 경험으로서 감정의 유형론 분석이다. 감정은 둘 이상의 사람들이 상호 행위하는 경험 영역에 위치지어지므로, 감정은 상호주관적 현상이다. 감정적 상호주관성의 유형은 다음의 여섯 가지가 있다. 첫째 유형은 '공동의 감정'(Feelings in Common)으로 사람들이 동일한 대상에 대하여 동일한 감정을 갖는 것을 말한다. 보기를 들어, 사랑하는 아이의 죽음을 보고 함께 슬퍼하는 부모는 같은 슬픔, 같은 고통을 느낀다. 두 번째 유형 '동료 감정'(Fellow-Feeling)은 타인들을 느끼기는 하지만, 공동의 느낌을 가질 필요는 없는 경우이다. 보기를 들어, 사람은 다른 이가 경험하는 아픔을 즐거워할 수도 있다. 이 경우는 부정적인 동료 감정의 형태인데, 한 개인이 느끼는 감정이 다른 이가 느끼는 감정과 다른 형태이다. 셋째 유형은 '감정적 감염'(Emotional Infection)인데, 감정적 상태가 생각이나 의도 없이, 또는 다른 이의 감정 상태에 대한 사전적 지식 없이 비자발적으로 옮겨지는 경우이다. 넷째 유형 '감정적 동일시'(Emotional Identification)는 자아가 타인의 자아와 동일시하는 행위로 감정적 전염이 고조된 형태이다. 최면술사와 환자, 스타와 팬, 종교 의례, 정신분석적 치료에서 전이(transference) 등을 보기로 들 수 있다. 다섯째 유형은 '감정적 포용'(emotional embracement)으로 사람들이 지향적 가치 감정[9]을 공유하려는 형

9 '지향적 가치 감정'(intentional value feelings)은 주관적인 감정 상태와는 독립적으로 지향 대상(intentioanl objects)으로서 주어지는 가치 특질을 말한다. 분노와 혐오와 같은 감정은 주관적인 감정 경험 이후에도 남아 있다. 어떤 관념이나 사람들에게 광범위하게 적용되는 지속적인 감정인 '감상'(sentiment)과 유사하다. 가치 감정은 사람들의 해석적 틀의 부분이며, 사람들이 자신을 향해 가지는

태이다. 이 유형에서 핵심적인 것은 감정적 이해와 감정적 공유이
다. 여섯째 유형은 '유사 감정성'(spurious emotionality)으로 사람
들이 다른 이에 대해 갖는 자신의 감정을 오인하는 형태이다. 다른
이의 주관적 감정 상태는 나에게 직접적이지 않기 때문에 내가 타
인에 대해 갖는 감정과 타인이 스스로 갖는 감정이 달라질 가능성
은 언제나 있을 수 있다(Denzin [1984]2009, 146-155). 사실 감정의
유형에 대한 논의는 이미 많이 있지만―보기를 들어, 1차 감정과
2차 감정의 구분―덴진의 유형은 사회적 상황·맥락 가운데서 상
호주관적 유형을 제시하였다는 데 있어서 특별함이 있다.

2. 감정의 사회문화적 형성―사회구성주의

감정 표현의 사회문화적 또는 역사적 다양성은 감정에 대한 사회
학적 연구를 정당화시켜준다(Lofland 1985). 왜냐하면 감정 표현의
역사적·사회문화적 다양성은 감정이 단순히 외부적 자극에 대한
신체생리학적인 반응에 불과한 것이 아니라는 점을 더욱 강조하여
보여주기 때문이다(Harré 1986). 그래서 사회구성주의 입장에서
감정에 접근하는 이들은 "생리적·유기체적 현상으로서의 감정보
다는 인간의 인지적 해석 과정을 통하여 느껴지는 감정에 더 초점
을 둠으로써 인간은 인지적이며 동시에 감정적인 존재라는 모델을
제시한다"(박형신·정수남 2015, 74).
    감정이 사회적으로 구성되었다라고 주장하는 것은 "감정 경험

도덕적 가치이다(Denzin [1984]2009, 120).

과 표현이 주로 사회적 해석을 통해 감정들에 할당된 의미에 의존한다"(Gordon 1989, 320)는 것을 의미한다. 사회에는 이렇듯 의미를 사회적으로 구성하는 과정으로 가득 차 있다. 그래서 사회구성주의자들은 주로 감정이 사회에서 어떻게 형성되는가를 설명하고자 한다. 대체로 이들이 던지는 물음은 크게 두 가지로, '감정은 어떻게 사회문화적으로 구성되는가?'와 '감정은 어떻게 사회화를 통하여 획득되는가?' 하는 것이다. 그리고 이 물음들에 대한 대답은 감정은 사회적으로 형성되는 것이며, 모든 감정은 사회문화적으로 구성된 개념들이라는 것이다. 그리고 감정은 사회적 영향에 의해 생겨나기에 타고나는 것이 아니라, 배워야 하는 것이다.

실증주의 입장에서 감정 사회학에 접근하는 캠퍼(Theodore D. Kemper)는 사회구성주의적 감정 사회학의 특징을 다음 세 가지로 지적한다. 먼저 사회구성주의자들은 감정을 생물학과는 무관하게 보면서, 인간 감정의 가소성(可塑性, plasticity)을 주장한다. 둘째, 사회구성주의자들은 감정은 감정에 대한 사회 규범, 감정 규칙에 의해 결정된다고 주장한다. 셋째, 사회구성주의자들은 감정을 경험하기 위해서는 상황이 먼저 정의되고 해석되어야 한다고 주장한다. 행위와 감정은 창발적이기 때문에 행위와 감정이 일어나기 이전에 미리 알 수는 없다(비결정성의 원칙)(Kemper 1981). 여기서 캠퍼의 첫째 주장, 곧 생물학과의 연관과 관련하여, 우리는 사회구성주의자들 모두가 이렇듯 강한 주장을 펼치고 있는 것은 아니라는 점을 목격한다. 사실상 사회구성주의 내에는 다양한 관점들이 존재하고 있다(Thoits 1989).

먼저 생물학과의 관련성을 완전히 부인하지 않는다는 측면에서 '약한' 또는 덜 상대주의적인 사회구성주의의 주장이 있다. 이 입장은 "생물학적으로 주어진, 따라서 사회문화적 영향 및 학습과는 무관하게 존재하는 몇몇 종류의 '선천적인 감정적 반응'이 존재한다는 것을 인정한다"(럽턴 2016, 32 ; Armon-Jones 1986, 38). 그래서 이 입장은 생리 기능에 근거하는 일차 감정(primary emotions), 곧 보편적인 감정의 존재를 인정하고, 특정한 사회 환경과 결부된 이차 감정(secondary emotions), 곧 사회문화적으로 특수한 감정을 구분한다. 보기를 들어, 실증주의와 사회구성주의의 통합을 시도했던 캠퍼는 생리적으로 근거하는 공포, 화, 우울, 만족과 같은 보편적인 일차 감정들은 "교섭과 사회 조직의 분화된 조건들에 대한 사회적 정의(definitions), 레이블(label), 의미들의 부착을 통해"(Kemper 1987, 276) 죄책감, 수치, 자부심, 감사, 사랑, 향수, 나태 등과 같은 부가된 이차 감정들로 정교해진다고 말한다.

이에 반해 강한 사회구성주의 입장은 일차적 감정 또는 기본 감정의 존재를 거부하면서, 모든 감정은 사회문화적으로 구성된 개념들이라고 주장한다(Armon-Jones 1986, 37 ; Thoits 1989, 320). 곧, 감정은 생물학적으로 주어진 것이 아니라, 사회적 구성물이다. 이 입장에서 보면, 무한한 수의 감정이 존재하며, "사회들마다 그 사회 체계 안에서 기능하는 만큼 많은 수의 각기 다른 감정들을 형성하고, 만들거나 구성할 수 있다"(Averill 1980, 326). 보기를 들어, 강한 사회구성주의의 주장자들 가운데 하레(Rom Harré)는 감정이 '무엇'인지 찾으려는 노력을 하기보다는 곧, 감정 언어에 대응하는 생리학적 상태를 발견하려고 하기보다는 감정 언어들이 어떻게 사용되는지, 어떤 조건하에서 사용되는지를 연구해야 한다고 주장하면서, 감정 언어 사용의 조건들을 세 가지로 제시한다. 첫째는 많은 감정들은 특정한 행동 표현 방식에 의해 나타나는데, 그러한 표현 방식은 '문화 관습'에 강하게 영향을 받는다. 둘째, 모든 감정은 '지향적'(intentional)이다. 감정은 항상 무언가에 대한(about), 무언가의(of), 감정이다. 셋째, 감정은 지역적인 도덕 질서를 포함한다. 우리가 분노할 때 우리는 단순히 어떠한 자극에 대해 반응하는 것이 아니라 우리를 분노하게 한 대상에 대한 도덕적 판단을 내리고 있다(Harré 1986, 8).

1) 감정 작업, 감정 규칙, 감정 노동 – 알리 러셀 혹실드

감정이 사회적으로 구성된다는 원칙은 감정 언어, 감정 신념, 사회적인 감정 규칙에 관심을 두게 한다. 보기를 들어, 우리가 수치심이나 죄책감과 같은 감정을 느낄 때 여기에는 문화적 신념, 가치, 특정 공동체의 도덕적 가치에 의해서 결정되는 태도들이 수반된다. 감정은 순전히 생리적이거나 신체적인 현상이 아니기에 그저 수동적으로 느껴지기만 하는 것이 아니다. 혹실드(Arlie Russell Hochschild)의 '감정관리 관점'은 감정에 대한 사회구성주의적 접근을 대표한다. 그녀는 고프먼(Erving Goffman), 프로이트(Sigmund Freud), 마르크스(Karl Marx)의 작업을 바탕으로 사회구성주의적 감정 논의를 발전시켰는데, 행위자들은 상황 가운데서 그 사회에서 통용되는 '감정 규칙'과 '감정 작업'을 통해서 감정을 표현하고, 관리하며, 통제한다고 주장한다.

'감정 작업'(emotion work)은 그녀의 감정 논의의 핵심 개념이다. '감정 작업'은 자신과 타인의 감정을 다루는 데 따르는 노력을 뜻한다. 곧, "감정의 정도나 질을 변화시키려는 행위이다" (Hochschild 1979, 561). 고프먼의 용어를 빌려 말하자면, '감정 관리'(emotion management)라 할 수 있다. 고프먼에 따르면, 사람들은 교섭의 과정에서 타인들의 마음 속에 형성된 자신의 이미지를 관리하고자 하는데, 이 인상 관리(impression management)의 성공 여부에 따라 특정한 감정이 생겨난다. 만일 인상 관리가 성공적이라면, 긍정적인 감정이 강화될 것이며, 실패한다면 당황(embarrassment)과 같은 부정적인 감정이 강화될 것이다. 감정 작업은 행위자가 인상 관리를 하듯, 감정 관리를 하는 것을 뜻한다.

감정 작업은 교섭의 과정에서 감정을 불러일으키거나 형성하는 노력뿐만 아니라, 감정을 억누르는 노력도 포함한다. 그래서 크게 두 가지 유형의 감정 작업을 말할 수 있다. 첫째는 애초에는 부재했지만 바라는 감정을 불러일으키는 것(evocation)이고, 둘째는 애초에 존재하지만 바라지 않는 감정을 억제하는 것(suppression)이다(Hochschild 1979, 561).

감정 작업은 행위자 자신에 의해서만 이루어지는 것은 아니다. 타인에 대해서도 이루어질 수 있고, 타인들에 의해서 자신에게 이루어질 수도 있다. 행위자는 이러한 상황에서 다양한 기술을 가지고 감정 작업을 한다.

첫째는 **인지적**(cognitive)이다: 이미지, 아이디어 또는 생각들과 관련된 감정을 바꾸기 위해 이미지, 아이디어, 생각들을 변화시키려는 시도. 둘째는 **신체적**(bodily)이다: 감정의 신체적 증상을 변화시키려는 시도(보기: 천천히 호흡하려는 시도, 떨지 않으려는 시도).

셋째는 **표현적**(expressive) 감정 작업이다: 내적 감정을 바꾸기 위해 표현적 제스처를 변화시키려는 시도(보기: 웃거나 울려는 시도).
(Hochschild 1979, 562)

　　감정 규칙은 사람들이 특정한 상황에서 어떻게 느껴야 하는지를 안내해주는 규칙이다. 이 규칙은 어떠한 상황에 적절한 감정을 알려준다는 점에서 이상적인(idealized) 것이며, 사람들은 이에 따라야 한다는 점에서 규범적이다.

　　사회에는 적절한 감정 표현의 범위가 어디까지인지, 그 강도는 어떠해야 하는지, 표현의 길이는 어떠해야 하는지 등에 대한 규칙들이 있다. "사람들은 왜 파티에서는 즐거움을 느끼고, 장례식에서는 슬퍼하며, 결혼식에서는 행복해하는가?"(Hochschild 1979, 552) 반대로 질문하면, 왜 파티에서는 슬퍼하면 안 되고, 장례식에서는 즐거워하면 안 되고, 결혼식에서는 불행함을 느끼면 안 되는가? 혹실드는 '감정 규칙'(feeling rules/emotion rules)이라는 개념을 제시하면서 이 물음들에 답한다. 우리가 처한 상황에 적절한 방식으로 감정을 느끼는 이유는 "우리가 잠재된 규칙에 따라 우리가 느끼는 것을 적극적으로 관리하려고 하기 때문이다"(Hochschild 1979, 571).

　　우리는 누군가에게 화가 났을 때, 특히 그 분노가 정당하다고 여길 때 "나는 화낼 권리가 있어"라고 생각하며 말할 수 있다. 내가 짐을 드는 것을 도와준 사람에게는 감사함을 느껴야 한다. 그리고 내가 도와준 사람이 감사함을 느끼지 않는다면 나는 매우 불쾌해지며, 그 불쾌함은 정당하고 다른 이들로부터 그 정당함을 인정받을 수 있다(감정표현의 정당성).

이렇게 권리와 의무로 표현되는 감정 규칙들은 적절한 감정의 **정도**(지나치게 화를 낼 수도 있고, 충분히 화를 안 낼 수도 있다), **방향**(행복함을 느껴야 할 때 슬픔을 느낄 수도 있다), 지속 기간 등을 설정해 준다(Hochschild 1979, 564). 이로써 우리는 주어진 상황에서 어떤 감정을 느끼도록 기대할 수 있는지, 그 상황에서 어떤 감정을 느껴야 하는지 알 수 있다. "사회에는 사람들이 따라야 하는 '감정규칙'이 존재하고, 이를 통해 규제되는 감정이 일상적인 의사소통과 관례화된 일상이 지속적으로 유지되는 데 중요한 토대를 제공한다"(박형신·정수남 2015, 73). 곧 사회질서는 감정 관리를 통해 이루어지는 것이다.

혹실드는 나아가서 감정 규칙과 함께 이데올로기의 이슈를 다룬다. 곧 "한 개인은 이데올로기적 입장이 변할 때, 인지적으로 그리고 감정적으로 상황에 대응하기 위해 옛 규칙을 버리고 새로운 규칙을 취한다"(Hochschild 1979, 567). 이에 따라 권리와 의무의 감각도 바뀔 수 있다. 보기를 들어, 페미니스트 운동은 남성과 여성의 노동과 가족 생활을 틀짓는 데 새로운 규칙들을 가져왔다. 이 운동의 성공에 따라 새로운 감정 규칙이 받아들여지고 예전의 젠더 구분에 의한 감정 규칙은 사라지게 된다.

혹실드는 그녀의 책 『감정 노동(*The Managed Heart: Commercialization of Human Feeling*)』(2009)에서 자본주의 사회에서 점점 증가하고 있는 서비스 노동에 주목하면서 서비스 노동이 어떻게 해서 노동자들의 감정을 상품으로 만드는지 탐구한다. 행위자들은 상호행위하는 일상의 삶 속에서 감정 규칙에 따라 자신들의 감정을 규제하고 통제하려는 시도를 한다. 이러한 감정 작업은 사적인 관계에서만 일어나는 것이 아니다. 감정은 공적인 영역에서 사회적으로 조직되고 특히 임금을 위한 노동으로 상업화될 수도 있다. 곧 경제적 교환을 위해서 감정이 관리되는 것이며, 혹실드는 마르크스의 노동 개념을 가져와서 이를 '감정 노동'(emotional labor)이라고 개념화한다. 곧 임금을 받고 판매되기 때문에 교환 가치를 갖는 노동인 것이다. 노동의 현장에서 고객들과 고용주들이 갖는 경제적 힘은 주로 서비스 직에 있는 노동자들로 하여금 감정 규칙에 따라 자신들의 감정을 고무시키거나 억제하도록 한다(경제 영역의 감정 노동).

감정 노동의 결과 노동자는 "어떤 일을 하는 동안 **사용되는** 자아의 한 부분, 신체 또는 정신의 한 부분에 대한 주도권을 잃고 소외될 수 있다"(혹실드 2009, 22). 노동자들이 감정 노동을 할 때, 일을 한 결과 노동의 산물은 곧 감정이다. 자본주의 사회에서 상품을 생산하는 노동이 노동자들로 하여금 자신들이 만든 상품들로부터 소외되게 하듯이, 서비스를 생산하는 사회에서도 노동자는 그 서비스로부터 소외된다. 감정 노동이 교환 가치를 갖기 때문에 노동자의 감정 또한 자신의 것이 아니라, 고용주와 고객의 것이 된다(감정 소외).

2) 감정의 사회화 – 스티븐 고든
앞서 감정 규칙은 어떠한 상황에 적절한 감정을 알려준다는 점에서 이상적인 것이며, 사람들은 이에 따라야 한다는 점에서 규범적이라고 하였다. 한 행위자가 그 규범을 어기게 되면 상황에 따라 그 상호행위에 참여하고 있는 다른 행위자로부터 분노, 회피, 질책 등을 불러일으킬 수 있다. 행위자들은 상황 가운데 아무런 문제 없이 상호행위하기 위해서는 그 사회 성원들이 공유하고 있는 감정 규칙·감정 규범들을 도덕적 의무로서 내면화하여 사용할 수 있어야 한다. 그렇기 때문에 감정 표현은 사회화(socialization)의 과정을 통하여 배워야 하는 것이다.

감정의 사회화에 대한 논의는 주로 발달심리학자들에 의해 어린이들의 감정 반응을 형성하는 데 있어서 관여되는 다양한 학습 과정들을 주로 내적 정신 과정에 초점을 두고 이루어졌다. 특히 심리학자들은 특정 연령에 어떠한 감정이 발달되는지를 연구하였다 (Stets 2007, 320-321). 이에 비해 사회학자들은 사회화의 과정에서 감정 발달에 영향을 주는 여러 가지 사회적 변수들을 동원하여 감정의 사회화를 설명하고자 한다. 특별히 감정에 대한 상호행위론적 접근을 하는 사회학자들은 주로 감정이 어떻게 해서 상호행위 과정으로부터 발달되는지에 초점을 두고 있다.

감정의 사회화에 일찍부터 관심을 두고 있었던 고든(Steven L. Gordon)은 감정은 지속적인 사회관계로부터 출현한다는 전제를 갖고, 어린 아이들이 감정에 대해서 무엇을 배우는지 그리고 어떻게 그것을 배우는지에 영향을 주는 요인들을 조사하였다. 그에 따르면, 사회화를 통해서 "사회는 어린아이들을 감정 문화 안으로 이끌어 들이고, 감정 능력(emotional competence)의 기준(criteria)을 정의하고, 감정 에피소드에의 노출을 규제함으로써 어린아이들의 감정 이해를 결정한다"(Gordon 1989, 319). 여기서 감정에의 노출, 곧 감정에 대해서 경험하고, 관찰하거나 듣는 경험을 가지는 것은 감정을 배우는 전제조건이다. 그리고 '감정 문화'(emotional culture)란 "감정과 관련된 믿음, 어휘, 규제적 규범 그리고 여타 관념적 자원들의 집합"이다. 어린 아이들은 감정 에피소드에 노출됨으로써 감정의 문화적 의미를 **배우게 되고** 그에 따라 감정적 행위를 하게 된다. 이러한 감정 문화를 획득하는 것은 어린 아이들이 사회관계들에서 감정 능력을 갖고 실질적이며 가치 있는 구성원으로 살아가는 데 필수적인 요소가 된다(Gordon 1989, 323). '감정 능력'은 표현능력, 지식, 기술 등을 포함하는데, 정상적인 사회인으로 기능하기 위해서는 특별히 다음과 같은 능력들이 요구된다. ① 사회 상황이나 관계에 대한 비언어적 메시지로서 감정 제스처를 표현하고 해석하는 능력, ② 충동적이거나 사회적으로 승인되지 않는 감정들의 명시적 표현을 통제하는 능력, ③ 사회적으로 적절한 감정들을 즉각적으로 느끼고 표현하는 능력, ④ 감정을 상징적으로 문화 의미에 연결하는 어휘들을 알아차리는 능력, ⑤ 불편한 감정들에 대처하는 능력. 어린 아이들은 나이를 먹어가면서 이러한 능력들을 배워, 점점 타인의 시선으로 자신의 감정을 볼 수 있고, 여러 가지 감정들을 이해할 수 있고, 스스로를 자기 감정을 변화시키거나 감출 수 있는 존재로 볼 수 있게 된다(Gordon 1989, 324).

3. 감정-구조와 행위 사이에서

감정 사회학의 발흥을 이끌었던 상징적 상호행위론자들은 감정을 이해할 때 사회구조와 관련하여 논의하고 싶어하지는 않았다. 왜냐하면 그들에게 사회구조란 "그 속에서 사회적 행위가 발생하는 틀이지 그 행위의 결정 인자가 아니"기 때문이다(블루머 1982, 150). 구조적 특질들은 행위의 조건들이 될지언정 행위를 결정하지는 않는다. 그러나 사회학자들이 특기로 삼는 것은 구조와 행위의 사이에서 논의를 펼치는 작업이다. 사실상 감정 사회학이 발전하면서 사회학자들은 구조와 행위라는 틀 안에서 감정에 대한 논의를 하고 있다. 곧 감정이 사회 구조와 사회 행위자 사이의 필연적인 연결고리로서 제시되는 것이다(바바렛 2007, 56).

구조와 행위 사이에서 감정은 먼저 구조적 한계 내에서 구성되는 것으로서, 또는 반대로 그 구조를 형성하는, 곧 재생산하는 것으로서 설명된다. "감정에 대한 구조적 설명은 감정적 경험이 자아의 사회적·물리적·생물학적 환경에 의해 제공된 가능성들에 의해 제한되고 형성되는지, 그리고 감정을 구성하는 데 있어 개인들의 일상적인 참여가 구조를 재확인하고, 유지하고, 변화시키기 위해 어떻게 상향운동을 하는지 그 단계들을 보여주어야 한다"(Franks 1985, 162).

1) 구조의 한계 내에서 감정
사회 구조와 감정의 관계에서 먼저 주목할 것은 '사회 구조가 개인의 감정적 경험에 어떻게 제한을 가하는가?'라는 문제이다. 곧 사회 구조의 종속변수로서 감정을 다루는 것이다. 이 입장의 연구들은 대체로 제한적이고 추상적인 상황적 선행요인들을 탐색하는 데 노력을 기울인다.

(1) 권력과 지위 – 시어도어 캠퍼

감정에 대한 구조적 접근 방식의 주창자인 캠퍼는 이 접근 방식이 추구하는 바는 "구조적 조건이 변화하거나 여전히 이전과 같을 때 왜 특정 감정이 만연하거나 발생할 가능성이 있는지를 설명하기 위해 사회구조적 조건들을 검토"(캠퍼 2012, 94)하는 것이라고 한다. 그는 개인의 감정적 경험에 영향을 미치는 구조적 요소들을 구분해 내려고 시도하면서, 사회관계의 두 근본 차원인 '권력'과 '지위'가 보편적인 감정 유발 요소라고 주장한다. 곧 "기본적인 관계적 또는 구조적 조건들 내에서의 변이를 통해 매우 광범위한 부류의 인간감정을 설명할 수 있다"(캠퍼 2012, 96)는 것이다.

먼저 '권력'은 강제 또는 강제의 위협을 통해 얻어진 추종(compliance)을 일컬으며, '지위'는 행위자 A가 행위자 B에 대해 높은 평가를 가지기 때문에 자발적으로 또는 흔쾌히 주어진 존중(deference)을 말한다. 관계상에서 권력과 지위가 유지되거나 변할 때 상호행위 중에 특정한 '구조적 감정들'(structural emotions)이 생겨나게 된다. 보기를 들어, 권력을 가지고 있거나 상호행위 가운데 권력을 갖게 되는 행위자는 안정감, 안도감, 만족감과 같은 감정을 갖게 되는 반면, 권력이 감소하게 되면 공포 또는 불안과 같은 감정을 갖게 된다. 또한 지위가 상승하게 되면, 만족감, 행복, 기쁨, 좋아함 등과 같은 긍정적인 감정복합체를 경험하게 되는 반면, 지위가 하락하면, 실망, 화, 우울, 수치심, 싫어함 등과 같은 부정적인 감정복합체를 경험하게 된다. 이를 표로 정리하면 다음과 같다.

표 3-1. 감정의 권력과 지위 원천

감정	감정의 관계적 원천
안전, 안심	자신의 권력이 증가하거나 타인의 권력이 감소할 때
공포, 불안	자신의 권력이 감소하거나 타인의 권력이 증가할 때
죄책감	어떤 사람이 권력을 과도하게 행사했을 때
신뢰	타인이 권력을 이용하지 않을 것이라고 확신할 때
만족, 행복, 기쁨	타인이 지위를 수여할 때
자부심	어떤 사람의 성취에 지위가 수여되었을 때
화, 분노	타인이 지위를 박탈할 때
수치심	어떤 사람이 걸맞지 않은 지위를 수여받았을 때
우울	지위상실을 돌이킬 수 없을 때
좋아함	지위를 부여한 타인을 지향할 때
경멸, 혐오	부여받을 만한 지위 이상을 요구하는 타인을 지향할 때
시기심	제3자에 의해 타인에게 수여된 것과 동일한 높은 지위를 바랄 때
싫어함	부여받을 만한 것보다 더 낮은 지위를 부여한 타자를 지향할 때
실망	기대한 것보다 더 낮은 권력 또는 지위를 획득할 때
안도감	기대한 것보다 더 적게 권력 또는 지위를 상실할 때
낙관/희망	권력 또는 지위 위치의 향상이 기대될 때
당황	예상한 것보다 훨씬 많은 권력 또는 지위를 상실할 때

출처: 캠퍼 2012, 106.

(2) 정서 통제 이론(Affect Control Theory)-데이빗 하이스

하이스(David R. Heise)는 단지 선행하는 사회 구조적 요소들로부터 특정한 감정을 예측하려는 시도를 넘어서 정서 동학(affective dynamics)을 이용하여 상징적 상호행위의 전체 연쇄를 모델화하려는 시도를 한다. 하이스는 "배경의 의미, 행위자, 개인 속성, 감정, 행동 모두 정서적(affective)이다; 짧게 말해서 모든 의미 있는 사회범주는 정서적이다"(Thoits 1989, 326)라는 전제 위에서 감정

을 일련의 사건들의 결과로서 다룬다. 그는 수학적 열망을 가지고 모델을 구성함에 있어 문화적 지식과 의미의 복잡성을 최소화하면서, 사회적 행위를 평가하는 방정식을 만들고자 한다. 곧, 상황정의의 질적 특질들을 '인상 변화'(impression change)와 통제의 양적 과정에 연결시켜 의미를 측정가능한 방식으로 개념화하려는 것이다. 사람들은 모든 사회적 사건에 정서적으로 반응한다. 만약 어떤 사회적 사건이 벌어지면 사람들이 타인과 대상에 대해 갖고 있는 인상은 변할 수 있다. 보기를 들어, 학생이 선생의 잘못을 지적하는 사건이 발생할 때, 선생은 자신의 잘못을 지적한 학생에 대해 일반적으로 모든 학생에 대해 갖고 있는 감정과는 다른 감정을 갖게 될 것이다. 만약 수많은 그와 같은 사건들로부터 추정해낸 인상 변화 방정식을 만들어낼 수 있다면, 우리는 인상 변화에 따라 감정을 예측할 수 있을 것이다.

이 양적 모델은 "사람들이 어떻게 사건들에 반응하는지 예측하는 경험적으로 도출된 방정식에 근거하고 있다"(Heise 1990, 271). 사회 행위는 행위자, 행위, 행위의 대상과 같은 구성 부분들로 분석될 수 있으며, 그 각각을 평가할 수 있는 차원은, 좋고-나쁜 차원(평가), 강하고 약한 차원(잠재력), 동적-정적 차원(활동성)이다. 문화의 모든 항목들, 곧 대상, 행위, 역할, 감정들이 이 세 차원에 따라 등급지어질 수 있으며, 특정한 행위자의 정서는 바로 특정한 EPA(Evaluation-Potency-Activity) 프로필에 의해 평가된다. 정서 통제 이론이 이와 같이 평가, 잠재력, 활동성이라는 세 차원에 초점을 두는 이유는 첫째, 이 차원들이 정체성, 행위, 감정, 배경을 포함하여 사회적 상황의 많은 중요한 요소들을 특징짓는 데 사용될 수 있으며, 둘째 이 차원들이 널리 공유되고 중요한 문화 정보를 재현하며, 셋째 지위, 권력, 표현성과 같은 정체성과 행동의 중요한 사회적 특성에 일치하고, 넷째로 결국 이 차원들에 대한 사람들의 반응을 측정할 수 있기 때문이다(Smith-Lovin 1990, 241).

2) 구조와 행위의 매개(mediator)로서의 감정

바로 앞서 소개한 구조적 접근과 정서 통제 이론이 감정의 선행 조건들을 찾는 것이었다면, 여기서는 감정이 구조와 행위의 매개로서 다루어지는 방식을 소개할 것이다. 여기서 감정은 거시에서 미시로, 또는 미시에서 거시로 연결시키기 위해 사용된다.

(1) 감정과 사회 결속-토마스 셰프

셰프(T. J. Scheff)는 사회 결속을 유지하는 데 있어서 가장 기본적인 사회적 감정인 수치심(shame)과[10] 자부심(pride)의 역할에 주목하면서 사회 구조의 미시적 기초를 밝히려는 시도를 한다. 그에 따르면, 사회 결속을 유지하는 것은 인간의 가장 중요한 동기이다. 안정적인 사회 결속은 사회를 하나로 묶어주는 힘이 되지만, 불안정한 결속은 소외를 발생시킨다. 사회는 안정적인 결속의 상실에 대비하는 예방책을 가지고 있는데, 바로 수치심과 자부심과 같은 감정이 사회 결속과 관련하여 중요한 기능을 한다.

---

10   수치심에 대한 돋보이는 역사 사회학 연구가 있다. 김미정(2013)은 1890년대 후반부터 1990년대 초반까지 개화기 지식인들의 논설들을 분석하여, 당시 서양의 규범을 가장 순수한 형식으로 수용한 지식인 세력들이 서양을 보편적인 규범으로 놓고 조선을 비춰보면서 개탄했는데, 규범이 곧 규범이 되는 과정에 수치심과 분(憤)이 있었다고 밝힌다.

수치심과 자부심은 개인들이 사회에 결속되어 있는 상태를 알려주는 감정들이다. 왜냐하면 이와 같은 감정들은 타인의 입장에서 자기 자신을 바라보면서 자신의 행위를 모니터링할 때 발생하는 사회적 감정이기 때문이다. 결속이 안정적일 때 우리는 합법적인 자부심을 느끼며, 타인에 의해 거절되거나 타인의 시선에서 가치를 상실할 때 우리는 고통스러운 감정인 수치심을 느끼게 된다.

분화가 덜 이루어져 있어서 집단이 개인에 우선하는 전통 사회와는 달리 분화된 현대 사회에서는 개인이 집단에 우선하며 개인들은 고립되어 있다. 이와 같은 현대 사회에서는 사회 결속의 아이디어는 억압되며, 따라서 수치심과 자신감 또한 체계적으로 억압된다. 특히 현대 사회에서는 부정적인 감정들의 발산이 금지되는데, 사회는 의례, 드라마, 콘테스트 등을 통해 부정적인 감정들을 집합적으로 안전하게 분출시킬 수 있는 수단을 제공한다. 그러나 카타르시스를 통해 이 부정적인 감정이 분출되지 않으면, 자기 파괴적 행동으로 이끌게 될 뿐만 아니라 그 감정을 타인에게 쏟아내게 된다. 그래서 수치심과 같은 부정적인 감정은 손상된 결속을 반영할 뿐만 아니라 미래의 결속을 방해하는 역할을 하기도 한다. 결론적으로 말해서, 수치심과 그것의 상대인 자부심은 거시 구조와 미시세계, 곧 사람들이 자아 개념을 형성하고 사회 결속을 창출하며, 시험하고, 재확인하고 또한 훼손하는 그 세계와 연결시켜주는 역할을 한다(Scheff 1990).

(2) 상호행위 의례 연쇄(Interaction Ritual Chains) - 랜들 콜린스
콜린스(Randall Collins)는 감정 에너지 개념에 기초하여 의례적 상

호행위 이론을 발전시켰는데, 그의 주장은 미시적인 감정 의례가 사회구조를 재생산한다는 것이다. 곧 콜린스의 이론은 미시에서 거시로의 움직임을 대표한다고 할 수 있는데, 그에게 있어서 사회적 과정은 인지적 메커니즘이 아니라 감정적 메커니즘에 의해 이루어진다.

상호행위 의례 이론의 중심 기제는 "고도의 관심의 초점 공유, 곧 고도의 상호 주관성이 감정적 합류—신체적 호응, 상호 자극 곧 참여자의 신경 체계의 자극을 통한—와 결합되는 계기들이 인지적 상징이 결부되는 소속감으로 귀결되고, 또한 개인 참여자들에게 자신감, 열정, 도덕적으로 적절하다고 여기는 행위를 하고 싶다는 갈망을 일으키는 감정적 에너지로 귀결되는 것이다"(콜린스 2009, 80).

콜린스는 상호작용 의례의 사슬 속에서 형성되는 감정 에너지에 주목하는데, 상호행위 의례는 다음과 같은 네 가지 주요 성분 또는 촉발 조건으로 구성되어 있다.

1. 두 사람 이상이 같은 장소에 물리적으로 함께 있고 그래서 그들이 의식적으로 주목하고 있든 그렇지 않든 상관없이 신체적으로 함께 존재함으로써 서로 영향을 주고받는다.
2. 외부인을 구별하는 경계선이 있어서 누가 참여자인지 누가 제외되는지를 감지할 수 있다.
3. 사람들은 공동으로 대상이나 활동에 관심을 집중하고, 소통함으로써 각자 상대가 집중하는 관심의 초점을 인식하게 된다.
4. 공통되는 기분이나 감정적 경험을 공유한다. (콜린스 2009, 87)

여기서 가장 중요한 과정은 참여자들이 감정적이고 인지적인 체험을 공유하는 상태를 만들어낼 수 있는 합류 과정이다. 이러한 상호행위 의례의 요소들이 성공적으로 결합되어, 관심의 초점과 감정이 높은 수준으로 공유되면 그 의례에 참여하는 개인들은 다음과 같은 경험을 하게 된다.

1. 집단 유대, 집단 성원으로서의 소속감
2. 개인의 감정적 에너지 생성: 자신감, 의기충천, 힘, 열정, 진취적 행위 의욕
3. 집단을 표상하는 상징: 상징적 표지 또는 자신들이 집단 성원임을 떠올리게 해 주는 집합적 재현물(아이콘, 구호, 몸짓). 이들은 뒤르케임이 말하는 '성스러운 대상'이다. 집단 유대감으로 고양된 사람들은 크나큰 외경심으로 상징을 다루고 불경스러운 외부인이나 반역적인 내부자로부터 상징을 수호한다.
4. 도덕 감정: 집단을 신봉하고 상징을 받들어 모시며 내부자의 위반으로부터 집단을 지키려는 정의의 감각. 이와 함께 도덕적 악 또는 집단 유대와 그 상징적 표지를 거스르는 부도덕에 대한 감각. (콜린스 2009, 88)

이로써 감정 에너지가 촉발되는 강렬한 의례 경험은 새로운 상징적 대상[11]을 창조할 수 있으며, 획기적인 변화의 계기를 제공할 수 있는 에너지를 분출하기도 하는 것이다. 상호행위 의례에서

---

11 여기서 상징은 의례 상황에서 일시적인 감정적 에너지를 장기적인 것으로 지속시켜주는 기능을 한다.

감정적 조율이 성공적으로 이루어졌을 때 참가자들 사이에 유대의 감정이 산출되며, 이 유대의 감정은 일시적인 것이 아니라 오래 지속되는 감정이다. 곧 의례에 함께한 집단에 대한 애착의 감정인 것이다.

콜린스는 이와 같이 상호행위 의례 이론을 통해 미시적 행위와 거시적 현상을 연결하려고 하는데, 여기서 감정은 거시적인 것의 미시적 기초로 제시되고 있다. 모든 거시 현상들은 미시 경험들이 누적되어 나타나는 결과이다. 따라서 거시 구조 또는 거시 사건들은 미시 사건들의 합으로 번역되어야 한다. 사회학은 바로 사회 구조를 구성하는 반복적 행위들을 설명할 수 있는 미시 메커니즘이 필요하며, 상호행위 의례 연쇄가 바로 그 메커니즘을 제공한다. "미시-조우(micro-encounters)들의 연쇄는 '신비한' 문화 상징과 감정 에너지를 창조, 재창조함으로써 권위, 소유, 집단 소속감과 같은 사회 조직의 중요한 특질들을 생성해 낸다"(Collins 1981, 985). 결론적으로 말하면, "이 감정 에너지는 사회구조를 뒷받침할 뿐만 아니라 사회구조에 의해 재생산되기도 하며, 또한 전체사회를 변화시키기도 한다"(박형신·정수남 2015, 81).

3) 강한 프로그램으로서 감정적 사회학 – 박형신·정수남

일단의 사회학자들은 알렉산더(Jeffrey C. Alexander)가 강한 프로그램으로서 문화적 사회학(cultural sociology)을 추구했던 것처럼,[12] 감정을 사회적 원인으로 취급하면서 설명력을 강화하고자 하

---

12 강한 프로그램으로서 사회학은 과학지식 사회학 분야에서 먼저 제안되었다. 알렉산더는 과학지식 사회학으로부터 이를 가져와서 분과학문으로서의 문화 사회

는 감정적 사회학(emotional sociology)의 필요성을 제기하였다. 강한 프로그램으로서 문화적 사회학이 문화를 독립변수로 하여 문화의 인과적 특성화를 추구하는 것과 마찬가지로, 감정 사회학을 강한 프로그램으로서 추구하는 이들은 독립변수로서 감정의 지위를 강하게 주장하면서, 감정을 통하여 다른 여러 사회 현상들을 설명하고자 한다.

국내에서는 감정 사회학의 선구자들인 박형신과 정수남이 바로 설명력을 강화한 감정적 사회학을 추구하고 있는데, 이들은 감정적 사회학을 먼저 제안했던 굿윈과 파프(2012)를 따르고자 한다고 밝히고 있다. 굿윈과 파프에 따르면, 감정적 사회학은 "사회생활에서의 감정, 기분, 감동의 편재성을 인정하고, 감정을 단지 부수현상이나 종속변수가 아니라 잠재적인 인과적 메커니즘으로 또는 그러한 메커니즘의 구성요소로 다루는 사회학"이다(굿윈·파프 2012, 420).[13] 특히 이들은 사회운동 연구에서 1950년대 미국 민권운동과 1960년대 후반 동독 민권운동 또는 시민운동 등 고위험(high-risk) 사회운동에서 감정이 어떠한 역할을 수행했는지 검토함으로써 감정의 인과 메커니즘을 밝혀내려 시도했다. 이들이 밝혀낸 인과 메커니즘, 곧 개인적이든 집합적이든 참가자들이 고위

학(sociology of culture)이 아니라, 문화를 독립변수로 하여 설명력을 강화하는 문화적 사회학을 추구했다(알렉산더 2007).

13　박형신과 정수남은 굿윈과 파프로부터 감정적 사회학이라는 용어를 배워왔으나, 이들이 구조와 행위를 연계시키는 감정에 대한 관심을 갖도록 이끌었던 것은 이들이 앞서 『감정의 거시사회학 – 감정은 사회를 어떻게 움직이는가?』(2007)라는 제목으로 옮겼던 바바렛(J. M. Barbalet)의 책이었다. 그 책의 원제목은 *Emotion, Social Theory and Social Structure–A Macrosociological Approach* 이다.

험 행동주의를 지속하도록 하는 고무 메커니즘은 첫째 친밀한 사회적 네트워크, 둘째 대중집회와 운동 참가자들의 여타 자치 모임의 동학, 셋째 신념에 근거한 활동가와 운동의 강력한 동일시, 넷째 수치스러움과 강등 의례(degradation ceremonies), 다섯째, 시민 불복종 기법의 공식적 훈련, 여섯째 운동활동과 저항사건에 대한 대중매체의 보도, 일곱째 총기 소유, 여덟째 신성한 방어이다.

박형신과 정수남은 주목할 만한 저서 『감정은 사회를 어떻게 움직이는가』(2015)를 출판하였는데, 여기서 그들은 다음과 같이 거시적인 감정적 사회학의 출사표를 던진다.

우리가 이 책에서 거시적 감정 사회학을 제기하는 까닭은 바로 구성주의적 관점의 이러한 한계를 넘어서기 위한 것이다. 거시적 감정 사회학은 감정이 사회적 결과일 뿐 아니라 사회적 원인일 수 있음을 주장하며, 특히 감정을 단순한 종속변수가 아닌 독립변수로서의 지위까지 끌어올리고자 하는 시도이다. (박형신·정수남 2015, 44)

여기서 이들이 구성주의적 관점을 한계로 지적하고 있는 것은 구성주의적 관점을 따를 때 "특정한 감정이 현재 갖는 구성적 의미와 성격이 강조될 뿐 여전히 행위의 동인으로서 독립변수의 지위를 갖지 못하며, 행위 주체는 다시 사회와 문화 속에 갇히고 만다"(박형신·정수남 2015, 43)는 것이다. 곧 구성주의적 시각에서 감정은 여러 사회 과정들, 사회 요소들의 결과로서만 다루어질 수밖에 없으며, 그럼으로써 감정이 사회과정에 인과적으로 미칠 수 있는 능력이 무시된다는 것이다.[14] 그러나 여기서 이들이 단일한 감정이 어떠한 행위를 결정한다는 기계적인 감정 결정론을 주장하고 있는 것은 아니다. 감정적 사회학에서는 당연히 감정의 맥락성·상황성·관계성이 강조될 수밖에 없기에 이들이 주목하는 것은 감정의 '잠재적 인과성'이다. 이어서 잠재적 인과성에 관심을 둘 때, 중요해지는 것은 단순히 A에서 B로의 단순한 인과 경로가 아니라, 감정 동학이다. 박형신과 정수남에 따르면, 감정 동학은 "행위자가 처한 상황적·관계적 맥락 속에서 감정적 행위의 주체로서 행위를 전개함에 따라 발생하는 역동적 과정이다"(박형신·정수남 2015, 44). 그리고 이 감정 동학을 이끄는 힘은 배후 감정이다. "배후 감정은 무대 전면으로 표출되지 않지만 행위에 강한 동력을 부과하는 숨겨진 감정, 즉 상징적 감정 권력(power of symbolic emotions)으로 이해될 수 있다.…감정 동학은 배후 감정이 지향하는 대상과 시간성에 따라 그 방향이 달라지고 그에 따라 행위자들은 상이한 행위 양식을 드러낸다"(박형신 2015, 551). 이로써 이들은 감정의 비결정성을 인정하면서 감정이 인과적일 수 있는 방식을 찾고 있다.

감정적 사회학은 감정이 우리의 사회적 삶과 상호행위에서 어떠한 작용을 하고, 나아가서 이러한 작용이 어떻게 사회 변화에 영향을 주는지 탐구하고자 하기에, 이는 거시적 관점에서 감정을 다루는 것을 정당화시켜준다. 거시적인 감정 사회학은 감정과 사회구조 사이의 연관성에 주목하면서, "감정은 대규모의 또는 거시적인 사회과정에서 어떤 의미를 지니며, 단지 개인들 간의 대면적 성

14 구성주의에 대한 보다 자세한 비판으로는 바바렛(2007, 50-54)을 볼 것.

격의 사회적 상호작용만이 아니라 역사적 맥락에서 사회적 행위자들을 집합적으로 동원하는 데서 어떤 역할을 수행하는가"(박형신·정수남 2015, 79) 하는 질문을 던진다. 보기를 들어, 이들은 미국산 쇠고기 수입 반대 촛불집회를 분석하면서, 광우병 파동이 만들어낸 '죽음의 공포'에 대응하여, 어떠한 감정 동학이 수많은 참여자들로 하여금 촛불을 켜서 들게 하였는지, 특히 유모차를 끌고 참여한 많은 어머니들의 모성을 사회적으로 동원시킨 감정 메커니즘은 무엇인지 밝혀주고 있다.

마지막으로 감정적 사회학을 추구하는 이들은 '성찰적 감정'의 필요성을 역설한다. "성찰적 감정은 타인과의 관계를 '두껍게' 이해하려는 감각이자 더 민주적이고 수평적으로 관계를 도모하려는 아비투스"(박형신·정수남 2015, 53)로서, 사회 비판의 원천적 에너지를 제공해 줄 수 있다. '성찰적 감정에 내재한 비판성'은 "부당한 권력관계에서 비롯되는 인권유린이나 생존권 박탈에 대해 분노하고 피해자의 감정에 공감하는 것, 정의롭지 못한 행위에 대해 부끄러워하는 것, 타인에 대한 차별이나 무시에 민감해하는 것"(박형신·정수남 2015, 53-54) 등을 포함한다. 이는 감정 자체에 대한 비판적 접근이 아니라, 특히 '분노'와 같은 감정이 사회를 비판적으로 성찰하는 기제임과 동시에 새로운 사회의 모습을 구상하고 실현해가는 데 있어 동원의 기제가 될 수 있음을 뜻하는 것이다.[15]

15 감정에 대한 비판적 접근의 필요성도 지적되어온 바 있다. 보기를 들어, 칼훈은 비판 이론적 시각 내에서 감정에 접근하는 것이 필요함을 역설하면서, "감정에 대한 관찰과 사고의 어려움, 우리가 습관적으로 행하는 몇몇 방식의 이면에 놓여 있는 사상사의 함의, 그리고 일상 언어가 편견으로 가득 채워지는 방식에 대해 비판적으로 탐구할 필요가 있다"(칼훈 2012, 77)고 말한 바 있다. 또한 김찬호(2014)

III 결론

감정에 대한 사회학적 접근들을 소개하고자 기획된 이 글을 마무리하면서, 이 글이 감정 사회학의 모든 논의들을 다 섭렵하지는 못했다는 것을 인정해야겠다. 감정은 오랜 무관심과 침묵과 억압의 기간을 지난 후 사회학 연구의 전면에 등장하게 된 이래로 하나의 글에 다 담을 수 없을 만큼 수많은 연구를 고무해 왔다. 이 글은 감정 사회학 이론들을 정리하여 소개하는 것을 목적으로 하고 있기에, 감정 사회학에서 진행되었던 모든 연구들을 담을 만한 자리는 부족했다. 특히 감정자본주의와 사랑을 논하였던 에바 일루즈(Eva Illouz)의 작업을 글 안에 적절하게 위치시키지 못한 것은 매우 안타까운 일이다.[16]

어쩔 수 없는 불완전함을 염두에 두면서, 나는 이 글을 크게 두 부분으로 구성하고자 했다. 하나는 감정의 사회적 본질을 설명하는 것이다. 곧 감정은 신체 생리학적 또는 심리적인 것이 아니라, 사회적인 것이라는 입장을 표명하는 이들에 대한 소개이다. 두 번째는 사회적인 것 자체가 감정적이기 때문에 사회적 삶(행위), 사회 관계, 사회 구조를 설명하기 위해서는 감정이 고려되어야만 한다는 입장에 대한 소개이다. 사회 과정은 감정에 의해 설명되어야 한다는 것이다. 감정은 사회문화적으로 구성되는 것이기도 하

는 '모멸감'에 대한 예민한 연구에서 "당연시되는 감정이 일정한 사회문화적 조건 속에서 형성된 마음의 습관이라는 것을 알아차리고, 정서의 얼개를 비판적인 눈으로 평가할 수 있는 것이다"라고 말하였다.

16 일루즈에 대한 소개는 박형신(2015)을 참고할 것.

지만, 사회를 구성하는 것이기도 하다. 구조와 행위의 관계 안에서 감정을 논의하고자 하는 사회학자들은 전자를 결코 무시하지는 않지만, 특히 후자의 입장을 택하고 있다.

나는 특정한 감정이 어떻게 사회문화적으로 구성되는지 밝히는 작업, 곧 피설명항(explanandum)으로서 감정 연구의 중요성을 인정하지만, 사회학자로서 사회적 삶, 사회 관계, 사회 구조를 감정적으로 설명하려는 시도, 곧 설명항(explanans)으로서의 감정 연구가 훨씬 더 많은 연구 과제를 갖고 있다고 여긴다. 그런 뜻에서 수많은 감정 사회학의 연구 주제들이 앞에 놓여 있다고 하겠다.

참고문헌

굿윈, 제프·스티븐 파프. 2012. "고위험 사회운동에서의 감정작업 – 미국과 동독
　　민권운동에서의 공포관리." 제프 굿윈·제임스 M. 재스퍼·프란체스카 폴레타
　　편·박형신·이진희 역. 『열정적 정치』, 418-447.
굿윈, 제프·제임스 M. 재스퍼·프란체스카 폴레타 편·박형신·이진희 역. 2012.
　　『열정적 정치』. 서울: 한울아카데미.
김미정. 2013. "'수치'(shame)와 근대." 『사회와 이론』 21(1): 141-189.
김찬호. 2014. 『모멸감 – 굴욕과 존엄의 감정사회학』. 서울: 문학과지성사.
김홍중. 2013. "사회적인 것의 합정성(合情性)을 찾아서 – 사회 이론의 감정적 전환."
　　『사회와 이론』 23: 7-48.
듀이, 존 저·이유선 역. 2010. 『철학의 재구성』. 서울: 아카넷.
뒤르케임, 에밀 저·노치준·민혜숙 역. 1992. 『종교 생활의 원초적 형태』. 서울: 민영사.
럽턴, 데버러 저·박형신 역. 2016. 『감정적 자아』. 서울: 한울아카데미.
르두, 조셉 저·최준식 역. 2006. 『느끼는 뇌』. 서울: 학지사. Originally published as
　　The Emotional Brain.
미드, 조지 허버트 저·나은영 역. 2010. 『정신·자아·사회-사회행동주의자가 분석하는
　　개인과 사회』. 서울: 한길사.
바바렛, J. M. 저·박형신·정수남 역. 2007. 『감정의 거시사회학-감정은 사회를 어떻게
　　움직이는가?』. 서울: 일신사.
바바렛, J. M. 편·박형신 역. 2009. 『감정과 사회학』. 서울: 이학사.
박형신. 2015. "감정자본주의와 사랑 – 에바 일루즈의 짝 찾기의 감정사회학." 『오늘의
　　사회이론들』, 515-554. 서울: 한울아카데미.
＿＿＿. 2017. "책을 옮기고 나서." 스캇 R. 해리스 저·박형신 역. 『감정사회학으로의
　　초대』, 219-221. 서울: 한울아카데미.
박형신·정수남. 2015. 『감정은 사회를 어떻게 움직이는가』. 서울: 한길사.
버킷, 이안 저·박형신 역. 2017. 『감정과 사회관계』. 서울: 한울아카데미.
블루머, 허버트 저·박영신 역. 1982. 『사회과학의 상징적 교섭론』. 서울: 까치.
실링, 크리스. 2009. "감정사회학의 두 가지 전통." J. M. 바바렛 편·박형신 역. 『감정과
　　사회학』, 23-62.
알렉산더, 제프리 C. 저·박선웅 역. 2007. 『사회적 삶의 의미』. 한울아카데미.
이성식·전신현 편역. 1995. 『감정사회학』. 서울: 한울아카데미.
일루즈, 에바 저·김정아 역. 2010. 『감정 자본주의』. 서울: 돌베개.
재스퍼, 제임스 M. 저·박형신·이혜경 역. 2016. 『저항은 예술이다』. 서울:
　　한울아카데미.
칼훈, 크레이그. 2012. "감정을 제자리에 위치시키기." 제프 굿윈·제임스 M.
　　재스퍼·프란체스카 폴레타 편·박형신·이진희 역. 『열정적 정치』, 74-92.
캠퍼, 시어도어. 2012. "사회운동감정에 대한 구조적 접근방식." 제프 굿윈·제임스 M.

재스퍼·프란체스카 폴레타 편·박형신·이진희 역.『열정적 정치』, 93-115.
콜린스, 랜들 저·진수미 역. 2009.『사회적 삶의 에너지-상호작용 의례의 사슬』. 서울:
　　한울아카데미.
하홍규. 2011. "조지 허버트 미드와 정신의 사회적 구성."『철학탐구』30: 208-239.
＿＿＿. 2013a. "분노를 보다-감정과 사회적 맥락."『감성연구』6: 79-116.
＿＿＿. 2013b. "제4장 사회적 교섭 패러다임."『현대사회학이론-패러다임적 구도와
　　전환』, 79-101. 서울: 다산출판사.
해리스, 스캇 R. 저·박형신 역. 2017.『감정사회학으로의 초대』. 서울: 한울아카데미.
혹실드, 앨리 러셀 저·이가람 역. 2009.『감정노동』. 서울: 이매진.

American Sociological Association(ASA). "New Section on Emotion." *Footnotes*
　　14(6): 14.
Armon-Jones, Claire. 1986. "The Thesis of Constructionism." In *The Social
　　Construction of Emotions*, edited by Rom Harré, 32-56. Oxford: Basil
　　Blackwell.
Averill, James R. 1980. "A Constructivist View of Emotion." In *Emotion–Theory,
　　Research and Experience*.Vol. 1, *Theories of Emotion*, edited by Robert
　　Plutchik and Henry Kellerman, 305-339. New York: Academic Press.
＿＿＿. 1996. "Emotions: Here and Now, Then and There." *International
　　Journal for the Psychology of Religion* 6(2): 89-94.
Bericat, Eduardo. 2016. "The Sociology of Emotions: Four Decades of Progress."
　　Current Sociology 64(3): 491-513.
Collins, Randall. 1981. "On the Microfoundations of Macrosociology." *American
　　Journal of Sociology* 86(5): 984-1014.
Damasio, Antonio. 1994. *Descartes' Error–Emotion, Reason, and the Human
　　Brain*. New York: Penguin Books.
Denzin, Norman. (1984)2009. *On Understanding Emotion*. New Brunswick:
　　Transaction Publishers.
＿＿＿. 1985. "Emotion as Lived Experience." *Symbolic Interaction* 8(2): 223-
　　240.
Franks, David D. 1985. "Introduction to the Special Issue on the Sociology of
　　Emotions." *Symbolic Interaction* 8(2): 161-170.
Goodwin, Jeff, James M. Jasper and Francesca Polletta. 2000. "The Return of the
　　Repressed: The Fall and Rise of Emotions in Social Movement Theory."
　　Mobilization: An International Journal 5(1): 65-83.
Gordon, Steven L. 1989. "The Socialization of Children's Emotions: Emotional
　　Culture, Competence, and Exposure." In *Children's Understanding of
　　Emotion*, edited by C. Saami and P. L. Harris, 319-349. Cambridge:
　　Cambridge University Press.

_____. 1990. "Social Structural Effects on Emotions." In *Research Agendas in the Sociology of Emotions*, edited by Theodore D. Kemper, 145-179. Albany: State University of New York Press.

Hacker, P. M. S. 2004. "The Conceptual Framework for the Investigation of Emotions." *International Review of Psychiatry* 16(3): 199-208.

Harding, Jeffnifer and E. Deidre Pribram, eds. 2009. *Emotions-A Cultural Studies Reader*. London: Routledge.

Harré, Rom. 1986. "An Outline of the Social Constructionist Viewpoint." In *The Social Construction of Emotions*, edited by Rom Harré, 2-14. Oxford: Basil Blackwell.

_____, ed. 1986. *The Social Construction of Emotions*. Oxford: Basil Blackwell.

Harré, Rom and W. Gerrod Parrott, eds. 1996. *The Emotions-Social, Cultural and Biological Dimensions*. London: Sage Publications.

Heise, David R. 1990. "Affect Control Model Technical Appendix." In *Research Agendas in the Sociology of Emotions*, edited by Theodore D. Kemper, 271-280. Albany: State University of New York Press.

Hochschild, Arlie Russell. 1979. "Emotion Work, Feeling Rules, and Social Structure." *American Journal of Sociology* 85(3): 551-575.

_____. 1990. "Ideology and Emotion Management: A Perspective and Path for Future Research." In *Research Agendas in the Sociology of Emotions*, edited by Theodore D. Kemper, 117-142. Albany: State University of New York Press.

Kemper, Theodore D. 1978. *A Social Interactional Theory of Emotions*. New York: John Wiley and Sons.

_____. 1981. "Social Constructionist and Positivist Approaches to the Sociology of Emotions." *American Journal of Sociology* 87(2): 336-362.

_____. 1987. "How Many Emotions Are There: Wedding the Social and the Autonomic Components." *American Journal of Sociology* 93(2): 263-289.

Lofland, Lyn H. 1985. "The Shaping of Emotion: The Case of Grief." *Symbolic Interaction* 8(2): 171-190.

McCarthy, E. Doyle. 1989. "Emotion are Social Things: An Essay in the Sociology of Emotions." In *The Sociology of Emotions: Original Essays and Research Papers*, edited by David D. Franks and E. Doyle McCarthy, 51-72. Greenwich, CT: JAI Press.

Mead, George Herbert. 1895. "A Theory of Emotions from the Physiological Standpoint." *Psychological Review* 2(2): 162-164.

_____. 1964. "Social Consciousness and the Consciousness of Meaning." In *Selected Writings-George Herbert Mead*, edited by Andrew J. Reck, 123-133. Chicago: University of Chicago Press.

_____. 1982. *The Individual and the Social Self–Unpublished Work of George Herbert Mead*. Edited by David L. Miller. Chicago: University of Chicago Press.

_____. 2011. *Essays in Social Psychology*. Edited by Mary Jo Deegan. New Brunswick: Transaction Publishers.

Panksepp, Jaak. 1998. *Affective Neuroscience–The Foundations of Human and Animal Emotions*. Oxford: Oxford University Press.

Ross, Andrew. A. G. 2006. "Coming in from the Cold: Constructivism and Emotions." *European Journal of International Relations* 12(2): 197-222.

Scheff, Thomas J. 1990. *Microsociology–Discourse, Emotion, and Social Structure*. Chicago: University of Chicago Press.

Shott, Susan. 1979. "Emotion and Social Life: A Symbolic Interactionist Analysis." *American Journal of Sociology* 84(6): 1317-1334.

Smith-Lovin, Lynn. 1990. "Emotion as the Confirmation and Disconfirmation of Identity: An Affect Control Model." In *Research Agendas in the Sociology of Emotions*, edited by Theodore D. Kemper, 238-270. Albany: State University of New York Press.

Stets, Jan E. 2007. "Emotions and Sentiments." In *Handbook of Sociology of Emotions*, edited by Jan E. Stets and Jonathan H. Turner, 309-335. New York: Springer.

Stets, Jan E. and Jonathan H. Turner, eds. 2007. *Handbook of Sociology of Emotions*. New York: Springer.

Thoits, Peggy. 1989. "The Sociology of Emotions." *Annual Review of Sociology* 15: 317-342.

Turner, Jonathan H. and Jan E. Stets. 2005. *The Sociology of Emotions*. Cambridge: Cambridge University Press.

필자 소개

하홍규 Ha, Hongkyu

연세대학교 사회발전연구소(Institute for Social Development Studies, Yonsei University) 전문연구원
연세대학교 사회학과 졸업, 보스턴 대학교 사회학 박사

논저 『한국인의 삶을 읽다』(공저), 『현대사회학이론』(공저), "실천으로서의 종교 - 의미의 문제를 넘어서", "실천적 전환에 대한 비판적 고찰 - 기든스와 부르디외를 중심으로"

이메일 hajeremiah@gmail.com

제4장

국제정치학 감정연구의 쟁점, 함의, 그리고 향배

Taking Stock of Emotion Studies in IR: Where Do We Stand and Where Are We Heading?

은용수 | 한양대학교 정치외교학과 교수

용채영 | 세인트앤드류스대학교 국제관계학과 박사과정

* 이 글은 용채영 · 은용수. 2017. "국제정치학(IR)의 감정연구." 『국제정치논총』 57(3): 51-86 를 수정 보완한 것임을 밝힙니다.

본 논문은

국제정치학(IR)에서 최근 주목받고 있는 감정에 관한 연구들을 이론적, 방법론적 측면에서 비판적으로 검토하고, 향후 이론화에 주는 함의를 찾는 것을 목적으로 한다. 이를 위해 본 논문은 우선 감정의 개념화와 존재론적 기반에 대해 고찰한다. 기존의 감정연구에선 미시/거시 수준과 개인/집합적 수준에서 감정의 개념화나 존재화가 이뤄지는 경향이 있으나 본 글에서는 감정이 인간의 보편적 특성과 사회문화적 특수성을 동시에 갖고 있으며 이 두 측면이 대립하는 것도 아니며 어느 한쪽이 우위를 갖는 것도 아니라는 점을 강조한다. 나아가 본 논문은 IR에서 감정연구의 핵심적 과제 중 하나는 개인의 감정이 어떻게 집단화/정치화되는지를 파악하는 것에 있다고 보고, 집단감정, 사회정체성과 감정의 역학관계, 그리고 감정정치(affective politics)에 관해 심도 있는 논의를 전개한다. 관련하여 본 논문에서는 감정과 권력정치의 관계를 좀 더 명료하게 이해하기 위한 세 가지 연구방향과 관련 개념을 제시한다. 마지막으로 본 글은 감정연구의 발전과 수용이 국제관계 이론화에 주는 함의를 논의하면서 감정연구가 성찰주의(reflectivism)의 시각에서 설명이론의 차원을 넘어선 규범적 측면에서 더욱 요청되어야 한다고 주장한다. 성찰적 관점에서 볼 때, 감정연구는 국가 간 혹은 민족 간의 갈등중재, 화해, 평화구축을 위한 공감적 기반의 형성을 위해 매우 중요한 실천적 기능을 수행할 수 있다고 본다.

I n recent years, there has been growing interest in emotion in the field of International Relations (IR). This article intends to carry out a critical review of the recent IR literature on emotion from theoretical and methodological perspectives and discuss what implications an 'emotional turn' has for theorization about the international. To this end, the article first ponders the issues associated with the conceptual and ontological foundation of emotion. Although the extant studies tend to conceptualize emotions at a micro vs. macro level or at an individual vs. group level, we argue that emotion has both individual and group (micro and macro) ontological natures in which neither of them is given an ontological and thus conceptual and analytical priority. Based on this discussion, the article identifies how individual emotions lead to a collective and political emotion. Given such a paucity of work on 'affective politics,' we lay out a set of research agendas and related concepts that can help us have a better understanding of the relationship between emotion and power politics. This article concludes with critical implications of the developments in the recent studies on emotion for theorizing international relations. We suggest that IR should take the study of emotion and its normative appeal seriously. Through reflectivism, emotion studies can offer significant practical values in terms of generating empathy, a necessary foundation for reconciliation and peace building among states and ethnicities.

KEYWORDS 국제정치학 International Relations, IR이론 International Relations theory, 감정 emotion, 정치심리학 political psychology, 정체성 identity, 감정정치 affective politics, 규범이론 normative theory

I 서론

주지하듯, 정치사회 현상을 연구하는 학술분야는 매우 다양하며 각자의 학술적 경계(disciplinarity) 또한 비교적 분명하다. 그럼에도 불구하고 각 분야의 경계를 넘어 공통으로 감지되는 인식적 경향성을 찾는다면, 그것은 '이성중심주의'일 것이다. 플라톤 이래로 지속되고 있는 서양사상의 로고스 중심주의의 영향으로 인해 감정(emotion)은 이성(reason)과 구별되며, 합리적 판단과 행동을 저해하는, 따라서 통제와 억제를 필요로 하는 대상으로 여겨져 왔다. 그러나 이러한 이성 vs. 감정이라는 이분법과 감정의 하등적 역할부여에 대한 학술적 반성이 '감정적 전회'(emotional turn)라는 이름으로 1980년 중후반부터 사회학, 철학, 뇌신경과학 등의 분야에서 본격적으로 등장하기 시작하였다. 이에 비해 국제정치학(IR)에서는 최근 들어서야 비로소 감정에 대한 적극적인 학술적 조명이 나타나고 있다(Hutshison and Bleiker 2014; Ross 2014; Jeffery 2014a; Hall 2015; Holmes 2015; Åhäll and Gregory 2015; Hutchison 2016; Ariffin, Coicaud, and Popovski 2016; Brudholm and Lang 2018).

본 장은 IR에서 이처럼 최근 주목되고 있는 감정에 관한 연구들을 (메타)이론적 측면에서 비판적으로 검토하고, 향후 이론화에 주는 시사점을 찾는 것으로 목적으로 한다. 후술하듯, IR에서의 감정연구는 아직까지 연구프로그램 초기단계에 머물고 있다고 할 수 있다. 경험적 자료의 축적이 부족하며, 명확한 개념적 합의가 부재하고 논리적 명제 및 방법론적 개발이 미흡한 상태이다(Clément and Sangar 2018). 이러한 배경에서 볼 때, 본 글은 귀납적 이론개발이나 연역적 가설검증을 시도하기보다 기존연구의 검토와 향후 방향을 제시하는 일종의 시론적 성격을 띨 수밖에 없다. 그럼에도 본 글에서 수행하는 비판적 검토와 이론화를 위한 제언들을 통해 (한국) IR 학계에 속한 연구자와 학습자들은 감정연구의 현황과 논쟁점들이 무엇인지를 좀 더 체계적으로 인식할 수 있을 것이다. 나아가 본고가 속한 다학제적 연구를 통해 사회학이나 철학 등 타 학술분야의 지적 공헌을 흡수하고, IR 감정연구의 한계를 파악하며 이를 보완할 수 있는 경험적 혹은 이론적 연구의 발판이 마련될 수 있을 것이다.

기존 IR 감정연구는 다양한 학문분과의 논의를 수용하면서 미시 vs. 거시 수준 혹은 개인 vs. 사회집합적 수준에서 감정이 외교정책 및 국제정치에 미치는 영향을 분석해왔다. 하지만 감정의 주체, 분석수준 및 집단감정에 관해 여전히 논쟁의 여지가 있는 상태에서 개별적인 연구가 진행되는 한계를 보인다. 나아가 감정연구자들은 현실주의, 자유주의, 구성주의 등 주류이론들의 인식적 기반에 자리잡고 있는 합리주의를 비판하고, 대신 감정적 주체로서의 인간 혹은 국가에 주목하면서 새로운 분석적 시각을 제시하고 있으나, 후술하듯 이러한 연구들에도 여전히 몇 가지 의문점들은 남아 있다. 또한 감정정치 또는 감정이 권력의 문제와 어떻게 연관되는지, 감정연구가 IR 이론화에 있어서 시사하는 규범적, 실천적 가치는 무엇인지에 대한 좀 더 심층적인 연구가 필요한 상황이기도 하다.

이처럼 IR에서 최근 주목받고 있는 감정연구들을 비판적으로 고찰하고 국제정치의 감정이론화를 위해, 아래 절에서는 무엇보다 먼저 감정의 개념과 존재론적 기반에 대한 논쟁점들을 검토하고자 한다. 본 글에서는 감정이 인간의 보편적 특성과 사회문화적 특수성을 동시에 갖고 있으며 이 두 측면이 대립하는 것도 아니며 어느 한쪽이 우위를 갖는 것도 아니라는 점을 강조한다. 뒤이은 절에서는 IR에서 감정연구의 핵심적 과제가 개인의 감정이 어떻게 집단화/정치화되는지를 파악하는 것이라고 보고, 집단감정, 정체성과 감정의 역학관계, 그리고 감정정치(affective politics)에 관해 심도 있는 논의를 전개한다. 이를 바탕으로 마지막 절에서는 IR의 감정연구가 설명이론의 차원을 넘어선 성찰주의 및 규범적 측면에서 더욱 요청되어야 한다고 주장하면서 구체적으로 감정연구가 어떤 이론적, 실천적 함의가 있는지를 논하면서 글을 마친다.

II 감정의 존재론

왜 국제정치학에선 그동안 감정에 주목하지 않았을까? 국제정치학에서 감정에 대한 관심이 부재했던 이유는 감정이 합리성과 이성의 반대되는 개념으로서 간주되어 왔고, 주류 이론들은 합리적 행위자로서 국가 및 정책결정자에 대한 가정을 기반으로 했기 때문이었다.[1] 2000년대에 들어서 이러한 합리주의적 가정을 극복하

---

1   합리적 선택 모델의 오류에 대한 비판은 Coicaud(2016, 38-42) 참조. 사회성을 배제한 채 이익을 극대화하려는 선호를 가진 행위자를 기본전제로 삼고 있는 합리적 선택모델은 마치 감정을 배제하고 있는 것처럼 보이지만, 사실 감정이 배제

면서 감정이 행위자에게 미치는 영향을 볼 필요가 있다는 점이 제기되었다(Crawford 2009a; Mercer 2005, 2006). 하지만 연구자들마다 감정을 다양하게 개념화했고, 이에 따라 사례연구를 진행했기 때문에 공통의 이론적 틀을 만드는 데는 한계가 있었다.

감정이 무엇인지에 대해서는 여전히 논쟁적이다. 감정, 정서(affect), 느낌(feeling), 정념(passion)은 상호 연관된 개념들이며, 학제에 따라 상이한 개념에 초점을 두면서 연구를 진행해왔기 때문이다(Hutchison and Bleiker 2014: 502).[2] 감정의 이와 같은 특징으로 인해 경험적 연구를 위한 조작적 정의가 어려웠고, 개인감정과 구분되는 집단감정에 대한 개념화도 이론화의 난관으로 지적되어 왔다(Mercer 2014). 개인이나 집단이 실제 감정을 느끼는지 실증적으로 확인하기 어렵고, 감정은 의식적 측면과 무의식적 측면을 모두 포괄하기 때문에 국제정치학 연구에서 특정한 감정을 선택하여 분석하는 데 의문과 혼란이 지속되었다.

철학 및 신경과학계에서 감정에 대한 이해는 주로 두 개의 큰 지형으로 구분되어 왔다. 우선 지각주의 감정론은 감정을 신체적 감각, 무드 또는 정서로서 이해한다. 대표적으로 제임스(William James)는 감정을 신체적 느낌(bodily-feeling)이라는 점을 강조

된 것이 아니라 '서열화'된 가치 및 감정을 가진 행위자가 전제로 상정되어 있는 것으로 보는 것이 좀 더 정확하다고 할 수 있다.

2　욕망(desire), 감정(emotion), 기분(sentiment), 태도(attitude), 정념(passion)의 개념적 구분에 대한 논의는 Ariffin(2016, 2-4) 참조. 국제정치학계에선 주로 감정을 포괄적인 개념으로서 사용해왔으나, 사회정치적 재현(representation)의 특징을 중심으로 감정과 정서(affect)를 구분하는 견해들도 있다(Leys 2011; Eznack 2013; Holmes 2013; Bleiker and Huthison 2018, 329-331). 감정의 창발성과 순환성에 대한 논의는 Ross(2014, 17-19) 참조.

했다(James 1884). 대표적인 신경과학자인 다마지오(Antonio Damasio)는 외부로 드러나는 감정표현을 정서라고 보고, 사적으로 남아 있는 부분을 느낌으로 구분했다(Damasio 1994).[3] 정서는 외부로 표출되는 얼굴표정, 목소리, 행동으로써 다른 사람들에게 관찰되는 현상이다. 느낌은 심상내부에 있는 감정변화의 심리적 또는 신체적 변화이다. 반면 인지주의 감정론은 감정을 지식이나 평가적 사고의 유형으로 간주한다(Nussbaum 2001, 1-22).

감정의 존재론에 대한 몸과 사회 또는 생리학적 관점과 사회주의적 관점 간의 논쟁은 여전히 진행 중이다. 전자는 감정을 사회적 자극에 자동적으로 반응하는 인간의 생리적, 유기체적 현상으로 본다. 반면 후자는 인간이 인지적, 감정적 존재임을 강조하며, 감정을 생리학적 사실보다 사회적으로 구성되고 문화적으로 규정되는 것으로 간주했다(박형신·정수남 2009, 206-207). 몸에 대한 강조는 감정이 언어 등 사회적 산물로서만 구성된다는 논의를 보완하면서 등장했고, 체험주의(embodimentalism)에 대한 관심은 감정 연구의 지평을 더욱 확대하는 데 기여했다. 체험주의는 인지와 정서가 인간 신체에서 기초한다는 논의이다(Varela, Thompson

---

3   데카르트(René Descartes) 이후의 근대철학에서 상정되어 왔던 물질과 의식, 몸과 마음의 이분법을 극복하려는 시도로서 스피노자(Baruch de Spinoza), 제임스, 메를로 퐁티(Maurice Merleau-Ponty) 등은 감정을 인간의 신체적 현상이라고 보고 몸과 감정의 긴밀한 연관성에 대한 철학적 논의를 전개해왔다. 다마지오는 이러한 입장을 신경과학적 연구성과로 뒷받침하고자 했다. 제프리는 신경과학계의 논의가 감정과 이성의 이분법이 유효하지 않다는 사실을 제공하지만, 여전히 국제정치학계에서 수용하는 데 난점이 있다고 본다. 실험실의 결과가 국제정치의 실제세계에 적용될 수 있는지, 물질적, 실재론적 기반을 강조할 때 공유된 관념, 의미 등에 의해 만들어지는 인간들의 상호작용의 측면을 간과할 수 있기 때문이다(Jeffery 2014b, 585-586).

and Rosch 1991; Lakoff and Johnson 1999; 노양진 2000, 2013). 체험주의 시각에서 로스는 감정의 구성적 역할에 주목하며, 기호체계가 정서적, 감정적 내용을 내재하고 있음을 지적했다. 감정은 사회적 현상에 대한 개인의 반응이기도 하지만 몸과 정신 간의 유기적 관련성을 함께 보아야 한다고 본다.[4] 맥더모트(Rose McDermott)는 감정이 1차적으로 신체적 경험에 의한 것이기 때문에 집단적, 정치적 감정을 이론화할 때 몸을 배제해선 안 된다고 지적한다(McDermott 2014, 557-559). 예를 들어 특정 개인들은 유전적, 자연적 성향으로 인해 더욱 두려움을 느끼는 경향이 있는데(Hatemi et al. 2013), 이러한 경우 사회적, 환경적 영향은 하나의 촉매제로서 작동한다.

반면 감정의 체화된 기반보다 사회문화적, 역사적 그리고 국제정치적 성격을 강조하는 입장이 있다(Shweder and LeVine 1984; Stearns and Stearns 1985; Abu-Lughod and Lutz 1990; Burkitt 1997; Reddy 2001; Ahmed 2004; Rosenwein 2006; Fattah and Fierke 2009; Ling 2014; Fierke 2014; Koschut 2017a). 감정은 언어, 습관, 기억 등과 연관된 특정한 사회, 문화적 환경 안에서 형성되기도 한다. 링(Ling)은 감정이 "규범적, 정신적" 측면을 갖는다고 보며, 사회적 감정에 대해선 신체적 기반보다 전통, 철학, 세계관, 언어 등을 함께 볼 필요가 있다고 강조한다(Ling 2014, 582). 피에르케(Fierke)는 감정의 순환이 집단정체성을 형성한다고 보며, 신체

---

4   이러한 관점은 몸과 감정의 사회적 측면을 동시에 보려는 시도이며, 기호 및 언어체계를 강조한다(Reddy 2001; Ross 2006; Rosenwein 2006; Frevert et al. 2014; Solomon 2015).

를 의식과 독립적 대상이 아닌 물리적, 감정적 특징과 문화, 역사적 특징이 혼합된 복잡한 메커니즘으로 간주한다(Fierke 2012). 매턴(Mattern)은 개인감정은 언제나 집단적이며, 감정은 몸이 생리적, 사회적 힘에 따라 얻는 능력으로서 정서, 인지, 무의식적 영향의 혼합으로 나타난다고 본다(Mattern 2011, 2014). 크라포드(Crawford)는 감정을 "신체적, 상호주관적, 문화적 요소를 가진 주관적 경험"으로 정의하되, 사회 구성주의적 측면에 더 초점을 두고, 감정이 집단정체성, 문화, 제도에 의해 형성되고 또 반대로 이들을 형성하는지를 주목한다(Crawford 2009b).

그러나 이러한 존재론적 논쟁 혹은 대립에서 벗어날 필요가 있다. 감정의 신체적 기반 또는 사회적 기반 한쪽을 인정하는 것이 다른 쪽을 부정하는 것이 아니기 때문이다.[5] 점차 두 접근법의 균형과 조합이 강조되고 있고(Hutchison and Bleiker 2014, 496-499; Coidcaud 2016, 26), 이 둘은 양립가능한 채 이론화가 가능하다는 점을 주지할 필요가 있다. 왜냐하면 럽턴(Lupton)이 표현한 바와 같이 인간은 감정적 자아(emotional self)를 가진 존재로서 '사회적 자아'인 동시에 '체화된 자아'(embodied self)이기 때문이다(Lupton 1998). 인간은 전쟁, 제노사이드, 테러 등과 같은 거시사회적 또는 국제정치적 현상에 대해서 몸을 통해 '체험'하고 그에 수반된 감정을 '느끼'면서, 동시에 그것을 '사회적'으로 공유한다. 감

5   감정을 사회문화적 현상으로 보는 관점들도 감정과 몸의 관련성을 부인하지 않는다(Rosaldo 1984; Abu-Lughod and Lutz 1990, 13; Lock 1993; Lyon 1997; Williams and Bendelow 1996; Fierke 2014). 신체적 기반을 강조하는 입장도 신체적 반응이 광범위한 사회적 과정과 분리될 수 없다고 본다(Prinz 2004; McDermott 2014, 560; Jeffery 2014b, 85).

정은 사회문화적 환경의 자극에 대한 몸의 신체적 반응이면서, 상황에 대한 느낌과 그 상황을 이해하기 위한 믿음과 인지적 측면을 함께 갖는다.

홀(Hall)과 로스(Ross)도 정서적 동학(affective dynamics)이 신체화된 정신적 과정이며, 사고, 행위에 영향을 주는 영역이라고 본다(Hall and Ross 2015). 정서적 경험이 의식의 영역으로 들어왔을 때 느낌으로 인지하는데, 이는 의식적으로 자각되기 이전 상태에서 주관적인 편견으로 나타나기도 한다. 예를 들어 보자. 한국이 일본의 보통국가화에 대한 우려, 공포의 감정적 반응을 갖는 이유는 신체적 기반도 있으나, 인지적, 이성적 판단을 전제로 한다. 일본의 비반성적인 태도에 반감을 보이는 것은 과거의 제국주의에서 역사적 경험과 기억에 근거하여 일본이 다시 제국화할 것에 대한 합리적 의심에 기반한다. 일본 보수 엘리트들이나 수상이 제국주의 시기의 전범 행위에 대해 인정하고 사죄하는 모습을 보이지 않는 것에 대한 감정적 반응도 이를 미래 일본의 국가상을 판단하는 지표로서 보는 합리적 추론에 따른다. 일본과 한국은 근대 이행기와 냉전 시기 서로 주권국가로서 상호인정을 하지 않았기 때문에 반복적으로 일본의 제국적 정체성의 부활에 대한 우려가 남아 있는 것이다(전재성 2009, 144-146).

따라서 감정은 모든 인간들이 몸을 통해 느낀다는 점에서 보편적이고 동시에 자신이 처한 상황에 따른 사회문화적인 특수한 성격도 갖는다. 그러므로 감정의 몸과 사회학적 두 측면이 항상 대립하는 것은 아니며, 어느 한쪽에 우위를 두지 않고 둘 다 중요성을 두어야 한다. 감정의 존재에서 인간신체적 기반을 부정할 수 없으나, 감정을 단순히 내성적, 자연적으로 발생한다고 간주하면 개인들의 감정적 표출과 관리가 사회, 문화적 자극이나 제도에 의해 '사회화'된 측면이 있음을 간과할 수 있기 때문이다. 더욱이 감정의 생리학적 측면과 인지적 측면, 사회구성원들이 선입견, 가치, 문화 등의 요소를 내면화하고 감정을 체화한 측면은 구분하기 어렵다. 따라서 향후 연구는 감정의 '신체적 속성 vs. 사회적 속성'의 구분을 넘어서 이 둘이 어떻게 연결되어 상호작용하는지를 예비이론화하고 이를 경험적으로 살펴보는 것을 중요한 과제로 삼아야만 할 것이다.

III IR 감정연구에서의 이론적 논쟁

1. 감정의 주체: 정책결정자의 감정과 집단정체성으로서의 감정

현재 국제정치학의 감정 연구에서 핵심적인 이론적 과제는 개인의 감정이 어떻게 집단화, 정치화하는지의 과정을 밝히는 것이다. 생물학적 몸이 없는 국가가 어떻게 감정의 주체가 될 수 있으며, 어떻게 감정에 의해 국가의 행동이 결정되는가? 국가를 '감정적 행위자'(emotional actor)로서 이론화하려는 시도들은 개인들의 감정이 어떻게 집단 수준으로 공유되는지를 설명하기 위해 노력해 왔다(Hutchison and Bleiker 2014, 499).

　　몇몇 연구자들은 국가가 감정을 느낀다고 가정할 때, 국가를 대표하는 지도자 또는 정책결정자들이 특정 상황에서 국가의 감정을 대변하여 감정을 느낄 수도 있다고 본다(Löwenheim and Heimann 2008; Sasley 2010, 2011; Eznack 2013). 새슬리(Sasley)는 국가지도자들의 외교정책의 대상에 대한 정서적 반응에 초점을 두고, 감정이 외교정책결정(FPA)에 끼치는 영향을 분석했다. 정책대상에 대해 정서적 반응이 나타날수록 대상과 관련된 국가의 정책결정에서 정서적 휴리스틱(heuristic)에 의존하여, 다른 정보나 선택지를 고려하지 않고 기존의 정책적 입장을 고수하는 경향이 있다고 주장했다. 뢰벤하임(Löwenheim)과 하이만(Heimann)도 집합적 행위자의 집단감정이 이를 구성하는 개인들을 통해 감정을 경험, 동화, 구성하면서 나타난다고 본다. 홀은 외교관이나 지도자 등 정부의 대리인들이 집합적으로 감정노동(emotional labor)의 방식으로 국제무대에서 국가의 감정을 표출하고, 그에 따라 외교정책을 행사한다는 점을 주목한다(Hall 2015, 21-26). 즉, 이들은 국가지도자(정책결정자)를 주요 분석대상으로서 간주하고 이들이 느끼는 분노, 복수심, 공감 등, 특정한 감정을 특정한 외교정책과 연결시켜 설명한다.

반면 국가가 감정을 느끼지 않는다고 반론하는 쪽은 국가가 집단적, 제도적 행위자로서 분노를 표출하지만 실제로 분노를 느낀다고 가정할 수는 없다고 본다(Hall 2011). 정책결정자가 개인적으론 감정적 충동을 경험할 수도 있으나 이에 따라서 행위를 하지 않을 수도 있고, 반대로 정책결정자의 위치로 인해 실제 느끼지 않는 감정을 표출할 필요도 있다. 또한 국가를 감정의 주체로 간주할 때, 제도적, 사회적 기구로서의 국가의 특징과 국가가 의식적 감정과 동시에 무의식적 감정을 느끼는 점도 간과할 수 있다(Reus-Smit 2014). 국민국가는 지정학적, 사회적, 제도적 실체이면서도 집단적, 무의식적 감정을 내재하고 있다(Ariffin 2016, 5-6). 따라서 국가를 감정의 주체로 볼 때 단순히 정책결정자와 등치시킬 수 없으며, 비성찰적 사회관습, 역사기억, 트라우마 등 집단수준의 무의식적 감정의 동학에 주목해야 하는 것이다(Ross 2006; Hutchison 2016; Åhäll and Gregory 2015).

집합적 감정행위자로서 국가를 살펴볼 때 '집단정체성' (collective identity)이라는 개념, 따라서 구성주의 IR 이론은 감정 연구와 상보적으로 매우 중요한 함의를 갖는다고 할 수 있다. 집단 구성원들 사이에 소속감을 느끼고, 사회화(socialization)를 통해 정체성을 확립하는 것은 외집단과의 차별화(differentiation)와 연관되어 있다. 기존 구성주의 정체성 연구에서는 자아/타자의 관계에서 감정이 작동하는 부분을 간과했는데, 집단 정서적 성향은 자아/타자의 성격에 대한 인식과 이러한 인식에 기반한 행위에 영향을 준다(Eznack 2013, 559; Hagström and Gustafsson 2015). 집단 내적으로 동일한 감정을 공유할수록 외집단에 대한 부정적 감정이 야기되는 측면이 있기 때문이다(Zarakol 2011; Koschut 2014, 538).[6]

6   일본의 정체성 변화와 외교정책에서 감정의 역할에 대한 연구들은 이를 경험적으로 보여주었다. 일본은 서구/아시아와의 타 집단과의 관계 속에서 정체성을 구성해왔고, "우월한" 정체성이 위협된다는 "불안"을 느낄 때 타자를 열등하고 비합리적이고 감정충동적인 타자로 간주해왔다(Tamaki 2010; Suzuki 2015). 정체성 인정 문제, 일본인 납치자 문제, 영토 문제에서 나타난 일본과 주변국들과의 감정적 마찰에 대한 연구는 Gustafsson(2015); Hagström and Hanssen(2015); Bukh(2015) 참조.

대표적으로 머서(Mercer)는 공통의 믿음 또는 집단정체성의 공유가 집단감정을 형성시키는 기반이 된다고 본다(Mercer 2014). 집단감정이 확산, 형성되는 메커니즘에 대해선 공유된 문화, 구성원들 간 상호작용, 감정의 전염(contagion), 집단의 공통 이익 등이 제시되어 왔다(Peterson 2006; Ross 2014; Hall and Ross 2015).[7] 개인들의 공유된 관심, 성향이 확산되면서 감정이 공유되기도 하는데, 이는 무의식적, 비의도적인 감정의 전이로서 사회적 표현 (display), 모방(imitation)의 과정에 의해 진행된다. 심리학, 뇌과학의 연구에 따르면 직접적 상호작용에서 타인의 감정을 모방 (simulation) 및 반영(mirror)하는 효과가 뇌를 통해 진행되는데, 반면 의사소통 기술을 매개로 직접 접촉 없이 감정이 확산되기도 한다(Jasper 2016, 72-75).

감정이 정체성에 의존한다는 견해에 대한 반론도 존재한다. 예를 들어, 로스는 집단감정의 형성 및 확산을 정체성과 상관관계적으로 연동시키는 접근을 받아들이지 않는다(Ross 2014, 35). 감정이 특정한 집단정체성을 강화하는 사회화 효과를 갖기는 하지만, 집단감정은 정체성이 없는 상황에서도 나타난다는 것이다. 오히려 기존 정체성이나 집단을 넘어서 공통의 정서적 반응이 나타나기도 하고, 이는 새로운 집단을 형성하기도 한다. 예를 들어 지난 2015년 프랑스 파리에서 발생한 이슬람국가(IS)의 테러 이후 '내가 파리다(Je suis Paris)'라는 공감적 표식의 전 세계적 확산은

---

7 이에 대한 비판은 McDermott(2014, 559) 참조. 맥더모트는 개인들이 이익, 동기를 공유하거나, 감정이 전염되는 효과가 있다고 해서 개인들의 감정이 집단감정에 종속되는지는 불명확하다고 본다.

감정이 인종, 종교, 국경에 기반한 집단정체성을 훌쩍 넘어설 수 있음을 잘 보여준다. 또한 감정, 습관, 기억 등은 정체성을 통해서가 아니라 비공식적, 관습화된 행위를 매개로 한 사회적 효과를 낳기도 한다. 예를 들어 엘리트, 대중 수준에서 동시에 확산되고 영향을 주는 감정전염이 낳는 감정 파도(affective waves)나 공통의 정서적 반응에 따른 창발적인 집단적 연대의 경우, 개인과 집단 그리고 국가 또는 민족, 인종의 정체성을 매개하지 않고 초월하는 사회적 현상이다. 국가/민족 정체성을 넘어선 감정의 순환은 초국가적 사법기구의 작동, 지구적 행동 네트워크, 인도주의적 공감의 확산 등의 현상에서 나타나기도 한다(Ross 2014). 홀과 로스는 9/11 이후 미국에 대한 초국가적인 동정(sympathy)의 확산과 새로운 연대가 서방세계만이 아니라 다양한 지역과 중국, 러시아 등 미국의 대외정책에 반대하던 국가들에게서도 나타났다고 본다(Hall and Ross 2015, 865-866). 이러한 점을 고려하면, 기존의 IR에서 통상적으로 사용되는 개인, 집단/국가, 국제로 나뉜 분석수준은 감정연구에 있어서는 재고될 필요가 있다.

즉, 구성주의에서 강조하는 집단정체성이 감정연구에서 매우 의미 있는 개념 및 분석도구로 활용될 수 있는 지점들이 분명 존재하지만 감정의 이론화 작업에 있어서 그것을 반드시 독립변수로써 상정해야 할 필요는 없는 것이다. 집단정체성의 형성과 재생산에 있어서 감정이 하나의 중요한 역할요인이 될 수 있으나, 집단감정이 정체성에 한정되지 않으며 나아가 정서적 반응은 국가/민족정체성의 경계를 넘어 설 수 있기 때문이다(Howard-Hassmann 2000).

물론 국제정치에서 개인들의 감정은 국가/민족의 경계를 넘어서기도 하지만 여전히 다른 층위보다 민족단위로 감정적 경계가 쉽게 발현되는 것도 사실이다. 따라서 지구화 및 국제적 수준의 현상이 기존의 감정적 상호작용에 끼치는 영향에 대한 정확한 평가가 필요하다. 즉, 초국가적 정치현상과 커뮤니케이션, 사회문화적 교류의 확산 등에도 불구하고 국제정치에서 왜 집단의 정서적 범위가 고정된 경계를 넘어서지 못하는지에 대한 역사적, 사회학적 분석이 필요하다.

요약하자면, 국제정치의 감정적 주체 또는 행위자로서 국가를 이론화할 때, 정책결정자 또는 집단정체성을 분석단위로 삼는지에 따라 상이한 접근법이 존재하지만 이 둘을 반드시 대립적으로 볼 필요는 없는 것이다. 외교정책분석에선 정책결정자의 감정에 초점을 두는 것이 설명적 유용성이 있기 때문에 다양한 연구테크닉을 통한 경험적 연구가 축적되어야 할 것이며, 정체성으로서의 감정 연구는 기존의 IR이론 (구성주의)의 이론적 발전에 기여할 수 있기에 집단감정과 정체성 간의 관계에 관한 (메타)이론적 논의가 더욱 활발하게 진행될 필요가 있다.[8]

2. 감정정치(affective politics)

허치슨(Hutchison)과 블레이커(Bleiker)도 비판적으로 언급하듯,

---

8   미시/거시 수준의 이원론적 대립을 넘어서 감정을 개인과 사회구조 간의 상호
     작용이자, 중간수준(meso-level)을 포함하여 보려는 시도는 Demertzis(2013,
     6-10) 참조. 구성주의 연구에서 미시-거시 또는 행위자-구조(agent-structure
     problem) 문제에 대한 방법론적 논의는 Klotz and Lynch(2007) 참조.

IR의 감정연구에선 감정과 권력(정치)의 관계를 이론적으로 깊게 다루지 않아왔다(Hutchison and Bleiker 2014, 500-505). 감정이 외교정책에 미치는 영향에 대해서는 상대적인 조명이 주어졌으나, 어떠한 물리적 배분 상태나 권력구조에서 특정한 감정이 유발, 조정되는지, 반대로 권력자원을 활용한 엘리트들이 어떻게 '감정정치'(affective politics)를 활용하여 기존의 권력구조를 유지하거나, 새로운 정치적 관계를 만드는지에 대해선 상대적으로 이론화의 노력이 부족했던 것이다.

몇몇 감정 연구자들은 감정이 어떻게 정치 또는 권력관계를 표상, 구성, 정당화하는지를 다룬 바 있다. 사회학자인 캠퍼(Kemper)는 대표적으로 권력-지위 이론(power-status theory)을 제시하며 물질적 구조와 권력관계 속에서 발현되는 감정에 주목한 바 있다(Kemper 1981, 2001). 하지만 권력은 물질적인 군사력, 경제력뿐만 아니라 비물질적인 지식, 관념, 사회적 경험, 정치제도, 역사, 문화 등을 포함하기에 감정-권력에 관한 연구에서도 역사구성적 이해를 필요로 한다고 할 수 있다(Mattern 2014; Koschut 2014, 540). 이러한 측면에서 실증주의 입장을 유지하는 캠퍼와 달리 감정-권력 연구의 사회구성주의적 관점을 취하는 연구자들은 문화, 사회적 규범 및 기대가 작동하여 집단의 구성원들이 전반적으로 유사한 감정들을 공유하도록 하여 집단감정이 형성되는 측면을 '감정규칙'(feeling rules)(Hochschild 1979, 2012) 또는 '감정문화'(emotionology)(Stearns and Stearns 1985)[9]의 개념을 통해 강조

9   인간으로서의 지위, 존엄성(dignity)에 관한 지구적 감정문화(global emotion-ology)에 대한 연구는 Fierke(2015) 참조. 감정 규칙과 문화적 기준 등을 포괄하

한다. 물질적, 상징적 문화 등 다양한 형태의 권력이 담론적으로도 감정과 행위에 대해 영향을 끼치는데, 허치슨과 블레이커는 이를 '감정권력'(emotional power)으로 지칭했다(Hutchison and Bleiker 2014, 508). 관련하여 도덕질서나 감정규칙이 감정의 경험과 표현에 관한 감정레짐(emotional regime)을 형성하고 반대로 특정 권력관계가 특정 감정레짐을 승인한다는 지적도 있다(Ling 2014, 582). 이러한 감정레짐은 실제로 감정을 느끼지 않는 상황에서 개인이나 국가행위자가 감정을 강하게 표현하도록 만들기도 한다. 홀은 개인들이 진정으로 감정을 느끼는지 알 수 없으나, 사회적 규범으로 인해 국가행위자로서의 역할 또는 지위가 특정 상황에 대한 동정이나 분노를 표출하도록 할 수 있다고 보았다(Hall 2011, 2012). 종합해보면 기존의 권력관계와 사회적 규칙들로 인해 개인이나 공동체가 감정에 대해 무엇을 말할 수 있는지 또는 말해야 하는지, 어떻게 느껴야 하는지, 그에 따라 어떻게 행동해야 하는지와 관련되어 있는 것이다.

위의 논의를 바탕으로 아래 절에서는 향후 IR에서 감정과 권력의 관계에 관한 중요한 연구 방향을 몇 가지 제시하고자 한다. 첫째, 한 집단 안에서 특정한 감정이 항상 지배적이지 않을 수가 있기 때문에 집단 내에서 복수의 감정들이 어떻게 충돌하고 경쟁하는지 그 과정과 결과를 면밀히 살펴볼 필요가 있다. 한 국가의 구성원으로서 '느껴야 하는' 감정, 이른바 제도화, 규범화된 집단감정은 국가정체성에 의해 주어질 수도 있지만 행위자에 의해 자

는 감정문화(emotion culture)에 대한 개념화는 Koschut(2017b, 179) 참조.

의적으로 선택되고 확산될 수도 있다. 나아가 국가 수준의 집단정체성의 형성을 위해 다른 하위, 소집단들이 공유하는 감정은 억눌러지거나 다른 감정에 의해 초월되는 경우가 있다. 예를 들어 민족, 국가정체성을 강화하기 위한 민족주의나 애국주의의 요청은 개인들이나 소집단들이 공유하는 감정들을 억누르기도 한다.

코슈트(Koschut)에 따르면, 구성원들이 어떻게 느껴야 하는지에 대한 감정규범/규칙이 명징하게 작동하는 감정공동체 (emotional community) 안에서는 비대칭적 권력과 지위가 집단 내의 여러 감정들 중에서 특정한 감정에 연동된 내러티브를 수용하거나 배제함으로써 감정동학에 큰 영향력을 행사한다고 본다 (Kochut 2014, 541). 관련해서 코슈트는 감정지식을 상술하는데, 이를 인지적, 도덕적으로 감정표현을 구분하고, 경험을 통해 타자의 정체성에 이러한 감정적 카테고리를 연관시킬 수 있는 능력으로 정의한다. 다시 말하면 행위자들은 '적절한' 감정적 표현과 대응을 할 수 있는 지식을 확보하는데, 이는 상호주관적인 학습과 기억, 경험, 상징적 패턴들이 축적되면서 만들어지며, 나아가 비대칭적 권력을 행사하는 기반이 된다. 왜냐하면 감정공동체 안에서 구성원들은 불평등한 권력을 갖고 있으며, 핵심집단이 규범, 권력을 행사하여 구성원들이 특정 감정에 순응하도록 하고, 이러한 규범에 어긋날 시에 권력, 지위를 잃을 수가 있다는 점을 학습시킨다. 다시 말하면 감정의 사회화 과정이 권력, 지위와 연관되면서 하위 구성원들이 더 강한 집단의 권력에 동조하도록 하면서 공동체의 불평등한 권력관계를 유지하는 것이다. 이는 단순히 내집단이 공유된 감정으로 정체성을 강화한다는 기존의 감정연구의 이론적 논의를 넘어서 권력에 의한 감정의 통제가 가능함을 시사하는 것이다.

　또한 어떠한 감정이 집단감정으로서 공유되고 있는 감정인지 분석할 때, 집단의 구성원들이나 관찰자들이 이를 어떻게 언어화하고 규정하는 것에서부터 사회적, 정치적 측면이 개입한다는 점에 주의를 기울여야만 한다. 즉 누구의, 어떠한 감정적 애착(attachment)이 국가의 감정으로 '대표'된다고 볼 수 있는가? 이러한 감정에 대한 대표화는 사회, 문화적 배경에 따라 차이를 보이기도 한다. 예를 들어 일본은 20세기 전쟁의 역사와 전쟁 기억의 문제를 둘러싸고 정체성을 규정하는 데 있어서 다양한 감정적 기반들이 충돌하고 있다. 시민사회에서 공유하는 제국주의 경험에서 온 죄책감(guilty)과 부끄러움(shame) 등은 평화국가적 정체성의 기반으로 작동하지만, 보수우파 세력들은 근대 이후 일본에 대한 자부심(pride)과 함께 전후의 비보통국가 상태에서의 굴욕감(humiliation)을 공유하며 보통국가화의 정체성을 지향하고 있다. 전후 처리 이후 집단적 죄책감이 공유된 부분도 있으나, 이는 시기에 따라 특정 엘리트들에 의해 망각되거나, 자부심과 같은 다른 감정으로 대체되는 경향을 보인다. 따라서 한 집단/국가의 '집단감정'이라는 것을 논할 때는 그 감정이 누구를 대표하는 것인지, 어떠한 언어적 재현으로 나타나고 있는지를 민감하게 살펴 볼 필요가 있는 것이다.[10]

　둘째, 앞의 논의와 관련하여 감정정치 과정에서의 주요 행위자인 감정 주창자(emotion entrepreneur)에 주목해야 한다(Ross

---

10　이와 관련하여 감정담론의 효과에 대해 주목할 필요가 있다. 감정담론에 대한 방법론적 접근은 Koschut(2017a, 2017b); Wolf(2018) 참조.

2014, 55-57). 권력자원을 가진 감정 주창자는 자신들의 위치와 영향력을 집단감정의 형성이나 확산에 반영하면서 다양한 전략적 행위를 취할 수 있다. 전략적 행위로서 감정정치의 유형에 대해선 홀과 로스의 연구가 시사점이 크다(Hall and Ross 2015, 860-862). 이들은 감정이 선호, 믿음, 동기와 더불어 행위자들의 정치, 전략적 행동에 영향을 준다고 보며, 네 가지의 양상을 제시했다. '조율'(Calibration)은 행위자들의 주의, 목표가 감정 상태에 따라 달라지는 것에 따라 정치적 전략을 맞추는 것이며, '활용'(Manipulation)은 행위자들이 가진 기존의 성향, 관심사를 이용해 의도적으로 강력한 정서적 반응을 만들어내는 것이다. '계발'(Cultivation)은 전략적 목적에 따라 장기적이고 지속적인 감정적 애착을 만들어내는 것이며, '표시'(Display)는 전략적으로 정서적 반응을 특정 타겟에 영향을 주기 위해 드러내고 투사하는 것이다. 일례로 9/11 이후 부시 정부의 관료들은 알카에다와 대량살상무기의 불확실성을 계속 언급하면서 대중의 공포심을 '활용'하여 이라크에 대한 군사개입에 대한 지지를 확보하고자 했다(Holland 2012). 또한 대중의 테러 공격에 대한 민감한 감정상태를 인지하여, 고위 관료들은 이러한 정서에 맞춘 담화들을 '조율'했고, 주변국들도 마찬가지로 미국 내의 정서에 맞춰 동정을 '표시'하고자 했다. 중국과 러시아도 전략적으로 동정을 조율, 표시하는 행동과 반테러전에 대한 지지를 보냈는데, 이는 각자의 내부저항에 대한 대응을 정당화하려는 계산이 깔려 있었다(Hall 2012).

　　9/11 테러 이후 미국인들의 분노와 공포, 슬픔을 대변하여 외교정책을 주도한 정책결정자뿐만 아니라 국제구호 활동에서의 동

정 확산을 촉진하면서 영향력을 행사하는 비정부조직 또는 운동가들도 감정 주창자 혹은 전파자들에 해당된다고 볼 수 있다. 이는 동아시아의 영토분쟁이나 역사문제 해결을 위한 중요한 시사점을 갖는다. 즉, 한중일이 각각 '국가'라는 단일체로서 동질한 감정을 발현하는 행위자가 아니라, 최고위 정책결정자, 정부관료집단, 정당세력, 시민사회단체, 언론, 학계 등 사회의 다양한 집단과 행위자들이 각자의 감정적 반응과 감정담론을 형성할 수 있는 감정 주창자임을 인지하고 이들의 다층적이고 상호교환적 역학을 문제 해결의 핵심으로 삼을 필요가 있는 것이다. 감정 주창자의 역할이나 기능의 복합성은 정치체제에서도 발견된다. 예를 들어, 민주주의 체제와 권위주의 체제에서 감정 주창자의 영향력도 차이가 있는데, 특히 대중과 시민사회에 존재하는 감정 주창자들의 역할을 주목할 필요가 있다(문경희 2016). 한, 중 등 식민경험의 피해국들은 일본을 단일한 가해자로서 우경화되고 반성하지 않는 가해자로서만 보고 분노를 갖지만 일본 내에선 정치세력과 지도자의 수준과 구분하여 공감을 확산하는 평화적 시민사회의 역할을 볼 필요가 있다. 즉, 집단감정을 단일한 상수로서 간주하는 것이 아니라 집단 내의 상이한 감정적 기반이 여러 방식으로 경쟁하며 다층적 경로에 의해 표출되고, 나아가 다양한 감정 주창자 간의 경합이 발생한다는 점에 주의를 기울여야 하는 것이다. 또한 감정 주창자로서의 정책결정자나 엘리트들이 사회 및 권력적 위치상 감정의 확산, 활용에 유리하다고 볼 수 있으나, 지배적인 감정 상태를 형성, 유지하는 데 항상 성공하진 않는다는 점에도 주목할 필요가 있다. 감정의 순환과 전염이 대중과 엘리트들에게 동시에 영향을 끼치고, 기존의 감정적 환경에서 엘리트들도 자유롭지 못하기도 하며 확산된 감정들을 통제하거나, 감정과 기존의 상징, 의례, 동원기제 등이 결합되는 부분을 예측하기도 어렵기 때문이다. 예를 들어 2005년 중국 엘리트들은 반일감정과 민족주의에서 비롯된 대대적 시위를 통제하는 데 매우 큰 어려움을 겪었고, 나아가 그러한 감정적 시위가 중국 정부에 대한 불만으로 이어지는 것을 상당히 우려했다(Reilly 2011).[11] 즉 정책결정자나 감정 주창자들이 감정을 촉진할 때 권력자원을 활용하더라도 원하는 정치적 목표를 달성하지 못할 가능성도 있는 것이다. 이러한 측면에서 보면 감정 주창자들이 어떻게 전략적으로 감정정치를 활용하는지에 주목하면서도 그들의 감정정치가 성공 혹은 실패하는 조건에 관한 예비이론적 논의가 동시에 이뤄져야 할 것이다.

셋째, 국가 및 집단 내 수준을 넘어서 국제적 수준에서 비대칭적인 힘, 물리적 구조가 감정 동학과 어떻게 연관되는지에 대한 연구가 필요하다. 최근 국제수준의 위계구조 속에서 국가들이 사회적 위계, 지위를 추구하는 과정에서 나타나는 감정 동학에 대해선 주목이 되고 있다(Lindemann 2010; Wolf 2011; Koschut 2017c). 그러나 권력적 지위와 감정의 상호관계에 대해선 이론화가 부족했다. 서양 및 유럽중심적인 국제질서 속에서 비서양의 정치집단 또는 국가들에 대해선 지배적인 문명적 표준 또는 규범에 부합하지 못했을 때 수치심 등 부정적 감정이 강제되어 왔고, 이에 따라 물리적 충돌만이 아니라 감정적 갈등도 증폭된 측면이 있다(Zarakol

---

11 중국 엘리트들이 확산시킨 '백년국치'(national humiliation, 百年国耻)의 감정 담론과 그 외교정책에 대한 영향은 Callahan(2012); Wang(2014) 참조.

2011, 58-59; Suzuki 2017, 225-226; Pernau 2015).

또한 특정 지역에서 감정에 의한 갈등이 부각되거나, 절제되는 배경에 현실적인 힘의 비대칭적 상황이 있을 수 있다. 일례로 민병원은 동아시아에서 감정과 과거의 트라우마가 미국 헤게모니의 영향 아래의 냉전기 지정학적 문제 등으로 치유되지 못했고, 탈냉전 이후 다시 불거지게 되었다고 지적했다(민병원 2014, 237). 나아가 한, 중, 일 간 감정과 결부된 역사문제, 민족주의의 갈등 등이 다시 등장하게 된 것은 탈냉전 이후 점차 국력 차이가 줄어들거나 추월하는 양상이 나타나는 것과도 무관하지 않다. 영토문제나 역사문제에 대해서도 한국, 중국이 일본을 강하게 비판하고, 물러서지 않는 모습 또한 군사, 경제력 성장에서 나온 자신감을 반영한다고 볼 수 있다. 고정된 경계의 집단정체성을 넘어서는 감정들을 확산시키거나 저해하는 데도 국가 간의 권력 및 지위의 요소가 반영되기 때문에 국제적 물질환경과 권력/위계적 관계를 파악하고 그 맥락 속에서 감정의 형성과 표출을 이해하는 것이 중요하다. 이런 차원에서 공감(empathy)이라는 감정이 국가 혹은 인종 간 갈등해결과 화해에 도움이 된다고 종종 간주되지만 실제로는 비대칭적 권력관계와 물리적 요인에 따른 비용 때문에 공감의 형성이 저해될 수 있다는 점이 지적된다(Head 2016b).

3. 감정연구의 규범이론화

기존의 합리주의, 이성중심의 패러다임은 주로 행위자들의 합리성과 이기성을 전제로 이론화를 통해 국제정치현상을 설명해왔다. 하지만 인간 본성과 국가의 이익 및 권력추구성에 대한 전제들은 국가의 경계를 넘어선 지구적 공동체를 형성하기 위한 노력이나 개별 국가들이 특정한 윤리적인 행위를 왜 하는지에 대해 설명하지 못했다(Rifkin 2009; Jeffery 2014a). 인간과 사회적 행위자들은 국가를 초월하여 인류의 규범적 기초에 따라 보다 정당한 질서와 공동체를 형성하려는 목표를 추구하기도 한다. 성찰주의(reflectivism)에 따르면 이론화가 어떤 사회적, 이념적, 지식사회학적 관점에 기반하는지를 고찰하게 한다(Hamati-Ataya 2013). 성찰적 관점에서 볼 때, 감정 연구는 기존에 상정한 국가 및 국제정치구조를 변화시키려는 실천의 영역을 모색하는 데 중요한 함의를 제공한다. 본 글은 이러한 성찰주의 시각에서 감정연구가 설명이론의 차원을 넘어선 규범적 측면에서 큰 시사점을 제공한다고 본다. 지금까지 진행된 이론적 논의를 기반으로 아래 절에서는 감정연구는 국제정치에서의 규범이론에 어떤 도움을 주는지를 논하고자 한다.

우선 무엇보다도 IR에서의 '감정적 전회'는 국가 간 화해, 협력을 증진시키고 국제적 협력공동체를 만드는 데 중요한 인식적 기반을 제공할 수 있다.[12] 비근한 예로 동아시아의 화해 및 협력에서 (민족)감정의 문제는 매우 중요하다고 할 수 있다. 일본 제국주의 시기 기억을 둘러싼 정치와 외교적 갈등은 역사인식, 교과서문제와 사과, 배상 문제 등과 결부되어 집단감정으로 표출되며 이는 해결을 더욱 어렵게 하는 요인이 되기도 한다(Hasegawa and Togo

---

12 신뢰, 우정에 대한 연구는 Eznack and Koschut(2014); Roshchin(2017); Berenskoetter(2007); van Hoef(2018) 참조.

2008; Kim 2015). 한국, 중국 등에게 트라우마로 남은 식민지 시기의 기억은 일본(특히 일본 정치지도자들)이 과거 제국주의적 행동에 대해 깊게 반성하지 않는 발언과 행동을 보일 때 반일감정의 촉발 요인이 된다. 이들 국가들이 일본에 대한 강한 비판과 사과를 요구하는 모습에 일본 내에선 반한, 반중 감정이 확산되면서 정부 및 시민사회 간 교류와 협력을 저해하는 모습을 보이기도 한다(Gries et al. 2009; 최종호 외 2014; Dian 2017). 이러한 동아시아의 역사갈등을 극복하고, 감정적 대립을 해소하기 위해서는 집단기억과 집단감정에 대한 상호이해가 필수적이다. 이와 관련해서 렌(Ren)의 연구는 시사하는 바가 크다. 감정과 합리성을 분리하지 않고 상호 결합되어 있다는 통합모델을 따라, 독일-프랑스, 중국-일본의 비교사례 연구를 통해 전쟁기억들 간의 격차가 줄어들고 상호수렴될수록 화해의 가능성이 높아지는 것을 보여준다(Ren 2014).

관련해서 블레이커와 황영주는 한국전쟁에 대한 역사적 기억, 트라우마가 남북 간 적대적 무드와 공포를 만들어내고, 전쟁에 관한 역사적 내러티브가 갈등적 정체성을 계속 재생산하고 있다는 점을 다룬 바 있다(Bleiker and Hoang 2006). 남북의 트라우마는 냉전시기부터 정치지도자 등이 두려움의 감정을 촉진하고, 내부의 공유된 정체성을 강화하려는 모습에서도 지속되어 왔다. 이러한 트라우마를 극복하는 데는 공감, 애도(grief), 연민(compassion)의 상호 공유를 통해 기존의 적대적, 경쟁적 정체성을 극복한 새로운 공동체를 창출하는 것이 필요하다(Hutchison and Bleiker 2015).

이러한 측면에서 공감, 연민(compassion)에 관한 연구에 주목할 필요가 있다. 감정으로서 공감은 자아와 타자의 상호주관적 관계성을 기반으로 하며, 인지적, 정서적 과정이다. 공감은 행위자들이 "서로를 존재론적으로 동등하다고 보고, 타자와의 긴밀한 관계를 통한 이익을 인정하도록 한다"(Lebow 2005). 공감의 인지적 측면은 타자의 입장이 돼서 이해하고 감정을 수반하지 않을 수 있으나, 공감을 포함한 감정은 행위자의 의도, 동기, 판단, 믿음을 형성하기 때문에 인지적 측면과 정서적 측면의 구분은 크게 주요하지 않다. 심리학, 뇌과학 안에선 자동적인 반응으로서 공감이 감정적 전염 등의 대응으로 나타난다고 보는데, 인지적 공감론은 행위자들이 의식적으로 공감에 관여하거나 이를 할 수 있는 능력에 초점을 둔다. 집단적 공감은 "타자에 대한 승인과 정당화와 관련된 집단적 서사를 지칭하며, 믿음, 정체성, 감정적 성향, 내러티브와 연관된 개인-집단의 복잡한 관계를 포착한다"(Head 2016a, 103). 히드는 이스라엘-팔레스타인 간 평화구축에 관여한 시민사회와 조직에 관여한 사람들의 인터뷰를 통해 비폭력적 저항과 관계정상화의 전략으로서 공감의 측면을 주목했다. 이는 분석적으로 공감이 어떻게 양자관계에 작동하는지 연구한 것이 아니라, 성찰적, 비판이론적 관점으로서 당사자들에게 공감이 어떻게 이해되는지, 그리고 사회정치적 맥락과 권력의 비대칭적 관계에서 공감이 어떻게 내재되어 있는지를 드러내고 있는 것이다. 크라포드의 연구도 시사점이 크다. 공포(fear)와 공감의 제도화 과정을 이론화하며, 외집단에 대한 공감의 확대가 신뢰, 협력, 평화증진의 방향으로 이어질 수 있음을 살펴보았다(Crawford 2014). 낮은 수준의 공감의 확산은 지속된 갈등을 낳지만 공감이 높은 수준으로 증가하면 갈등과 긴장 완화의 요인이 되고, 공포를 상쇄할 수 있다. 이는 공감이 도덕적 추론에 영향을 주고, 이에 따라 타자, 사건에 대한 해석, 행위의 변화를 낳을 수 있기 때문이다.

감정연구가 IR 규범이론화에 주는 또 다른 시사점은 바로 인식론적 다원성에 대한 보장이며 이를 기반으로 하는 전지구적 문제 해결이라고 할 수 있다. 규범적 판단과 행위에서 이성 중심론자들은 감정이 윤리적 사고를 저해한다고 보았으나, 감정 연구자들은 도덕적 판단에서 실제 윤리적 행위로 이어지는 데 감정이 핵심 역할을 한다는 점을 지적했다(Prinz 2007; Pagano and Huo 2007; Northcott 2012; Nussbaum 2013; Ben-Nun Bloom 2014; Tappolet 2016; Ross 2018). 이성과 감정이 대립적인 것이 아닌 이성과 감정은 긴밀하게 연결된 성찰적 사고의 형태이며, 감정은 이성에 핵심이라고 보는 것이다. 즉, 감정이 윤리적 사고를 저해하는 것이 아니라 윤리적 판단에 도움을 준다는 것이다. 따라서, 예를 들어 지구적 빈곤문제에 더 민감하고 빠른 대처에 참여할 수 있게 유도한다. 제프리(Jeffery)는 국제윤리에 관한 18세기 서양사상의 도덕감정 이론(moral sentiment theory)과 인지과학적 논의를 통해 기존의 합리주의적, 이성중심주의적 국제윤리와 세계시민주의론을 비판한다(Jeffery 2011, 2014a).

감정에 주목할 경우, IR에 만연한 서구중심성, 백인중심성, 남성중심성에 대한 문제제기가 적극적으로 이뤄질 수 있으며, 이를 통해 좀 더 다원화된 국제정치학으로 발전할 수 있는 중요한 계기가 마련될 수 있다. 링은 식민주의와 제국주의가 문화, 심리적인 측면에서 초합리적(hyper-rational), 초남성중심적(hyper-masculine) 국가를 형성해왔고, 식민주의자들과 피식민자 모두 지배의 현상유지를 위해 반(反) 감정적인 가치를 중심에 두어왔다고 본다. 하지만 감정연구를 통해 우리는 문화, 인종, 국가적 경계 내 외부에 존재하는 개인과 집단의 감정적 다원성을 인지할 수 있다. 페미니즘의 연구들이 매일매일의 경험과 감정에 주목하면서 감정연구에서도 사적/공적, 개인/집단의 이분법적 구분을 극복하고자 한 노력도 염두할 필요가 있다(Sylvester 2011; Parashar 2015; Åhäll 2018). 나아가 감정연구를 통해 감정정치와 감정 주창자의 역할과 기능을 파악하게 되고 이를 기초로 어떤 감정이 억눌리고 배제되는지, 그것이 기존권력의 유지와 재생산으로 어떻게 이어지는지를 이해하게 된다. 결국 감정연구는 서구 근대프로젝트에 기반한 합리성, 서구중심성, 남성중심성으로 점철된 국제정치의 전통적 연구방식에서 '해방'(emancipation)될 수 있는 큰 전환점을 제공할 수 있는 것이다. 나아가 위계적 권력질서의 변혁을 목적으로 하는 기존의 비판이론가들조차 비서구의 토착적 경험과 그것에서 비롯된 감정은 간과해 왔다(은용수 2016). 따라서 감정연구를 통해서 IR의 민주화, 글로벌화, 다원화가 진정한 의미에서 시작될 수 있는 것이다.

VI 맺음말

앞서 상술한 바와 같이, IR을 비롯한 인문사회분야에서 논의되고 있는 감정연구들은 다양한 측면에서 새로운 이론적 시각과 질문들을 제공하고 있다. 철학, 심리학, 사회학 등 유관 분야에서는 이미 감정연구가 하나의 독립된 분과학문으로 자리를 잡은 지 오래다. 이러한 연구 업적을 발판으로 IR에서도 최근 들어 감정연구가 주목을 받고 있다. 감정이 정책결정자들의 신념 혹은 사회의 집단정체성 등을 매개로 외교정책결정에 영향력을 발휘하는 과정을 분석하고, 국가 또는 인종 및 다양한 사회적 집단들의 관계(개선)에서 감정이 중요한 역할을 할 수 있음에 주목하기 시작한 것이다. 나아가 감정에 관한 연구들은 기존 서구의 시각과 경험을 중심으로 보편화된 IR 이론과 담론을 넘어서, 비서구의 지역적 수준에서 발생한 역사적 경험과 그러한 역사적 경험의 당사자에 각인된 감정에 주목하게 되어 탈식민적이고 다원성을 추구하는 새로운 시각들을 생산하는 데 많은 도움을 줄 수 있다고 주장하기도 한다(은용수 2016, 80). 물론 IR의 감정연구는 초기단계이기 때문에 여전히 해결해야 하는 과제들도 많다.

감정과 감정의 주체를 어떻게 개념화할 것인지, 그리고 감정이 거시적 수준에서 어떤 과정을 거쳐 사회화/집단화되는지 등에 대한 보다 정교한 분석이 필요하다.[13] 예컨대 감정의 종류에 따른 집단화의 정도 및 성격을 유형화(typology)하거나, 앞서 논의한 '감정규칙'의 영향력이 확대 혹은 축소될 수 있는 특정한 사회문화적 조건을 찾아내는 작업들이 필요하다. 이를 위해서는 사회학이나 문화연구 등, 타 학문분야의 통찰을 이해하고 이를 국제정치의 맥락에서 재해석하려는 노력이 필요하다. 나아가 합리주의적이고 실증주의적인 이론과 방법론이 지배적인 IR패러다임에서 감정연

---

13 감정의 집단화에 대한 이론화 작업은 저자의 최근 논문에서 시도된 바 있다(은용수 2018, 123-144).

구가 보다 적극적으로 수용되기 위해서는 이론과 방법론의 다원화가 필요하며, 이를 위해서는 감정에 대한 경험적 연구뿐만이 아니라 IR의 지식생산 메커니즘에 대한 지식사회학적 연구도 병행되어야 할 필요가 있다(Coicaud 2016, 398; Eun 2016).

마지막으로 국제정치학에서 감정의 보다 체계적인 이론화를 위한 방향을 제언하며 마무리하고자 한다. 첫 번째 방향은 감정을 국제적 행위를 이끄는 하나의 인과적 요인(factor)이나 변수(variable)로 보고 연구하는 것이다. 이는 실증주의의 관점과 유사하지만 개인수준의 감정 특히 외교정책결정자에 대한 정치심리학적 분석에 더 초점을 둔다. 사회학에서 권력, 지위요소와 감정 메커니즘의 연관성에 대해 다룬 접근과 상통하는데, 외교정책결정자의 감정 상태를 파악하고, 행위의 결정에 중요한 영향을 끼친 감정적 변화에 대한 설명을 함으로써 가능하다. 정책결정자 특히 지도자의 리더십 및 통치스타일(예: 권위형)과 이에 수반된 감정적 특징 및 행위(예: 공격적 외교정책)를 유형화함으로써 체계적 이론화를 시도할 수 있다.

두 번째는 감정을 하나의 독립변수가 아니라 문화, 사회정체성, 집단규범의 일부로 파악하고 연구하는 것이다. 이는 인식론적으론 탈실증주의적 구성주의 관점이며 사회학 감정연구에서도 거시적 측면을 강조하는 구조주의 사회학 연구들과 공유되는 측면이 강하다. 즉 감정을 사회적 구성물로 이해하고 집단 및 사회의 감정적 규칙들의 형성과정 및 작동원리를 파악하는 것이다. 예컨대 사회규범 혹은 국가구성원들의 집단경험이 어떻게 개인의 감정상태와 표현방식에 영향을 끼치고, 이들의 감정적 반응이 다시 사회의 집단문화나 국가정체성을 (재)생산하는지 분석하는 것이다. 즉 정체성 형성이나 작동 메커니즘의 이해를 위해 담론이나 행위뿐만 아니라 감정을 분석대상으로 삼는 것이다. 이러한 연구들은 기존의 (이성중심의) 구성주의 IR 연구를 보완할 수 있다. 나아가 이와 같은 감정의 구성주의적 접근을 성찰주의와 좀 더 적극적으로 연결시킬 필요가 있다. 전술한 바와 같이, 상이한 집단 간의 연대를 도모하거나 혹은 적대감정을 갖는 국가나 민족 간의 화해, 나아가 세계시민주의의 형성을 위해서는 물질적 편익에 관한 인지판단뿐만 아니라 (혹은 그 이상으로) 감정/심리적 공감이 필수적이다. 이러한 공감, 화해, 연대의 '실천'을 목적으로 하는 성찰주의적 감정연구가 요청되는 이유도 바로 여기에 있다.

참고문헌

노양진. 2000. "실재론과 반실재론을 넘어서."『철학적 분석』1 : 78-97.

_____. 2013.『몸이 철학을 말하다: 인지적 전환과 체험주의의 물음』. 서울: 서광사.

문경희. 2016. "『꽃할머니』의 '위안부' 재현과 감정의 정치."『젠더와 문화』9(2): 173-209.

민병원. 2014. "감정의 국제정치이론을 위한 시론: 동아시아에 대한 적용 가능성의 탐색."『한국정치연구』23(3): 219-243.

박형신·정수남. 2009. "거시적 감정사회학을 위하여."『사회와 이론』15(2): 195-234.

은용수. 2016. "'비주류' IR이론과 한국의 국제정치문제."『국제정치논총』56(3): 51-88.

_____. 2018. "국제관계학에서의 감정 (예비)이론화 : 집단감정은 어떻게 유발되는가?"『한국정치학회보』52(2): 123-144.

전재성. 2009.『동아시아 국제정치』. 서울: 동아시아 연구원.

최종호·정한울·정헌주. 2014. "한국인의 대일본 감정에 미치는 요인에 대한 경험적 분석."『국제관계연구』19(1): 41-76.

Abu-Lughod, Lila and Catherine Lutz, eds. 1990. *Language and the Politics of Emotion*. Cambridge: Cambridge University Press.

Acharya, Amitav. 2014. "Global International Relations (IR) and Regional Worlds." *International Studies Quarterly* 58(4): 647-659.

Acharya, Amitav and Barry Buzan, eds. 2010. *Non-Western International Relations Theory: Perspectives on and beyond Asia*. New York: Routledge.

Åhäll, Linda. 2018. "Affect as Methodology: Feminism and the Politics of Emotion." *International Political Sociology* 12(1): 36-52.

Åhäll, Linda and Thomas Gregory, eds. 2015. *Emotions, Politics and War*. New York: Routledge.

Ahmed, Sara. 2004. *The Cultural Politics of Emotion*. New York: Routledge.

Ariffin, Yohan, Jean-Marc Coicaud, and Vesselin Popovski, eds. 2016. *Emotions in International Politics: Beyond Mainstream International Relations*. Cambridge: Cambridge University Press.

Bell, Duncan, ed. 2006. *Memory, Trauma and World Politics*. Basingstoke: Palgrave Macmillan.

Ben-Nun Bloom, Pazit. 2014. "Disgust, Harm and Morality in Politics." *Political Psychology* 35(4): 495-513.

Berenskoetter, Felix. 2007. "Friends, There Are No Friends? An Intimate Reframing of the International." *Millennium: Journal of International Studies* 35(3): 647-676.

Bleiker, Roland. 2005. *Divided Korea: Toward a Culture of Reconciliation*. Minneapolis: University of Minnesota Press.

Bleiker, Roland and Emma Hutchison. 2008. "Fear No More: Emotions and World Politics." *Review of International Studies* 34(S1): 115-135.

_____. 2018. "Methods and Methodologies for the Study of Emotions in World Politics." In *Researching Emotions in International Relations: Methodological Perspectives on the Emotional Turn*, edited by Maéva Clément and Eric Sanger, 325-342. New York: Palgrave Macmillan.

Bleiker, Roland and Young-Ju Hoang. 2006. "Remembering and Forgetting the Korean war." In Memory, *Trauma and World Politics*, edited by Duncan Bell, 195-212. New York: Palgrave Macmillan.

Brudholm, Thomas and Johannes Lang, eds. 2018. *Emotions and Mass Atrocity: Philosophical and Theoretical Explorations*. Cambridge: Cambridge University Press.

Bukh, Alexander. 2015. "Shimane Prefecture, Tokyo and the Territorial Dispute over Dokdo/Takeshima: Regional and National Identities in Japan." *Pacific Review* 28(1): 47-70.

Burkitt, Ian. 1997. "Social Relationships and Emotions." *Sociology* 31(1): 37-55.

Callahan, William A. 2012. *China: The Pessoptimist Nation*. Oxford: Oxford University Press.

Clément, Maéva and Eric Sangar, eds. 2018. *Researching Emotions in International Relations: Methodological Perspectives on the Emotional Turn*. New York: Palgrave Macmillan.

Coicaud, Jean-Marc. 2016. "The Question of Emotions and Passions in Mainstream International Relations, and Beyond." In *Emotions in International Politics: Beyond Mainstream International Relations*, edited by Yohan Ariffin, Jean-Marc Coicaud, and Vesselin Popovski, 23-47. Cambridge: Cambridge University Press.

Crawford, Neta. C. 2009a. "The Passion of World Politics: Propositions on Emotion and Emotional Relationships." *International Security* 24(4): 116-156.

_____. 2009b. "Human Nature and World Politics: Rethinking 'Man.'" *International Relations* 23(2): 271-288.

_____. 2014. "Institutionalizing Passion in World Politics: Fear and Empathy." *International Theory* 6(3): 535-557.

Damasio, Antonio. 1994. *Descartes' Error: Emotion, Reason, and the Human Brain*. New York: Avon Books.

Demertzis, Nicolas, ed. 2013. *Emotions in Politics: The Affect Dimension in Political Tension*. Palgrave Macmillan.

Dian, Matteo. 2017. *Contested Memories in Chinese and Japanese Foreign Policy*. Elsevier.

Edkins, Jenny. 2003. *Trauma and the Memory of Politics*. Cambridge: Cambridge University Press.

_____. 2006. "Remembering Relationality." In Memory, *Trauma and World Politics*, edited by Duncan Bell, 99-115. Basingstoke: Palgrave Macmillan.

Eun, Yong-Soo. 2016. *Pluralism and Engagement in the Discipline of International Relations*. Singapore: Palgrave Macmillan.

Eznack, Lucile. 2013. "The Mood Was Grave: Affective Dispositions and States' Anger-Related Behaviour." *Contemporary Security Policy* 34(3): 552-580.

Eznack, Lucile and Simon Koschut. 2014. "The Sources of Affect in Interstate Friendship." In *Friendship and International Relations*, edited by Simon Koschut and Andrea Oelsner, 72-88. Basingstoke: Palgave Macmillan.

Fattah, Khaled and Karin M. Fierke. 2009. "A Clash of Emotions: The Politics of Humiliation and Political Violence in the Middle East." *European Journal of International Relations* 15(1): 67-93.

Fierke, Karin. M. 2004. "Where of We Can Speak, There of We Must Not Be Silent: Trauma, Political Solipsism and War." *Review of International Studies* 30(4): 471-491.

_____. 2006. "Bewitched by the Past." In Memory, *Trauma and World Politics*, edited by Duncan Bell, 116-134. New York: Palgrave Macmillan.

_____. 2012. *Political Self-Sacrifice: Agency, Body and Emotion in International Relations*. Cambridge: Cambridge University Press.

_____. 2014. "Emotion and Intentionality." *International Theory* 6(3): 563-567.

_____. 2015. "Human Dignity, Basal Emotion and a Global Emotionology." In *Emotions, Politics and War*, edited by Linda Åhäll and Thomas Gregory, 45-57. New York: Routledge.

Frevert, Ute et al., eds. 2014. *Emotional Lexicons: Continuity and Change in the Vocabulary of Feeling, 1700-2000*. Oxford: Oxford University Press.

Goodwin, Jeff, James M. Jasper and Francesca Polletta, eds. 2009. *Passionate Politics: Emotions and Social Movements*. Chicago: University of Chicago Press.

Gries, Peter Hays. 2005. "Social Psychology and the Identity-Conflict Debate: Is a 'China Threat' Inevitable?." *European Journal of International Relations* 11(2): 117-138.

Gries, Peter Hays, and Jenny Su. 2013. "Taiwanese Views of China and the World: Party Identification, Ethnicity, and Cross–strait Relations." *Japanese Journal of Political Science* 14(1): 73-96.

Gries, Peter Hays et al. 2009. "Historical beliefs and the Perception of Threat in

Northeast Asia: Colonialism, the Tributary system, and China –Japan –
Korea Relations in the Twenty-First Century." *International Relations of the Asia-Pacific* 9(2): 245-265.

Gustafsson, Karl. 2015. "Identity and Recognition: Remembering and Forgetting the Post-war in Sino-Japanese Relations." *Pacific Review* 28(1): 117-138.

Hagström, Linus and Karl Gustafsson. 2015. "Japan and Identity Change: Why It Matters in International Relations." *Pacific Review* 28(1): 1-22.

Hagström, Linus and Ulv Hanssen. 2015. "The North Korean Abduction Issue: Emotions, Securitisation and the Reconstruction of Japanese Identity from 'Aggressor'to 'Victim'and from 'Pacifist'to 'Normal'." *Pacific Review* 28(1): 71-93.

Hall, Todd. 2011. "We Will Not Swallow This Bitter Fruit: Theorizing a Diplomacy of Anger." *Security Studies* 20(4): 521-555.

_____. 2012. "Sympathetic States: Explaining the Russian and Chinese Responses to September 11." *Political Science Quarterly* 127(3): 369-400.

_____. 2015. *Emotional Diplomacy: Official Emotion on the International Stage.* Ithaca, New York: Cornell University Press.

Hall, Todd and Andrew AG Ross. 2015. "Affective Politics after 9/11." *International Organization* 69(4): 847-879.

Hamati-Ataya, Inanna. 2013. "Reflectivity, Reflexivity, Reflexivism: IR's 'Reflexive Turn' — and Beyond." *European Journal of International Relations* 19(4): 669-694.

Hasegawa, Tsuyoshi and Kazuhiko Togo. 2008. *East Asia's Haunted Present: Historical Memories and the Resurgence of Nationalism: Historical Memories and the Resurgence of Nationalism.* ABC-CLIO.

Hatemi, Peter K. et al. 2013. "Fear as a Disposition and an Emotional State: A Genetic and Environmental Approach to Out-Group Political Preferences." *American Journal of Political Science* 57(2): 279-293.

Head, Naomi. 2016a. "A Politics of Empathy: Encounters with Empathy in Israel and Palestine." *Review of International Studies* 42(1): 95-113.

_____. 2016b. "Costly Encounters of the Empathic Kind: A Typology." *International Theory* 8(1): 171-199.

Hochschild, Arlie Russell. 1979. "Emotion Work, Feeling Rules, and Social Structure." *American Journal of Sociology* 85(3): 551-575.

_____. 2012. *The Managed Heart: Commercialization of Human Feeling.* University of California Press.

Holland, Jack. 2012. *Selling the War on Terror: Foreign Policy Discourses after 9/11.* New York: Routledge.

Holmes, Marcus. 2013. "The Force of Face-to-Face Diplomacy: Mirror Neurons and Problem of Intentions." *International Organizations* 67(4): 829-861.

_____. 2015. "Believing This and Alieving That: Theorizing Affect and Intuitions in International Politics." *International Studies Quarterly* 59(4): 706-720.

Howard-Hassmann, Rhoda E. 2000. "Identity, Empathy and International Relations." *Globalization Working Paper Series*.

Hutchison, Emma. 2010. "Trauma and the Politics of Emotions: Constituting Identity, Security and Community after the Bali Bombing." *International Relations* 24(1): 65-86.

_____. 2016. *Affective Communities in World Politics*. Cambridge: Cambridge University Press.

Hutchison, Emma and Roland Bleiker. 2008. "Emotional Reconciliation: Reconstituting Identity and Community after Trauma." *European Journal of Social Theory* 11(3): 385-403.

_____. 2014. "Theorizing Emotions in World Politics." *International Theory* 6(3): 491-514.

_____. 2015. "Grief and the Transformation of Emotions after War." In *Emotions, Politics and War*, edited by Linda Åhäll, 210-221. New York: Routledge.

Hymans, Jacques EC. 2006. *The Psychology of Nuclear Proliferation: Identity, Emotions and Foreign Policy*. Cambridge: Cambridge University Press.

James, William. 1884. "What is an Emotion?" *Mind* 9(34): 199-205.

Jasper, James M. 2016. "The Sociology of Face-to-Face Emotions." In *Emotions in International Politics: Beyond Mainstream International Relations*, edited by Yohan Ariffin, Jean-Marc Coicaud, and Vesselin Popovski, 65-79. Cambridge: Cambridge University Press.

Jeffery, Renee. 2011. "Reason, Emotion, and the Problem of World Poverty: Moral Sentiment Theory and International Ethics." *International Theory* 3(1): 143-178.

_____. 2014a. *Reason and Emotion in International Ethics*. Cambridge: Cambridge University Press.

_____. 2014b. "The Promise and Problems of the Neuroscientific Approach to Emotions." *International Theory* 6(3): 584-589.

Kemper, Theodore D. 1981. "Social Constructionist and Positivist Approaches to the Sociology of Emotions." *American Journal of Sociology* 87(2): 336-362.

_____. 2001. "A Structural Approach to Social Movement Emotions." In *Passionate Politics: Emotions and Social Movements*, edited by Jeff Goodwin, James M. Jasper and Francesca Polletta, 58-73. Chicago: University of Chicago Press.

Kim, Mikyoung, ed. 2015. *Routledge Handbook of Memory and Reconciliation in*

East Asia. New York: Routledge.

Klotz, Audie and Cecelia M. M Lynch. 2007. *Strategies for Research in Constructivist International Relations*. ME Sharpe.

Koschut, Simon. 2014. "Emotional (Security) Communities: the Significance of Emotion Norms in Inter-allied Conflict Management." *Review of International Studies* 40(3): 533-558.

_____. 2017a. "The Power of (Emotion) Words: On the Importance of Emotions for Social Constructivist Discourse Analysis in IR." *Journal of International Relations and Development*: 1-28.

_____. 2017b. "The Structure of Feeling – Emotion Culture and National Self-Sacrifice in World Politics." *Millennium* 45(2): 174-192.

_____. 2017c. "No Sympathy for the Devil: Emotions and the Social Construction of the Democratic Peace." *Cooperation and Conflict* 53(3): 320-338.

Koschut, Simon et al. 2017. "Discourse and Emotions in International Relations." *International Studies Review* 19(3): 481-508.

Lakoff, George and Mark Johnson. 1999. *Philosophy in the Flesh*. New York: Basic Books.

Lebow, Richard Ned. 2005. "Reason, Emotion and Cooperation." *International Politics* 42(3): 283-313.

_____. 2006. "Fear, Interest and Honour: Outlines of a Theory of International Relations." *International Affairs* 82(3): 431-488.

Lee, I-Ching, Jenny C. Su, Peter H. Gries, and Frank C. S. Liu. 2016. "When Objective Group Membership and Subjective Ethnic Identification Don't Align: How Identification shapes Intergroup Bias through Self-Enhancement and Perceived Threat." *Group Processes & Intergroup Relations* 21(4): 613-630.

Leys, Ruth. 2011. "The Turn to Affect: A Critique." *Critical Inquiry* 37(3): 434-472.

Lindemann, Thomas. 2010. *Causes of War: The Struggle for Recognition*. ECPR Press.

Ling, L.H.M. 2014. "Decolonizing the International: Towards Multiple Emotional Worlds." *International Theory* 6(3): 579-583.

Lock, Margaret. 1993. "Cultivating the Body: Anthropology and Epistemologies of Bodily Practice and Knowledge." *Annual Review of Anthropology* 22: 133-155.

Löwenheim, Oded and Gadi Heimann. 2008. "Revenge in International Politics." *Security Studies* 17(4): 685-724.

Lupton, Deborah. 1998. *Emotional Self*. Sage Publications.

Lyon, Margot L. 1997. "The Material Body, Social Processes and Emotion:

'Techniques of the Body' Revisited." *Body & Society* 3(1): 83-101.

Mattern, J. Bially. 2011. "A Practice Theory of Emotion for International
    Relations." In *International Practices*, edited by Emanuel Adler and
    Vincent Pouliot, 63-86. Cambridge: Cambridge University Press.

_____. 2014. "On Being Convinced: An Emotional Epistemology of International
    Relations." *International Theory* 6(3): 589-594.

McDermott, Rose. 2014. "The Body Doesn't Lie: A Somatic Approach to the
    Study of Emotions in World Politics." *International Theory* 6(3): 557-562.

Mercer, Jonathan. 2005. "Rationality and Psychology in International Politics."
    International Organization 59(1): 77-106.

_____. 2006. "Human Nature and the First Image: Emotion in International
    Politics." *Journal of International Relations and Development* 9(3): 288-
    303.

_____. 2010. "Emotional Beliefs." *International Organization* 64(1): 1-31.

_____. 2013. "Emotion and Strategy in the Korean War." *International
    Organization* 67(2): 221-252.

_____. 2014. "Feeling like a State: Social Emotion and Identity." *International
    Theory* 6(3): 515-535.

Northcott, Michael. 2012. "The Liberalism of Fear and the Desire for Peace."
    In *Politics and the Emotions: The Affective Turn in Contemporary Political
    Studies*, edited by Simon Thompson and Paul Hoggett, 61-78. New York:
    Continuum.

Nussbaum, Martha. 2001. *Upheavals of Thought: A Theory of the Emotions*.
    Cambridge: Cambridge University Press.

_____. 2013. *Political Emotions*. Harvard: Harvard University Press.

Pagano, Sabrina J. and Yuen J. Huo. 2007. "The Role of Moral Emotions
    in Predicting Support for Political Actions in Post-war Iraq." *Political
    Psychology* 28(2): 227-255.

Parashar, Swati. 2015. "Anger, War and Feminist Storytelling." In *Emotions,
    Politics and War*, edited by Linda Åhäll and Thomas Gregory, 71-85. New
    York: Routledge.

Pernau, Margrit et al. 2015. *Civilizing Emotions: Concepts in Nineteenth Century
    Asia and Europe*. Oxford: Oxford University Press.

Peterson, Gretchen. 2006. "Cultural Theory and Emotions." In *Handbook of the
    Sociology of Emotions*, edited by Jan E. Stets and Jonathan H. Turner, 114-
    134. Boston MA: Springer.

Prinz, Jesse J. 2004. *Gut Reactions: A Perceptual Theory of Emotion*. Oxford:
    Oxford University Press.

_____. 2007. *The Emotional Construction of Morals*. Oxford: Oxford University

Press.

Reddy, William M. 2001. *The Navigation of Feeling: A Framework for the History of Emotions*. Cambridge: Cambridge University Press.

Reilly, James. 2011. *Strong Society, Smart State: The Rise of Public Opinion in China's Japan policy*. Columbia University Press.

Ren, Lin. 2014. *Rationality and Emotion: Comparative Studies of the Franco-German and Sino-Japanese Reconciliations*. Springer.

Reus-Smit, Christian. 2014. "Emotions and the Social." *International Theory* 6(3): 568-574.

Rifkin, Jeremy. 2009. *The Empathic Civilization*. Penguin.

Rosaldo, Michelle. 1984. "Toward an Anthropology of Self and Feeling." In *Culture Theory: Essays on Mind, Self, and Emotion*, edited by Richard A. Shweder and Robert A. LeVine, 137-157. Cambridge: Cambridge University Press.

Rosenwein, Barbara H. 2006. *Emotional Communities in the Early Middle Ages*. Cornell: Cornell University Press.

Roshchin, Evgeny. 2017. *Friendship among Nations: History of a Concept*. Oxford: Oxford University Press.

Ross, Andrew AG. 2006. "Coming In from the Cold: Constructivism and Emotions." *European Journal of International Relations* 12(2): 197-222.

_____. 2014. *Mixed Emotions: Beyond Fear and Hatred in International Conflict*. Chicago: University of Chicago Press.

_____. 2018. "Beyond Empathy and Compassion: Genocide and Emotional Complexities of Humanitarian Politics." In *Emotions and Mass Atrocity: Philosophical and Theoretical Explorations*, edited by Thomas Brudholm and Johannes Lang, 185-208. Cambridge: Cambridge University Press.

Sasley, Brent E. 2010. "Affective Attachments and Foreign Policy: Israel and the 1993 Oslo Accords." *European Journal of International Relations* 16(4): 687-709.

_____. 2011. "Theorizing States' Emotions." *International Studies Review* 13(3): 452-476.

Scheer, Monique. 2012. "Are Emotions a Kind of Practice?" *History and Theory* 51: 193-220.

Shweder, Richard A. and Robert A. LeVine, eds. 1984. *Culture Theory: Essays on Mind, Self, and Emotion*. Cambridge: Cambridge University Press.

Singer, Peter. 2011. *The Expanding Circle: Ethics, Evolution, and Moral Progress*. Princeton: Princeton University Press.

Solomon, Ty. 2015. "Embodiment, Emotions and Materialism in International Relations." In *Emotions, Politics and War*, edited by Linda Åhäll and

Thomas Gregory, 58-70. New York: Routledge.

Stearns, Peter N. and Carol Z. Stearns. 1985. "Emotionology: Clarifying the History of Emotions and Emotional Standards." *American Historical Review* 90(4) 813-836.

Suzuki, Shogo. 2009. *Civilization and Empire:China and Japan's Encounter with European International Society*. New York: Routledge.

_____. 2015. "The Rise of the Chinese 'Other' in Japan's Construction of Identity: Is China a Focal Point of Japanese Nationalism?" *Pacific Review* 28(1): 95-116.

_____. 2017. "Delinquent Gangs' in the International System Hierarchy." In *Hierarchies in World Politics*, edited by Ayşe Zarakol, 219-240. Cambridge: Cambridge University Press.

Sylvester, Christine. 2011. "The Forum: Emotion and the Feminist IR Researcher." *International Studies Review* 13(4): 687-708.

Tamaki, Taku. 2010. *Deconstructing Japan's Image of South Korea:Identity in Foreign Policy*. Springer.

Tappolet, Christine. 2016. *Emotions, Values, and Agency*. Oxford: Oxford University Press.

Van Hoef, Y. 2018. "Interpreting Affect between State Leaders: Assessing the Political Friendship between Winston S. Churchill and Franklin D. Roosevelt." In *Researching Emotions in International Relations: Methodological Perspectives on the Emotional Turn*, edited by Maéva Clément and Eric Sangar, 51-73. Basingstoke: Palgrave Macmillan.

Varela, Francisco J., Evan Thompson, and Eleanor Rosch,1991. *The Embodied Mind:Cognitive Science and Human Experience*. MA: MIT Press.

Wang, Zheng. 2014. *Never Forget National Humiliation:Historical Memory in Chinese Politics and Foreign Relations*. Columbia: Columbia University Press.

Williams, Simon J. and Gillian A. Bendelow. 1996. "The 'Emotional' Body." *Body &Society*. 2: 125-139.

Wolf, Reinhard. 2011. "Respect and Disrespect in International Politics: The Significance of Status Recognition." *International Theory* 3(1): 105-142.

_____. 2018. "Political Emotions as Public Processes: Analyzing Transnational Ressentiments in Discourses." In *Researching Emotions in International Relations:Methodological Perspectives on the Emotional Turn*, edited by Maéva Clément and Eric Sangar, 231-254. Basingstoke: Palgrave Macmillan.

Zarakol, Ayşe. 2011. *After Defeat:How the East Learned to Live with the West*. Cambridge: Cambridge University Press.

필자 소개

은용수 Eun, Yong-soo

한양대학교 정치외교학과(Department of Political Science and International Studies, Hanyang University) 교수
한양대학교 사회학 전공 졸업, 영국 워릭대학교 정치외교학 박사

논저 "Beyond 'the West/non-West Divide' in IR", *What is at Stake in Building "Non-Western" IR Theory?*

이메일 ysir@hanyang.ac.kr

용채영 Yong, Chaeyoung

영국 세인트앤드류스대학교 국제관계학과(School of International Relations, University of St Andrews, UK) 박사과정
서울대학교 정치외교학부 외교학전공 졸업

이메일 cy30@st-andrews.ac.uk

제5장

감정으로 정치 보기
— 2016-17 촛불집회

The Politics of Emotion
— The 2016-17 Candlelight Protests in South Korea

민희 | 경희대학교 정치외교학과 SSK 연구단 연구교수

* 이 논문은 2016년도 정부(교육부)의 재원으로 한국연구재단의 지원을 받아 수행된 연구임
(NRF-2016-S1A3A2925063).

그간 정치학의 일반적 패러다임은 인간을 합리적인 존재로 파악하고 이에 기초해 모델이나 가설을 세워왔다. 정치참여 연구 역시 이러한 관점을 따른다. 그런데 본 연구는 실제 정치과정에서 표출되는 개인의 합리성은 제한적인 형태로 작용하면서 감정과 상호작용한다고 본다. 즉 정치의 발생을 감정을 통해 알아보고자 한다. 이러한 목적을 위해 본 연구는 집합행동의 새로운 참여 양상에 주목한다. 2016-17 촛불집회를 견고한 연대가 없는 개개인의 결사체들의 집합체로 보고, 이들을 약 5개월 동안 매주 광장으로 이끄는 힘이 무엇이었는가에 대한 질문을 던진다. 그리고 이에 대한 답을 찾는 과정으로 집합행동에서 분노 감정의 역할을 살펴본다. 구체적으로 박근혜-최순실 게이트에 대한 개인의 분노 표출과 이러한 분노가 집합적 분노로 전환되는 과정을 논의한다. 전자는 분노 감정과 참여의 문제를 다룬다. 후자는 분노의 공감대 형성과 분노 공유의 문제를 다루는데, '집합행동의 틀'과 '온라인 표현 공론장'을 중심으로 살펴본다.

The paradigm of political science has generally considered humans as rational beings and based on that, the models and hypotheses of political science have been established. Political participation research has also followed this perspective. However, this study assumes that an individual's rationality works in a bounded area and then interacts with emotions. In other words, this study attempts to take a step closer to the question of how politics occurs through emotions. It therefore focuses on the new aspects of collective action and explores the role of anger emotion in collective action.

In particular, this study examines individual anger toward Park Geun-hye and Choi Soon-sil Gate, as well as the process of turning such anger into collective anger. The former deals with the relationship between anger emotion and political participation, the latter adresses the formation of collective anger and its sharing, focusing on "collective action frame" and "online expressive communication."

KEYWORDS 2016-17 촛불집회 2016-17 candlelight protests, 집합행동 collective action, 감정 emotion, 분노 anger, 정치참여 political participation, 집합행동의 틀 collective action frame, 온라인 표현 공론장 online expressive communication, 인간 본성 human nature, 이성 reason, 열정 passion, 국제정치 international relations

I 서론

2016-17년 발생한 박근혜 정부의 최순실 등 민간인에 의한 국정농
단 의혹 사건(이하 '박근혜-최순실 게이트')은 우리 정치에 큰 혼란을
초래했다. 시민은 분노했고 이러한 분노는 곧 촛불집회로 표출되
었다. 2016년 10월 29일 1차 촛불집회를 시작으로 매주 토요일 광
화문 광장은 시민들로 가득 찼다. 무엇보다 놀라운 현상은 촛불집
회의 규모였다. 11월 12일 광화문 광장에서 열린 3차 촛불집회는
100만 명(주최 측 추산)의 시민들이 참여했는데 이는 1987년 6월항
쟁 이후 처음이라는 기록을 세웠다. 또한 11월 29일 박근혜 대통
령의 3차 대국민 담화 이후 열린 6차 촛불집회(12월 3일)는 전국에
서 232만여 명(주최 측 추산)의 시민들이 모였다. 이제 촛불집회의
열기는 박근혜 전 대통령의 탄핵 인용을 계기로 막을 내렸다. 그러
나 그 규모와 확산은 전 세계적인 이목을 끌기에 충분했다.

　　본 연구는 집합행동[1]의 새로운 참여 양상에 주목한다. 최근 우
리가 경험한 촛불집회는 과거 민주화 투쟁을 목표로 열렸던 집회
의 양상과 확연히 다르다.[2] 대표적으로 2008년 미국산 소고기 수
입 촛불집회가 그랬고, 이번 박근혜-최순실 게이트 촛불집회 역시
그렇다. 지난 촛불집회 국면에서 집회를 주도하거나 집회 참여자

1　집합행동(collective behavior)은 목적을 띤 행동, 사람들이 사회적 환경을 재
　구성하려고 노력하는 행동으로 구조화되고 제도화된 행동과 구분된다(스멜서
　1984).
2　과거 민주화 시기의 집회는 공식적이며 위계적인 운동 조직이 중심이 되었다(김
　용철 2008). 이는 특정한 정치 이념 혹은 이해관계를 기반으로 한 위계적 조직으
　로 멤버십이 강하다. 또한 중앙지도부의 역할이 매우 중요한데 중앙지도부는 집
　회를 기획하고 지휘 감독한다.

들을 대표하는 조직은 보이지 않았다. 그렇기에 공통의 행동 양식이나 메시지 전달 체계도 찾기 어려웠다.

그럼에도 불구하고 약 5개월 동안 시민들을 매주 광장으로 이끄는 힘은 무엇이었는가? 본 연구는 이에 대한 질문을 던지면서 2016-17 촛불집회를 사회적 차원과 심리적 차원에서 살펴보고자 한다. 집합행동은 사회적 차원의 문제임과 동시에 심리적 차원의 문제이다(스멜서 1984, 94-101). 구체적으로 집합행동은 그 원인이 경제 불황, 사회적 불평등, 정치적 갈등 등 사회적 조건에 기반하고 있다는 점에서 사회적 차원의 문제이다. 또한 집합행동 과정에서 긍지, 희망, 분노, 불안 등과 같은 개인의 감정이 적나라하게 표출된다는 측면에서 심리적 차원의 문제이기도 하다.

2016-17 촛불집회를 촉발시킨 주요한 사회적 조건이 박근혜-최순실 게이트라는 사실은 분명하다. 그런데 본 연구는 2016-17 촛불집회를 설명하는 데 있어서 이러한 사회적 차원의 요인들에 시간을 할애하는 것을 지양하고자 한다. 그렇다고 사회적 차원의 문제가 별로 중요하지 않다는 것은 아니다. 이에 대한 분석과 평가는 이미 학계뿐만 아니라 사회 일각에서 다양한 방식으로 시도되고 있기 때문에 그렇다. 오히려 본 연구는 촛불집회의 심리적 차원에 관심을 갖는다. 즉 촛불집회 참여에 있어서 감정의 역할에 주목하고자 한다.

그동안 집합행동 논의에서 감정은 중요한 변수로 고려되지 않았다. 집합행동에 관한 고전적 이론가들은 감정을 극단적이고 일탈인 표현의 일환으로 간주하였다(바바렛 2007). 이들은 봉기가 일어나는 원인을 개인의 심리적·병리적 차원에서 찾았다. 1970

년대 이후 합리주의적 관점이 집합행동이론을 주도하면서 감정은 더욱 연구자들의 관심에서 멀어졌다. 합리적 선택이론(Rational-Choice Theory)이나 자원동원이론(Resource Mobilization Theory)으로 대표되는 이들 시각에 따르면 집합행동 참여자들은 참여에 따르는 비용(cost)과 이익(benefit)에 대해 합리적인 계산을 한다(임희섭 1999, 75).

그런데 위와 같은 기존 시각은 최근 나타나고 있는 집합행동의 동원 과정, 참여 성격, 그리고 그 내적 구성을 설명하는 데 한계를 드러낸다. 본 연구가 집합행동 논의에 있어서 감정 변수를 끌어들인 이유가 바로 여기에 있다. 집합행동의 합리주의적 관점은 정치참여의 주체를 이성적이고 합리적인 시민으로 한정한다. 이 경우 참여자의 정치참여 의지는 오히려 감퇴될 수 있다(Kingston and Ferry 2008). 저항 행위에 따르는 이익과 비용을 계산하다 보면 우리는 참여를 실행하기보다 참여를 주저하게 되는 것이다(박형신·이진희 2008).

이러한 문제의식에서 감정은 지금의 집합행동을 설명하는 데 폭넓은 시각을 제시한다. 집합행동은 감정의 동원을 필요로 한다. 특정 국면에 대한 감정은 조직의 일원으로서 갖는 충성심 못지않게 집합행동에 큰 영향을 미친다(Jasper 1998). 이를 위해 본 연구는 2016-17 박근혜-최순실 게이트 촛불집회 사례를 통해 집합행동에서의 감정의 역할을 다시 들여다 보고자 한다. 이를 통해 '정치가 어떻게 발생하는지'에 대한 근본적 물음에 한 걸음 다가가려고 한다.

요컨대, 본 연구의 구성은 다음과 같다. 2장은 정치학의 일반적인 패러다임으로서의 합리성에 관한 논의를 한다. 그리고 집합행동 논의에서의 감정의 부상을 다룬다. 3장에서는 집합행동에서 참여를 추동하는 분노 감정에 주목한다. 구체적으로 2016-17년 촛불집회 사례를 통해 박근혜–최순실 게이트에 대한 개인의 분노 표출과 참여의 문제를 다룬다. 또한, 이러한 분노가 집합적 분노로 전환되는 과정을 살펴본다. 이를 위해 '분노의 공감대 형성'과 '분노 공유'의 문제를 다룬다. 이는 각각 '집합행동의 틀'과 '온라인 표현 공론장' 개념을 통해 살펴본다. 마지막으로 사람들을 정치로 향하게 하는 감정의 역할을 요약하면서 이 글을 마무리하고자 한다.

II 정치참여: 합리성을 넘어

민주주의는 정치과정에서 합리적이고 이성적으로 사고하는 시민상을 요구한다. 좀 더 쉽게 설명하면 민주주의는 시민 개개인이 합목적적인 태도나 사고방식을 지니고 이를 바탕으로 정치적 행동을 이끌기를 기대한다. 이에 따라 우리는 유권자가 합리적으로 행동하면 공동체에 더 '좋은' 그리고 더 '올바른' 해법이 나올 것이라는 정치관에 노출되어 왔다. 어느새 우리는 개개인이 합리적이고 올바르게 판단하고 행동한다면 세상이 좋아질 것이라는 민주주의적 사고에 익숙해졌다.

　이러한 인식에 힘입어 그간 정치학의 일반적 패러다임은 인간을 합리적인 존재로 파악하고 이에 기초해 모델이나 가설을 세

위왔다(요시다 도오루 2015). 그 사이 감정과 합리성은 대립적인 개념이 되었고, 정치영역에서 감정은 합리적인 담론을 방해하는 요인으로 간주되었다. 정치참여 연구 경향 역시 이러한 관점을 따른다. 기존 연구는 유권자의 합리적 선택에 영향을 미치는 독립변수로 인지적 자원들(cognitive resources)에 관심을 갖는다. 대표적으로 교육수준, 정치관심도, 정치지식 등을 꼽을 수 있다. 이들은 평소에 정치에 대한 관심이 많고 정치지식 수준이 높은 사람이 그렇지 않은 사람에 비해 정치에 능동적으로 참여할 것이라고 기대한다. 나아가 올바른 정치적 판단을 할 것이라고 본다. 선거과정에서 정당이나 후보의 매니페스토 운동을 중시한다거나 당파성보다 정책을 강조하는 경향 역시 이러한 인식과 맞닿아 있다.

그럼에도 불구하고 실제 정치는 우리의 예상대로 흘러가지 않는다. 교육과 소득수준이 높은 유권자라도 소극적인 정치참여 양상을 보이는 때가 있다. 선거참여에는 무관심한 젊은 세대가 특정 국면의 길거리 시위에는 적극적으로 참여한다. 더군다나 최근 우리 정치에서 새로운 참여현상으로 부상한 정치 팬덤은 감성과 정서의 공유에 기반한다. 사람들은 특정 정치인과 정서적 동일화(affective identification)를 통해 정치에 참여한다.

이렇게 볼 때 정치참여는 인지적 자원과 같이 이성적이고 합리적인 요소만으로 성사되는 것이 아니다. 지식수준이 높고 자신의 이익에 부합된다고 해서 시민들이 정치에 참여하는 것은 아니다. 정작 중요한 것은 이러한 지식과 이익을 정치에 활용하고 싶다는 의지를 불러일으키는 애착이다(요시다 도오루 2015, 7). 즉 정치에 대한 심정, 생각, 정념 등이 사람들을 정치참여로 이끈다. 실제정치과정에서 개인의 합리성은 제한적인 형태로 작용하면서 감정과 상호작용한다. 사람들은 개개인의 선호에 기초하여 합리적 선택을 내리기보다는 감정이나 특정 환경과 관계 맺는 방식에 따라 최종적인 정치적 판단을 한다.

집합행동 논의에서 감정에 대한 관심은 최근의 일이다. 앞서 언급한 바와 같이 고전적 이론가들이 감정을 다루기는 했으나 이때의 감정은 극단적이고 일탈적인 표현의 일부였다.[3] 학자들은 집합적 군중행동에 참여한 군중이 어떻게 비합리적이고 폭력적인 군중으로 변했는가를 설명하는 데 관심을 가졌다(김영정 1988). 그리고 이에 대한 해답을 개인의 심리적·병리적 차원이나 사회구조의 불안정에서 찾고자 했다. 이들에게 군중으로부터 표출되는 감정은 기존질서를 와해시키는 부정적이거나 우려스러운 것으로 인식되었다.

한편, 1970년대 이후 집합행동의 분석 시각은 전환기를 맞이한다. 앞서 언급한 고전이론이 미시사회학적 분석 시각을 취했다면 이제는 거시사회학적 분석 시각이 새롭게 등장한 것이다. 이러한 연구경향의 변화는 집합행동 논의에서 감정을 배제시키는 결과를 초래했다. 대표적으로 자원동원론을 꼽을 수 있는데 이는 집합행동을 이익추구의 수단으로 이해했다. 그리고 집합행동의 성공 요건에 주목하고 이를 설명하는 데 치중했다. 자원동원론자로 손꼽히는 틸리(Tilly), 갬슨(Gamson), 잘드(Zald), 멕카시

---

3   집합행동에 관한 고전이론은 미시사회학적 분석시각을 지닌다. 대표적인 학자로는 전염이론(contagion theory)으로 잘 알려져 있는 르봉(LeBon), 프로이트(Freud), 블루머(Blumer) 등을 꼽을 수 있다.

(McCarthy) 등과 같은 학자들은 집합행동의 목적을 달성하기 위해서는 돈, 노동, 시설 등과 같은 자원의 집합이 반드시 수반되어야 한다고 강조했다. 그리고 자원 동원의 핵심으로 '조직' 변수를 꼽았다(Fireman and Gamson 1979). 즉 이들에 따르면 집합행동의 성공과 실패는 그 운동을 대표하는 집합체 외부의 사람들과 조직의 개입 여부에 달려 있다(김영정 1988, 25).

그런데 최근 연구는 집합행동 과정에서 인지적 요소와 감정적 요소를 결합하는 시도를 한다(김경미 2006a). 이성과 감정을 이분법적 구도 속에서 다루다 보면 행위의 "배후에 있는 감정들"은 무시되기 마련인데(바바렛 2007, 83). 실제 집합행동은 몇몇 사건에서 표출된 감정으로부터 발발한다(카스텔 2015). 특정한 국면에서 사람들이 느끼는 정서와 감정은 정치화되어 집합행동으로 전환된다. 인종과 젠더 갈등, 테러리즘 등이 대표적인 현상이다(이기형·이영주 2012). 뿐만 아니다. 공적인 이슈에서 시민들이 느끼는 분노는 자발적인 참여의 중요한 자원이 된다. 즉 우리 사회에서 감정은 표현의 수단을 넘어서 정치적 행동을 촉발하는 중요한 요소로서 기능한다(무페 2006).

III 분노의 감정과 정치참여: 2016-17 촛불집회

박근혜-최순실 게이트로 촉발된 2016-17 촛불집회는 기존의 집합행동과 다른 새로운 참여양상을 보였다. 그럼에도 불구하고 그 규모는 어느 때보다 컸고 오래 지속되었다. 이러한 현상은 집합행동의 합리주의적 관점 중 하나인 자원동원론의 공식으로 설명하기에는 어려운 측면이 있다. 단적으로 2016-17 촛불집회는 조직 기반이 없는 개개인의 결사체들이 느슨한 유대를 형성했다.

본 연구는 이와 같은 기존 이론과 실제상의 간극을 '감정' 변수를 통해 메우고자 한다. 즉 2016-17 촛불집회 참여에 미치는 분노의 역할을 살펴봄으로써 집합행동 논의를 더욱 풍부히 하고자한다. 구체적으로 박근혜-최순실 게이트에 대한 개인의 분노 표출과 이러한 분노가 집합적 분노로 전환되는 과정을 논의하고자 한다. 우선 개인의 분노 표출 부분에서는 분노 감정과 정치참여의 관계를 논의한다. 이를 통해 정치참여에 영향을 미치는 변수로서 감정을 새롭게 들여다보고자 한다. 또한, 2016-17 촛불집회에서 개인의 분노 수준과 촛불집회 참여가 어떠한 관계를 맺는지 살펴본다. 다음으로 집합적 분노로의 전환 부분에서는 분노 공감대를 형성하고 이를 공유하는 과정을 설명하고자 한다. 이를 위해 본 연구는 집합행동의 구성주의적 시각에서 몇 가지 개념을 소개한다. 그리고나서 2016-17 촛불집회 과정에서 온라인 기반의 커뮤니케이션이 활발했던 점을 염두에 두고 분노 공감대가 공유되는 과정을 온라인 공간과 연결 지어 설명하고자 한다.

이러한 목적을 위해 본 연구는 2016-17 촛불집회 이후 진행한 세 차례의 설문조사 자료를 활용하고자 한다. 첫째, 2016-17 촛불집회 참여자 대상 면접 설문조사 자료이다. 본 연구는 2016년 11월 26일(토) 열린 5차 촛불집회에 참여한 시민들 1,230명을 대상으로 면접 설문조사를 실시하였다. 설문조사는 서울 광화문 광장(N=550), 광주(N=340), 대구(N=340)에서 열린 촛불집회 현장에서 진행되었고 해당 지역의 대학생들이 설문조사원으로 참여하였다. 둘째, 쟁의정치와 새로운 민주주의 모델 탐색을 위한 시민인식조사 I 자료이다. 본 연구는 2017년 3월 22-29일 동안 전국 만 20세 이상 성인 중에서 성별, 연령, 지역을 인구비례에 맞춰 할당한 총 1,132명을 대상으로 온라인 설문조사를 실시하였다. 셋째, 쟁의정치와 새로운 민주주의 모델 탐색을 위한 시민인식조사 II 자료이다. 이는 쟁의정치와 새로운 민주주의 모델 탐색을 위한 시민인식조사 I의 추가 조사로서 2018년 6월 11-18일 동안 총 1,130명을 대상으로 실시한 온라인 설문조사이다. 이 역시 표본 추출은 쟁의정치와 새로운 민주주의 모델 탐색을 위한 시민인식조사 I과 동일한 방식을 적용했다. 쟁의정치와 새로운 민주주의 모델 탐색을 위한 시민인식조사 I과 II의 경우 온라인설문조사 기관인 엠브레인에 의뢰하여 설문조사를 실시한 것이다.[4]

1. 개인의 분노 표출

2016-17년 박근혜-최순실 게이트 촛불집회는 JTBC의 최순실 태블릿 PC보도를 기점으로 촉발되었다. 2016년 10월 24일 JTBC는 박근혜 전 대통령의 비선실세로 거론되던 최순실의 PC를 입수하여 단독 보도했다.[5] 이 보도의 파급력은 컸고 급기야 비선실세 논

---

4   본 연구는 본문에 제시된 데이터에 대한 독자의 이해를 돕기 위해 각 데이터의 기술통계를 〈부록〉에 요약·기술하였다.

5   당시 JTBC의 보도는 "최순실 PC 파일 입수…대통령 연설 전 연설문 받았다"이다. 보도 내용은 그 PC에는 대통령 연설문 44개와 각종 기밀문서 200여 개가 있었는데 대통령 연설문의 경우 최순실이 미리 연설문 파일을 받아 수정했다는 것이었

란에 대해 침묵을 지켜왔던 박근혜 전 대통령은 JTBC 보도 바로 다음날 1차 대국민 사과문을 발표했다. 그럼에도 불구하고 이러한 일련의 과정들은 비선실세 존재에 대한 시민들의 분노를 잠재우지 못했다. 분노는 급기야 10월 29일 저녁 6시 1차 촛불집회로 표출되었다. 앞서 언급한 바와 같이 실제 광화문 광장에 모인 시민들의 분노는 매우 컸고, 이는 그 어느 때보다 강한 분노였다. 내일신문과 서강대 현대정치연구소에서 2016년 11월 26일 광화문 촛불집회 참여자 2,058명을 상대로 실시한 조사에 따르면 박근혜-최순실 게이트에 대한 분노가 평균 9.3점인 것으로 나타났다. 이는 촛불집회 참여자들이 세월호 참사 때 느꼈던 분노(평균 9.0점)보다 강했다. 자제가 불가능한 수준(8점 이상)의 분노 비율 역시 세월호 참

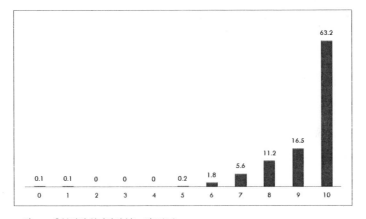

그림 5-1. 촛불집회 참여자의 분노 강도(%)

출처: 내일신문─현대정치연구소 조사(2016. 11. 26)
분노수준: 0=분노 없음. 10=이성을 잃을 정도로 분노

다. 관련 영상은 다음에서 검색 가능하다. http://news.jtbc.joins.com/article/article.aspx?news_id=NB11340632

사는 84.3%, 박근혜-최순실 게이트는 91.9%를 기록했다(이지호·
이현우·서복경 2017, 229).

특정 국면에서 분노 감정은 적극적인 참여를 유발하는 동기
가 된다. 이는 감정의 인지평가이론(Cognitive Appraisal Theory
of Emotions)으로 설명이 가능하다(Marcus and MacKuen 1993;
Valentino, Gregorowicz, and Groenendyk 2009; 이강형 2002,
2013).[6] 이 이론의 핵심은 분노, 불안, 희망, 긍지 등과 같은 개별
감정들이 추후의 정치적 행동에 서로 다른 영향을 미친다는 것이
다(Lazarus 1991; Marcus, Neuman, and MacKuen 2000). 이는 개별
감정들을 특징짓는 행동성향(action tendencies)에서 비롯되는데,
즉 개별 감정들은 유발된 상황을 지속 또는 변화시킬 것인가, 상황
을 일으킨 대상과의 관계를 유지 또는 중단할 것인가, 아니면 상황
으로부터 탈출할 것인가 등과 같은 반응들을 수반한다(Frijda 1986,
70; 이강형 2002, 82). 이렇게 볼 때 개별 감정은 보다 복잡한 인지
적 과정의 산물이며(이강형 2006), 개인들은 이러한 감정을 다루기
위해 신중한 행동들을 취한다(Folkman et al. 1986; Lazarus 1991;
Valentino et al. 2011).

개별 감정 중에서도 분노는 위협이 특정한 외부환경의 탓이
라고 여길 때, 그리고 자신이 그 상황을 통제할 수 있을 때 발생
한다(Lerner and Keltner 2000, 2001; Smith and Kirby 2004). 상황
통제가 가능하다는 것은 분노를 표출하는 개인이 장애물을 극복
할 수 있다는 심리적 혹은 사회적 자원들을 가지고 있다는 의미이

6 '분노 감정과 정치참여'에 관한 논의 부분은 『한국정치학회보』(2016년 3월호)에
   게재된 필자의 공저 논문 "감정과 정치참여"를 참조한 것임.

다(Kemper 1993; 이강형 2002, 84). 정치 영역에서는 정치지식 수준, 정치관심도, 정당지지, 정치효능감 등이 이러한 자원에 해당된다. 특히 정치효능감은 특정 문제에 대한 대처 능력을 잠재하고 있는 대표적인 자원으로 손꼽힌다(Valentino, Gregorowicz, and Groenendyk 2009; 이강형 2013; 김연숙 2014). 따라서 부정감정 중에서도 분노와 정치효능감의 만남은 정치참여의 활성화를 돕는다(Valentino et al. 2011). 일반적으로 내적효능감이 높은 사람은 그렇지 않은 사람에 비해 특정 정치적 상황에 대한 분노의 감정이 더욱 크다(이준웅 2007; 이강형 2013). 이는 정치참여에도 영향을 미치는데 내적 효능감이 높고 분노가 큰 사람이 그렇지 않은 경우에 비해 정치인에게 편지 보내기나 전화하기, 정치후보자 혹은 정당 자원봉사 참여하기 등과 같은 제도적 참여나 길거리 시위 등 비제도적 참여를 경험할 가능성이 더욱 크다(민희·윤성이 2016).

결과적으로 분노는 위험을 감수하려고 한다. 다시 말해 이는 위험추구 행위(risk-seeking behavior)와 문제 중심의 대처(problem-focused coping)를 촉진시킨다(Lerner and Keltner 2000, 2001; Folkman et al. 1986; Valentino et al. 2011). 분노를 느끼는 사람은 인지적 정보처리 과정이 단순해지고, 가능한 한 정보에 주목하는 정도가 낮아진다(이강형 2002, 84). 오히려 자신의 판단에 도달하기 위한 지름길에 의존하는 경향이 높아진다(이강형 2002, 84). 이 경우 분노를 유발한 정치적 대상에 대한 거리시위 혹은 항의적 접촉 등을 시도할 가능성이 크다. 발렌티노와 그의 동료들(Valentino et al. 2011)의 연구에 따르면 선거 국면에서 개인이 느끼는 분노는 시위에 참여하기, 캠페인에서 자원봉사로 일하기, 기부하기 등과 같은 어려운 참여를 증진시킨다. 분노의 이러한 특성은 2016-17년 촛불집회에서도 여실히 드러났다. 〈그림 5-2〉는 2016-17년 촛불집회 참여자들의 분노 수준에 따른 소셜 미디어 정보전달 행위와 촛불집회 참여 횟수를 보여준다. 페이스북이나 카카오톡과 같은 소셜 미디어를 통해 박근혜-최순실 게이트에 대한 정보전달 행위를 자주 할수록 촛불집회 참여횟수가 증가하는 것으로 나타났는데 이러한 향상은 약한 분노 집단에 비해 강한 분노 집단에서 더욱 뚜렷하게 상승했다.

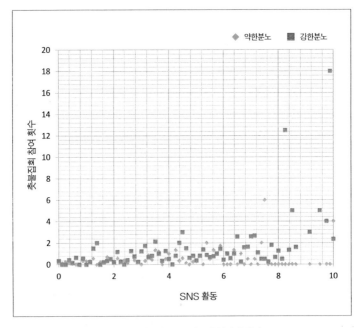

그림 5-2. 소셜 미디어 정보전달, 분노 수준, 그리고 촛불집회 참여

출처: 쟁의정치와 새로운 민주주의 모델 탐색을 위한 시민인식조사 I (2017년)
SNS 활동 0= 전혀 없음, 10=매우 자주

2. 집합적 분노로의 전환[7]

분노는 정치참여를 추동한다. 그러나 이러한 감정의 발현이 곧바로 정치참여라는 결과를 가져오지는 않는다. 실제로 시민들이 정치·사회적으로 파장이 큰 이슈가 발생할 때마다 매번 촛불집회에 참여하는 것은 아니다. 2008년 촛불집회 이후 2016년 촛불집회가 발발하기까지를 되돌아보아도 그렇다. 2013년 국정원 댓글조작 사건이나 2014년 세월호 사건 등은 경우 매우 중대하고 시급한 이슈였지만 촛불집회는 크게 확산되지 못했다. 또한 촛불집회에 참여하더라도 참여 형태는 서로 다르다. 광장에서 어떤 참여자들은 능동적 참여자로, 어떤 참여자들은 수동적 참여자로, 또 다른 이들은 단순한 공감자의 수준에 머무른다.

더군다나 2016-17 촛불집회는 자원동원이론의 관점에서 살펴볼 때 동원(mobilization)의 극대화에 효과적인 조직의 역할이 두드러지지 않았다. 이 경우 광장에서는 집회를 주도하거나 집회 참여자들을 대표하는 조직을 찾기 어려웠다. 물론 1,500여 개의 시민단체가 결성한 연합체 '박근혜정권퇴진비상국민행동'[8]이 있었지

---

7   이 부분은 필자의 공저 논문 "The Role of Social Media and Emotion in South Korea's Presidential Impeachment Protests" (*Issues & Studies*, forthcoming) 를 수정, 보완한 것임.

8   원래 박근혜-최순실 게이트의 1차 촛불집회는 민주노총 중심의 노동조합과 기존 시민운동 단체가 중심이었다(다카키 노조무 2018). 구체적으로 민중총궐기투쟁본부와 백남기투쟁본부가 집회를 이끌었다. 한편 2016년 11월 9일 '박근혜정권퇴진비상국민행동' 조직이 발족을 선언하면서 촛불집회는 전환 국면을 맞이하게 된다. 박근혜 대통령 퇴진을 요구하는 단체들이 모여 연합체를 이룬 이 조직은 11월 12일 3차 촛불집회부터 전면에 나섰다.

만 이는 촛불집회를 주도하기보다는 주변부(periphery) 역할에 충실했다(Bennett and Segerberg 2012). 지난 촛불집회에서 이 조직은 강한 의제와 정치이념 그리고 집합정체성을 기획하는 것에서 한 발짝 물러났다. 박근혜정권퇴진비상국민행동은 어떤 정밀하고 체계적인 동원이나 선동도 시도하지 않았다(박명림 2016; 다카키 노조무 2018, 47-48 재인용). 시민들에게 집회참여를 홍보하고 자유발언대와 같은 정치적 목소리를 낼 수 있는 공간을 제공하고 문화행사를 이끌고 모금활동을 전개하는 데 보다 집중했다.

촛불집회 참여자들 역시 시민단체나 노동조합 등과 같은 정치사회단체의 일원으로 집회에 참여한 것으로 보기는 어려웠다. 〈그림 5-3〉은 2016-17 촛불집회 참여경험이 있는 사람들의 단체 가입 현황을 보여주는데 참여자들 대부분이 환경, 인권, 소비자운동, 경제정의 등과 같은 시민단체와 노동조합의 회원이 아닌 것으로 확

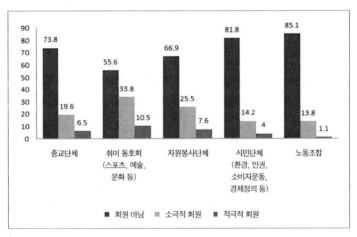

그림 5-3. 2016-17 촛불집회 참여경험이 있는 사람들의 단체 가입 현황(%)
출처: 쟁의정치와 새로운 민주주의 모델 탐색을 위한 시민인식조사 II(2018년)

인되었다. 오히려 이들은 스포츠, 예술, 문화 등 취미 동호회 활동
이나 자원봉사활동에 적극적이다. 참여자들의 82%가 시민단체 활
동을 하고 있지 않으며 적극적으로 활동하고 있는 경우는 4%에 그
쳤다. 또한 참여자들의 85%가 노동조합 회원이 아니며 적극적인
회원은 1%로 극소수에 지나지 않았다.

대신 이들은 친구 혹은 가족과 함께 광장을 찾았다. 본 연구
가 실시한 2016-17 촛불집회 참여자 면접 설문조사에 따르면 친구
나 직장 동료와 함께 집회에 참여한 사람이 47%나 되었고 가족과
함께 온 사람은 31%에 달했다. 또한 각종 깃발부대의 등장이 우리
의 눈길을 끌었다. 3차 촛불집회 때 처음 등장한 '장수풍뎅이 연구
회' 깃발이 대표적이다.[9] 이는 실제 장수풍뎅이를 연구하는 단체가
아니다. 달리 표현하면, 새로운 형태의 '자기 조직의 집합체'(self-
organized collectives)라고 할 수 있다. 평범한 시민들이 최순실 국
정농단 사건을 재치와 해학으로 표현하기 위해 직접 깃발을 만들
어 집회에 참여하면서 생겨난 일시적인 조직이다. 이와 같은 깃발
부대들은 인터넷이나 소셜 미디어를 통해 시민의 집회 참여를 독
려했다. 집회에 필요한 각종 스티커와 양초를 제공하기도 했다. 이
들의 집회 일정 또한 당일 상황에 따라 유동적이다. 이러한 특성의
깃발부대들은 박근혜-최순실 게이트에서 새로운 이슈가 드러날 때
마다 더욱 다양해지는 양상을 보였다.

9 '장수풍뎅이 연구회' 깃발은 2016 촛불집회에서 현 정치상황을 풍자하는 이색적
   인 깃발부대들의 등장을 촉발시켰다. 예를 들자면 고산병연구회, 하야하그라, 전
   국계으름뱅이연합, 전국 메탈리스터연맹, 민주묘총, 범깡총연대, 혼자온사람들,
   전국고양이노동조합, 한국곰국학회 등이 있다.

이같이 조직이 없는 참여자들은 촛불집회 국면에서 주로 인터넷이나 소셜 미디어를 매개로 소통한다. 이러한 정보 공유 방식은 커뮤니케이션 구조를 더욱 분절시키고 개인화한다. 참여자들은 자신의 생활을 중심으로 개인화된 정치(personalized politics)를 구현한다(강준만 2017). 이로 인해 다중심적인(polycentric) 이슈 네트워크가 형성된다. 실제 촛불집회 과정에서 우리는 다양한 정치적 목소리의 표출을 경험한 바 있다. 박근혜-최순실 국정농단 게이트와 관련된 문제뿐만 아니라 세월호 사건 규명, 비정규직 노동자 처우개선, 공정방송 확립, 국정교과서 추진 반대, 한일위안부 합의 무효, 18세 선거권 허용, 가습기 살균제 참사, 원전사고 위험, 개성공단 문제 등과 같은 어젠다들이 광장을 가득 채우고 비우기를 반복했다(〈표 5-1〉 참조). 이러한 환경에서 개인은 참여하고 떠나는 것모두가 매우 손쉬워진다(Bennet 2003). 즉, 이들은 이슈에 따라 생성되고 사라지는 일시적 대중의 성격을 띤다(백욱인 2012).

그렇다면 이러한 환경에서 개인의 분노는 어떻게 집합적 분노로 전환되는가? 2016-17 촛불집회에서 견고한 연대가 없는 개개인의 결사체들(associations)은 무엇을 동력으로 약 5개월 동안 매주 광장을 찾았는가? 집합행동 나아가 정치참여 논의에서 감정의 역할을 모색하기 위해서 우리는 이러한 질문들에 답할 수 있어야 한다. 그리고 그 일환으로 본 연구는 분노의 공감대 형성과 분노 공유의 문제를 다룬다. 구체적으로 전자는 '집합행동의 틀'(collective action frame)을, 후자는 '온라인 표현 공론장'(online expressive communication) 개념을 살펴보기로 한다.

표 5-1. 촛불집회 주요 어젠다

일시	핵심 슬로건	주요 참여&발언들	비고
2016/ 11/12 (3차)	내려와 박근혜, 박근혜는 하야하라	각지 조합원들 사전집회(예, 전국철도노조: 성과주의연봉제 도입 반대 파업투쟁)/ 야당 진영 집결	
11/19 (4차)	내려와 박근혜, 박근혜는 하야하라	수능시험 마친 고등학생 참가/ 세월호참사가족협의회 주체 시국강연회	
11/26 (5차)	전원 구속	전국농민회총연맹/ 대학생총궐기/ 민주노총총파업	
12/3 (6차)	새누리당도 공범이당 박근혜 퇴진(=탄핵)	비밀의 7시간 진상규명: 죽음에 책임을 묻다/ 언론인 자기 반성(공정방송 확립)/ 국정교과서 추진 반대	
12/10 (7차)	적폐청산 위해 거리에 계속 남아 있자/재벌, 새누리당, 황교안, 청와대 문고리 삼인방, 김기춘, 우병우, 검찰, 언론, 경찰 다 썩었으니 갈아엎자	재벌사주 노동개악 폐지/ 사드철회, 한일군사협정폐기/ 장애등급제부양의무제 폐지/ 재벌 체제 탄핵/ 비정규직 노동자 처우 개선과 차별철폐/ 비정규직 정규직 전환 요구	탄핵 소추안 가결 (12/9)
12/17 (8차)	재벌이 몸통/너희들은 모두 공범이다(황교안도 공범이다)/즉각 퇴진 구속수사/새해에는 정권교체	한일위안부 합의 무효	탄핵 심판
12/31 (10차)		18세 선거권 허용/ 택배노동자의 재벌갑질 반대/ 가습기 살균제 참사/ 조류독감 대란/ 내란음모 구속자	특검 수사 착수
2018/ 1/7 (11차)	세월호 참사 책임자 처벌하라/ 세월호 1000일 7시간 진상규명/ 즉각 구속		세월호 천일
1/14 (12차)		YTN, MBC 해고노동자, 유성기업, 갑을오토텍 해고노동자 발언	
1/23 (13차)		경주지진, 원전사고 위험, 방사능 오염/ 중소상인시국회의/ 용산참사 8주기 발언	
2/4 (14차)	이재용 구속 특검연장, 조기탄핵	삼성 SDI 해고자 문제 지켜보겠다/ 이재용은 해고자 복직시켜라	
2/11 (15차)	2월 탄핵, 특검연장	개성공단 폐기 1주년 관련 발언	
3/11 (20차)	이게 나라다 이게 정의다		박근혜파면 결정

출처: 이 자료는 촛불집회 국면에서 새로운 어젠다가 등장하는 시점을 정리한 것인데, '박근혜정권퇴진비상국민행동' 홈페이지에 게시된 집회 보도자료를 참조한 것임.

분노 공감대 형성: 집합행동의 틀

기존의 집합행동 논의에서 합리적 선택이론이나 자원동원론은 조직의 동원전략에 초점을 맞춘다. 그러나 이러한 시각은 집합행동에서 참여자들의 불만, 이념, 참여자들 간의 연대성(solidarity), 참여의 의미 등의 문제를 소홀히 다루는 측면이 있다(임희섭 1999, 125). 이에 반해, 집합행동을 구성주의 시각에서 논의하는 학자들은 집합행동의 사회적 구성에 관심을 갖는다. 구성주의론자들에 따르면 집합행동 참여의 극대화는 참여자들이 자신들의 의제를 어떻게 프레이밍하는가에 달려 있다(Carty and Onyett 2006). 이를 달리 표현하면 집합행동 참여자들은 '의미의 사회적 구성'을 통해 '집합행동의 틀'(collective action frame)을 형성한다(Snow et al. 1986). 그리고 적극적인 참여자가 된다.

이 과정에서 참여자의 감정동학이 중요한 역할을 한다. 사람들이 자신과 직접적인 이해관계가 없음에도 불구하고 집합행동에 나서는 경우를 생각해 보자. 이는 참여자들이 감정적으로 쉽게 동의할 수밖에 없는 공감대를 가지고 있기 때문에 가능하다. 굿윈과 그의 동료들(굿윈·재스퍼·폴레타 2012)은 이를 두고 감정동학의 외부효과로 설명한다. 사람들은 그들의 삶에서 특정한 집합행동이 지향하는 것과 유사한 감정적 지향의 상호작용을 경험했을 것이다(굿윈·재스퍼·폴레타 2012, 54). 이렇게 볼 때 감정은 사회과정의 일상적 작동의 일환이며 사회변화에 필요한 요소 중 하나인 것이다(바바렛 2007).

이러한 맥락에서 감정은 집합행동의 동원 과정을 분석하는 데 중요한 변수가 된다. 특히 '부정의 프레임'(injustice frame)은 집합행동에서 감정의 역할을 설명하는 대표적인 개념이다. 여기서 부정의(injustice)는 "열망과 투지를 불러일으키는 정당한 분노"(Gamson 1992, 32; 굿윈·재스퍼·폴레타 2012, 54 재인용)를 의미한다. 부정의 프레임은 지각된 불의에 대한 분노를 표출하는 상황을 관찰하고 이에 대한 책임귀인을 확인하는 방식이다(Gamson 1992). 따라서 주로 분노나 수치심과 같은 부정적 감정과 밀접한 관계가 있으며(Scheff 1990) 이는 결국 집합행동의 '의미의 틀'(meaning frame)을 구성한다(Jasper and Poulsen 1995).

2016-17 촛불집회에서 부정의 프레임은 박근혜-최순실 게이트의 다양한 국면에서 드러났다. 우리가 촛불집회의 주요 어젠다(표 5-1)를 통해 이미 확인했듯이, 입시를 앞두고 있는 청소년과 학부모 혹은 대학생은 최순실의 딸 정유라의 대학교 부정입학에 분노했고, 일반 시민은 부패한 정치권력에 분노했다. 또한 일부는 우리 사회에 만연해 있는 불평등한 권력 관계에 분노했다. 그리고 이러한 분노의 감정이 '이게 나라냐'라는 슬로건으로 표출되면서 촛불집회 참여자들 간 집합행동의 틀을 형성하였다.

분노 공유: 온라인 표현 공론장

한편 분노의 공감대는 온라인 공간에서 더욱 잘 표출된다. 이러한 맥락에서 집합행동 논의에서 감정에 주목하는 경향은 인터넷이나 소셜 미디어 매개의 집합행동이 증가하면서 더욱 활기를 띠었다. 학자들은 분노의 감정과 인터넷이 상호작용하는 측면에 주목한다(김경미 2006a, 2006b; 박형신·이진희 2008; 이기형·이영주 2012; 정일준·김상돈 2009; 카스텔 2015; Chadwick 2006; Goodwin, Jasper, and Polletta 2000; Gregg and Seigworth 2010). 대표적으로 2008년 광우병 파동에서 분출된 분노의 감정은 온라인 활동을 매개로 오프라인 집합행동 참여에 긍정적인 영향을 미쳤다(김경미 2006a, 2006b). 더욱이 강한 감정적 반응은 활발한 온라인 활동을 촉구하여 촛불집회 참여의 동력으로 작용한다(정일준·김상돈 2009). 〈그림 5-4〉는 2016-17 촛불집회 참여자들의 분노 강도와 페이스북 활동의 관계를 보여주는데 박근혜-최순실 게이트에 대한 분노가 클수록 페이스북을 통한 정보 공유 활동을 적극적으로 펼치는 것으로 나타났다. 결국 이러한 과정은 광장에서 촛불집회 참여자들이 감정공동체를 형성하는 토대가 된다(박형신·이진희 2008).

보다 구체적으로 집합행동에서 온라인 공간은 분노를 하나로 모으는 표현 공론장(expressive communication)의 역할을 한다. 표

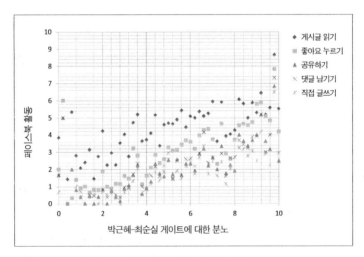

그림 5-4. 박근혜-최순실 게이트에 대한 분노와 페이스북 활동

출처: 쟁의정치와 새로운 민주주의 모델 탐색을 위한 시민인식조사 I(2017년)
분노 수준: 1=전혀 느끼지 않음, 10=매우 강함

현 공론장은 특정 이슈에 대한 참여자들의 감정과 경험의 소통 과정이다. 달리 표현하면 감성 공론장으로 명명할 수 있는데, 이는 감정과 느낌이 공유되고 대화와 다양한 참여행위들이 발현되는 사적이면서 동시에 공적인 공간이다(김예란 2010, 149). 이때 온라인 표현 공론장은 이성적인 공론장과 대립적이지 않으며 감정과 이성이 중첩되는 지점에 위치한다.

2016-17 촛불집회 국면에서의 온라인 공간 역시 표현 공론장으로서의 역할에 충실했다. 특히 소셜 미디어는 최순실 국정농단에 대한 여론이 다양한 형태로 확산되는 공간이 되었다. 대표적으로 '#그런데_최순실은'이나 '#나와라_최순실' 해시태그 달기 운동을 꼽을 수 있다. 해시태그(#)는 인터넷상에서 분류와 검색을 용이하게 하기 위해 다는 기호이다(한겨레신문 2016/10/21). 해시태그를 이용하면 소셜 미디어 공간에서 손쉽게 관련 콘텐츠를 검색할 수 있다. 또한 개인 미디어 이용자들 간의 연결망을 강화시키는 효과를 가져 온다. 많은 네티즌들이 소셜 미디어에 글을 쓸 때 글의 내용과 상관없이 '#그런데_최순실은'(혹은 '#나와라_최순실')이란 해시태그를 달았다. 이는 최순실 국정농단에 분노한 개인들을 결집시키는 데 커다란 역할을 하였다. 해시태그를 이용한 온라인 연결망은 오프라인 참여에도 영향을 미쳤다. #나와라_최순실 길거리 성토대회, 시민퍼레이드, 2차 현수막 달기 등 오프라인에서의 저항방식 역시 다양해졌다(오마이뉴스 2016/10/22). 트위터 또한 여론을 결집하는 데 중요한 역할을 했다. 트위터리안 아바리스(@abaris)는 최순실과 정윤회가 재산을 은닉하기 위해 독일에 유벨(Jubel)이라는 회사를 설립한 사실을 밝혔다(경향신문 2016/12/23). 아바

리스(@abaris)가 독일에 살고 있는 40대의 평범한 교민임에도 불구하고 이러한 활약이 가능했던 것은 트위터 덕분이었다. 그가 트위터를 통해 최순실 국정농단 관련 정보를 공유하면서 많은 네티즌들의 관련 제보가 이어졌다.

온라인 표현 공론장에서 감정 공유는 행위의 이야기식 구성(narrative structure of action)(McDonald 2002)을 통해 가능하다. 이는 비디오 기술(video technologies)이 기여한 바가 크다. 예컨대, 2016-17 촛불집회 참여자들은 소통의 공간으로 페이스북의 라이브 서비스를 활용하였는데, 그 이유는 이것이 집회 참여자들의 경험담을 쉽게 말할 수 있는 공간으로 작동했기 때문이다. 촛불집회 참여자들은 실시간으로 집회 현장을 방송하였고, 이에 대한 반응은 댓글이나 '좋아요' 등과 같은 이모티콘으로 표출되었다. 그 과정에서 다른 사람의 경험과 인식을 공유하였고 이는 감정 공유로 이어졌다. 과거 견고한 조직을 기반으로 형성되는 집합정체성과는 다른 방식으로 '나'와 '우리'를 연결하는 고리가 만들어진 것이다. 따라서 이제는 지속적인 집합정체성을 유지하는 강력한 조직이 존재하지 않아도 집합행동은 얼마든지 가능하게 되었다. 감정이 공유되는 약한 유대의 네트워크에서는 운동을 조직하는 '대표'(representation) 없이 '이야기'(narration)를 통해 집합정체성과 집단행동을 만들어 간다(McDonald 2002). 최근 많이 논의되는 대안적인 공론장(alternative public) 혹은 난장(wild publics)(이기형·이영주 2012) 그리고 비판적 담론 공중(critical discursive public) 혹은 잠재적 다중(이기형·이영주 2012) 등과 같은 개념이 온라인 네트워크를 통해 형성되는 감정 공유와 집합행동을 잘 설명하고 있다.

요약하자면, 특정 사안에 대한 개인의 경험을 함께 나누는 약한 유대의 네트워크는 이야기를 통해 감정을 공유하면서 유대감을 형성하고 사람들을 광장으로 이끈다(McDonald 2002). 참여자들은 운동을 이끄는 대표 없이도 집합정체성을 공유하면서(Bennett and Segerberg 2012, 3) 광장의 열기를 채워나간다.

IV 결론

우리 사회에서 촛불집회는 더 이상 낯선 광경이 아니다. 촛불집회는 평범한 시민들의 일상적인 참여문화의 하나로 자리 잡았다. 특히 소셜 미디어와 모바일 사용이 보편화되면서 시민들의 촛불집회 참여는 보다 더 확산되었고 의견표출 방식 또한 다양해졌다. 우리는 2008년 촛불집회와 2016-17년 촛불집회를 통해 이러한 새로운 방식의 정치참여를 경험한 바 있다. 참여의 네트워크는 더욱 분절화되고 개인화되는 양상을 보였다. 촛불집회가 5개월 동안 지속되었지만 이를 주도하는 조직은 눈에 띄지 않았다.

　이에 본 연구는 새로운 집합행동 양식으로서 촛불집회를 감정을 통해 살펴보고자 했다. 박근혜-최순실 게이트에 대한 사람들의 분노는 그 어느 때보다 컸다. 이러한 분노는 다양한 참여를 촉진시켰다. 사람들은 소셜 미디어를 매개로 박근혜-최순실 게이트에 대한 메시지를 작성하거나 정보를 전달하는 행위를 활발히 했다. 또한 이러한 참여의 확산은 개인의 분노가 집합적 분노로 전환되는 데 기여했다. 즉, 사람들은 박근혜-최순실 게이트에 대한 분노를 공감하면서 집합적 분노를 형성했는데, 본 연구는 이를 '집합행동의 틀' 개념을 통해 살펴보았다.

한편, 온라인 공간은 '표현 공론장'(expressive communication) 역할을 한다. 표현 공론장은 분노를 하나로 모으는 장을 의미하는데, 여기서 감정 공유의 상호작용이 발생하고 참여자들은 정체성을 공유한다. 박근혜-최순실 게이트에 분노한 시민들은 소셜미디어나 모바일 메신저를 통해 다양한 방식으로 '나'의 분노를 공유하고 공감대를 형성하면서 '우리'가 된다. 이러한 과정이 매주 광장을 촛불로 가득 메우는 동력이 된 것이다.

최근 우리가 경험한 촛불집회는 과거 운동조직에 기반한 집합행동에 비해 일견 느슨하고 약해 보이나 감정공유의 과정을 거치면서 강력한 동원 기제로 작동한다. 더군다나 2016-17년 촛불집회는 그 어느 때보다 국민적 공분이 컸던 사례였다. 시민들은 정치 지도자의 도덕적 자질과 통치 능력에 실망했고 새로운 의혹들이 드러날 때마다 관련 정치인들이 보여준 태도에 분노했다. 여기에 정부 불신이 한몫을 했다. 특히, 시민들은 2014년 세월호 사건에 대한 정부의 미온한 태도에 불만을 가지고 있었다. 이러한 분위기 속에서 터진 박근혜-최순실 게이트는 대통령 혹은 정치인에 대한 시민의 분노를 극대화시키는 데 영향을 미쳤다. 이로써 이번 촛불집회는 역대 최대의 참여 숫자를 기록하면서 약한 유대의 힘을 여실히 보여주었다.

요컨대, 본 연구의 함의는 집합행동에서의 감정 변수에 주목함으로써 정치 영역에서 감정의 역할을 새롭게 조명하는 데 있다. 감정은 우리가 어떤 문제를 인식하고 이에 대한 행동 성향을 결정하는 데 중요한 지표가 된다. 동시에 그러한 감정의 표출은 진전을 위한 사회 변화의 시발점이 되기도 한다. 우리는 이미 2016-17 촛불집회에서 이를 실감했다. 광장에 모인 시민들은 박근혜-최순실 게이트에서 불의를 느끼고 이를 분노로 표출했다. 그 분노는 부패한 정치가 시민의 목소리에 귀 기울이게끔 하였다. 다행스러운 것은 광장의 분노가 희망의 감정으로 전이되는 모습이 보였다는 것이다. 현장에 세워진 경찰차 벽에 붙은 수많은 꽃 스티커는 정치변화에 대한 시민들의 바람이었다.

참고문헌

강준만. 2017. "왜 촛불집회 참가자들은 시민단체에 가입하지 않을까?: 정치적 소비주의." 『인물과 사상』 233: 38-79.

굿윈, 제프·제임스 M. 재스퍼·프란체스카 폴레타 편·박형신·이진희 역. 2012. 『열정적 정치: 감정과 사회운동』. 파주: 한울아카데미.

김경미. 2006a. "온라인에서의 집합행동에 관한 합의동원: 2002 여중생 촛불집회를 중심으로." 『경제와 사회』 7: 154-178.

_____. 2006b. "인터넷이 집합행동 참여에 미치는 영향: 2002 여중생 추모 촛불집회를 중심으로." 『한국사회학』 40(1): 183-211.

김연숙. 2014. "긍정과 부정의 정치심리학: 정당에 대한 부정적 감정과 정치행태." 『한국 정치학회보』 48(2): 5-27.

김영정. 1988. 『집합행동과 사회변동』 서울: 현암사.

김예란. 2010. "감성공론장." 『언론과 사회』 18(3): 146-191.

김용철. 2008. "촛불시위의 동학: 온라인과 오프라인의 만남." 『정보화정책』 15(4): 120-139.

다카키 노조무 저·김혜영 역. 2018. 『일본인의 눈으로 바라본 촛불혁명: 광장의 목소리』. 서울: 21세기북스.

무페, 샹탈 저·이행 역. 2006. 『민주주의의 역설』. 서울: 인간사랑.

민희·윤성이. 2016. "감정과 정치참여." 『한국정치학회보』 50(1): 271-294.

바바렛, 잭 저·박형신·정수남 역. 2007. 『감정의 거시사회학: 감정은 사회를 어떻게 움직이는가?』. 서울: 일신사.

박명림. 2016. "광화문항쟁, 광화문정신, 광화문교향악." 『중앙일보 중앙시평』 (2016. 12. 15).

박형신·이진희. 2008. "먹거리, 감정, 가족 동원: 미국산 쇠고기 수입 반대 촛불집회의 경우." 『사회와 이론』 13: 147-183.

백욱인. 2012. "모바일 소셜 네트워크 서비스와 사회운동의 변화." 『동향과 전망』 84: 130-159.

스멜서, 닐 저·박영신 역. 1984. 『사회변동과 사회운동: 사회학적 설명력』. 서울: 세경사.

요시다 도오루 저·김상운 역. 2015. 『정치는 감정에 따라 움직인다』. 서울: 바다출판사.

이강형. 2002. "유권자의 정치후보에 대한 감정이 정치참여에 미치는 영향에 관한 연구." 『한국언론학보』 46(5): 73-104.

_____. 2006. "정치후보에 대한 유권자 감정 유발 요인 및 미디어 캠페인 활동의 효과에 관한 연구." 『한국언론학보』 50(3): 337-366.

_____. 2013. "정치참여 행위에 있어서 정치 효능감과 정서적 반응의 역할: 분노(anger)와 두려움(fear)을 중심으로." 『의정연구』 39: 137-167.

이기형·이영주. 2012. "인터넷과 SNS를 통한 감성적 참여와 공유." 한국언론학회

심포지움 및 세미나 발표 자료집.

이준웅. 2007. "대통령 후보에 대한 정서적 반응의 형성과 정치적 효과."
『한국언론학보』 51(5): 111-137.

이지호·이현우·서복경. 2017. 『탄핵 광장의 안과 밖: 촛불민심 경험분석』. 서울: 책담.

임희섭. 1999. 『집합행동과 사회운동의 이론』. 서울: 고려대학교출판부.

정일준·김상돈. 2009. "인터넷 감성이 온라인 항의 참여와 오프라인 시위 참여에 미친
영향: 2008년 촛불집회 분석." 『한국과 국제정치』 25(4): 217-255.

카스텔, 마누엘 저·김양욱 역. 2015. 『분노와 희망의 네트워크: 인터넷 사회운동』.
서울: 한울아카데미.

Bakardjieva, Maria. 2009. "Subactivism: Lifeworld and Politics in the Age of the
Internet." *Information Society* 25(2): 91-104.

Bennett, W. Lance. 1998. "The Uncivic Culture: Communication, Identity, and
the Rise of Lifestyle Politics." *PS: Political Science & Politics* 31(4): 741-761.

_____. 2003. "New Media Power: The Internet and Global Activism." In
Contesting Media Power, edited by N. Couldry and J. Curran, 17-37. New
York: Rowman and Little Field.

Bennett, W. Lance, and Alexandra Segerberg. 2012. "The Logic of Connective
Action: Digital Media and the Personalization of Contentious Politics."
Information, Communication & Society 15(5): 739-768.

Carty, Victoria, and Jake Onyett. 2006. "Protest, Cyberactivism and New Social
Movements: The Reemergence of the Peace Movement Post 9/11." *Social
Movement Studies* 5(3): 229-249.

Chadwick, Andrew. 2006. *Internet Politics*. Oxford: Oxford University Press.

Della Porta, D., and M. Diani. 2009. *Social Movements: An Introduction*. USA:
Balckwell Publishing.

Eveland, William P., and Juliann Cortese. 2004. "How Web Site Organization
Influences Free Recall, Factual Knowledge, and Knowledge Structure
Density." *Human Communication Research* 30(2): 208-233.

Fireman, Bruce, and William A. Gamson. 1979. "Utilitarian Logic in the Resource
Mobilization Perspective." In *The Dynamics of Social Movements*, edited by
Mayer N. Zald and John D. McCarthy, 8-44. Winthrop Publishers.

Folkman, S. et al. 1986. "Appraisal, Coping, Health Status, and Psychological
Symptoms." *Journal of Personality and Social Psychology* 50(3): 571-579.

Frijda, N. H. 1986. *The Emotions*. Cambridge: Cambridge University Press.

Gamson, William A., 1992. *Talking Politics*. Cambridge: Cambridge University
Press.

Goodwin, Jeff, James Jasper, and Francesca Polletta. 2000. "The Return of the
Repressed: The Fall and Rise of Emotions in Social Movement Theory."

Mobilization: An International Quarterly 5(1): 65-83.

Granovetter, Mark. 1973. "The Strength of Weak Ties." American Journal of
    Sociology 78(6): 1360-1380.

Gregg, Melissa, and Gregory J. Seigworth. 2010. The Affect Theory Reader. Duke
    University Press.

Jasper, James M. 1998. "The Emotions of Protest: Affective and Reactive
    Emotions in and around Social Movements." Sociological fórum 13(3):
    397-424.

Jasper, James M., and Jane D. Poulsen. 1995. "Recruiting Strangers and Friends:
    Moral Shocks and Social Networks in Animal Rights and Anti-nuclear
    Protests." Social Problems 42(4): 493-512.

Kemper, Theodore D. 1993. "Reason in Emotions or Emotions in Reason."
    Rationality and Society 5(2): 275-282.

Kiesler, Sara, Jane Siegel, and Timothy W. McGuire. 1984. "Social Psychological
    Aspects of Computer-Mediated Communication." American Psychologist
    39(10): 11-23.

Kingston, Rebecca and Leonard Ferry. 2008. Bringing the Passions Back In: The
    Emotions in Political Philosophy. Vancouver: University of British Columbia
    Press.

Klandermans, Bert. 1984. "Mobilization and Participation: Social-Psychological
    Expansions of Resource Mobilization Theory." American Sociological
    Review 49(5): 583-600.

Klinger, Ulrike, and J. Svensson. 2015. "The Emergence of Network Media Logic
    in Political Communication: A Theoretical Approach." New Media & Society
    17(8): 1241-1257.

Lazarus, Richard S. 1991. Emotion and Adaptation. New York: Oxford University
    Press.

Lerner, Jennifer S., and Dacher Keltner. 2000. "Beyond Valence: Toward a
    Model of Emotion-Specific Influences on Judgment and Choice." Cognition
    and Emotion 14: 473-493.

_____.2001. "Fear, Anger, and Risk." Journal of Personality and Social
    Psychology 81(1): 146-159.

Marcus, George E., and Michael B. MacKuen. 1993. "Anxiety, Enthusiasm, and
    the Vote: The Emotional Underpinnings of Learning and Involvement
    during Presidential Campaigns." American Political Science Review 87(3):
    672-685.

Marcus, George E., W. Russell Neuman, and Michael MacKuen. 2000. Affective
    Intelligence and Political Judgment. Chicago: University of Chicago Press.

McDonald, Kevin. 2002. "From Solidarity to Fluidarity: Social Movements beyond 'Collective Identity'—The Case of Globalization Conflicts." *Social Movement Studies* 1(2): 109-128.

Min, Hee and Seongyi Yun. Forthcoming. "The Role of Social Media and Emotion in South Korea's Presidential Impeachment Protests." *Issues & Studies*.

Scheff, Thomas J. 1990. "Socialization of Emotions: Pride and Shame as Causal Agents." In *Research Agendas in the Sociology of Emotions*, edited by Theodore D. Kemper. NY: SUNY Press.

Smith, Craig A., and Leslie D. Kirby. 2004. "Appraisal as a Pervasive Determinant of Anger." *Emotion* 4: 133-138.

Snow, David. A. et al. 1986. "Frame Alignment Processes, Micromobilization, and Movement Participation." *American Sociological Review* 51(4): 464-481.

Valentino, Nicholas A., Krysha Gregorowicz, and Eric W. Groenendyk. 2009. "Efficacy, Emotions and the Habit of Participation." *Political Behavior* 31(3): 307-330.

Valentino, Nicholas A. et al. 2011. "Election Night's Alright for Fighting: The Role of Emotions in Political Participation." *Journal of Politics* 73(1): 156-170.

Wellman, Berry and Milena Gulia. 1998. "Virtual Communities as Communities: Net Surfers Don't Ride Alone." In *Communities in Cyberspace*, edited by M. Smith and P. Kollock, 167-194. New York: Routledge.

박근혜정권퇴진비상국민행동(http://bisang2016.net/) 보도자료

경향신문 2016년 12월 23일자 기사
오마이뉴스 2016년 10월 22일자 기사
한겨레신문 2016년 10월 21일자 기사

부록

표 5-2. 기술통계: 2016-17 촛불집회 참여자 면접 설문조사 (N=1,230)

변 수		분포(%)
성 별	남성	54.4
	여성	45.6
학 력	고졸 미만	19.5
	고졸	13.4
	대재 또는 대졸	36.5
	대학원재학 이상	29.2
나 이	18세 이하	8.5
	19-29세	31.5
	30-39세	14.7
	40-49세	20.3
	50-59세	15.4
	60대 이상	9.5
소 득	200만원 이하	11.1
	201-400만원	32.5
	401-600만원	32.6
	601-800만원	12.7
	801만원 이상	11.2

표 5-3. 기술통계: 쟁의정치와 새로운 민주주의 모델 탐색을 위한 시민인식조사 I & II

변 수		I(N=1,131) 분포(%)	II(N=1,130) 분포(%)
성별	남성	50.0	51.1
	여성	50.0	48.9
학력	중졸 이하	0.8	1.4
	고졸	19.7	17.2
	대재	6.4	6.9
	대졸	61.3	65.0
	대학원재학 이상	11.8	9.5
나이	19-29세(I: 20-29세)	18.0	19.3
	30-39세	20.1	19.3
	40-49세	23.5	22.7
	50-59세	23.3	23.1
	60대 이상	15.0	15.6
소득	100만원 미만	2.6	3.0
	100-199만원	6.2	7.5
	200-299만원	16.4	15.1
	300-399만원	18.7	21.4
	400-499만원	17.2	15.8
	500-599만원	17.2	13.7
	600-699만원	8.2	8.1
	700-799만원	5.0	6.5
	800만원 이상	8.5	8.8

필자 소개

민희 Min, Hee

경희대학교 정치외교학과 SSK 연구단(SSK Research Group, Department of Political
Science and International Relations, Kyung Hee University) 연구교수
전남대학교 정치외교학과 졸업, 경희대학교 정치학 박사

논저 "Selective Exposure and Political Polarization of Public Opinion on
the Presidential Impeachment in South Korea: Facebook vs. KakaoTalk."
(with Seongyi Yun), "Legislative Response to Constituents' Interests in New
Democracies: The 18th National Assembly and Income Inequality in Korea." (with
Han Soo Lee & Jungkun Seo)

이메일 mhmhkr@khu.ac.kr

제6장

한미동맹과 감정

— 안보-자율성 교환의 파급효과를 중심으로

ROK-US Alliance and Emotion: Focusing on the Impact of
Security-Autonomy Trade-Off Relations

이중구 | 한국국방연구원 안보전략연구센터 선임연구원

한미동맹은 비대칭적 안보-자율성 교환 동맹의 전형적인 예로서 논의되어 왔다. 앞서 비대칭

적 안보-자율성 교환 동맹에 대한 설명은 그 성립 이유를 제시하기 위하여 경제적인 관점에서 제시되어 왔으나, 동맹의 유지, 발전 과정에서 표출되는 다양한 감정과 그 감정의 동맹에 대한 영향에 대해서는 간과해온 측면이 있었다. 이 글에서는 심리학적 관점을 원용하여 한미동맹에 대해서 한국인들이 갖는 감정의 본질을 긍정적 태도에서의 애착, 부정적 태도의 수치로 상정하였으며, 그러한 감정에 기초한 담론이 호소력을 갖는 이유를 안보-자율성 교환의 메커니즘에서 찾았다. 나아가 이 글에서는 최근 한국인의 대미담론에 대해서 자율성에 대한 요구와 안보동맹에 대한 필요성을 동시에 강하게 느끼는 양가적 감정이 한국인 안에 자리 잡아가고 있다고 분석하였다. 이는 한국의 국력성장으로 인하여 평등한 동맹관계와 자율성 확보에 대한 주장이 강해지는 동시에, 남북관계의 역사적 불안정성과 한반도의 지정학적 위치에 따라 한미동맹의 필요성이 여전하기 때문일 것이다.

The ROK-US Alliance has been discussed as a typical alliance of an asymmetric security-autonomy trade-off model. The explanation of security-autonomy trade-off model has been presented from the foundation of consumer choice theory in economy to suggest the logic of alliance formation. However, it has been overlooked the various emotional results of the alliance. From the perspective of evolutionary psychology, this paper assumes that the South Koreans' emotion about the asymmetric alliance with US is the attachment in the positive attitude, and the shame in the side of negative attitude.

Then, it shows that the appeal of each feeling has been strengthened by the dynamics of security demand or the desire for autonomy. Furthermore, this paper draws a conclusion that the ambivalent emotions between the desire for autonomy and the need of security are prevalent in the mind of South Koreans. It is because South Koreans have been structurally experienced not only the economic development resulting in awakening the national pride, but also the geopolitical disadvantages as a divided nation surrounded by the great powers.

KEYWORDS 한미동맹 ROK-US alliance, 안보-자율성 교환관계 security-autonomy trade-off relations, 애착 attachment, 수치 shame, 자주국방 self-reliant national defense

I 문제제기

안보-자율성 교환관계에 대해서 한국은 북한에 비해 너그러운 입장을 가지고 있다. 북한은 안보와 자율성의 교환관계에 대해서 매우 엄격하다. 북한은 정책적 자율성을 희생하는 문제에 대해서 본래 매우 민감하기 때문에, 1955년 당시 소련의 지원하에서 추진한 전후복구 과정에서도 경공업의 비중을 확대하라는 소련의 요구를 거부했다. 그리고 소련과 중국의 압력으로 김일성이 실권위기를 맞았던 8월 종파사건 이후로는 북한 내에서 외부의 간섭을 수용할 수 있다는 입장은 정치적 금기로까지 확대되어 있다고 할 수 있다. 이에 비해서 한국은 동맹국인 미국의 요구를 수용하는 데 상대적으로 유연한 입장을 띠고 있다. 이승만 대통령의 반공포로 석방 등 극단적으로 미국의 입장을 거부하는 정책행위가 이루어진 경우도 있으나, 이승만 대통령의 반공포로 석방 사건을 포함해 많은 경우가 한미관계로부터 벗어나기보다는 한미관계를 재구성하는 협상력 제고 수단의 성격이 강했다(신욱희 2010).

그러나 한미동맹에서 일어난 안보와 자율성의 교환 동학은 한국의 엘리트와 국민들에게 미국에 대한 복잡한 감정들을 발현시킨다. 후견국인 미국이 제공한 군사적 지원과 방위공약에 대하여 한국의 엘리트와 국민들은 미국과의 관계를 긍정하는 마음을 갖지만, 미국과의 관계로 인한 정치적 자율성의 한계를 느낄 때에는 대미관계를 부정하고자 하는 태도를 보인다. 이러한 태도에서 낳아진 긍정적 정서, 부정적 정서들은 행위자가 동맹유지의 이익과 손실에 따른 계산으로 방기와 연루 모두를 피하고자 한다는 동맹의 딜레마로는 설명되기 어려운 현상을 낳는 요소가 될 수도 있다 (Snyder 1984). 동맹에 대한 각 정서는 동맹의 유지 자체 혹은 평등한 동맹관계의 구축 자체를 목표화하는 요소를 낳는다는 것이다.

이 글은 한국의 경우에 한미동맹의 안보-자율성 교환관계에 따라 어떠한 내용의 담론, 감정들이 발현되었으며, 어떠한 경우에 이러한 감정이 더욱 커져갔는지를 검토한다. 우선, 미국이 제공하는 안보가 미국을 긍정하는 담론(친미 담론)에서 중추적 위치에 있는지와 미국으로 인한 자율성의 약화가 미국을 부정하는 담론(반미 담론)의 내용에 중심적으로 반영되어 있는지 확인한다. 이어서는 한미동맹으로부터의 혜택이 국가적으로 절감되는 국면에서는 '친미' 세력의 담론의 설득력이 확장되고, 정치적 자율성에 대한 속박이 확대될 때에는 '반미'적 담론이 확대되는 동학을 살핀다. 아울러, 한미동맹의 안보혜택을 절감함에 따라 확대되는 담론에 어떠한 감정이 담겨 있는지, 한미동맹으로 인한 자율성 손실이 확대될 때 보여지는 한국인의 감정은 무엇인지를 파악한다. 이러한 과정을 통해 한국인에게 한미동맹에 대한 상이한 담론, 감정이 어떻게 섞여 들어갈 수 있는지를 검토함으로써, 안보-자율성 교환관계하 한국인의 한미동맹에 대한 양가적 집단감정을 이해할 수 있는 기초를 마련한다. 언론데이터베이스 등 자료접근의 활용상 연구시기는 2002년부터 2018년까지로 한다.

II 안보-자율성 교환과 감정

국가 간의 안보동맹은 안보-자율성 교환관계로 이해되어 왔다. 동맹은 위협에 대응하기 위해 각국이 역량을 합치는 것이라는 능력 결집모델(capability aggression model)을 비판하면서, 동맹에 대한 안보-자율성 교환 모델이 등장했던 것이다(Altfeld 1984). 이러한 시각에서는 안보문제를 위해 각국이 안보역량을 합치는 대칭적 동맹만을 설명하는 역량통합 모델보다 강대국과 약소국 간의 비대칭적 동맹도 설명할 수 있는 안보-자율성 동맹모델이 동맹형성을 보다 일반적인 견지에서 설명할 수 있는 것이라고 주장한다. 안보-자율성 교환 모델이 동맹형성으로 인한 이익과 그 비용이 서로 다른 차원에 걸쳐 있을 수 있다는 점을 인식하고, 동맹형성의 안보 증진 측면의 이익과 자율성 감소 측면의 비용을 비교함으로써 동맹의 매력을 설명하고 있다는 것이다. 합리적 선택의 연장선에 놓여진 이러한 시각에서 알트펠트(Altfeld 1984)는 증진된 안보와 감소된 자율성 간의 교환관계로 군사동맹의 형성을 제시했으며, 모로우(Morrow 1987)는 자율성의 개념을 동맹에 대하여 자율성을 얻어내기 위한 자율성으로까지 확대했다. 모로우는 안보-자율성 교환관계의 비대칭적 동맹이 오히려 안보적 협력만을 나누는 대칭적 동맹보다 더 오래 지속되는 경향성이 있다고 주장하기도 했다(Morrow 1991).

　한미동맹의 성립은 안보-자율성 교환 모델로 설명될 수 있는 전형적인 예이다(장노순 1996, 89-91; 김준형 2009, 389). 1953년 한국전쟁 종전 당시 한국은 안보 차원에서 절박한 상황에 놓여 있었다. 이승만 대통령은 동맹이 형성되지 않는다면, 한국의 유지가 어려움을 인식하고 있지 않을 수 없었다. 그는 한국전쟁 정전협정이 체결되기 전에 한미상호방위조약이 체결되어야 한다고 요구했으며, 그렇지 않는다면 정전을 방해할 수 있음을 여러 차원의 조치를 통해 강조했다. 정전협정 전에 한미상호방위조약이 체결되지 않으면 북진을 하겠다고 언급했으며, 반공포로 석방을 통해 1년 반의 논의 끝에 '반공포로'는 제3국인 인도(印度)로 이송하기로 함으로써 겨우 합의에 도달했던 정전협상에 난항을 조성했다(박태균 2016, 272, 354). 이러한 한국의 저항에 직면해 아이젠하워 대통령은 상호방위조약을 체결하겠다는 의사를 밝혔다. 비록 미국은 본래의 의도대로 휴전협정 체결 이후에 한미상호방위조약을 체결했지만, 한국은 일련의 저항을 통해 자율성을 과시한 이후 자율성을 일부 유보하는 대가로 상호방위조약을 체결하는 데 성공했던 것이다.

안보-자율성 교환관계의 핵심인 안보 증진의 혜택과 자율성 감소의 비용은 한국의 한미동맹에 대한 긍정적인 담론과 부정적인 담론에 있어서도 핵심적인 위치를 차지한다. 한미동맹에 긍정적인 한국인의 담론에서 미국은 보호자, 구원자, 심지어 '천사'로 규정되어 왔다. 반면, 소위 '반미주의'에서는 '우리'가 한반도의 주도권을 행사해야 한다는 점을 강조한다. 김홍진은 1950년대 일부 문학에서는 미군을 "해방자"로, 조선의 독립과 해방을 위해 일본을 몰아낸 '천사'로까지 규정했다고 설명하면서도, 다른 한 축의 비판적 대미의식이 1980년대에는 미국이 한국의 민주주의보다 자국의 안보이익을 중시한다는 인식으로부터 축미(逐美)의식으로 이어졌다고 지적했다. 이런 태도에서 미국에 대한 비판도 날카로워져, 한국

문학 속에서 미국은 '점령군', 정복자, 경제적 착취자로까지 묘사되었다는 것이다(김홍진 2016, 39, 47). 스트라우브(Straub 2017, 36, 43-44, 65)는 한국이 북한의 공격과 주변 강대국의 압력을 견디기 위해 한미동맹의 가치를 인식하고 있다고 보면서도, 일본의 식민지배로 인한 트라우마와 미국이 전두환 정권의 무력진압을 지지했다는 광주항쟁에 대한 해석의 영향으로 한국인들은 주권과 자율성에 대한 미국발 영향에 매우 민감하다고 설명했다. 무엇보다도, 그는 2000년대 초반 반미주의의 급증 요인 중 하나로 1980년 광주항쟁에서 미국이 전두환 정권을 방조 내지는 묵인했다는 오해로부터 생겨난 반미 내러티브를 꼽았다(Straub 2017, 65).

일반적으로 동맹의 안보-자율성 교환 모델에서는 동맹형성을 일종의 경제학적 관점에서 조명한다. 안보-자율성 교환 모델에 따르면, 동맹은 한 국가가 안보 증진의 이익과 그를 위한 비용을 계산하여 자국의 편익을 최대화하는 선택을 내린 결과인 것이다. 알트펠트(Altfeld 1984)는 안보-자율성 동맹 모델을 설명하기 위해 소비자 선택 이론을 도입했다. 그는 안보증진의 비용은 무기구입을 위한 경제적 비용일 수도 있고 동맹형성을 위한 자율성 감소의 정치적 비용일 수도 있다고 전제하고, 동맹형성을 국가가 주어진 제약 속에서 자율성, 안보, 부의 조합을 최적화하기 위해 내린 선택으로 보았던 것이다. 다소 차별화된 견지에서 안보-교환을 설명하기는 했으나, 모로우(Morrow 1991) 역시 사고실험(thought experiment)에서 약소국은 보다 필요한 안보를 얻기 위해 자율성의 약화를 감수하는 것이 합리적이라는 편익계산을 통한 설명을 강조했다.

그러나 안보-자율성 교환을 핵심으로 하는 동맹관계에는 감성적 측면, 즉 특정한 행동을 강화시키는 기제가 존재한다. 물론, 감정은 합리적 판단과 완전히 분리된 것은 아니다. 정서는 일반적으로 유쾌 혹은 불쾌와 같은 감정적 경험을 일으키는 것으로, 사건의 원인 등을 인지적으로 설명하도록 자극을 주며, 심장박동의 증가 등 신체 내의 적응행동을 수반하고, 표현행동, 목표행동, 적응행동 등으로 이어질 수 있는 것으로 정의된다(Franken 2009, 104). 그럼에도 불구하고, 행동의 결과로 발현된 정서 혹은 감정은 계산된 편익과는 다른 차원에 독립적으로 존재한다. 효과의 법칙에 따르면, 정서는 보상 혹은 처벌과 같이 인간의 행동을 강화시키는 기제로서 주목된다(Thorndike 1913). 인간은 어떤 행동을 통해 긍정적인 정서를 경험하게 되면 그 행동을 다시 하려는 경향을 갖게 된다. 생리적, 사회적 욕구의 충족을 통해 긍정적인 정서를 획득한다고 전제한다면, 정서는 인간이 그 이익이 된 행동을 보다 빠르게 학습할 수 있도록 하는 기제가 되는 것이다. 이러한 기제를 통해 인간은 '이익'이 된 행동 혹은 전략을 지속하게 될 수 있다. 정서는 편익 추구의 결과로 선택한 행동에 뒤따르는 결과로서 편익 계산과는 별개로 후일의 행동에 영향을 미친다. 즉, 정서는 인간으로 하여금 장기적으로 다른 경향성을 띠게 하는 요인인 것이다. 이처럼 동맹에도 감성적 측면이 낳아지며, 그것은 동맹의 발전에 영향을 주는 요인이기도 하다. 그 때문에, 안보-자율성 교환의 동맹 관계에서 국가구성원들은 어떠한 감정, 정서를 경험하게 될지에 대해서도 물어질 필요가 있는 것이다.

비대칭적 동맹관계에서 보여지는 안보-자율성 교환은 피후견 국가의 엘리트와 대중에게 복잡한 감정을 발현시킬 수 있다. 한미동맹은 기본적으로 강대국과 과거 최빈국(이후 개도국, 현재 중견국) 간의 동맹으로서 국력의 비대칭성을 전제하고 있다. 이러한 비대칭성으로 인해 후견국과 피후견국의 입장은 상이하며, 동맹관계에 대해 느끼는 긍정적 정서와 부정적 정서가 다를 수 있다. 나아가 피후견국의 입장에서 동맹관계에 대한 감정은 보다 복잡할 수 있다. 보다 강력한 후견국을 통제하기도 어렵다는 점으로 인해 동맹관계의 이익에도 불구하고 상당한 불확실성과 비용에 노출되어 있기 때문이다. 한국 역시 한미관계에 대해 순응, 저항, 구성의 다양한 전략적 태도를 보여왔다. 전략적 환경의 변화 속에서 동맹에 대한 태도가 동태적으로 변화해왔던 것이다. 한미동맹을 긍정하며 '순응'하기도 했지만, 때로는 미국의 요구를 거부하며 '저항'하기도, 문제점을 개선하기 위해 '구성'을 추구하는 모습도 보여왔다(신욱희 2010).

우선, 한국이 한미동맹을 통한 미국의 안전보장 공약으로부터 체험하는 미국과의 관계에 대한 긍정적 정서는 '애착'(Attachment)의 일종으로 이해될 수 있다. 비대칭적 안보-자율성 교환관계에서 안보는 그 나라가 보존하고자 하는 이슈의 현재 해결상태를 유지하는 능력으로 정의되며, 안보의 혜택이란 현재의 상태를 유지하는 능력을 보장해주는 것을 의미한다(Morrow 1991). 이러한 점에서 한미동맹으로부터 한국이 받는 혜택은 북한의 향후 남침을 억제하고 남침 시 북한의 공격을 격퇴하는 정전체제의 유지 능력을 보장받는 데 있다고 할 수 있을 것이다. 정서연구의 관점에서, 이처럼 강대국에 의해 제공되는 안보혜택에 대한 감정은 애착으로 규정할 수 있다. 한미동맹에 대한 한국의 감정적 태도를 심리적 의존으로 언명하기도 하지만(최장집 2003, 98), 심리학적 측면에서 이러한 의존심은 애착으로 풀어서 규정될 수 있다는 것이다. 진화심리학의 관점에서 강조되는 친사회적 감정인 애착은 상대를 보호자원으로 볼 때 형성되는 긍정적인 정서이다(Buck 1999). 무방비상태에 가까울수록 인간은 자신을 보호해주는 행위자를 중요한 자원으로 인식하고 그 행위자와의 유대를 강화시키려는 경향성을 갖는다는 것이다. 그리고 이러한 애착의 정서에 따라 행위자는 상대방의 기대에 부응하거나 '사랑'을 받기 위해 노력하는 행위를 할 수 있다고 논의된다(Franken 2009, 250). 보호자원과의 유대를 강화하기 위해 그에 도움되는 방법을 동원하는 것이다. 이러한 정서가 경험될 때, 피후견국은 후견 강대국을 안보를 제공하는 계약상대방으로 인식하는 것을 넘어, 미국의 군사적 역할과 정치, 경제, 사회문화 체제를 긍정하고 모방하고자 할 수 있다. 해방직후 혹은 한국전쟁 시기 미국을 구원국으로서 규정하고 동일화의 대상으로 상정한 한국의 대미의식에도 이러한 측면이 존재했다(김홍진 2016, 39-42). 한국은 한미동맹에 대한 긍정적 정서를 기초로 미국과 유대를 강화하기 위해 미국의 외교, 경제, 문화 활동에 적극적으로 참여하며, 미국 문화의 수용과 언어 습득을 중시해왔다. 비록 경제발전과 더불어 한국의 안보역량 자체가 성장함으로써 미국에 대한 일방적인 의존은 약화되었지만, 한국의 안보역량을 넘어서는 군사적 위협의 대두와 더불어 대미 애착의 감정이 상대적으로 강화될 수는 있을 것이다.

한편, 피후견국의 시각에서 정치적 자율성의 감소로 인해 경험될 수 있는 부정적 정서는 '수치심'(Shame)으로 개념화될 수 있다. 비대칭 안보-자율성 교환동맹에서 자율성은 그 나라가 현상유지의 바람직한 변화를 추구하는 정도로 정의된다(Morrow 1991). 이러한 정의를 받아들인다면, 자율성의 감소란 어느 한 국가가 자신이 원하는 현재 정치질서의 바람직한 변화를 일으키려는 행위를 포기하거나 미루는 것을 의미할 수 있다. 즉, 안보-자율성 동맹에 따른 자율성 감소는 피후견국이 안보적 이익을 위해 이상과 현실 간의 괴리를 받아들이는 것을 의미한다는 것이다. 한국이 한미관계 측면에서 느낄 수 있는 이러한 종류의 상실은 외교, 통상, 대북정책 측면의 정책목표를 동맹관계 약화를 피하기 위하여 유보, 조정, 포기하는 것으로 보여져왔을 수 있다. 이는 한 국가가 자신의 역할구상(role expectation)과 동맹국의 역할규정(role prescription) 간의 차이로 인해 동맹관계 내에서 갈등을 경험하는 상황으로 환언될 수도 있다(Holsti 1970). 이와 같이 부정적 정서 중에서 이상과 현실의 괴리로 인해 얻어지는 감정, 즉 이상적 자아에 따라 살지 못하는 데에서 오는 정서는 수치로 환언될 수 있다(Lazarus 1991). 수치심은 가문의 가치에 따라 살지 못할 때 느껴지는 감정과 같은 것이다.[1] 이러한 감정은 과도하게 고양된 이상이나 이상적 목표가 없이는 성립되지 않으므로, 국가적 역량의 확대나 사상적 조류의 변화에 따라 피후견국이 보다 이상적인 국가적, 전략적 목표를 설정할 수 있을 때 얻어질 것이라고 할 수 있다. 동일한 조건에서도 이상적 역할을 꿈꾸지 않은 행위자에게는 수치심이

---

1   이러한 수치의 정서는 티모스의 개념을 통해서도 논의될 수 있다. 의분, 자존심, 용기 등과 관련된 티모스는 "정의나 가치를 추구하기 위한 능동적·수동적 행동"이다(양준희 1996, 72).

성립하지 않을 수 있다는 것이다. 우울증의 원인으로도 주목받는 부정적 정서인 수치심은 진화심리학에서 중시되어 왔다. 수치심 역시 생존에 필요한 안정적 사회적 관계를 유지시키는 데 기여하는 기제이며, 이러한 부정적 정서는 타인의 요구에 민감하도록 도와주는 기능을 하는 것으로 이해되어 왔다(Franken 2009, 201). 이상적 목표를 달성하지 못했을 때에 주어지는 부정적 정서로서 수치심은 목표를 달성하지 못한 행위자에게 처벌을 가함으로써 행위자로 하여금 목표나 가치를 고수하도록 하는 것이다. 그를 통해 이상적 자아에 기초하는 사회적 역할관계가 파괴되지 않도록 예방한다. 물론, 수치심은 과도할 경우에는 목표지향적 행동을 저해하기도 하기 때문에, 우울증의 한 기제로 주목되어 왔다. 이러한 정서가 경험될 때, 피후견국은 추구하던 이상적 목표를 고수하려는 노력(저항)이나 자율성을 확대하기 위한 전략(구성)을 추구할 수도 있다. 혹은 동맹관계의 제약이 강화될 때에는 자율성 한계를 특정 국면과 관련시켜 사고하고 자체적인 역량을 갖춰 자율성의 한계를 언젠가는 극복한다는 중장기전략을 추진할 수 있을 것이다.[2]

2　덧붙여, 광주항쟁의 기억은 한국 반미주의의 구성에 큰 영향을 미친 사건이지만, 그와 관련된 감정은 수치심으로 규정되기 어려워 보인다. 당시 민주화세력이 광주항쟁에 대해 인식한 상황은 미국이 기대된 바와 달리 행동했다는 것으로 수치심이 발현되는 것으로 논의되는 상황과는 거리가 있다. 스스로가 이상적인 자아에 따라 살지 못했다는 것보다는 상대방에 대한 기대가 깨어졌던 것으로 광주항쟁 당시의 한반도상황을 규정하고 있는 것이기 때문이다. 따라서 이러한 감정은 수치심이라기보다는 분노와 관련된 다른 감정으로서 배신감, 불신에 가까울 것이다. 비록 광주항쟁에 대한 해석은 당시 민주화세대의 감정적 지형 형성에 광범위한 영향을 미쳤지만, 이러한 해석과 감정은 한국 민주화의 전환점과 관련된 공시적 성격이 강하다. 이러한 감정은 한국의 권위주의 시기로부터 민주화 시기로의 이행기에 구조적으로 나타난 감정일 수 있으나, 탈냉전기에 걸쳐 장기적으로 변

국가의 감정에 정서연구를 접목시키는 것이 국가의 감정이 개인이 감정을 느끼는 것과 동일한 기제로 발생한다는 바를 의미하지는 않는다. 개인의 감정은 기억에 입각한 뉴런의 반응과 호르몬에 의해 발현되는 행동의 보상, 처벌 기제라면, 집단의 감정은 역사적 기억에 입각한 사회적 담론의 제기와 구성원 간의 상호작용을 통한 담론의 확대를 통해 실현되는 행동기제라고 할 수 있다. 머서(Mercer 2014, 252)는 국가적 감정은 국민이 국가정체성을 통해 국가의 상황과 입장을 위치함으로써 느껴지는 것이며, 미디어 활동 등 사회적 상호작용을 통해 작동한다고 지적했다. 미디어 등 사회적 상호작용에 의하여 담론을 수용한 개인들은 담론 내 상황의 국가 입장에서 생각함으로써 생리적 감정까지도 개인 차에 따라 다양한 수준에서 느낄 수도 있다. 이 단계에서는 집단의 감정과 개인의 감정 간의 차이가 의미 없게 될 수도 있을 것이다. 오히려, 집단감정에 있어 자기중심주의나 전반적인 감정의 강도는 개인 수준의 것보다 더욱 강할 수 있다고 지적된다(Mercer 2014, 526).

이러한 관점에서 국가 수준의 감정에 대한 연구는 언론담론에 대한 기초적인 분석으로부터 시작할 수 있다. 사회적 상호작용을 통한 담론의 확대는 국가적 수준의 감정 발현 과정이다. 민주국가에서 미디어를 통한 담론의 유통은 당국의 정책적 의지를 반영할 뿐만 아니라 국민들의 감정 상태를 반영한다. 민주국가에서 언론은 소비재적 역할을 가지기 때문에, 언론은 국민에게 특정한 메시지가 호소력 있을 때 그 메시지를 확대 재생산한다는 것이다. 따라

화하는 동학을 보여주는 감정으로는 검토하기 어렵다는 것이다. 그 때문에 이 글은 비대칭적 안보-자율성 동맹과 관련된 부정적 정서로서 수치심에 주목한다.

서 특정한 방향의 논의의 확산은 그 방향의 정서가 사회적으로 강화되고 있음을 함의할 수 있다. 주요 연구기관의 설문조사 결과도 국민들이 경험하고 있는 정서에 대한 논의를 재확인하기 위해 참고자료로 활용한다.

아울러, 이 글에서 연구대상으로서의 감정은 저비스(Jervis 1976)가 주목한 바 있는 국가지도자 개인의 심리적 변수를 의미하지는 않으며, 안보-자율성 교환동맹의 주어진 구조적 상황에서 국민들이 국가구성원들으로서 느끼는 전반적 정서(집단감정)를 의미한다(용채영·은용수 2017, 67; Mercer 2014). 자율성 희생 확대와 같은 주어진 상황에 대해서도 개인 차에 따라 부정적 정서가 발현되지 않을 수도 있고, 그 강도에 있어 편차가 있을 수 있다. 그럼에도 불구하고 전반적 정서와 대중적 경향성은 정책결정환경으로서 정책선택의 범위에 영향을 줄 수도 있을 것이다.

III 한미동맹의 안보혜택에 대한 한국인의 담론과 감정

한미동맹과 관련하여, 미국을 긍정하는 담론은 미국으로부터 제공된 안보혜택을 체감했던 한국전쟁과 같은 경험을 강조하고 대미관계를 중요한 자원으로 규정한다. 한미관계를 긍정하는 담론은 무엇보다도 한국전쟁 당시 미국이 한국을 군사적으로 지원해주었다는 사실을 부각했다. 이승만 대통령은 1953년 6월 25일 "6·25 사변 제3주년 기념사"에서 한국인들 중에는 미국의 협력에 대해 감사하지 않는 사람은 아무도 없다면서, "우리로는 이 감사를 영구히 변치 말고 기념하자는 것이 우리의 공동의 원하는 바"라고 언급했던 것이다(공보처 1953). 전후복구에 대한 미국의 지원도 그러한 감사의 대상이었다. 1955년 5월 1일 미군의 날을 맞이하여 이승만 대통령은 미군들이 아무것도 바라지 않고 고아원, 교회, 병원을 지원해주었다고 강조하고, "여러분이 도와준 수많은 한국인들로부터 여러분들이 이미 모든 감사를 받고 있다."는 것을 굳이 다시 강조할 필요가 없다고 연설했다(공보처 1956). 냉전이 끝나갈 때까지 한국의 안보가 한미동맹에 의존한다는 논의는 지속적으로 강조되어 왔으며, 이러한 논리에서 미국에 대한 비판은 한국의 안보를 위태롭게 하는 행위로서 배제되었다. 구영록은 한국의 안보에서 미국의 높은 비중은 미국을 무비판적으로 받아들이게 했을 뿐만 아니라 미국을 비판하는 것은 "국가존망의 이익, 즉 안보의 당위성을 의심하는 것으로 여겨졌고, 정부는 이를 철저히 봉쇄, 탄압"했다고 지적했다(구영록 1995). 이처럼 미국의 안보혜택을 한국의 생존에 필수불가결한 것으로 강조하는 시각에는 한미관계의 불평등성에 대한 비판을 인식하지 못하면서 미국의 요구를 받아들이는 것을 당연시하는 태도가 내재되어 왔다(최종건·김용철 2006, 200).

한국이 무방비상태의 약소국에서 중견국으로 성장했어도 북한의 핵개발을 배경으로 한미동맹은 한국 안보의 기반으로 규정되어 왔다(Carpenter and Bandow 2007, 196). 김영삼 대통령은 1993년 11월 23일 한미정상회담 후 언론발표를 통해 북핵문제가 지속되는 한 주한미군의 감축은 없다는 빌 클린턴 대통령의 약속을 발표하고, 미국의 아시아태평양 지역에 대한 전진배치 전략에 대해 "환영과 지지의 뜻"을 표했다(대통령비서실 1994). 이어 며칠 후 귀

국보고에서도 김 대통령은 핵을 개발하고 있는 북한의 어떠한 도발에 대해서도 미국이 한국과 "함께 대처한다는 확고부동한 결의"를 확인한 것을 방미성과로 강조했다(대통령비서실 1994). 북핵만이 아니라 북한의 모험주의적 대외노선에 의해서도 한미동맹의 지속 필요성은 강조되었다. 김영삼 대통령은 1995년 11월 연합사 창설 17년 축하메시지에서 탈냉전에도 불구하고 북한이 "냉전 시대의 노선"을 지속하고 있다며, 한미 간의 긴밀한 군사협력을 "마음 든든하게 생각한다."고 언급했던 것이다(대통령비서실 1996). 이후에도 북핵문제가 지속되어 간 결과, 탈냉전기 한미동맹의 대한 안보 공약은 한반도 안정에 필수적인 것으로 논의되어 갔다.

한미동맹의 안보혜택이 절감되는 시기에는 미국에 대한 호감도가 확대되거나 친미담론의 설득력이 확대되었다. 그 결과, 그와 관련된 담론도 확대 생산되었다. 〈그림 6-1〉과 같이, "한미동맹 강화", "한미동맹 발전", "확장억제" 등을 키워드로 하는 기사의 추이를 보면, 2008년부터 2010년까지, 그리고 2015년부터 2017년까지 이러한 한미동맹 긍정론이 높은 수준으로 나타남을 알 수 있다. 2008년부터 2010년은 보수정부의 등장 이후 남북관계가 악화되어 천안함 사건을 거쳐 연평도 포격이라는 직접적인 남북충돌까지 빚게 되는 시기였다. 이 시기 중에는 북한이 핵물질신고서를 제출하고 영변핵시설의 냉각탑을 폭파하는 등(2008. 6. 27) 비핵화에 진전도 있었지만, 2008년 7월의 금강산 관광객 피살사건과 같이 남북 간의 대립도 확대되고 있었던 것이다. 그리고 2016년부터 2017년까지의 2년은 북한이 2016년 1월의 4차 핵실험을 기점으로 신형 탄도미사일과 두 차례의 핵실험을 추가로 진행하며 핵능력 고도화를 향해 질주하던 시기였다. 이 역시 한국 국민들의 대북 위협인식을 증대시켰고, 그에 따라 대북억제의 주요한 축인 한미동맹의 필요성에 대한 인식도 강화시켰을 것이다. 비록 한미동맹 강화 논의가 주로 이명박 대통령과 박근혜 대통령에 이르는 보수정부의 임기 중에 강화되었다고는 하더라도, 한미동맹 긍정론의 담론 확대를 정부의 외교안보정책 홍보시책의 결과로만 보기는 어렵다. 2017년 5월에 출범한 문재인 정부 시기에 한미동맹 강화의 논의가 더욱 크게 확대되었다는 것은 이러한 논의의 증가 추세가 정부의 영향을 넘어서 국가가 처한 안보환경에 대한 사회적 반응을 반영하고 있음을 알게 해준다. 덧붙여, 2000년대 말과 2010년대 말처럼 한미동맹 긍정론이 높게 강조된 시기는 한중관계 역시 악화되었던 때인데, 이로 인해 한국의 입장에서는 북핵문제 대처를 위해 한미관계 강화 외에 동북아 다자안보협력 등 다른 대안이 제약되고 있었다.

이처럼 한미동맹의 안보혜택이 절감되는 국면에서는 미국과

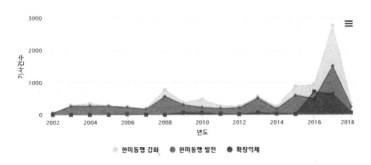

그림 6-1. 한국언론의 한미동맹 강화 언급 추이

출처: https://www.bigkinds.or.kr

의 관계를 긍정하는 인식에서 나타나는 한미동맹에 대한 '애착'의 양상도 전개된다. 애착의 감정은 상대의 기대에 부응하거나 애정을 얻기 위한 행동을 유발한다. 피후견자는 보호를 제공하는 상대방과의 유대 강화를 모색하는 것이다. 국가 역시 안보동맹의 필요성이 절감되는 국면에서는 상대국과의 유대를 강화하기 위한 행위를 다양하게 추진할 이유를 갖는다. 한국이 보인, 미국의 기대에 부응하기 위한 행동의 예로서는 2009년 6월 한미정상회담의 한미동맹 미래비전 선언 및 포괄적 전략동맹 추진 노력 등을 들 수 있다. 천안함 사건 이후 남북 간의 긴장이 고조되는 상황에서 한국정부는 한미동맹을 정치, 경제, 사회 전 분야에 걸친 협력체제로 확대한다는 "한미동맹 미래비전 선언"을 발표했다. 여기에는 한미 간의 지리적 협력분야도 한반도를 넘어 전 세계로 확대될 것이라는 입장도 포함되었다. 이러한 흐름 속에서 2011년도 외교부 신년업무보고는 안보외교를 위해 21세기 한미 전략동맹 심화를 추진하겠다는 입장도 제시했다. WMD 비확산은 물론, 빈곤퇴치, 기후변화, 인권보호의 외교목표를 미국과 공동으로 추진하겠다는 것이었다. 또한 한미동맹 강화를 위한 행위는 미국의 정치, 경제적 가치를 국제적 표준으로 강하게 지지하는 표현으로 나타날 수 있다. 예컨대, 2009년의 한미동맹 미래비전 선언에서도 한국이 "자유민주주의와 시장경제 원칙 위에 통일로 이끄는, 한반도의 지속가능한 평화"를 추구할 것이라는 입장을 밝혔던 것이다. 동맹국과의 밀착을 전략적 목표로 하는 이러한 행동들은 국가가 동맹관계로 인한 연루의 위험을 두려워한다는 기존의 동맹이론으로는 쉽게 설명되기 어려운 현상이다.

IV 한미동맹에 의한 자율성 감소에 대한 한국인의 담론과 감정

자율성의 약화로 인해 한미동맹에 대해 부정적인 태도를 갖는 담론은 민족적 자긍심 내지는 국가적 발전을 전제로 한다. 이상적인 상태, 특정한 현상변화를 주도적으로 추구하겠다는 입장이 먼저 존재하고, 그것이 어떠한 요인에 의해 방해받았을 때 국가행위자 입장에서 자율성에 대한 제약이 경험되는 것이기 때문이다. 따라서 한미동맹에 대한 부정적인 담론은 한국의 경제발전을 기초로 하여 1980년대 중후반 민주화, 서울올림픽을 거치며 보다 대중적인 것으로 정립되었다. 당시는 국력상승을 배경으로 민족주의적 정서가 확대되었던 시기로서, 심지어 노태우 대통령도 한반도의 분단은 타율에 의한 것이라며, 한반도 문제를 한국이 주도적으로 해결할 필요가 있다는 입장을 거듭 제시하고 있던 때였다. 노태우 대통령은 취임사에서 "민족자존의 새 시대"가 도래했다고 강조하고, 1988년 10월 4일 국정연설에서 "6천만 우리 민족의 운명이 더 이상 외세와 타율에 의해서 강조될 수 없습니다."라며(대통령 공보비서실 1991, 89-90), 며칠 뒤 유엔총회 연설에서 남북한 긴장완화를 위한 노력을 7·7 선언 이후 본격화했음을 천명했다. 민족적 자긍심에 따른 국가역할의 확대, 한반도문제의 주도적 해결을 모색하는 것이 반드시 한미동맹과 충돌하는 것은 아니다. 그러나 이러한 주도적 노력이 보다 강력한 동맹국에 의해 가로막히기 쉬운 구조에서는, 동맹에 대해 부정적인 태도가 확대될 수 있는 것이다.

비대칭적 동맹구조를 전제할 때, 현상변화를 추구하는 시기에 한국이 미국과의 정책조율상 대내외적 자율성을 희생하게 된다면, 한국 내에서는 한미동맹에 대한 부정적 정서가 확대될 것이라고 예측된다. 그러한 시기에는—주변 강대국의 존재와 북핵문제로 인해 한미동맹의 안보적 효용은 물론 여전하더라도—제한적으로 나마 한미동맹의 비대칭성을 완화하기 위해 자주국방 등을 모색해야 한다는 주장이 확대될 수 있다. 한국 주요 언론에 나타난 "자주국방" 관련 기사의 빈도를 보면, 그 추이가 2003년부터 2004년까지, 그리고 2017년에 크게 확대된 모습을 보이고 있음을 알 수 있다. 이러한 시기들은 부시행정부와 트럼프행정부의 출범으로 미국의 일방주의가 확대되었던 시기들이었다. 우선, 2003년부터 2004년의 기간은 군사적 제재는 최후수단으로 남겨두고자 하는 한국과 달리 부시행정부가 대북강압전략을 추진했던 때였다. 당시 부시행정부는 북핵문제의 외교적 해결을 주장하던 한국과 달리 대북직접협상을 거부하며, 북한을 테러지원국에 재지정하면서(2003. 4. 30) 북한의 핵포기를 일방적으로 요구했던 것이다. 또한 2017년 역시

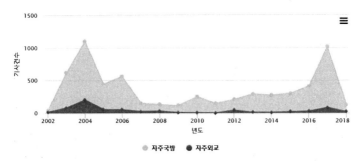

그림 6-2. 한국언론의 자주국방, 자주외교 언급 추이

출처: https://www.bigkinds.or.kr

남북관계가 2년 이상 단절되어 있던 상황에서 남북관계정상화를 모색한 한국 정부와 대북압박을 진행하던 미국 정부 간에는 다소 간의 온도 차가 존재했던 시기이다. 북한에게 완전파괴를 경고하던 트럼프 대통령과 달리 문재인 대통령은 2017년 9월 UN총회 연설에서 한국의 최대과제가 전쟁방지와 평화유지라고 강조했다. 이에 더해 2017년 한국이 자율성의 필요를 더욱 강하게 인식하게 된 배경은 트럼프행정부의 미국우선주의에서 보여진 대한(對韓) 요구 증대 가능성과 더불어, 문재인 정부의 한반도 운전자론 등 높은 수준의 국가역할 설정에서 찾을 수 있을 것이다.

한미동맹으로 인한 자율성의 약화가 우려되던 시기에는 담론의 후속적 효과 혹은 국민정서로서 '수치'에 의해 본래의 목표를 고수하려는 사회적 양성도 뒤따랐다. 1998-99년간 설문조사에 따른 연구에 따르면, 자율성의 감소가 '수치'의 정서와 관련된다는 것은 한국인이 일제강점기, 한국전쟁 등 국내외 여건에 대한 통제력을 잃었던 피해의 기억으로부터 국가적 수치심을 느낀다는 설문조사 결과로부터도 파악할 수 있다(Barry and Kim 2002). 그렇다면, 자율성 감소에 반발하는 한미동맹 부정론에서 파생되는 수치감, 혹은 피해의식 등에 따른 현상은 무엇일지 생각해볼 수 있을 것이다. 우선, 행위자들은 수치를 극복하기 위한 노력의 하나로 본래의 목적을 관철하기 위한 대미설득 노력을 강화할 수 있다. 일례로, 한국은 북핵문제에 대한 외교적 관여를 촉진하기 위해 아직 미국 측이 보상방안 논의를 거부하고 있던 2차 6자회담(2004. 6. 23~26)의 시점에서 "3+3+3단계" 해법을 내놓았으며, 2003년 10월 APEC 회담 계기 한미정상회담을 통해 북핵문제 해결 시 다자 틀

내의 안전보장을 제공할 수 있다는 부시대통령의 답변을 끌어내기도 했다. 뿐만 아니라 당장의 자율성 제약을 감수하더라도 자율성 제약의 원인인 안보의존을 감소시키기 위한 장기적 해법을 채택할 수 있다. 예를 들어, 한미동맹에 대한 부정론이 확대된 2003년과 2004년에 한국은 부시행정부의 일방주의 대외정책에 직면하여, 한국의 대미 안보의존을 감소시키기 위한 중장기적 역량강화 정책을 고려했다. 2003년 8월 노무현 대통령은 앞으로 10년간 자주국방을 추진하겠다고 발표했던 것이다.

V 안보-자율성 교환관계의 한미동맹과 한국인의 양가적 감정

그렇다면, 한미동맹에 대해 긍정적 정서를 느끼는 국민과 부정적 정서를 느끼는 국민은 다른 사람인가? 그렇지 않아 보인다. 동일한 시민이 때로는 한미동맹에 대해서 긍정적인 태도에 반응하고, 때로는 부정적인 태도의 담론에 편승했을 수 있다. 2000년대 중반의 여론조사에 따르면, 미국에 의존할 필요가 있다고 느끼면서도 미국의 요구가 불공정하다고 느끼는 '실용주의자'들이 응답자의 28.4%, 한국의 역량발전에 따른 자긍심에 호응하면서도 한미동맹에 대해서는 긍정적으로 인식하는 '상호호혜주의자'들이 60.5%에 달했다. 동시에, 한미동맹의 안보적 혜택에 따른 정서에만 부합하는 극단적 친미주의자는 응답자의 4.4%에 불과했고, 자율성 감소의 대가에 따른 저항적 정서에만 부합하는 반미주의자는 응답자의

6.7%에 불과했다(최종건·김용철 2006, 204). 이러한 조사 결과에 기초한다면, 상당히 많은 국민들이 한미동맹의 안보혜택을 느끼면서도 자율성 제약에 불만을 느끼고, 국가역할의 확대가 필요하다고 보면서도 동맹 내의 안보이익을 중요하게 여기는 것이다. 이러한 점에서 한국인들의 대미감정은 "친미 대 반미(혹은 자주)"라는 이분법이 아니라 시대적 상황에 따라 친미와 반미를 넘나드는 것으로 이해되어야 할 것이다. 이것이 보여주는 것은 한국인들 속에 한미동맹에 대한 상이한 감정이 섞여 들어 '친미적 자주(실용주의자)', '자주적 친미(상호호혜주의자)'로 한국인의 대미정서가 형성되어 왔음을 보여주는 것이다.[3] 위의 조사결과로 돌아간다면, 한국의 국가역량 발전에 자부심을 느끼면서도 미국에 대한 긍정적 정서를 느끼는 '자주적 친미'가 한국 사회에서 가장 큰 비중을 차지하는 집단이라고 할 수 있다.

아울러, 최근 한미동맹에 대한 감정에서 보여지는 특징은 한미동맹에 대한 긍정적 정서와 부정적 정서가 모두 확대되는 것으로 보인다는 점이다. 〈그림 6-1〉과 〈그림 6-2〉를 교차해서 보면, 한미동맹에 대한 긍정적 담론과 부정적 담론이 모두 2017년에 걸

---

3   물론 한국의 대미정서에는 세대효과의 차원도 존재한다. 1950년대에 청년기를 보낸 집단은 한미동맹에 대한 긍정적인 정서의 틀을 보다 뚜렷이 지니고 있고, 1980년대에 사회화과정을 겪은 집단은 부정적 정서의 프레임을 가지고 있다는 것이다. 한 세대는 공통된 사회화 경험에 따라 독특한 태도를 가지는 주체로 형성되기 때문이다(Torcal, Gunther and Montero 2002). 한미동맹에 대한 태도에도 이러한 세대효과가 존재해, 1930~40년대생 국민과 1960~70년대생 국민 간에는 한미동맹에 대한 태도의 차이가 존재할 수 있다. 2000년대 중반의 동일한 환경에서도 1950년대 초반 이전에 출생한 집단은 주한미군 주둔을 과반수 이상이 지지한 반면, 1960년대 중반 이후 출생자들은 과반수 이상이 주한미군의 단계적, 즉각적 철수가 바람직하다고 응답했던 것이다(이내영·정한울 2005, 86).

처 매우 강화되어 있다. 이처럼 한미동맹에 대한 긍정적 정서와 부정적 정서의 강화 징후가 모두 보여진 현상은 북한의 핵능력 고도화로 인해 한미동맹의 필요성이 강조되면서도, 높아진 위상의 한국에 대해 미국이 자국우선주의를 추구할 것임을 표방했던 2017년의 콘텍스트에서 찾을 수 있을 것이다. 우선, 2017년에는 한국의 선진국 진입 가시화로 인하여 평등한 동맹관계와 자율성 확보에 대한 주장이 강해질 수 있는 구조적 요인이 존재했다. 2010년에 들어서면서 선진공여국 협의체인 OECD DAC 회원국으로 한국이 활동을 개시한 이래, 한국은 선진국 문턱에 있는 국가라는 인식이 사회적으로 확대되었다. 그 바탕에서 2018년에는 한국의 1인당 GDP가 3만 달러를 돌파할 것이 확실시되고 있었던 것이다.[4] 개인의 생활수준에서도 선진국임을 주장할 수 있게 된 것은 물론이며, 수출입 총액이 1조 달러를 돌파한 세계 6위의 무역규모, 한류로 대표되는 문화적 영향력, 그리고 평창올림픽의 개최로 한국인 스스로도 대외적 영향력을 실감하고 있다. 동시에 2017년에는 북한의 핵능력 고도화 동향이 매우 위험스럽게 전개되었다. 2016년 1월의 4차 핵실험을 신호탄으로 ICBM과 SLBM, IRBM 미사일 개발을 공개적으로 추구한 북한은 2017년에 들어서서는 북극성-2형, 화성-12형, 신형 지대함 및 지대공 미사일에 이어 ICBM급 미사일까지 시험 발사했던 것이다. 이러한 북한의 핵능력 고도화 동향으로 한국은 한미동맹에 의한 확장억제가 없다면 북한의 핵도발을 억제하기 어려움을 절감하지 않을 수 없었다. 아울러, 주변 4강에 둘러

---

4   『이데일리』, 2018년 3월 28일자, "〔일문일답〕 정규일 '국민소득 3만달러, 선진국 지표.'"

싸인 한국의 지정학적 위치 또한 한미동맹의 필요성을 유지시키는 요인이다.

이처럼 한국 국민들이 한미동맹에 대해서 가지는 복합적 감정, 즉 애착과 수치의 공존이 낳은 현상은 무엇인가. 2017년에 뚜렷이 보여졌던 안보와 자율성 방면의 변화가 구조적 요인의 결과라면, 애착과 수치의 정서적 공존은 한국인의 대미태도를 논의함에 있어 더욱 중요한 화두이다. 비록 북핵문제가 외교적 협상을 통해 해결된다고 해도, 중국의 부상 과정에서 한국은 한미동맹의 필요성을 지속적으로 느낄 수 있다. 한국의 성장에 따른 자긍심의 존재와 북핵, 주변국 대립 등 지정학적 불안정은 한미동맹에 대한 한국인의 태도를 긍정과 부정 모두의 감정이 강한 양가적인 것으로 유지시킬 가능성이 있다는 것이다. 이와 관련하여, 정서적으로 양가적 감정이 존재한다는 것은 자연스러운 것이라고 논의되지만, 그 강도가 높을 경우 양가적 감정은 아무런 결정을 내리는 부적응 행동이나 자주 입장을 바꾸는 '변덕스러운' 행동으로 이어질 수 있다. 이 점에서 한미동맹의 안보-자율성 교환관계가 유지될 경우 예견되는 것은 한미동맹의 전략적 발전 방안의 도출이 지체되거나 한미 간의 합의에 대해서 사회적 지지가 찬성에서 반대로, 혹은 반대에서 찬성으로 요동치면서 정부의 대미정책에 대한 사회적 지지가 안정적으로 유지되지 못하는 현상들이다. 일례로, 2007년 한국 정부는 전작권 환수를 결정했지만, 그에 대한 사회적 지지는 불안정했다. 한국인 대다수의 입장은 전작권 환수에 신중한 것이었으며, 이러한 경향은 수년 후에도 유지되었다.[5] 그와 관련된 정부 입장의 불안정은 담론경쟁에 의해 더욱 확대되었고, 쟁점이 된 전작

권 환수 시점은 2010년 한미정상회담과 2014년 한미안보연례협
의회에서 추가로 연기되었다. 이러한 현상을 완화하기 위해서는
한미동맹의 지속 방향에서 보다 평등한 관계 재설정이 요구된다.
그러한 요구가 실현될 경우, 한국 사회에서 가장 비중 있는 집단이
되어 온 '자주적 친미' 집단의 희망과 현실 간의 격차가 다소 해소
되어, 강대국에 둘러싸인 한반도 전략환경에 맞춰 한미관계의 유
지·발전이 보다 안정적으로 진행되어 갈 수 있을 것이다.

VI 결론

이 글에서는 한미동맹의 안보-자율성 교환관계의 동학에 따라 한
미동맹에 대한 긍정적, 부정적 담론들이 확대되어 왔음을 제시하
였다. 그로부터 한미동맹 강화에 대한 긍정적 논의들은 동맹의 안
보혜택 측면이 강화될 때 확산되고, 부정적인 논의들은 동맹의 자
율성 제약 측면이 부각될 때 확대되어 왔다는 바를 살폈다. 아울
러, 이 글은 정서란 편익추구와 분리된 것이 아니며, 각 정서가 나
타나는 상황적 프레임이 개인 정서 차원에서는 애착과 수치의 감
정과 관련된 것임을 지적하였다. 정서는 긍정적 경험을 남긴 행동
을 하려는 경향을 남기고, 부정적 경험을 남긴 행위를 억제하는 강
화·억제 기제인 것이다. 이처럼 특정한 편익의 경험은 행위자의
행동에 영향을 준다는 관점에서, 한미동맹을 긍정하는 정서는 한

5   『세계일보』, 2017년 5월 1일자, "[세계일보·R&R 공동 여론조사] '전작권 환수,
     군 능력 강화 뒤 재협상해야' 48%."

미 간의 유대를 강화하기 위한 행동으로, 부정적 정서는 자체로 설정한 전략적 목표를 고수하려는 경향으로 이어진다.

오늘날 한국인은 한미동행에 대한 긍정적인 정서와 부정적인 감정을 모두 느끼는 양가적 상태에 있다. 한국인의 대미태도는 진보와 보수의 정치균열에 의해 집단별로 갈려져 있다기보다는, '자주적 친미', '친미적 자주'와 같이 오히려 미국에 대한 긍정적 정서와 부정적 정서가 한 개인 안에도 섞여서 존재할 수 있다는 데 주목할 필요가 있다. 동일한 개인이라도 안보-자율성 교환 동맹의 구조에서 긍정적 정서와 부정적 정서 모두를 반복적으로 체험해왔기 때문이다. 한미동맹의 안보-자율성 교환 동맹이라는 특성상 안보혜택과 자율성 희생은 반복적으로 발생하고, 각각의 상황에서 한미동맹에 대한 긍정적 정서로서 애착과 부정적 정서로서 수치가 불러일으켜져 왔던 것이다. 특히 최근에는 한국인들 안에 한미동맹에 대해서 애착과 수치의 정서를 모두 강하게 느끼는 심리적 상태가 형성되어 있다. 지난해에는 한반도 운전자론 등 한국의 주도적 역할이 강조되는 동시에, 북한의 핵능력 고도화로 인해 한미동맹 강화의 필요성이 강조되었던 것이다. 이러한 양가적 정서 상태에서는 한국인들이 한미동맹의 발전방향에 대해 모호하고 불확실한 입장을 보일 것이 우려된다. 국민 대다수가 동맹정책을 둘러싼 정치적 입장차에 대해 모호한 입장을 제시함으로써, 한미동맹의 진로 역시 애매한 상태에 놓여 있을 수 있다.

이러한 양가적 심리상태로 한미동맹의 강화와 약화가 반복되어 왔으며, 그 결과 한미동맹은 기존의 구조를 벗어나기보다는 탈냉전기의 조정이 중도에 중단된 상태로 유지되어 왔다. 동맹의 안보혜택에 무게를 두는 '친미적 자주'의 시각에서는 미국에 의존하면서도 미국의 영향력이나 한미 간의 비대칭적 관계를 경계하고, 동맹으로 인한 자율성 희생에 주목하는 '자주적 친미'의 집단은 대미 자율성을 추구하면서도 대미 의존을 벗어나는 행위는 불안하게 느낄 수 있다. 한미동맹은 한미동맹 부정의 정서와 긍정의 정서로부터 자유롭지 못했던 것이다. 한미동맹에 대한 양가적 감정의 구조 속에서 한미동맹의 현상유지는 한미동맹 부정의 정서에 부딪히고 한미동맹 약화방안은 한미동맹 긍정의 정서와 충돌해왔다. 한국의 국제적 위상이 제고되거나 국력이 축적되면 한미동맹 구조안에서 국가적 자긍심에 부합하는 정책적 자율성을 발휘하지 못한다는 수치가 수반되고, 그러한 정서에 따라 한미동맹에 대한 의존감소가 모색되면 북한의 전략도발에 직면하여 한국은 애착의 정서에 따라 한미동맹을 재강화해왔던 것이다. 그 결과, 한미동맹에 대한 부정적 태도와 긍정적 태도의 번갈은 표출로 한미동맹은 약화와 강화를 반복적으로 경험해왔다. 동시에 한미동맹에 대한 한국인의 양가적 감정·태도하에서 한국의 놀라운 국력성장에도 한미동맹의 탈냉전기 조정 작업도 중도에 중단되어 왔다.

이러한 심리학적 접근의 장점은 한미동맹의 지속을 동태적인 현상으로 조명할 수 있다는 데 있다. 서재정은 역사적 제도주의의 시각에서 탈냉전 이후에도 한미동맹이 지속되는 이유를 자산특수성(asset specificities), 동맹제도에 의한 정체성의 구성 및 보존으로 설명했지만(Suh 2009, 255-265), 이러한 시각에 따르면 한미동맹의 지속은 정태적인 현상이었던 것으로 여겨진다. 하지만, 한미동맹의 지속은 정태적이거나 고요한 과정의 결과였다기보다는

2000년대 초반의 반미여론 고조, 남남갈등과 2010년대 초반의 한미동맹 강화 등에서 보듯이 끊임없는 전환과 재전환의 결과였다. 한미동맹 관계의 지속이라는 현상은 일정한 범위에서 접근과 이격을 반복하는 타원궤도 운동에 가까웠던 것이다. 한미동맹에 대한 강화기제, 약화기제로서 감정의 양가성에 주목하는 심리학적 접근은 한미동맹의 공전(公轉)을 설명하는 데 적합할 수 있다.

하나 더 고찰되어야 할 점은 이러한 한미동맹에 대한 한국인의 감정이 미국의 한미동맹에 대한 입장에도 영향을 미칠 수 있다는 것이다. 안보-자율성 교환에 비추어보면, 안보혜택의 강화와 자율성 확대를 모두 원하는 한국의 양가적 태도는 안보혜택과 자율성의 '교환'을 한국이 거부하고 있음을 의미하는 것으로 미국인들에게 비칠 수도 있는 것이다. 이것은 미국인들이 한국 등 동맹국들은 동맹의 비용을 치르지 않고 일방적으로 안보혜택만을 바란다는 인식을 갖게 할 수도 있다. 최근 이러한 인식이 반영되었을 것으로 추정되는 미국 동맹정책의 변화가 가시화되고 있다. 트럼프 대통령은 한국에 대해서만이 아니라 유럽, 중동, 아시아의 다른 동맹국들에 대해서도 미국으로부터 받는 안보혜택에 무임승차해서는 안되며 적정한 방위비를 지출해야 한다고 역설하고 있는 것이다. 한미동맹의 안보-자율성 교환관계에 대한 미국인의 감정과 그 동학도 향후 연구주제로 상정될 필요가 있다.

중장기적으로 이뤄질 수 있는 한미동맹의 여러 변화도 감정적 측면의 현상들과 분리될 수 없다. 우선, 한미동맹이 중장기적으로 유지되더라도, 한미동맹은 현재와 같이 수치의 정서에 반복적으로 직면하지 않을 수 없다. 이 경우 자율성 강화를 요구하는 한국의 국내적 요구와, 동맹관계 유지 비용에 대한 미국의 국내적 불만은 지속된다. 이 때문에, 양국의 충돌하는 두 가지 감정에 대한 관리의 필요성이 커질 것이다. 다른 한편으로는, 보다 장기적으로 한미동맹의 약화를 내다볼 경우에는 기존의 애착관계가 약화됨에 따라 파생될 정서적 파장에 대한 대처가 더욱 중요하다. 한미동맹의 약화는 기존의 보호자원을 상실했다는 분리감, 그에 따른 안보위협에 대한 민감성 증대로 이어질 것이다. 특히, 안보위협에 대한 민감성은 한국이 안보위협을 과도하게 평가하는 경향을 낳아, 새로운 안보현실에 대한 한국의 적응행동을 지연시킬 수 있다. 생존에 대한 불안감으로 소극적이 된 한국이 새로운 시대의 안보정책을 탐색해보는 데에 주저하게 될 가능성이 크다는 것이다. 이러한 부정적 파급효과를 극복하기 위해서는 전략환경 변화에 적응하기 위한 준비 차원에서 한국이 미래의 안보전략을 미리 기획·시험하고, 한국인의 분리감을 줄이기 위한 차원에서 미국과의 친밀감을 확인하며 한미관계의 추가적 발전 가능성을 열어두기 위한 메커니즘도 개발해야 할 것이다. 먼 미래에 한국 안보에서 한미관계의 지배적인 지위가 약화되는 경우, 한국은 미래적인 안보정책을 마련하는 데 적극성을 가져야 하며, 한미 간의 정치·사회적 협의를 활성화하면서 미국과의 안보협의를 지속해가야 하겠다. 한미동맹의 향후 전개 시나리오가 어떠한 것이든 감정 차원의 현상들에 대한 고려가 마련되어 있을 때 순조로운 대처가 가능하다.

참고문헌

강원택 편. 2012. 『노태우 시대의 재인식: 전환기의 한국사회』. 서울: 나남.

공보처. 1953. 『대통령이승만박사담화집』. 서울: 공보처.

_____. 1956. 『대통령이승만박사담화집 2』. 서울: 공보처.

구영록. 1995. 『한국의 국가이익』. 서울: 법문사.

권용립. 1992. "북방정책이 한국인의 대미인식에 미친 영향: 대미인식 기제의 이원화
　　현상을 중심으로." 『울산대학교 사회과학논집』 2(1): 119-134.

김근식. 2013. "대북정책과 대미정책 그리고 민족주의." 『동북아연구』 28(1): 37-61.

김준형. 2009. "한국대외정책의 대미의존성의 고착화과정과 원인에 관한 분석:
　　대북정책을 중심으로." 『21세기정치학회보』 19(2): 385-412.

_____. 2015. "한국의 대미외교에 나타난 동맹의 자주성-실용성 넥서스: 진보정부
　　10년의 함의를 중심으로." 『동북아연구』 30(2): 5-33.

김진웅. 2010. "1980년대 한국인의 대미인식의 성격." 『역사교육논집』 45: 357-381.

김흥진. 2016. "한국문학에 나타나는 대미(對美)의식 양상 연구." 『비평문학』 59: 31-
　　58.

대통령 공보비서실. 1991. 『민주주의와 통일을 여는 길-노태우 대통령 3년의 주요연설』.
　　서울: 동화출판사.

대통령비서실. 1994. 『김영삼대통령연설문집 제1권』. 서울: 대통령비서실.

_____. 1996. 『김영삼대통령연설문집 제3권』. 서울: 대통령비서실.

박태균. 2016. 『한국전쟁』. 서울: 책과 함께.

Suh, Jae-Jung 저·이종삼 역. 2009. 『한미동맹은 영구화하는가: 군사동맹과 군사력,
　　이해관계 그리고 정체성』. 파주: 도서출판 한울.

Straub, David 저·김수비 역·박태균 해제. 2017. 『반미주의로 보는 한국 현대사: 주한
　　미국 외교관이 바라본 한국의 반미현상』. 서울: 도서출판 산처럼.

신욱희. 1996. "국가의 자율성과 상호성에 대한 소고-냉전기 한미관계의 사례."
　　『국제문제연구』 20(1): 47-64.

_____. 2007. "비대칭적 동맹에서의 갈등: 정치심리학적 측면." 『국방연구』 50(1):
　　3-29.

_____. 2010. 『순응과 저항을 넘어서: 이승만과 박정희의 대미정책(규장각한국학
　　모노그래프)』. 서울: 서울대학교출판문화원.

심세현. 2017. "노태우 정부의 자주국방담론과 국방정책." 『국방연구』 60(1): 33-67.

양준희. 1996. "티모스의 시각으로 본 국제정치: 제3의 논쟁을 넘어서." 『국제정치논총』
　　36(1): 57-78.

용채영·은용수. 2017. "국제정치학(IR)의 감정연구." 『국제정치논총』 57(3): 51-86.

은용수. 2018. "국제관계학에서의 감정 (예비)이론화: 집단감정은 어떻게 유발되는가?"
　　『한국정치학회보』 52(2): 123-144.

이내영·정한울. 2005. "동맹의 변환(transformation)과 한국인의 대미인식-한미동맹

위기론과 대미인식 다원화 현상을 중심으로." 『국제정치논총』 45(3): 81-104.

장노순. 1996. "'교환동맹모델'의 교환성: 비대칭 한미동맹." 『국제정치논총』 36(1): 79-104.

전재성. 2002. "노태우 행정부의 북방정책 결정요인과 변화과정 분석." 『세계정치』 24(1): 257-279.

정세진. 2004. "미군 재편과 자주국방론 분석: 한국 안보정책에 대한 함의." 『한국과 국제정치』 20(4): 1-33.

정일준. 2010. "전두환·노태우 정권과 한미관계: 광주항쟁에서 6월 항쟁을 거쳐 6공화국 등장까지." 『역사비평』 90: 296-332.

최경락. 1978. "1980년대 한국의 자주국방: 자주국방론-중견국으로서의 가능성과 한계를 중심으로." 『국방연구』 21(1): 7-16.

최장집. 2003. "한미관계의 미래: '반미감정'에 대한 단상." 『아세아연구』 46(1): 97-104.

최종건·김용철. 2006. "비대칭적 한미동맹관계와 한국인의 대미태도." 『한국정치외교사논총』 28(1): 193-221.

Carpenter, Ted Galen and Doug Bandow 저·유종근 역. 2007. 『한국과 미국은 이혼하라: 미국 보수주의의 눈으로 본 한반도와 한미동맹』. 서울: 창해.

Franken, Rober E. 저·강갑원·김정희 역. 2009. 『인간의 동기(6판)』. 서울: Cengage Learning.

허재영·엄기홍. 2012. "노무현 대통령의 자주국방 인식: 노무현 대통령 연설문집 분석을 중심으로." 『동서연구』 24(2): 37-56.

Altfeld Michael f. 1984. "The Decision to Ally: A Theory and Test." *Western Political Quarterly* 37(4): 523-544.

Barry, Schwartz and Mi-Kyoung Kim. 2002. "Honor, Dignity, and Collective Memory: Judging the Past in Korea and the United States." In *Culture in Mind: Toward a Sociology of Culture and Cognition*, edited by Karen A. Cerulo. New York: Routledge.

Buck, R. 1999. "The Biological Affects: A Typology." *Psychological Review* 106(2): 301.

Holsti, K. J. 1970. "National Role Conceptions in the Study of Foreign Policy." *International Studies Quarterly* 14(3): 233-309.

Jervis, Robert. 1976. *Perception and Misperception in International Politics*. Princeton: Princeton University Press.

Krochut, Simon. 2014. "Emotional (Security) Communities: The Significance of Emotion Norms in Inter-allied Conflict Management." *Review of International Studies* 40(3): 533-558.

Lazarus, R. S. 1991. "Progress on a Cognitive-Motivational-Relational Theory of Emotion." *American Psychologist* 46(8): 819.

Mercer, Jonathan. 2014. "Feeling like a State: Social Emotion and Identity."
    International Theory 6(3): 515-535.

Morrow, James D. 1987. "On the Theoretical Basis of a Measure of National Risk
    Attitudes." *International Studies Quarterly* 31(4): 423-438.

_____. 1991. "Alliances and Asymmetry: An Alternative to the Capability
    Aggregation Model of Alliances." *American Journal of Political Sciences*
    35(4): 904-933.

Snyder, Glenn H. 1984. "The Security Dilemma in Alliance Politics." *World
    Politics* 36(4): 461-495.

_____. 1990. "Alliance Theory: A Neorealist First Cut." *Journal of International
    Affairs* 44(1): 103-123.

Thorndike, E. L. 1913. *Educational Psychology: The Psychology of Learning*, vol. 2.
    New York: Teachers College Press.

Torcal, Mariano, Richard Gunther, and José Ramón Montero. 2002. "Anti-party
    Sentiment in Souther Europe." In *Political Parties: Old Concepts and New
    Challenges*, edited by Richard Gunter, José Ramón Montero, and Juan J.
    Linz. Oxford: Oxford University Press.

필자 소개

이중구 Lee, Choongkoo

한국국방연구원 안보전략연구센터(Center for Security and Strategy, Korea Institute for Defense Analyses) 선임연구원
서울대학교 외교학과 졸업, 동 대학원 외교학 박사

논저 "The Birth and Revival of North Korea's Denuclearization Policy for the Korean Peninsula", "중국의 일본에 대한 적대적 역사 활용추이와 강화요인: 청일·중일전쟁을 중심으로", "KEDO의 해체와 북한 핵에너지 정책의 방향전환: 국제적 핵통제 긍정론에서 국제적 핵통제 부정론으로", "North Korea and the East Asian Security Order: Competing Views on What South Korea Ought to Do", "북한 핵증강론의 담론적 기원과 당론화 과정", "김정은 정권의 핵병진노선의 대내외적 영향"

이메일 nile999@gmail.com

제7장

북한 정치체제와 마음의 습속

North Korean Political System and the Habits of Heart

김성경 | 북한대학원대학교 교수

* 이 글은 "북한 정치체제와 마음의 습속: 주체사상과 신소제도의 작동을 중심으로," 『현대북한연구』 21호에 실린 글을 수정 보완하였습니다.

이 연구는

북한의 정치체제와 조응하는 북한주민의 '마음의 습속'에 접근하는 것을 목적으로 한다. 특히 지도자와 인민의 소통을 목적으로 한 신소제도, 더 나아가 지도자의 권위를 강조한 주체사상이 만들어내는 북한주민의 마음을 연구대상으로 한다. 신소(伸訴)제도란 억울한 사연을 권력자에게 고함으로써 문제를 해결하는 북한체제의 제도를 의미하며, 주체사상은 수령에 대한 절대적 충성을 바탕으로 한 이념과 종교적 의례를 특징으로 한다. 북한은 '우리식 사회주의', '김일성주의' 등의 슬로건을 앞세우며 수령의 절대적 위치와 무오류성 등을 강조해왔다. 에컨대 주체사상의 수령론, 사회정치적 생명체론, 그리고 『당의 유일사상체계확립의 10대 원칙』은 수령에 대한 특정한 태도와 인식을 북한주민의 습속의 일부분으로 자리하게 했다. 또한 조직생활과 규율체계는 동료와 이웃 등의 관계보다는 당이나 수령과의 직접적 관계를 우선시하게 하였으며, 이는 상대적으로 집단 내의 수평적 관계를 확산시키기도 했다. 한편 최근 김정은의 3대 세습과 시장화 등의 사회 변화를 경험하게 되면서 북한주민의 마음에 균열 조짐이 포착되기도 하지만 국가 형성 이래 구축된 마음의 습속은 쉽사리 대체될 수 없어 북한 사회 내 급격한 변혁이나 체계의 붕괴를 막아서는 기능을 수행한다. 정치 '체제'에서 머물지 않고 주민들의 몸에 새겨진 도덕률로서의 마음의 습속은 지금의 북한사회를 가능하게 하면서도 이후 변화의 향방과 폭을 결정짓는 사회적 힘의 일부분이다.

This research aims to analyse those 'habits of the hearts' among North Koreans that are closely related to the political system of North Korea. In particular, North Koreans' hearts and minds are facilitated with *Sinso*, a peculiar political institution for the direct communication between the *Suryong* and the people. *Juche* ideology, the political ideology of North Korea, also contributes to construct the current sets of North Koreans' habits of the heart. With the high impacts of *Juche* ideology, North Koreans construct their distinctive habits of the heart so as to regulate everyday life. For example, North Koreans highly value the leader over others in all aspects although they may not have the chance to meet him at all in their lifetime. Although the leader remains in a symbolic world, North Koreans feel a connection to him by practicing various institutions and rituals as analyzed in the case of *Sinso*. However, recent changes in society such as marketization have great impacts on North Koreans' hearts and minds, but their habits of hearts as a norm are not radically transformed as the political system and its operation remain the same. Rather North Koreans' habits of the heart function to sustain the status quo of North Korean society.

KEYWORDS 신소 *Sinso*, 주체사상 *Juche* Ideology, 마음의 습속 habits of the heart, 북한주민의 마음 North Koreans' mind and heart, 시장화 marketization

I 들어가며

모두에게 북한은 수수께끼와 같은 존재이다. 사회주의권의 붕괴, 유례를 찾아보기 힘든 식량난과 수많은 아사자, 국가 성립부터 계속되어 온 미국의 적대정책, 핵개발과 국제제재, 장마당의 확산에 이르기까지 수많은 악조건에도 불구하고 굳건하게 유지되고 있는 북한체제를 규명하기란 쉽지 않기 때문이다. 대부분의 기존연구는 북한의 특수성이나 국제관계의 틀에 북한을 이해하려 했지만, 고립되어 타자화된 북한에 대한 총체적 해석으로 확장되지는 못한 듯하다(Smith 2000, 593-617). 특히 핵 위기를 기점으로 북한을 향한 안보중심적인 논의가 기하급수적으로 늘어나게 되면서 북한에도 사람이 살고 있으며 이들 또한 국가와 관계를 맺으며 끊임없는 역동을 만들어가고 있다는 사실이 간과된 측면이 있다. 한반도의 변화가 본격화된 지금 다른 여느 국가처럼 북한 또한 정치체제 및 제도라는 축과 인민이라는 또 다른 축이 씨와 날로 걸어진 개체라는 사실에서부터 다시금 접근할 필요가 있을 것이다.

한편 안보중심적 논의에 대한 반성에서 등장한 몇몇 연구에서는 국가이데올로기 밖 북한주민의 행위주체성을 강조하거나 이들이 의례라는 실천을 통해 북한체제에 동조하였음을 밝힌 바 있다(박순성·홍민 2010; 홍민·박순성 2013; 김성경 2016). 특히 권헌익과 정병호는 북한의 독특한 정치체제를 현대적 극장국가로 정의하면서, 수령이라는 카리스마적 권력이 〈아리랑〉과 같은 혁명예술, 대형건축물과 기념물 등 수많은 연극적 장치를 통해 정당화되고 계승된다는 주장을 펼친다(권헌익·정병호 2013). 저자들은 북한에서 지도자라는 절대적 지위가 국가적 수준에서 기획된 거대한 연극으로 전승된다고 주장하지만, 실제로 이에 참여하는 인민들의 동의 과정에 대한 정치한 분석보다는 이를 단순히 결과로 상정하고 있다(구갑우 2013). 즉 의례라는 장치 그 자체에 대한 분석에 집중한 나머지 그것을 통해 인민들의 몸과 마음에 배태되어 규범과 가치로 작동하는 관습과 습성에 대해서는 충분히 고려하지 못했다. 북한의 독특한 정치체제는 의례와 제도, 일상의 실천을 통해 북한주민들의 도덕적 규범으로 전환되었으며, 이는 북한의 현재를 가능하게 하는 힘이자 북한의 지배적인 삶의 유형으로 물질화되고 있다. 그만큼 북한에 대한 총체적 이해를 위한 마지막 퍼즐은 권력의 작동과 긴밀하게 연관된 북한주민의 몸과 마음을 규명하는 것이며, 이는 북한주민들의 공동체성의 근간이자 집합적 삶의 양식을 확인하는 작업의 일부분이다.

이런 맥락에서 본 연구는 북한의 정치체계와 조응하여 구성된 북한 주민의 문화적 습속, 즉 이들의 마음에 내재된 문화적 양식을 문제시하고자 한다. 여기서의 마음은 이성과 이성 외 것의 합을 의미하면서도, 동시에 몸과 이성의 이분법 너머 몸의 도식까지도 포함하는 포괄적 개념을 지칭한다. 북한주민들이 공유하고 있는 특정한 마음은 그만큼 무정형이면서도, 이들의 무/의식과 몸을 넘나들며 작동하고 있다.[1]

---

1   이는 부르디외가 행위자의 행위와 무/의식 등을 가능하게 하는 구조화된 구조(structured structure)와 동시에 미래 행위와, 의식, 가능성을 구조화하는 구조(structuring structure)로서의 아비투스의 중요성을 강조한 것과 비슷한 문제의식을 기반으로 한다(Bourdieu 1977).

본 연구에서 습속이라는 개념을 적극적으로 차용하는 이유는 북한의 정치체제와 사상이 일종의 가치체계와 도덕률로 확장되어 주민들의 마음에 각인되는 경향성이 포착되기 때문이다. 일찍이 토크빌과 벨라가 주장한 것처럼 특정한 정치체제와 마음은 깊은 상호관계성을 지니며, 특정한 정치체제의 유지 혹은 변혁 이면에는 마음의 작동이 자리하고 있다. 토크빌은 미국의 민주주의를 가능하게 한 힘으로 습속을 주목하며, 벨라 또한 미국인이 공유하는 개인주의와 공동체주의라는 가치체계를 미국인들만의 마음의 습속이며 미국식 민주주의의 근간이라고 정의한 바 있다(토크빌 2013a; Bellah et al. 1996). 북한주민 또한 주체사상이라는 독특한 정치신념체계와 이를 가능하게 하는 제도를 경험하면서, 이들만의 마음의 습속을 공유하고 있을 것이 분명하다. 그렇다면 여기서 분석되어야 할 것은 과연 그들의 마음의 습속이 어떠한 성격과 특징을 지니고 있으며, 어떤 맥락에서 작동하는지, 그리고 어떤 의미체계로 실천되는지 확인하는 것이다.

주체의 자주성과 독립성을 강조하면서도 지도자의 영도 없이는 진정한 인간이 될 수 없다고 강조하는 주체사상과 이를 일상에서 실행하는 제도는 북한주민이 독특한 개인주의와 공동체성을 구성하게 하였다. 지도자와의 수직적인 관계는 받아들이면서도, 공동체의 구성원 사이에는 상대적으로 평등한 개인주의적 습속이 포착되기도 한다. 특히 북한주민들과 지도자와의 다소 특수한 관계를 실천하는 제도인 신소제도를 사례연구로 분석함으로써 이들의 마음의 습속이 일상에서 어떻게 작동하는지를 살펴볼 것이다.

여기서 '신소'란 '억울한 사정을 호소함'이라는 뜻으로 한자어로는 펼칠 신(伸)에 호소할 소(訴)를 쓴다. 북한에서 쓰이는 '신소'의 개념은 '탄원', '민원', '제보', '건의' 등으로 해석이 가능한데, 이는 북한 사회의 계층과 감시체계, 그리고 지도자, 관료, 그리고 인민의 관계까지도 응축하고 있는 사회적 실천의 예다. 이는 북한 주민들이 공유하는 마음의 습속에서 '개인', '평등', '권리', '공동체' 등의 도덕적·윤리적 기준이 어떤 맥락과 위상을 지니고 있는지 살펴볼 수 있게 할 것이다.

북한의 정치체제, 즉 주체사상과 조응하여 구성된 마음의 습속은 사회구조의 변화와 접합(articulation)하여 다른 형태와 내용으로 재구성되기도 한다. 그만큼 이들의 마음의 습속은 고정된 것이 아닌 항상 변형의 여지를 내포하고 있다. 마음의 역사성과 공간성을 문제시하는 '마음의 지질학'이라는 방법론적 시도는 이러한 습속의 변화 가능성을 탐구하는 데 유용하다(이우영·구갑우 2016). 다시 말해 북한주민이 공유하고 있는 마음은 역사의 퇴적물이라는 바탕 위에 구성된 것이며 현재의 경험으로 물질화되며 동시에 미래 지향이라는 의지까지도 포함한다. 그만큼 마음의 습속은 향후 북한 사회의 변화를 가늠할 수 있는 방향타이자, 사회 변혁의 시작점이 될 수 있는 것이다.

II 북한사회의 '마음의 습속'

북한 정치체제와 주민들의 습속을 분석하려는 본 연구는 토크빌의 『미국의 민주주의』라는 저작의 문제의식을 상당부분 공유한다. 토크빌은 미국의 민주주의에 감탄하며 이에 대한 분석을 시도하였는데, 그가 보기에 미국은 "평등한 사회적 상태"를 구축하면서 민주주의라는 제도와 습속이 가능해졌다(토크빌 2013b, 731-735). 다른 유럽 국가들이 전제군주 앞에서 평등 수준에 머물러 있던 것에 반해 그 당시 미국은 "사람들 사이의 조건의 일반적 평등"이 확산되어 있었고, 이는 미국의 민주주의라는 제도(법률)와 사람들의 습속에 엄청난 영향을 미쳤다는 것이다(토크빌 2013a, 59).

토크빌은 민주주의 작동을 위해서는 법률도 중요하지만 무엇보다도 습속(mores)이 큰 기여를 한다고 강조한다.[2] 미국 사람들의 관습과 태도가 민주정치를 가능하게 했으며 그 근원에는 프로테스탄티즘이 작동하고 있다는 주장이다. 여기서 습속은 "생활태도, 다시 말하면 '마음의 습관'뿐 아니라 사람들 사이에 통용되고 있는 여러 가지 개념과 견해, 그리고 심성을 구성하는 사상의 총체"로서 특정 국민의 "윤리적·지적 전체 조건을 망라"하는 것이다(토크빌 2013a, 381). 토크빌의 '습속'이라는 개념은 특정 사회의 구성원이 공유하고 있는 지적, 심적, 감정적, 정서적, 신체적 습관에 덧붙여 도덕적, 윤리적 지향까지를 포함하는 것을 의미한다. 습속을 가리키는 불어 mores의 어원이 이후 도덕(moral)으로 발전되었다는 것을 감안할 때, 이는 "특정사회의 구체적인 도덕 관습" 정도로 해석할 수 있을 것이다(이황직 2009, 160).

---

2   토크빌(2013a, 369)은 미국의 민주정치의 원인을 세 가지로 설명한다. "① 자연의 섭리에 따라 합중국인들이 놓여진 독특하면서도 우연한 상황, ② 법률, ③ 국민들의 생활태도와 관습"이 바로 그것이다. 그러면서 무엇보다도 종교와 적절하게 결합되어 있는 생활태도, 교육, 습관 등이 미국의 민주주의 유지에 결정적인 역할을 했다고 논증한다. 자세한 논의는 토크빌(2013a, 17장)을 참고하라.

토크빌의 통찰력은 이후 미국사회를 이해하려는 일련의 연구자에게 큰 영향을 미친다. 특히 로버트 벨라는 미국인들의 심성에 존재하는 개인주의와 공동체에 대한 책무를 '마음의 습속'(Habits of the Heart)이라는 개념으로 분석하기도 하였다. 벨라 역시 민주주의라는 체계와 미국 사회를 가능하게 하는 무정형의 힘을 주목하였다. 그는 '마음의 습속'을 특정 사회의 의식, 문화와 같은 정신적 층위와 함께 일상생활의 경험과 실천, 관성적 습관까지 포괄하여 개념화한다. 게다가 미국인들이 공유하는 개인주의와 공동체주의라는 마음의 습속은 미국이라는 사회가 작동하는 원리, 실상, 장기 생존력, 그리고 변화 가능성을 나타낸다(Bellah et al. 1996; 유승무·신종화·박수호 2015).

한편 벨라는 200여명이 넘는 미국의 중산층과 인터뷰를 진행하여 과도한 개인주의가 마음의 율법으로 작동하게 되면서 미국 공동체의 위기가 찾아왔다고 진단한다(Jensen 1995). 비슷하게 파커 또한 미국 민주주의 부활을 위해서 개인주의와 공동체주의의 균형이 회복되어야 한다고 주장한다. 미국의 '평등한 사회 상태'의 중심적 역할을 해온 종교, 지역사회, 학교 등 사람들이 교류하는 다양한 공동체로 인해 미국인들은 개인의 독립과 자유를 추구하면서도 동시에 공동체적 가치를 마음 속 깊이 새겨 넣을 수 있었다.[3] 하지만 공동체가 파괴되고 개인주의가 과도하게 확장되면서 미국 민주주의 이면에서 작동하여 다양성의 사회를 가능하게 했던 사람

---

3   토크빌이 긍정적으로 보았던 미국인들의 개인주의에 대한 설명은 아래와 같다.

"비록 다른 사람들 위에 군림할 만큼 부나 권력을 지니지 않았지만 자기 자신

들의 '마음의 습속'이 부서졌다는 것이다.[4]

흥미롭게도 위의 연구들은 특정 국가, 그곳의 정치체제의 작동을 가능하게 하는 힘으로 구성원들이 공유하는 도덕, 가치, 습관을 주목했다는 공통점이 있다. 이미 일찍이 뒤르켐이 도덕과 가치의 중요성을 강조하면서 도덕적 개인주의가 전통적 종교의 역할을 대치하여 근대 사회를 가능하게 할 것이라는 분석과 일맥상통한다(Durkheim 1995; 1951). 그만큼 사회를 작동하는 힘, 현재의 상태를 가능하게 하는 무정형의 에너지가 바로 사람들의 도덕적 습관, 가치체계, 신념이라는 것이다. 습속은 하나의 사회적 사실로 존

> 의 욕구를 보살피기에 충분한 부와 이해력을 지니게 되는 사람이 점점 많아진다. 그런 사람들은 누구에게도 신세를 지지 않으며 아무것도 기대하지 않는다. 그들은 스스로를 고립된 존재로 생각하면서 자신의 운명은 전적으로 자신에게 달려 있다고 상상한다."(파머 2012, 90)

하지만 미국인은 또 한편으로 종교나 시민사회 등에 적극적으로 참여하기도 한다.

> "그들은 끊임없이 결사체를 만들어낸다. 모든 사람이 참여하는 상업과 공업 회사뿐만 아니라, 수천 가지 다른 종류의 결사체가 있다. 종교적인 것이 있는 가 하면 도덕적인 것도 있고, 진지한 것이 있는가 하면 하찮은 것도 있고, 포괄적이고 거대한 것이 있는가 하면 제한적이고 협소한 것도 있다. 그 결성의 목적은 다양하다. 즐기기 위해서, 세미나를 갖기 위해서, 여인숙을 짓기 위해서, 교회를 세우기 위해서, 도서를 보급하기 위해서, 지구의 정반대편에 선교사를 파견하기 위해서 등이다. 그들은 결사체의 방식으로 병원, 감옥, 학교 등을 설립한다. 어떤 진리를 설파하기 위해서 또는 훌륭한 본보기를 내세우면서 어떤 감정을 보존하기 위해서라면, 그들은 하나의 사회를 형성하고 있는 것이다." (파머 2012, 90-91)

4 예컨대 미국의 민주주의의 위기를 다룬 퍼트넘의 『나홀로 볼링』(*Bowling Alone*)이나 혹쉴드의 『자기 땅의 이방인들』(*Strangers in Their Own Land: Anger and Mourning*)은 공동체의 붕괴로 인해 미국인들의 지금까지 줄타기해온 개인주의와 공동체주의 사이의 균형이라는 마음의 습속이 무너졌음을 경험적으로 증명한 연구라고 할 만하다. 퍼트넘(2016); 혹쉴드(2017).

재하면서 개인을 압도하며 동시에 개인 안에 내재하고 있는 것이다. 습속은 특정한 삶의 유형을 일반화하는 도덕률로서 작동하기에, "구성원의 의식과 행위를 구속하고 추동하는 힘의 자기장과 같은 역할을 수행"하는 것이다(송재룡 2008, 180). 이 연구가 마음의 습속이라는 개념으로 북한을 살펴보려 하는 것은 그곳의 주민들이 공유하고 있는 특정한 관습, 습관, 도덕, 가치 등이 바로 지금의 북한사회와 주민들의 삶을 가능하게 한다는 문제의식에서 시작되었다. 특히 북한의 독특한 정치체제가 북한의 현재를 결정짓는 주요 동인이라는 기존연구에서 한 걸음 더 나아가 구조와 순환적 관계를 지닌 마음의 습속이야말로 가장 근원적인 사회적 힘으로 북한을 운영하고 있음을 밝히고자 하는 것이다.

'마음의 습속'은 특정한 공동체가 공유하고 있는 무정형의 문화적 힘을 의미한다는 측면에서 모호하면서도 상당한 영역을 포괄하는 개념이다(송재룡 2009, 14-15). 즉 종교와 같은 전통적인 사상, 습관, 전망과 더불어 정치체계와 사회제도를 통한 실천의 패턴까지도 포함한다. 게다가 행위와 무/의식을 가능하게 하는 비가시적인 도식으로 존재하여 다음세대로 전수되기도 하고, 미래를 만들어가는 힘으로 작동하기도 한다. 그렇다면 마음의 습속은 특정 사회를 움직이는 문화 전반을 가리키는 가치, 규범, 실천, 생활양식으로 지속적이며 관행적으로 작동되는 것을 일컫는다고 할 수 있다. 이런 맥락에서 행동과 의식의 지침으로서의 마음의 습속은 급격한 사회변동을 막아서기도 한다. 왜냐하면 개인의 존재를 규정짓는 힘으로서 일상과 문화를 통해서 면면히 유지되어 사람들로 하여금 급격한 변화를 받아들이지 못하게 하는 효과를 창출하기 때문이다. 예컨대 한국사회를 분석한 상당수의 연구는 한국인이 공유하는 마음의 습속으로 유교적 이념과 가치를 주목한다. 유교적 마음의 습속이 한국인들만의 독특한 의식, 가치, 행위의 이면에 존재하며, 이로 인해 한국의 근대는 지체되었거나 독특한 형태로 변형되었다고 주장한다(정수복 2007; 김경동 1992). 가치와 규범으로서 전승되는 유교적 습속이야말로 한국인의 정체성을 구성하는 사회적 힘의 실체라는 것이다.

그렇다면 북한주민의 마음의 습속은 어떤 특징을 지닐까? 우선 한반도 분단 이전부터 내려오는 특정한 습속이 여전히 북한주민의 마음에 흔적으로 남아 있을 가능성도 있다. 하지만 식민과 전쟁을 거치면서 대부분의 물적 토대를 잃어버린 북한은 과거의 유제를 극복한다는 명분을 내세워 국가를 수립했다는 특징이 있다. 사회주의 혁명을 완수한다는 명분 아래 유교적 전통과 가치는 상당부분 청산되었고, 사실상 새로운 체제와 문화 추구를 지향하기까지 했다. 토크빌이 미국의 국가 형성기에 주목했던 '평등한 사회적 상태', 즉 '사람들 사이의 일반적 조건의 평등'이 북한에서는 전쟁과 사회주의 혁명을 거치면서 의도치 않게 형성되었던 것이다. 예컨대 1946년에 선포된 〈북조선 토지개혁에 관한 법령〉, 연이어 제정된 〈조선남녀평등권에 대한 법령〉 등은 과거부터 계속되어 온 계급적 차이를 타파하고, 신분과 남녀의 차이를 강조하는 유교적 전통을 무력화하는 결정적인 계기가 된다.

하지만 국가 형성기의 상대적으로 평등한 사회적 상태는 그리 오래 지속되지는 못한 것으로 보인다. 전후복구 이후 권력투쟁이 본격화되면서 북한은 수령을 중심으로 한 독특한 '우리식 사회주의'라는 체제를 구축하였기 때문이다. 과거와의 단절을 겪으면서 상대적으로 평등한 사회주의적 습속이 급속하게 이식되었지만, 김일성의 유일지배체제가 공고화되는 1960년대 후반부터는 주체사상이라는 또 다른 가치체계, 규범 등과 조응하는 습속이 구성되어 주민들의 삶과 의식을 규정지었던 것으로 보인다. 하지만 주체사상적 습속에도 여전히 과거의 흔적은 존재한다. 마음의 지질학의 통찰을 다시금 상기해봤을 때 주체사상이 절대적 가치로 작동할 수 있었던 것은 바로 그 사상이 담지하고 있는 내용이 주민들이 공유하고 있는 습속과 상당부분 교집합이 있었기 때문이기도 하다. 예컨대 1980년대 사회정치적 생명체론과 수령론 등이 등장하고 수령을 중심으로 한 하나의 가부장적 가족국가가 공고화될 수 있었던 것은 바로 국가가 직접 나서 청산하려 했지만 마음 깊숙이 교묘히 전승되어 온 유교적 습속에 수령이라는 절대적 존재를 의미화하는 것에 성공했음을 의미한다.

토크빌이 청교도주의로부터 미국인의 마음의 기원을 찾았던 것처럼 일상과 의식의 강제력이 높은 종교 혹은 유사 종교의 작동은 습속에 중대한 영향을 미칠 확률이 높다(이황직 2009, 160). 특히 본 연구가 주목하는 것은 북한사회에서 절대적 가치체계로 작동해온 주체사상이 북한주민의 마음에 어떠한 흔적을 남겼는지를 분석하는 것이다. 주체사상이 사실상 종교적 교리와 의례로 실천되어온 점을 감안할 때 북한주민의 마음의 습속에 커다란 영향을 미쳤을 것이라는 가정이다. 특히 주체사상에서 강조하는 '주체적 인간'은 수령의 인도 없이는 결코 존재할 수 없는 미약한 존재인데 그만큼 주체사상의 자장 안에서 북한주민의 주체성은 지도자의 관계를 통해서만이 가능한 것이 된다. 인민의 '주체성'을 강조하는 주체사상은 역설적으로 수령 앞의 종속성과 수동성을 정당화하는 것이다. 논리적으로 함께 공존할 수 없을 것 같은 이 두 조건은 가치체계와 도덕의 이름으로 북한주민의 습속의 일부가 되어 특정한 삶의 양식을 지배적인 것으로 확산시키기까지 한다. 지도자에게 복종한다면 모두가 평등할 수 있는 인민들은 그들 사이에는 상대적으로 수평적 관계를 구축하기도 한다. 물론 성분제도나 당원 자격 여부를 두고 서열이 공존하기도 하지만 그 위계는 수령에 의해서 언제든지 전복될 수 있는 불완전한 것이기도 하다. 이렇듯 주체사상이라는 유사종교 혹은 윤리지침은 공동체가 공유하는 상징체계로서 북한주민의 무/의식과 행동과 습관 등에 영향을 미친다. 주체사상이라는 영향 아래 북한주민은 특정한 도덕적 기준을 구축하고 이에 따라 판단하고 행동하며 감각하게 되는 것이다.

III 주체사상이 구성한 마음의 습속

김일성의 유일지배체제가 공고화되는 1967년을 기점으로 '김일성주의화'와 '혁명적 수령관' 등의 뼈대를 갖춘 주체사상이 전면에 등장한다(서재진 2006). 1972년 사회주의 헌법이 공포되고, 1974년 김정일이 직접 '온 사회를 김일성주의화'할 것을 강조하며 『당의 유일사상체계확립 10대 원칙』 등이 선포되면서 북한은 수령을 중심으로 한 유사 종교 집단으로 변모하게 된다.[5]

김정일이 직접 강조한 김일성주의화의 면면은 북한에서의 수령의 독특한 위치와 주체사상의 종교적 성격을 가감 없이 드러낸다. "… 온 사회를 김일성주의화한다는 것은 모든 사회성원들을 다 수령님께 끝없이 충직한 참다운 김일성주의자로 만들며 김일성주의의 요구대로 사회를 철저히 개조하여 공산주의 사상적 요새와 물질적 요새를 점령하는 것입니다"(김정일 1987b). 수령의 영도를 따르는 것이야말로 혁명을 완수할 수 있는 것이며, 모두가 수령에게 충실한 것이 가장 중요한 규범으로 안착되는 것이다. 특히 1974년 2월에 제정된 『당의 유일사상체계확립의 10대 원칙』[6]은 김일성을 법과 인민 위에 절대적이면서도 영원한 존재로 옹립한 것의 다름 아니다.

특히 10대 원칙은 사회주의 헌법이나 노동당 규약보다 상위에서 작동하는 것으로 북한주민에게는 행위와 의식의 원칙이고, 이는 생활총화와 같은 조직생활을 통해서 주민들의 일상을 해석하는 틀로 작동하게 된다. 예컨대 상당수의 북한주민은 생활총화에

5　북한과 종교와의 유사성에 대한 논의로는 김병로(2000)를 참고하라.
6　1. 온 사회를 김일성주의화하기 위하여 몸바쳐 투쟁하여야 한다. 2. 위대한 김일성 동지를 우리 당과 인민의 영원한 수령으로, 주체의 태양으로 높이 받들어 모셔야 한다. 3. 위대한 김일성 동지의 권위, 당의 권위를 절대화하며 결사옹위하여야 한다. 4. 위대한 김일성 동지의 혁명사상과 그 구현인 당의 로선과 정책으로 철저히 무장하여야 한다. 5. 위대한 김일성 동지의 유훈, 당의 로선과 방침관철에서 무조건성의 원칙을 철저히 지켜야 한다. 6. 령도자를 중심으로 하는 전당의 사상의지적 통일과 혁명적 단결을 백방으로 강화하여야 한다. 7. 위대한 김일성 동지를 따라 배워 고상한 정신도덕적 풍모와 혁명적 사업 방법, 인민적 사업작풍을 지녀야 한다. 8. 당과 수령이 안겨준 정치적 생명을 귀중히 간직하며 당의 신임과 배려에 높은 정치적 자각과 사업실적으로 보답하여야 한다. 9. 당의 유일적 령도 밑에 전당, 전국, 전군이 하나와 같이 움직이는 강한 조직규률을 세워야 한다. 10. 위대한 김일성 동지께서 개척하시고 이끌어오신 주체 혁명위업을 대를 이어 끝까지 계승완성하여야 한다.

서 10대 원칙에 입각하여 자신의 일상이나 동료의 의식이나 행동을 비판하게 되는데, 10대 원칙이 지닌 포괄성으로 인해 대상자를 문제시하는 것은 항상 가능한 일이 된다. 북한 출신자에 따르면 10대 원칙은 "온 사회를 김일성주의화하기 위하여 몸바쳐 투쟁하여야 한다"고 했는데, 그 기준은 상대적일 수밖에 없어 자신 혹은 주변의 동료가 충분하지 않다고 비판하는 것은 언제나 가능했다는 것이다.[7] 이런 점에서 10대 원칙은 포괄성을 의도적으로 담지하고 있다고 볼 수도 있다. 마치 기독교의 십계명과 같이 삶의 기준이 되지만, 해석이 다양할 수 있어 신앙인을 신 앞의 죄인이라는 위치에 놓이게 하는 것과 비슷한 작동원리이다. 즉 수령이라는 절대적 존재를 정당화하고 당과 지도자의 노선과 정책을 규율화하기 위한 10대 원칙은 수행 가능한 규범체계를 제시하는 것이 아니라, 그 누구도 결코 다다를 수 없는 포괄적 기준을 제시하여 모든 인민을 수령과는 구별되는 부족한 존재로 만드는 것이다.

비슷하게 1980년대에 들어서 등장한 사회정치적 생명체론은 수령을 북한사회라는 유기체의 뇌수라 정의하고, 노동당은 심장, 인민대중은 몸이 되어 하나를 이룬다고 주장한다. 인민의 사회정치적 생명은 바로 수령에게서 받은 것이 되고, 이 때문에 수령, 노동당, 인민은 하나의 '가정'으로서 재탄생하게 되는 것이다. "부모가 없이 육체적 생명을 생각할 수 없는 것과 같이 당과 수령의 영도가 없이 사회정치적 생명을 생각할 수 없다는 것"(『근로자』 1973,

---

7 신소와 주체사상의 작동을 이해하기 위해 북한출신자 5명과 짧은 인터뷰를 진행하였다. 덧붙여 생활총화에 관련해서도 2016~17년에 걸쳐 10여명의 북한출신자들과 인터뷰를 진행한 바 있다.

3)이 바로 이 사상의 핵심적 의미다. 생물학적인 생명이 부모님에게 받은 것이라면, 진정한 삶, 즉 사회정치적 생명은 바로 수령과 당이 있기에 가능했다는 논리가 성립된다. 수령은 가부장제의 절대적 힘을 지닌 '아버지'와 같은 존재가 되며 북한사회는 혁명을 향해 생을 함께하는 공동체, 즉 하나의 가족이 된다. 흥미롭게도 주체사상의 유교적 요소가 포착되는 지점이 바로 여기인데, 이는 과거 국가건설기에 국가가 나서 교정하려 했지만 여전히 그 명맥을 유지하고 있었던 유교적 습속을 다시금 되살려 국가이데올로기의 일부분으로 활용한 사례라고 할 것이다.

한편 주체사상의 중요한 축을 이루는 주체적 인간형이란 사람이 모든 것의 주인이며 세계와 자기 운명의 주인이라는 뜻이다. 즉 주체적 인간은 자주성, 창조성, 의식성을 지닌 사회적 존재이다(사회과학출판사 1989, 155-193).[8] 하지만 주체사상은 인간이 스스로 사회적 존재로 변화할 수 없다고 설명하면서 오직 올바른 영도력에 의해서만이 '개조'될 수 있다고 밝히고 있다.

인민대중은 역사의 창조자이지만 옳은 지도에 의해서만 사회역사적 발전에서 주체로서의 지위를 차지하고 역할을 다할 수 있습니다…. 인민대중의 개별적 성원들은 자기들의 협소한 일시적인 이익과 요구

8 수령을 혁명의 주체로 정의된 것은 김정일의 논문 "주체사상에 대하여"에서 그 기원을 찾을 수 있다. 여기서 김정일은 인민대중이 역사의 주체여야 하지만, 각 사회와 시대별로 그 경험은 전혀 다르게 발달해왔음을 강조한다. "인민대중은 역사의 주체이지만 어느 시대, 어느 사회에서나 그 지위와 역할이 같은 것은 아닙니다. 지난날 착취사회에서 근로인민대중은 오랫동안 자기의 사회계급적 처지와 힘을 깨닫지 못하고 하나의 정치적 역량으로 단결되지 못하였습니다"(김정일 1992).

는 인식할 수 있으나 인민대중 전체의 근본요구, 공동의 요구를 스스로 깊이 인식할 수 없으며 당면한 이익과 전망적인 이익을 올바로 결합시켜나갈 수도 없다…. 인민대중은 자기의 근본 요구와 이익을 자각하기 위해서는 옳은 지도를 받아야 한다.(사회과학출판사 1989, 180)

북한의 인민은 수령이라는 자장 안에서만이 진정한 인간, 역사와 혁명의 주체가 된다. 주체적 인간은 자신의 삶을 주도적으로 만들어갈 수 있는 존재이지만, 그 방향이나 내용은 수령의 영도체계 내에서만 가능하다. 이렇듯 수령은 신과 같거나 아니면 목숨을 준 아버지와 같다. 수령이라는 신 앞에 인민은 한없이 부족하며, 그들은 덕과 도의 이름으로 아버지 수령을 항상 섬기고 받들어야 하는 것이다.

주체사상이라는 체계아래 일사분란하게 조직되어 있는 수령과 인민의 관계는 다양한 의례, 의식, 그리고 실천을 통해서 마치 종교와 같은 체계로 공고화되기도 한다. 우선 영도예술로 일컬어지는 매체, 대중운동의 조직 등은 일사분란하게 짜인 의례의 경험을 제공한다. 예컨대 김일성 시기의 천리마운동, 천리마작업반운동, 김정일이 이끈 3대혁명소조운동, 3대혁명 붉은기 쟁취운동, 그리고 영웅모범따라배우기운동 등의 경험을 통해 인민은 영도체계의 작동 방식을 경험하게 되고, 또한 자신 스스로 특정한 실천과 의식 형태를 구축하기도 한다.

이뿐만이 아니다. 주체사상과 유일사상체계는 종교가 되어 수령과 그것에 관련된 것은 성스러운 것으로 의미화 되기도 한다. 신적 존재로서의 김일성은 인민을 지도하고 구원하는 존재가 되고, 그만큼 그의 말과 형상은 '성스러운 것'으로 상징되는 것이다. 지도자의 사진을 담은 노동신문에 함부로 낙서를 하거나 찢지 못하는 것이나, 마치 기독교의 예배를 연상시키는 각 단위의 학습과 모임의 면면이 바로 주체사상이 어떻게 종교화되었는지를 보여주는 예이다. 예컨대 생활총화와 학습 모임 등이 이루어지는 김일성주의연구실은 행정기관, 산업기관, 군대를 포함하여 전국적으로 약 10만여 개에 이르며, 이곳에서 북한의 인민들은 상시적인 모임과 학습 등의 의례를 통해서 만나게 된다. 종교적 의례가 성스러운 것과 속된 것을 구분하는 속성을 띤 것처럼, 김일성주의연구실에서는 김일성과 김정일의 노작, 『당의 유일사상체계확립의 10대 원칙』 등이 경전과 비슷한 역할을 수행하는데, 인민들은 이러한 글들을 암송하거나 이를 기준점으로 생활총화, 자기비판 등의 학습을 수행하기도 한다(김성경 2016).

수령의 절대적 위치와 이에 복종하는 인민의 관계는 현지지도라는 체계를 통해서도 다시 한 번 확인되기도 한다. 기존 연구가 이미 밝혔듯이 북한은 현지지도를 통해서 지도자의 권위를 강화하고, 애민정치라는 상징을 적극 활용하는 것으로 알려져 있다.[9] 지도자가 인민이 필요로 하는 곳이라면 언제든지 찾아갈 수 있다는 이미지를 구축하면서, 절대적 존재로서의 지도자의 위치와 그의 자애로운 사랑을 받는 인민이라는 관계를 다시금 강조하는 효과를

9   이에 대한 연구로는 조은희(2006); 김일성 시기의 현지지도를 분석한 유호열 (1994); 현지지도의 정치적 목적을 밝힌 이교덕(2002); 김정은 시대의 현지지도를 분석한 것으로는 정유석·곽은경(2015) 등이 있다.

만들어낸다. 정유석과 곽은경이 지적한 것처럼 지도자는 현지지도를 통해 인민의 삶 속에 가시화되며, "추상적 국가와 구체적 개인"은 현지지도라는 장을 통해서 서로 연결되어 있음을 확인하게 되는 것이다(정유석·곽은경 2015, 167).

주체사상, 특히 수령론이나 사회정치적 생명체론, 그리고 유일사상 10대 원칙 등은 북한 인민들의 삶의 지침이자 규율로 작동하였다. 일상에서의 교육과 조직생활, 영도예술, 대중운동, 거기에 현지지도 등은 수령의 절대적 권위를 현실에서 경험하게 하는 실천적 제도이다. 제도와 의례를 통해 인민은 수령과 직접적인 관계를 맺을 수 있는 존재이면서도 수령의 지침 아래서"만"이 진정한 역사의 주체가 될 수 있는 미약한 이들로 생산된다. 수령의 영도력 아래에서만 창의적, 의식적, 그리고 주체적일 수 있는 북한의 인민이 실천하는 주체성과 개인주의는 여타의 국가에서 발견되는 것과는 다소 결이 다를 수밖에 없다. 다시 말해 카리스마적 지도자의 통치 체계 내 개인의 주체성과 개인주의는 자신들의 이익을 추구하는 공리주의적 습속으로 발현되는 것이 아니라 정치적 명분이나 도덕적 우월감을 통한 '인정'으로서의 성격이 두드러진다.

IV 신소제도의 작동과 마음의 습속

인민-수령과의 직접적인 관계 구축을 강조하는 주체사상은 다양한 제도를 통해 실행된다. 그 중에서도 수령과의 직접적 소통의 기능을 강조한 신소제도는 반복적인 실천과 제도화 과정을 거쳐 북한주민들의 마음에 지도자의 절대적 위치를 각인시키고 당 간부나 조직생활에서의 동료와의 수평적 관계를 만들어가는 하나의 예이다. 신소와 같은 제도는 그만큼 북한주민의 습속의 일부분이며, 실천됨으로써 다시금 마음에 배태되는 지속적이며 순환적이라는 특징을 지닌다.

『조선말대사전』에서 정의한 '신소'는 "인민대중의 목소리"이다. 김정일은 "인민들은 국가기관이나 개별적일군들에 의하여 자기의 리익이 침해 당하였을 때 그에 대하여 법기관에 신소할수 있"다고 정의한 바 있다(『조선말대사전』 2002). 즉 각 개인이나 집단이 자신들의 권리와 이익을 당 및 국가기관, 기업소, 근로단체 등에 제기할 권리를 가리켜 '신소'라고 한다. 신소가 제도화된 이래로 도, 시, 군 당위원회와 조선노동당의 조직지도부 산하에 신소과가 설치되어있다. 또한 중앙당 전문부서에도 신소업무를 담당하는 기구가 있는데, 이는 신소실로 명명된다. 각 단위별로 신소업무를 담당하는 기구를 설치한 것은 "인민을 위한 광폭정치"를 실행하기 위함이면서 동시에 당 간부를 견제하기 위해서이기도 하다(박영자 2017, 198-200).

'신소'라는 표현이 북한 문헌에서 처음 등장한 것은 한국전쟁 이전 소련신탁통치 기간이다. 『김일성저작집』에 실린 1947년 3월 15일 북조선로동당 중앙위원회 제6차회의보고에서 김일성은 비판과 자기비판에 게으른 당 일꾼들을 질타하면서 '신소'를 무겁게 다룰 것을 강조한 바 있다(김일성 1979a). 김일성은 신소를 무시하는 당 일꾼의 행동을 "통탄할 일이며 반당적이고 반인민적인 범죄행동"이라고 비판한다. 사회주의적 체계를 도모할 당시 아래로부터 인민들의 불만을 당 관리들이 충분히 반영하지 못하는 것을 상당히 경계했다. 일본 제국주의와 봉건주의의 잔재를 극복하기 위해서는 인민들에게 지지받는 노동당과 체제 구축이 중요할 수밖에 없고, 이런 맥락에서 당이 나서 인민들의 불평과 불만을 적절하게 해소하는 것은 중요한 정치적 과제였다. 김일성은 1947년 북조선로동당 중앙위원회 제5차회의에서도 비슷한 기조의 발언을 이어간다(김일성 1979b). 그는 당회의에서 자유롭게 비판하는 것이야말로 당내민주주의를 보장하는 것이라고 주장하면서, 당원들 각자 자신의 의사를 자유롭게 표현할 수 있어야 한다고 강조한다.

이 시기 김일성이 '신소'의 강조한 맥락은 권리를 지닌 평등한 존재로 탄생한 인민을 존중하기 위한 제도 구축의 성격이 짙어 보인다. 인민이 주축이 된 당을 건설하여, 혁명을 완수하고자 하는 목적 하에 인민의 뜻을 소중하게 다루기 위해 고안되었다는 뜻이다. 하지만 신소제도는 점차 변질되어 갔고, 특히 유일지배체제가 본격화되는 1960년대 말부터는 그 성격이나 작동 방식에 약간의 차이가 감지되기도 한다. 즉 신소제도가 당 간부를 견제하기 위한 것으로 활용되거나, 수령-인민 간의 직접적 소통이 가능하다는 점을 강조함으로써 이 둘 사이의 상징적이지만 *끈끈한* 유대감 구축에 중점을 두는 것이다.

1967년 이후 유일지배체제가 완성되기 시작하면서 김일성은 '신소'의 중요성을 언급하게 된다. 김일성은 노동당이 권력기관이나 행정기관이 아닌 당원들을 조직하는 "정치기관이며 교양기관"이라고 규정하고, 당 관리들은 이러한 당의 성격을 정확하게 파악하여 관료주의에 빠져들어서는 안 된다고 경고한다. 김일성은 인민은 이제 복종하며 수동적인 존재가 아닌, "창발적"으로 자신의 의견을 개진하고, 당과 혁명을 위해서 주체적으로 행동하는 이들이라고 설명한다. 김일성이 언급한 '인민'의 성격과 신소의 특징은 아래와 같다.

그런데 지금 동무들이 관료주의를 부리고 당세도를 쓰는데 습관되다 보니 그저 떠돌아다니면서 우쭐거리기만 하고 무슨 일이나 되는대로 처리해버리고 있습니다. 다 아는바와 같이 오늘 우리 인민들은 지난날 착취받고 압박받던 인민들과는 근본적으로 다른 인민들입니다. 일제때 우리 인민들은 천대받고 억눌리고 억울한 일이 있어도 말할 데가 없었습니다. 혹시 어데 가서 하고싶은 말을 한마디 하면 그 것을 해결받기는커녕 오히려 잡혀가고 매를 맞고 더 큰 화를 입었던 것입니다.

그러나 오늘 우리 사회에서 인민들은 나라의 참된 주인으로서 모두 다 일정한 조직에 속하여 누구나 다 자기가 생각하는 것을 말할 수 있고 의견을 제기할 수 있는 당당한 권리를 가지고있습니다. 또한 오늘 우리 인민은 모두다 사회주의제도하에서 교육을 받고 사회정치적 교양을 받은 각성된 인민입니다.(김일성 1983)

김일성은 당 간부들이 권력을 누릴 것이 아니라 인민을 "어머니의 심정"으로 보살피는 존재여야 한다고 강조한다. 인민들의 문제나 고통이 무엇인지를 정확하고 빠르게 파악하여 해결하는 것이 당 간부의 가장 중요한 임무라는 것이다. 이는 유일지도체제를 완성해갔던 김일성이 노동당간부들을 견제하고 자신은 절대적 우위에 있는 존재로 자리매김하려는 시도의 일부였다. 뿐만 아니라 인민은 당 간부의 '보살핌'을 받지만 언제든지 문제를 제기할 수 있는 위치에 있음을 천명하기도 한다. 이를 위해서 김일성은 조직지도부 산하에 '신소과'에서 신소문제를 적절하게 처리해주지 않았던 사례를 언급하면서, 각 기관의 신소부가 그 역할을 수행하고 있지 못함을 질책한다. 그러면서 김일성은 상당수의 인민들이 자신의 속한 기관의 신소부가 아닌 당중앙위원회, 더 나아가서는 총비서나 수상한테까지 신소를 올린다고 지적하고, 자신에게 직접 신소가 온 사례도 언급하기도 한다.

　권력을 완전히 장악한 김일성은 당 관리들의 부패와 관료주의를 통제하면서도, 국가가 지향하는 바가 관철되지 못한 일상의 사례를 신소를 통해서 해결하고자 하였다. 김일성은 신소제도를 통해 국가의 힘이 인민의 삶의 영역에 충분히 미치지 못한 것, 즉 인민에 대한 국가의 의무가 방기된 것을 파악하여 교정하고자 했던 것이다. 이런 측면에서 신소는 김일성이 주장해온 인민제일주의를 강조하면서도 혁명의 방향성을 관철하기 위한 통치기구로 작동한 듯하다. 또한 신소는 다소 상충되는 이해관계 혹은 인민들 사이의 예민한 문제를 다루고 있기 때문에 이에 대한 처리를 각 단위의 책임자에게로 한정시켜 이를 더욱 활성화하고자 했다. 이런 측면에서 신소제도는 인민들 사이의 문제를 각 단위의 책임자 혹은 더 나아가서는 중앙당위원회와 지도자가 직접 나서 해결하는 효과를 만들어낸다. 즉 신소는 인민과 국가가 직접적으로 관계를 맺는 독특한 제도이며, 북한 사회에서 포착되는 지도자와 인민 그리고 인민들 사이의 다소 구별적인 관계를 반영한다.

한편 김정일이 본격적으로 정치 일선에 등장한 이래로 김일성과 비슷하게 신소를 직접 언급하기도 했다. 특히 김정일은 신소를 받은 당 간부들이 개인적인 감정을 갖는 것을 경계해야 한다고 언급하면서, "신소를 제기하였다고 하여 사람들에게 압력을 가하거나 복수하는 현상이 나타나지 않"아야 한다고 강조한다(김정일 1987a). 그만큼 각 단위의 책임자가 신소에 관련된 책임을 지도록 하더라도, 서로 상충되는 이해관계로 인해 분란 또한 끊이지 않았던 것이다. 이에 신소 관련자 사이에 문제가 발생할 경우 대부분의 경우에는 더 상위 기관으로 그 문제가 이관되거나 드물지만 지도자에게까지 전달되는 경우도 있었다. 그만큼 신소를 둘러싼 분쟁의 최종 해결은 인민들의 수준이 아니라 상위 기관이나 궁극적으로 지도자를 통해서 이루어졌다는 것은 많은 의미를 함축한다. 북한에서는 서열이나 조직이 촘촘하게 작동하지만, 만약 신소 제소자가 정당한 이유만 있다면 그것을 지도자에게까지도 고함으로써 끝까지 관철할 수 있었던 것이다.

신소의 대상이 당 간부이거나 단위 책임자인 경우 당중앙위원회, 심지어는 지도자에게까지도 직접 올라오는 사례도 있었다. 김일성과 김정일에 직접 신소를 제기하는 것을 바로 "중앙당 1호 신소"로 중앙당 신소실이 그 업무를 맡는다(최진이 2001; 박영자 2017). 지도자에게 직접 각자의 억울한 사연을 고할 수 있는 채널인데, 주로 사안이 엄중한 일이 중앙당 신소실을 통해 접수되었다고 한다. 그 과정은 모함을 당할 정도로 억울한 사정의 인민들이 중앙당 1호 신소를 하고 당은 직접 나서 조사를 하게 된다. 김일성과 김정일은 1호 신소편지는 무조건 자신들이 직접 확인하도록 했다고 하는데, 이를 통해 인민들의 동향을 파악하고 간부의 활동을 감시하기도 했다. 박영자의 연구에서 인용된 북한출신자의 증언에 따르면 1호 신소에 올라오면 그 누구도 함부로 대할 수 없기에 이런 구조를 아는 인민들은 직접 1호 신소를 접수하곤 한다(박영자 2017, 199-200). 지역의 당 중앙위원회 등의 관리를 거치지 않고, 바로 지도자에게 신소를 넣음으로써 자신들의 억울한 사정이 신중하게 다루어질 수 있다고 믿는 것이다. 또한 1호 신소의 사례를 통해 지도자는 인민의 사정을 항상 우선시 하고 있음을 선전할 수 있었고, 다른 한편으로는 당 간부에게 그들의 권력이 인민을 통해 상시적으로 감시되고 있으며 그들의 잘못된 행동이나 인식은 언제든지 지도자에게 보고될 수 있음을 각인시킬 수 있었다.

V 북한주민의 습속의 변화는 가능한가?

북한체제와 긴밀하게 연관된 습속은 마치 변화 불가능한 것처럼 보이기도 한다. 송재룡의 표현으로는 습속의 "존재 구속성"은 일종의 보이지 않는 힘으로 작동하여 특정 사회를 규정하며 구성원들의 의식과 행위를 추동하기에 더더욱 그러하다(송재룡 2008, 179-181). 습속이라는 개념이 한 사회의 안정된 구조를 설명하는 데는 유용하지만, 그 보수성으로 인해 변화를 설명하기 어렵다는 비판 또한 가능해보인다. 하지만 '마음의 습속'을 이론적으로 문제시한 토크빌이나 벨라 등은 구조와 제도 등과 관계를 맺으며 구축된 습속은 항상 새로운 행위나 의식, 감정 등에 의해서 변화될 수 있음을 인지하고 있었다.[10] 무엇보다 최근 미국 민주주의의 몰락을 분석한 여러 연구에서 미국인들의 마음의 변화로 촉발된 부정적 사회현상을 주목한다는 점에서 습속의 변화 가능성은 많은 연구자들이 동의하고 있는 듯하다. 그만큼 구조의 급격한 변화와 이에 대응하는 새로운 행동과 의식의 등장 속에서 습속의 독립성이 유지되기란 쉽지 않다. 그렇다면 급속한 사회변화와 이에 따른 일상의 재편을 경험하고 있는 북한주민의 마음의 습속은 어디쯤 위치하고 있을까?

우선 주체사상이 주조한 마음의 습속에는 틈새가 발견되고 있다. 그 근본적인 원인으로는 주체사상이 신성시해온 수령이 더 이상 현존하지 않기 때문이다. 그만큼 수령의 절대적 위치는 약화될 수밖에 없었으며, 통치 이데올로기로서의 주체사상의 영향력 또한 예전과는 사뭇 다르다. 물론 최근 북한은 김일성과 김정일을 함께 '수령'으로 호명하면서 기존의 주체사상의 근간을 유지하려는 노력을 계속하고 있다. 예컨대 2016년에 열린 제7차 당대회에서는 노동당을 '김일성-김정일주의당'으로 규정하였으며, 김정은을 "김일성-김정일주의화를 최고강령으로 틀어쥐고 혁명의 최후승리를 이룩하기 위한 진로를 뚜렷이 밝"히는 "당과 인민의 최고령도자"로 호명한 바 있다(『로동신문』 2016). 덧붙여 『당의 유일사상체계확립의 10대 원칙』은 김정은의 집권에 따른 변화된 정세를 반영하기 위해서 2013년에 무려 39년 만에 전면 개정되기도 했다. 개정된

10　토크빌의 경우 미국의 사례를 분석함으로써, 프랑스의 전근대적 습속을 어떻게 바꿔낼 것인가를 고민했다는 점에서 습속의 긍정적 변화를 연구의 목적으로 삼았다고 해도 과언이 아니다.

10대 원칙에서는 김일성주의는 "김일성-김정일주의화"로, "김일성-김정일은 당과 인민의 영원한 수령"이자 "주체의 태양"으로 정의되었다(오경섭 2013). 김정은에게 권력을 넘긴 김정일이 '수령'의 위치에 새롭게 등극하였을 뿐만 아니라 "백두혈통"이라는 표현을 성문화하는 등 10대원칙의 개정은 김정은의 절대적 권력을 정당화한다. 덧붙여 김정은은 의도적으로 할아버지 김일성의 청년시기의 모습을 흉내 냄으로써, 상징적 권위를 바탕으로 한 통치 권력을 강화하고 있다.

하지만 고난의 행군과 3대 세습을 거치면서 북한 사회의 근간은 흔들릴 수밖에 없었다. 오랫동안 추앙해 온 절대적 존재인 김일성의 사망까지 겹치게 되면서 수령론이나 사회정치적 생명체론 등과 같은 이데올로기 체계는 북한 주민의 일상과 분리되었다. 흥미롭게도 남한으로 온 북한 출신자들 대부분은 김일성에 대한 긍정적인 기억과 김정일에 대한 상대적으로 부정적인 정서를 공유하는 경향이 있는데, 이는 김일성 시기까지만 해도 수령의 절대적인 믿음이 작동되었지만 고난의 행군과 함께 권력을 이양 받아 '선군사상'을 더 중시했던 김정일은 그의 아버지만큼의 신적 존재로 등극하지 못했음을 반증한다. 다시 말해 김일성의 사망과 식량난, 그리고 군을 중심으로 한 규율통치 등이 겹치면서 북한주민의 마음의 습속에는 더 이상 수령이라는 존재가 갖는 신성함을 찾아보기 어렵게 된 것이다.

게다가 1990년대 중반부터 곳곳으로 확장된 시장은 북한 사회의 변혁의 다른 이름이었다. 이제 주민들은 당이나 조직생활을 통해서 일상을 실천하는 것이 아니라 시장이라는 전혀 다른 공간과 사회적 관계에 매달려 생존을 유지하게 되었다. 수령의 영도에 절대적으로 순종하고 충성하는 것이 중요했던 북한주민은 갑작스레 개인의 생존과 이해관계 관철에 매달리게 된 것이다. 이 과정에서 허울만 남은 '수령'이라는 존재보다는 당장 내 주변에서 물건을 공급해주고, 단속을 무마해주며, 물건을 사주는 다수의 인민들이 더 중요해지게 된다. 과거 수령의 가르침을 기준으로 자신과 동료의 삶을 평가하는 장이었던 생활총화에서 이제는 서로 간의 체면을 지켜주는 '예의'가 더 중요한 행동규칙이 되었다. 아래는 호상비판에 대한 북한 출신자들의 불편했던 경험을 진술한 것이다.

그래도 기분 나쁘지. 원래는 혁명적 원칙에 따라 그러면 안 되는 건데. 나한테 뭐라고 비판하면 속으로는 나중에 나도 복수해야겠다 뭐 그런 생각도 들지. 사람인데. 그래서 난 사실 정말 그쪽이 불편한 거 크게 문제가 될 것은 비판하지 않는다고. 사람 마음 다 똑같으니까.

생활총화에 임하는 자세나 태도가 과거와는 확연히 달라지고 있는 것이다. 수령이나 국가와의 직접적인 관계가 아닌 일상에서 마주치는 동료와 이웃을 중요시하면서 서로를 배려하려는 다양한 문화적 규칙이 새롭게 실천되고 있는 것이다. 주체사상이 강조한 수령-인민의 수직적 관계와 수령의 지침을 따르는 것이 가장 중요한 도덕률이라는 믿음에 조금씩 변화가 포착되고 있다.

또한 주체사상의 실천으로 작동해온 신소제도에 대한 부정적 결과 등이 북한의 문학에서 발견되기도 한다. 특히 사람들 사이의 협력적 관계의 중요성을 강조하면서, 신소제도의 오작동을 언급한 것이 최근 북한 문학에 등장하기도 했다. 예컨대 2017년 『조선문학』에 실린 단편 중 김명호의 〈무역과장〉이라는 작품에서는 수령과 당의 지도의 중요성보다는 사람들 사이의 도리나 예의 문제가 다루어지고 있다. 특히 이 소설에서는 신소를 인간관계를 파탄내는 것으로 부정적으로 그리고 있다는 점이 특이하다. 신소를 청한 주인공의 어머니와 외할아버지를 "죄를 지은" 자로 설명하는 것이나, 신소로 파괴된 인간적 관계를 회복하려는 결단을 한 경순 과장을 "큰 사람"과 "강자"로 언급하기도 한다. 인간에 대한 정이 무엇보다 중요하다고 설명하면서, 신소했던 과거를 잊어버리고 용서하는 행동에 큰 도덕적 가치를 부여한다. 이 소설이 신소 그 자체에 대한 명확한 입장을 표명하고 있지는 않지만, 등장인물의 갈등을 만들어내는 것으로 신소를 문제시한다는 점, 그리고 해결 방안을 등장인물 간의 '용서'로 했다는 점은 변화한 신소제도의 작동을 은연중에 드러내는 것이기도 하다. 신소의 문제로 인해 인간적인 감정을 갖는 것이나 복수를 하는 것 등은 김일성과 김정일 모두 경계했던 것인데, 그럼에도 불구하고 신소가 만들어내는 이러한 부작용을 이 소설은 인정하고 있는 것이다. 그러면서 동료와의 협력과 이해, 주변 사람들을 배려하는 태도, 상대방의 잘못을 용서할 수 있는 배포 등을 강조하는 것으로 사람들 사이의 관계 맺기의 중요성을 전면화하고 있다.

이렇듯 변화하는 환경에 따라 북한사회에서 신소제도는 점차 그 영향력이 약화되고 있는 것으로 보인다. 탈북자 인터뷰에서 확인된 바로는 신소과가 각 조직마다 존재하기는 하지만 최근에는 구성원 간의 이해관계가 첨예하게 작동하면서 점차 신소하는 것을 꺼리게 되는 분위기라고 한다. 과거 동일한 원칙에 따라 상위 기관이나 지도자에게 직접 문제제기를 할 수 있었다면, 이제는 함께 공유할 도덕적 원칙이 존재하지도 않으며 생존하기 위해서는 당 관리, 동료, 주변 이웃과 문제를 만들지 않는 것이 더욱 중요하게 된 것이다.

그렇다고 북한주민이 공유해온 마음의 습속이 완전히 대체되었다고 판단하기는 아직 시기상조인 듯하다. 탈북 지식인인 최진이는 신소제도는 북한사회의 도덕이 붕괴되면서 더 이상 작동하지 않게 되었다고 분석한다. 그녀는 신소를 "양심인과 정의감을 가진 사람들이 지탱할 수 있는 그리 가늘지 않은 기둥"이라고 언급하면서, "정치적 자유의 뙤창문(작은창)"이라고까지 평가한다. 고난의 행군 전까지만 해도 활발하게 작동했던 신소제도가 1998년부터는 사실상 작동하지 않게 되었다는 것이다. 역시 고난의 행군과 수령의 죽음을 겪으면서 사회가 작동하지 않게 되었고, 그 과정에서 자유의 작은 기회마저 사장되었다는 것이 그녀의 평가이다. 여기서 흥미로운 점은 북한 출신인 그녀가 지도자에게 직접 고하는 것이 '양심'이요 '정의'라고 생각한다는 것이다. 물론 북한사회의 소통부재와 강압적인 규율구조를 비판하기 위해서 신소제도를 과도하게 민주적 장치로 설명한 것일 수 있지만, 또 한편으로는 북한 출신자들 사이에서는 충분한 명분과 이유만 있다면 수령이 해결해줄 수 있을 것이라는 믿음이 존재함을 증명해주기도 한다. 즉 인민의 절체절명의 문제를 지도자는 해결해줄 수 있다고 믿는 독특한 마음의 습속이 여전히 흔적으로 남아 있는 것이다.

주체사상과 긴밀하게 연관되어 구축된 습속은 문화와 마음의 지층에 남아 일상의 행동과 의식에 영향을 미치고 있다. 예를 들어 수령에 대한 절대적 복종이라는 습속은 약화되었지만, 여전히 권력자에 순응하는 태도는 유지되고 있다. 북한 주민은 개인 사이의 갈등이 불거지면, 상급자에게 스스럼없이 보고하거나 해결을 요청하는 경향이 있는데 이는 그들의 마음의 습속이 규정한 행동이라는 관점으로 해석 가능하다. 권력자와의 직접적 관계를 지향하는 태도는 북한주민이 공유하는 경향성으로 일상의 상황에서 곧잘 소환되는 것이다.

> 우리는 인생은 한방이라는 생각이 강해요. 밑져야 본전이라는 거지요. 높은 사람들 눈에만 들면 해결될 수도 있고, 아니면 말고 뭐 이런 식. 그래서 한국에 온 탈북자들은 문제만 생기면 바로 가장 높은 사람한테 뛰어올라가서 난리치는 거에요. 그 사람이 다 해결해줄 수 있다고 믿는 거지요.[11]

반대로 남한 주민들은 주변과의 다툼을 지양하고자 하는 감정성을 공유하고 있기 때문에 개인 간의 갈등이나 이해다툼을 개인의 수준에서 해결하는 것을 선호한다. 직장과 같은 조직 내에서 상급자에게 개인 간의 갈등을 보고하거나 해결을 요구하는 것은 '고자질'로 폄하하는 경향도 뚜렷하다. 동료 간의 수평적 관계보다 상급자와의 수직적 관계를 우선시하는 사람들을 기회주의자로 낙인찍거나 "강한 자에 약하고, 약한 자에게 강하다"는 표현까지 동원

---

11   탈북자 A씨와 인터뷰. 2018. 7월. A씨는 40대 중반의 여성으로 한국에서 사무직으로 일하고 있다.

해가며 문화적으로 터부시하기도 한다. 이러한 남한 주민에게 북한 출신자들의 위와 같은 집합적 경향성은 이해하기 어려운 것으로 치부되거나 때로는 이들에 대한 부정적 평가로 이어지기까지 한다. 하지만 북한주민이 지금까지 체화해 온 사상과 이것이 물질화된 제도를 감안했을 때 이들의 이러한 실천 양식이나 의식체계는 마음의 습속이라는 무정형의 힘에 의해 조정되고 있다. 이는 변화된 사회구조나 환경에 따라 상당부분 재구성될 수 있지만 또 다른 측면에서는 문화적 규범체계와 몸의 습관으로 남아 계속 그 흔적을 남길 가능성도 높다.

지도자에 절대적으로 충성하고 복종하는 마음의 습속은 남한으로 이주한 이후에도 지속되는 경향이 짙다. 남한으로 이주한 북한 출신자들이 가장 이해하기 어려운 점은 정부와 대통령에게 비판적인 남한의 시민들인데, 그 이유는 권력을 가진 대통령이나 정치 세력에게 복종하는 것이 이들의 마음에는 훨씬 익숙하기 때문이다. 북한이탈주민의 정치적 재사회화를 연구한 현인애와 북한출신자의 투표행위를 경험적으로 분석한 김영달의 연구는 공통적으로 북한출신자들이 친여당, 친정부적인 정치적 성향을 띠고 있음을 밝혔다(현인애 2014; 김영달 2016). 이러한 정치적 성향과 투표행태는 구체적인 정책이나 정치적 입장 차이보다는 권력자에 대한 그들의 입장과 태도를 고려해서 해석할 때 더 설명력이 높아진다. 즉, 권력자는 반대하고 견제하는 것이 아니라 순응하며 복종하는 것이라고 믿는 그들에게 대통령과 정부를 비판하며 거리에 나서는 남한 주민의 행동은 이해하기 어려운 것일 수 있다. 그만큼 정치 지도자를 향한 이들의 태도와 의식은 여전히 과거의 자장에서 완전히 자유로울 수 없는 것이다.

새로운 습속의 형성은 하루아침에 완성되는 것이 아니다. 수령의 자장에서 완전히 벗어나 진정한 주체적 인간의 탄생은 자신의 이익을 추구하면서도 공공의 선을 고려하려는 태도가 확산될 때 가능해질 수 있을 것이다. 또한 수령 아래에서의 평등이 아닌 인간 개개인의 가치로서의 평등한 관계가 공고화되는 것도 중요한 이행 지표일 것이다. 그만큼 갑작스런 계기로 완성되기 어려운 지난한 과정일 것이다. 비슷한 맥락에서 토크빌은 구습이 청산되고 새로운 습속이 등장하는 그 과정에서 도사리고 있는 위험성을 경고한 바 있다. 토크빌은 프랑스의 사례를 들면서 민주적 사회로 이행되는 시기에 사람들은 오히려 더 많은 것의 급격한 변화를 요구하는 경향이 있고, 이로 인해 공공성에 대한 감각을 쉽게 잃어버리게 된다고 우려한다.[12] 역사적으로 볼 때 평등이 확산될 때 오히려 더 심한 사회적 갈등이 표출되어왔고, 이것이 부메랑이 되어 결국 민주적 습속과는 반대 방향으로 퇴행된 사례를 되새길 필요가 있다. 북한이 지금 경험하고 있는 사회변화는 주체사상적 습속의 수정을 이끌 수밖에 없고, 궁극적으로는 새로운 습속을 추동할 확률이 높다. 하지만 그 과정은 결코 녹록하지 않을 것이며, 무엇보다도 상당한 시간이 필요할 것이다.

---

12 토크빌(2013b, 3장)을 참고하라.

VI 나가며

북한은 '우리식 사회주의'를 표방하고, 주체사상을 강조하는 방식으로 북한사회를 구성해왔다. 주체사상이 종교성을 강화하기 시작하면서 북한주민들의 특정한 마음의 습속을 재구성하였으며, 수령에 대한 절대적 복종과 충성은 이들이 자신들의 존재를 지도자와의 수직적 관계를 통해서 구축하게 하는 결정적 계기가 되었다. 일상적으로 실천되는 조직생활과 규율구조는 이들에게 지도자의 뜻을 따르는 것을 최우선으로 하게 하였으며, 의도하지 않은 결과로 주변의 동료나 이웃과는 다소 평등하고 독립적인 관계를 구축하게도 하였다. 이러한 관계성이 좀 더 명확해지는 것이 바로 신소라는 제도인데, 이는 지도자와 인민 사이의 직접적 소통이 가능하다는 신화를 사회 전체에 확산시키는 역할을 하였다. 즉 인민은 자신들의 곤경을 지도자가 해결해줄 수 있다는 의식과 태도를 갖게 되었으며, 상대적으로 당 간부에 대한 불신과 일상 수준에서의 주변 동료에 거리 두기 등의 실천을 가능하게 하였다.

북한주민의 이러한 마음의 습속은 수령의 죽음, 고난의 행군, 시장화의 확산이라는 커다란 사회 변화를 겪으면서 상당부분 수정되고 있다. 일상 속의 협력이나 공모가 생존에 직결되는 상황에서 북한주민은 이제 지도자와의 직접적인 소통이나 이념을 추종하는 것이 더 이상 중요하지 않다는 것을 체감하고 있다. 시장을 기반으로 새롭게 구축된 일상의 관계들이 점차 중요해지면서, 이제 주민들은 지도자가 아닌 주변의 동료, 당 간부, 이웃과 새로운 관계를 맺어가고 있다.

그럼에도 북한주민이 구축한 이 독특한 마음의 습성은 여전히 흔적으로 남아 작동하고 있다. 수평적이며 개인주의적 관계를 지향하기보다는 권력자에 대한 맹목적인 순응과 충성이 여전히 그들의 몸과 마음에 배태되어 있으며, 이는 이들의 현재와 미래를 규정 짓는 힘 중 하나이다. 예컨대 남한으로 이주해 온 북한 출신자들이 조직 내에서 동료들과의 관계를 힘겨워하는 것이나 수직적 관계가 짙은 종교에 쉽게 빠져드는 양상, 거기에 정치 지도자들에게 무조건적으로 순응하려는 태도 등이야말로 이들이 북한에서부터 구축한 마음의 습속이 남한으로 이주해 온 이후에도 여전히 작동하고 있음을 짐작케 하는 대목이다.

남한으로 이주해온 북한 출신자가 이러하다면 북한에서 살아가고 있는 북한주민들은 더욱 기존의 마음의 습속에서 자유롭지 못할 듯하다. 게다가 북한은 김일성이라는 수령보다는 약화되었지만 '당과 인민의 최고령도자'인 김정은의 통치가 계속되고 있다. 그만큼 지도자의 절대적 위치는 그 경중의 차이가 있지만 여전히 지속되고 있는 것이다. 어쩌면 신적 지도자에 익숙한 이들의 습속이 북한의 3대 세습을 가능하게 했던 중요한 자원이라는 해석도 가능하겠다. 그렇다면 향후 북한 사회의 변화가 급격하게 이루어진다고 할지라도 북한 주민의 이러한 성향은 쉽사리 대체되거나 사라지기 어려울 것이다. 또한 이를 간파한 독재자들이 그들의 권력을 계속 유지하려는 방편으로 활용할 가능성도 여전히 존재한다. 무엇보다도 절대적 지도자 아래에서의 미약한 인민이 아닌 진정으로 독립적이고 개인적인 주체로 변화하기 위해서는 생각보다 많은 시간과 노력이 필요할 것이다. 전 세계의 많은 사례에서 피를

흘리며 성취한 민주화가 대중 스스로에 의해서 다시금 전복되었던 사례를 되새겨볼 필요도 있다.

북한주민이 공유하는 마음의 습속을 분석한다는 것은 쉬운 일이 아니다. 그것이 지닌 방대함, 포괄성 그리고 모호함 때문이기도 하지만 북한주민과의 접촉면이 상대적으로 제한적인 남한 출신 연구자에게는 그것을 해석할 수 있는 문화적 자원에 한계가 있기 때문이다. 그럼에도 불구하고 이 시도가 설혹 단편적일지라도 북한주민들의 문화, 습속에 접근하려 하는 것은 앞으로 만나게 될 북한 '사람'을 이해하기 위한 몸부림이라고 하면 좋겠다. 북한주민과의 접촉, 교류, 궁극적으로는 더불어 살아가기 위한 방안을 모색해야 하는 남한 사회는 이들이 오랫동안 구축해 온 문화와 이들만의 독특한 사회적 마음이 무엇인지 끈질기게 탐구할 필요가 있다. 무엇보다도 더 다양한 후속연구를 통해 북한주민이 공유하는 마음의 습속에서 사회의 질적인 변화를 추동할 수 있는 힘이 존재하는지, 만약 있다면 그것을 강화하기 위한 사회적 방안은 무엇인지 살피는 작업도 요구된다. 이는 단순히 북한주민의 문화를 이해하는 것에서 한 걸음 더 나아가 한반도의 공동체를 모색하기 위한 실천적 노력의 일부분일 것이다.

참고문헌

1. 북한자료

1) 단행본

김일성. 1979a. "일부 당단체들의 사업에서 나타나고있는 오류와 결함을 퇴치할데
　　　대하여, 북조선로동당 중앙위원회 제6차회의에서 한 보고, 1947년 3월 15일."
　　　『김일성저작집』 제3권. 평양: 조선로동당출판소.
＿＿＿. 1979b. "당단체들의 사업을 개선강화할데 대하여, 북조선로동당 중앙위원회
　　　제5차회의에서 한 결론, 1947년 2월 13일."『김일성저작집』 제3권. 평양:
　　　조선로동당출판소.
＿＿＿. 1983. "당사업을 개선하며 당대표자회 결정을 관철할데 대하여. 도, 시,
　　　군및공장당책임비서협의회에서 한 연설/ 1967년 3월 17~24일."『김일성저작집』
　　　제21권. 평양: 조선로동당출판사.
김정일. 1987a. "당과 혁명대오의 강화발전과 사회주의경제건설의 새로운 앙양을
　　　위하여: 조선로동당 중앙위원회 책임일군들 앞에서 한 연설, 1986년 1월 3일."
　　　『김정일저작집』 제8권. 평양: 조선로동당출판사.
＿＿＿. 1987b. "온 사회를 김일성주의화하기 위한 당사상사업의 몇가지 과업에
　　　대하여: 전국당선전일군강습회에서 한 결론 1974년 2월 19일."『주체혁명위업의
　　　완성을 위하여 3』. 평양: 조선로동당출판사.
＿＿＿. 1992. "주체사상에 대하여."『친애하는 지도자 김정일동지의 문헌집』. 평양:
　　　조선로동당출판사.
사회과학출판사 편. 1989.『주체사상의 철학적 원리』(주체사상 총서 1). 서울:
　　　백산서당.
『조선말대사전』. 2002. 평양: 사회과학출판소.

2) 신문 및 기타자료

『근로자』. 1973. "혁명하는 사람에게 있어서 가장 고귀한 것은 사회정치적 생명이다."
　　　8호.
『로동신문』. 2016. "조선로동당 제7차 대회 결정서, 2016년 5월 9일: 경애하는 김정은
　　　동지를 우리당의 최고수위에 높이 추대할데 대하여." 2016. 5. 10.

2. 국내자료

1) 단행본

권헌익·정병호. 2013.『극장국가 북한: 카리스마 권력은 어떻게 세습되는가』. 서울:
　　　창비.
김경동. 1992.『한국인의 가치관과 사회의식』. 서울: 박영사.

김병로. 2000. 『북한사회의 종교성: 주체사상과 기독교의 종교양식 비교』. 서울: 통일연구원.

_____. 2016. 『북한, 조선으로 다시 읽다』. 서울: 서울대학교출판부.

김영달. 2016. 『북한이탈주민 투표행태연구: 지역변수를 중심으로』. 북한대학원대학교 박사학위 논문.

박순성·홍민. 2010. 『외침과 속삭임, 북한의 일상생활세계』. 서울: 한울.

박영자. 2017. 『김정은 시대 조선노동당의 조직과 기능: 정권 안정화 전략을 중심으로』. 서울: 통일연구원.

서재진. 2006. 『주체사상의 이반: 지배이데올로기에서 저항이데올로기로』. 서울: 박영사.

이교덕. 2002. 『김정일 현지지도의 특성』. 서울: 통일연구원.

정수복. 2007. 『한국인의 문화적 문법』. 서울: 생각의 나무.

조은희. 2006. 『북한 혁명전통의 상징화 연구』. 이화여자대학교 사회학과 박사학위 논문. 서울: 이화여자대학교.

토크빌, 알렉시스 드 저·임효선·박지동 역. 2013a. 『미국의 민주주의 1』. 서울: 한길사.

_____. 2013b. 『미국의 민주주의 2』. 서울: 한길사.

통일정책연구소. 2003. 『주체사상과 인간중심철학』. 서울: 예문서원.

파머, 파커 J. 저·김찬호 역. 2012. 『비통한 자들을 위한 정치학: 왜 민주주의에서 마음이 중요한가』. 서울: 글항아리.

퍼트넘, 로버트 D. 저·정승현 역. 2016. 『나홀로 볼링: 사회적 커뮤니티의 붕괴와 소생』. 서울: 페이퍼로드.

현인애. 2014. 『북한이탈주민의 정치적 재사회화 연구』. 이화여자대학교 박사학위 논문.

혹쉴드, 앨리 러셀 저·유강은 역. 2017. 『자기 땅의 이방인들: 미국 우파는 무엇에 분노하고 어째서 혐오하는가』. 서울: 이매진.

홍민·박순성. 2013. 『북한의 권력과 일상생활』. 서울: 한울.

2) 논문

김성경. 2016. "북한 주민의 일상과 방법으로서의 마음: 생활총화와 검열의 상황에서의 공모하는 마음." 『경제와 사회』 109: 153-190.

송재룡. 2008. "한국사회의 자살과 뒤르케임의 자살론: 가족주의 습속과 관련하여." 한국사회이론학회 엮음. 『뒤르케임을 다시 생각한다』. 서울: 동아시아.

_____. 2009. "한국 사회의 문화구조 특성에 대한 연구: 전근대적 문화 습속을 중심으로." 『담론 201』 12(3): 5-34.

오경섭. 2013. "10대원칙 개정안의 주요 내용과 정치적 의미." 『정세와 정책』 9.

유승무·신종화·박수호. 2015. "북한사회의 합심주의 마음문화." 『아세아연구』 58(1): 38-65.

유호열. 1994. "김일성 '현지지도'연구: 1980-1990년대를 중심으로." 『통일연구논총』 3(1): 199-203.

이우영·구갑우. 2016. "남북한 접촉지대와 마음의 통합이론: '마음의 지질학' 시론."

『현대북한연구』 19(1): 269-310.

이황직. 2009. "토크빌의 제도와 습속의 방법론 연구: 『미국의 민주주의』를 중심으로."
『사회와 이론』 25: 145-175.

정유석·곽은경. 2015. "김정은 현지지도에 나타난 북한의 상징정치." 『현대북한연구』
18(3): 156-224.

3) 신문

구갑우. 2013. "권력의 미학만으로 '카리스마'의 지속을 설명할 수 있을까." 『교수신문』
2013년 3월 4일.

최진이. 2001. "'중앙당 1호 신소'는 '북한의 현대판 신문고'." 『NK조선』 2001년 3월
29일. http://nk.chosun.com/news/articleView.html?idxno=5477

3. 국외자료

1) 단행본

Bellah, Robert N. et al. 2007. *Habits of the Heart: Individualism and Commitment
in American Life*. LA: University of California Press.

Bourdieu, Pierre. 1977. *Outline of a Theory of Practice*. Cambridge: Cambridge
University Press.

Durkheim, Emile. 1951. *The Rules of Sociological Method*. New York: Free Press.
_____. 1995. *The Elementary Forms of Religious Life*. New York: Basic Books.

2) 논문

Jensen, Arnett. 1995. "Habits of the Heart Revisited: Autonomy, Community,
and Divinity in Adults' Moral Language." *Qualitative Sociology* 18(1): 71-
86.

Smith, Hazel. 2000. "Bad, Mad, Sad or Rational Actor? Why the 'Securitization'
Paradigm Makes for Poor Policy Analysis of North Korea." *International
Affairs* 76(3): 593-617.

필자 소개

김성경 Kim, Sung Kyung

북한대학원대학교(University of North Korean Studies) 교수
영국 에섹스대학교 사회학과 졸업, 동 대학원 사회학 박사

논저 『분단된 마음의 지도』(공저), 『탈북의 경험과 영화 표상』(공저), "북한이탈주민의
월경과 북중 경계지역: 감각되는 장소와 북한이탈여성의 젠더화된 장소감각", "북한 주
민의 일상과 방법으로서의 마음: 생활총화와 검열의 상황에서의 공모하는 마음", "이
동하는 북한 여성의 원거리 모성: 친밀성의 재구성과 수치심의 가능성", "I Am Well-
Cooked Food': Survival Strategies of North Korean Female Border-Crossers and
Possibilities for Empowerment"

이메일 ksksocio@kyungnam.ac.kr

제8장

도의적 책임 논리와 일본군'위안부' 문제 인식의 정치과정

— 1990년대 일본의 제한적 국제규범 수용과

「고노 담화」

Logic of Moral Responsibility and Political Process to the
Perception of Japanese Military 'Comfort Women' Issue
— Japan's Regulated Compliance of International Norm in
the 1990s and "Kono Statement"

이민정 | 서울대학교 외교학 석사

일본군 '위안부'

문제를 비롯한 한일 간의 과거사 갈등 봉합은 한일 양국의 범위를 넘어서 관련 국가의 외교적 대응, 동아시아 국제질서의 동학, 국제체제적 변화 등의 국제정치적 움직임과 밀접하게 연동하며 전개되었다. 본 논문에서는 국제정치와 국내정치의 연계에 주목한 분석의 틀을 이용하여 1993년 8월 4일 「고노 담화」 형성과정에 관한 연구를 진행한다. 이에 따라 일본군 '위안부' 문제에 대한 일본 정부의 인식과 해결의 논리를 구성하는 "도의적 책임" 논리 탄생의 정치과정을 규명하고, 1990년대 일본군 '위안부' 문제를 둘러싼 일본정치에 대한 새로운 이해를 시도한다. 본 논문의 연구 질문은 '일본 정부는 왜 "도의적 책임"을 일본군 '위안부' 문제의 해결 논리로 선택하였는가'이며, 정치적 선택의 원인과 과정의 규명을 연구목적으로 한다. "도의적 책임" 논리는 일본군 '위안부' 문제의 발현 이후 일본 정부의 '위안부' 문제에 대한 인정과 인식의 정치과정을 통해 다수의 정치적 가능성 속에서 구성되고 선택되었으며, 결과적으로 1990년대 국제정치적 변화를 인지한 일본 정부의 제한적 국제인권규범 수용을 통한 국제공헌의 시도이자 일본의 정치대국화와 전후책임 문제의 완결을 위한 정치적 판단의 결과였음을 규명한다.

Historical conflicts between Korea and Japan, including the Japanese military 'comfort women' issue, have been closely intertwined with international political changes that exist beyond the boundary of bilateral relationship. In this article, I attempt to propose a comprehensive analytical framework for understanding politics surrounding the 'comfort women' issue through critical examination of dynamic linkage between international and domestic politics within Japan's political process to the formation of "Kono Statement" from May 1990 to August 1993, in which the Japanese government revealed its perception of 'comfort women' issue and "moral responsibility" as a logic for viable settlement. My research question is "Why had the Japanese government decided "moral responsibility" as a central logic for the settlement of Japanese military 'comfort women' issue?" The question intends to reveal international and domestic variables, which led the Japanese politicians to produce such political decision in 1993. I illustrate how the Japanese political elites had constructed and why they had chosen the logic of "moral responsibility" from a large set of possibilities by examining the political process of the Japanese government's acknowledgment and recognition of 'comfort women' issue. In conclusion, I claim that the logic of "moral responsibility" was designed as a part of Japan's post-Cold War UN diplomacy and appeasement policy for Asian neighbors for its grand strategy to newly emerge as a global political power and to finalize its postwar responsibilities through the government's decision on regulated compliance of international norm.

KEYWORDS 일본군'위안부' 문제 Japanese military 'comfort women' issue, 도의적 책임 moral responsibility, 국제규범 international norm, 전후책임 postwar responsibility, 일본외교정책 Japan's foreign policy, 국제정치와 국내정치 international and domestic politics

I 서론

한일관계에서의 역사적 갈등은 동아시아 지역 관계 또는 국제관계적 맥락에서 이해되기보다 한국과 일본 당사자 간에 해결되어야 할 문제로 인식되어왔다. 하지만 한일관계는 전후 국제정치, 특히 미국의 동아시아 정책과 밀접한 연관을 맺으며 전개되었으며, 국제규범의 발전과도 연동하며 진행되었다. 한일 간의 과거사 갈등 사례 중 하나인 일본군'위안부' 문제[1] 또한 문제 제기가 이루어진 후 약 30년에 가까운 시간 동안 국내외 시민운동, 국제사회의 움직임과 초국가적 연대운동 등으로 그 범위와 의미가 확장되었다. 이에 따라 '위안부' 문제를 이해하고 이를 해결하기 위해서는 한일 양국의 틀을 넘어 미국의 동아시아 정책과 국제사회의 동향, 그리고 이러한 국제적 요인을 수용하고 대응하는 국내정치적 과정을 함께 고려하는 통합적 분석이 요구되고 있다.

　기존의 연구는 일본 정부의 정책이 지닌 법적, 도의적 문제점과 한계를 지적함으로써 일본군'위안부' 문제가 여전히 해결되지 않았음을 보이고, 실질적인 해결을 위하여 필요한 조건들을 도출해내는 데 중요한 역할을 하였다. 하지만 일본 정부가 취한 일련의 조치는 관련 국가들의 외교적 대응과 국내외 압력에 반응하여 일

1　위안부, 종군위안부, 일본군'위안부', 성노예 등의 용어는 대상을 바라보는 다양한 시선과 그 본질에 대한 서로 다른 관계성을 보여주고 있다. 본 논문에서는 개념어로서 일본군'위안부' 또는 '위안부'를 사용하고 있으며, 여기서 '위안부'란 1931년부터 15년간의 전쟁을 치른 일본이 효율적인 전쟁 수행을 위하여 군인들을 대상으로 마련한 여성의 성을 제공하는 시스템 속에 동원되어 성노예 역할을 강요당한 여성들을 말한다(서울특별시·서울대학교 인권센터 2016, 15).

본이 아시아와 국제사회를 대상으로 문제 해결을 시도하고자 국내 정치과정을 통해 논의, 결정한 사례들이다. 이러한 결과들을 정치적 현상으로써 포착하고 이에 대한 분석이 필요하다는 문제의식을 바탕으로 진행된 최근의 연구에서는 일본 국내의 정치적, 사회적 한계를 지적하는 데 중점을 두었으나, 앞서 언급한 대로 일본군 '위안부' 문제를 둘러싼 정치과정을 국제정치와 국내정치가 연계하는 복합적인 현상으로 포착하고, 과거 사례가 시사하는 정치적 가능성과 한계성에 관한 연구가 시도되어야 한다. 그 이유는 일본군'위안부' 문제의 해결이 난제인 까닭이 문제의 본질적인 역사적, 사회적 특성—식민주의, 젠더, 인권, 계급 등—의 복잡성에도 기인하지만, 문제가 해결되는 과정에서 발생한 왜곡과 오류, 행위자의 다양화 등의 후천적인 요인에도 근거하기 때문이다. 따라서 일본군'위안부' 문제의 해결을 위해서 1990년대 이후 정치 주체들의 노력이 조속하고 미숙한 미봉책들을 이용한 '해결'로² 수렴하게 된 요인들을 규명하는 노력이 수반되어야 한다.

따라서 본 논문의 연구 질문을 '일본 정부는 왜 "도의적 책임"을 일본군'위안부' 문제의 해결 논리로 선택하였는가'로 설정하고, 결정의 원인과 정치과정의 규명을 연구목적으로 한다. 특히 1990년대 당시의 국제정치적 조건이 일본 국내정치의 구조적, 시기적

2 '해결'은 좁게는 일본의 과거사 문제에 대한 배상, 보상, 청구권의 문제를 샌프란시스코 조약이나 다양한 양자 조약을 통해 법적으로 '해결'해 온 기존의 갈등 봉합 정책을 뜻하며, 넓게는 갈등을 관리하기 위한 국가 간의 정치적 결착 및 합의를 뜻한다(기미야 2013, 16). 본 논문에서 일본군'위안부' 문제의 '해결'은 앞서 서술한 정의 중 광의(廣義)의 해결을 의미하며, 현재까지 이루어진 정부 간의 '해결'이 정치적 행위의 성격을 강하게 포함하고 있는 국가 간 결착이자 합의였음을 지적한다.

속성에 따라 재구성되거나 반대로 국내적 조건이 국제정치적 환경에 따라 변화하는 현상에 주목함으로써 일본군 '위안부' 문제를 둘러싼 국제정치와 국내정치의 연계를 새로운 통합적 이해의 틀로서 제시하고자 한다. 이에 따라 본 논문에서는 국내외적 변수에 대한 국내 정책결정자들의 정치과정을 중시하는 신고전현실주의 이론과 외교정책론을 검토하여 국제정치와 국내정치 연계에 주목하는 분석의 틀의 이론적 당위성을 확인하고, 일본군 '위안부' 문제가 한일 간의 역사갈등 사례이자 전시(戰時) 여성인권 문제라는 점에 착안하여 주요 국제정치적 환경요인과 국내정치적 설명요인을 도출한다. 그리고 1차 자료 중심의 문헌 검토를 바탕으로 일본의 정치과정을 역사적으로 재구성함으로써 일본 정부가 미야자와 내각 기간 일본군 '위안부' 문제에 대한 인정과 인식의 과정을 통해 일본외교의 대상을 설정하고, 국가책임에 관한 국제규범을 제한적으로 받아들이는 방침으로 "도의적 책임" 논리를 결정했음을 밝힌다. 구체적으로는 탈냉전에 따른 국제정치환경의 변화가 일본의 정치대국화의 조건 중 하나로써 일본군 '위안부' 문제의 해결을 요구하였고, 미야자와 내각 시기 제1 여당인 자민당의 실용주의 세력이 정치 지도층을 구성했던 점과 외무성 관료집단과의 긴밀한 논의구조가 유지되었던 점이 국제정치 변화를 대응, 수용하는 국내정치적 조건을 형성함으로써 일본 정부가 제한적 국제규범의 수용과 아시아 유화 정책을 다양한 정치적 가능성 중에서 선택하였음을 규명한다. 그리고 그 결과로 선택된 국가의 "도의적 책임" 논리는 1990년대 국제정치적 변화를 인지한 일본 정부가 제한적 국제인권규범 수용을 통해 시도한 국제공헌의 UN외교 전략이자 일본의 정치대국화와 전후책임 문제의 완결을 위해 선택한 정치적 판단이었음을 지적한다.

II 이론적 검토: 국제규범 수용의 국제정치와 국내정치

한 국가의 외교정책 결정, 실행 과정은 다양한 행위자들이 국가이익의 개념을 형성하고 정책을 구성하는 과정이며, 특히 국가의 대외적인 행위를 결정하는 과정인 만큼 국내정치와 국제정치가 강하게 연계한다. 더욱이 20세기 후반 세계화, 민주화, 정보화가 세계적 규모로 진행되고, 탈냉전으로 국제정세가 급변하면서 탈냉전기 국가의 외교정책은 그 결정 과정에 영향을 미치는 요인이 다양해지고 과정 또한 복잡해졌다. 특히 과거사 문제, 인권침해에 관한 문제는 대중의 관심도가 높음에 따라 다수의 행위자가 개입하게 되며 정부는 높은 사회적 요구 또는 압력을 받게 되었다. 따라서 복잡한 외교정책 결정 과정에 대한 이해를 위해서는 먼저 행위자의 도출, 덧붙여 국제적, 국내적 차원의 환경적, 결정적 요인에 대한 분석을 위한 이론적 틀이 필요하며,[3] 본 논문에서는 국내정치 과정의 중요성을 강조하는 국제정치와 국내정치의 연계에 관한 논의를 살펴본다. 그리고 과거사 문제이자 인권침해 문제인 일본군 '위안부' 문제의 정치과정을 다룸에 앞서 탈냉전기 국제정치 환경

---

3   여기서 요인이란 정책 결정요인을 말하며 이는 "정책 결정을 둘러싼 환경과 조건"으로 정의된다. 또 환경과 조건이란 국내외 상황 또는 변화가 해당 국가의 정책 결정에 미치는 영향으로 이해할 수 있다(남궁곤 2018, 45-48).

의 가장 큰 변화 중 하나인 국제규범의 형성, 발전, 강화에 따른 규범의 국내적 수용에 관한 검토를 진행한다.

국제정치학에서는 오랜 기간 국제정치적 행위에 있어 국내정치의 중요성을 강조해왔다. 케네스 왈츠(Kenneth Waltz)는 국제정치과정을 분석하는 세 가지 분석수준을 제시하였는데, 그중 두 번째 이미지에 해당하는 것이 국가 내부에서 대외적 행위의 결정요인을 찾는 것이었다(Waltz 1954). 왈츠는 국가 간 관계와 상호작용에서 결정요인을 찾는 제3 이미지에 집중하였지만, 국제정치가 국내정치를 구성하기도 한다는 제2 이미지 역전이론(second image reversed)과 세 가지 수준의 상호작용적 연계정치(linkage politics)를 강조하는 연구 결과들이 축적되면서 국제정치학 안에서도 국내정치와 국제정치의 연계에 관한 이론적 논의가 하나의 영역으로 구축되어갔다(Gourevitch 1978; Rosenau 1969). 그중에서도 국내정치과정에 초점을 맞추어 국제정치적 행위, 특히 외교정책을 설명하고자 한 노력은 신고전현실주의와 외교정책론을 중심으로 발전해왔다. 여기서는 기존 논의가 전제하는 사례 또는 현상의 유사성(analogy) 또는 은유(metaphor)적 접근을 통해 본 논문이 취하는 분석 방향의 이론적 타당성을 확보하고, 중요 환경적, 설성적 요인을 도출해보고자 한다.[4]

신고전현실주의 학자들은 국제적 행위를 규정하는 국내정치과정의 중요성을 지적하고, "외교 정책적 행위는 국제체제적 압력

4   유진석은 "아이디어는 제공"하지만 "연구전략을 제시"하는 데는 부족하므로 기존의 논의를 일종의 분석틀로 받아들이는 것이 합당하다고 지적한다(유진석 2018, 79-80).

이 국내정치적 변수의 개입을 통해 걸러지면서 생산된다"라는 기본 전제 위에서 이론적 논의를 전개했다(Schweller 2006, 6). 대표적인 학자 란달 슈웰러(Randall L. Schweller)는 국가의 균형정책(balancing behavior) 차이가 국내 행위자들의 인식에 기초하여 형성된 위협의 정의에 따라 결정되며,[5] ① 정책결정자들 간의 합의, ② 정책결정자들 간의 응집력, ③ 정부와 정권의 취약성, ④ 사회적 응집력이 중요 국내적 변수로 작용한다고 설명했다. 즉, 합의가 가능할수록, 강한 응집력으로 내부 분열이 적을수록, 정권이 내부적으로 덜 취약할수록 적절한 정책에 접근할 것이라고 주장한다.[6] 특히 슈웰러의 논의는 정책결정자 간의 합의, 정치세력의 분열과 응집력을 정책 결정의 중요 변수로 제시하고 있다는 점에서 일본군 '위안부' 문제를 둘러싼 국내정치세력 간의 논쟁과 타협의 과정을 이해하고 분석하는 데 이론적 타당성과 중요한 함의를 제시한다.

외교정책론은 국제정치학과 모호한 경계를 나누면서도 독자적인 영역을 구축해왔다. 특히 국내정치과정에서 정책결정자가 국제체제 변수에 대한 '순응' 또는 '예외'를 선택하거나 체제적 변수가 특정 정책 유형의 선택 확률을 증가시키는 현상을 밝힘으로써

5   이러한 '인식'의 중요성은 저비스(Robert Jervis)에 의해 자세히 다루어졌다. 그는 정책 결정 과정에서 인식의 중요성과 정책결정자가 국가가 직면한 상황, 상대국의 동기, 목적 등을 오인하게 되면서 실제 상황과는 다른 판단을 내리고 정책을 결정하게 되는 과정을 규명하였다(Jervis 1976).

6   슈웰러는 정책결정자의 응집 또는 분열을 "the degree to which a central government's political leadership is fragmented by persistent internal divisions"로 정의한다(Schweller 2006, 11-12). 슈웰러 이전에 조 헤이건도 정권의 파편화라는 변수를 발전시켜, 정권이 파편화될수록 국내적으로 더 많은 제한에 직면하게 되어 "더 모호하고 덜 적극적이며 가장 수동적인 행위를 초래한다"라는 점을 밝혔다(허드슨 2009, 220).

국제적 차원의 변수를 국내 정책 결정 과정의 환경적 요인으로 설명하고자 했다(허드슨 2009, 242-272). 그 가운데 가장 주목을 받는 이론적 논의는 로버트 퍼트넘(Robert D. Putnam)의 국가 간 협상의 과정을 다루는 양면게임이론(two-level game theory)일 것이다. 퍼트넘은 국가 간 협상 과정에서 정부 대표자들이 실제 협상 내용에 더하여 자국 및 상대국의 국내정치적 '승인'(ratification)을 함께 고려한다는 점을 지적하고,[7] 그에 따라 협상가들이 국내와 국제, 두 개의 차원을 동시에 고려하는 점에 주목한다. 이때 국내적으로 '승인'을 받을 수 있는 협상의 내용을 총칭하여 '윈셋'(winset)이라고 정의하고, 정부 대표자들은 자국의 윈셋을 줄이고 상대국의 윈셋을 늘리기 위한 노력을 통해 협상을 보다 유리한 방향으로 끌어가려 하게 된다(Putnam 1988). 비록 일본의 정치과정이 협상으로 정의될 수는 없지만,[8] 일본군'위안부' 문제를 정치적으로 해결하기 위해 국내사회적 '승인'의 절차로서 시민사회와 여론의 수긍이 필수충족조건으로 제시되었던 점에서 '위안부' 문제를 둘러싼 정치과정을 이해하는 데 중요한 시사점을 제시한다.

이러한 국제정치와 국내정치의 연계에 관한 기존의 논의를 살펴봄으로써 외교정책 결정 과정에서 국내정치과정의 중요성을 확

---

7 '승인'이란 "공식 혹은 비공식적인 과정을 통해 국내정치행위자 간에 협의 내용을 인정할 것인지 결정하는 것"을 이야기하며, 국내정치 행위자에는 국회, 관료집단, 이익단체, 사회계층, 여론 등도 포함된다(Putnam 1988, 436).

8 일본의 정치과정은 일본이 주도적으로 결정하고 이에 대한 주변 국가 정부 또는 국제사회의 반응에 다시 대응하는 과정이었으며, 국가 간 문제의 '종결' 협의에 따라 「고노 담화」의 발표를 기준으로 "외교적 현안으로서 종결"을 선언한 부분에 대해서도 이를 협상으로 볼 것이 아니라 문제 종결의 필요성에 대하여 국가 간 이해관계가 일치하고 있었음을 드러내는 사건으로 보아야 한다.

인하고, 본 논문이 취하는 연구전략의 타당성을 확보할 수 있다. 그리고 이러한 시도는 최근 국제정치학 내 주제별 연구 속에서도 확인할 수 있는데, 그중 본 논문에서 주목하는 분야는 국제규범 수용에 관한 논의들이다. 규범이란 행위자의 정체성에 따라 설정된 적절한 행위의 기준을 이야기하며, 그중에서도 국제규범은 국가 행위와 관련된 것을 의미한다. 또한, 국제규범은 한 국가가 시행한 대외적 행위의 정당성, 이를 판단할 국제기준의 설정 및 논의과정에서 확인된다(Finnemore and Sikkink 1998). 국제규범과 그를 명시화한 국제법은 국가에 대한 강한 구속력을 행사하는 것은 아니었지만 하나의 국제정치적 현실을 구성하고 있었다. 기존의 국제규범에 관한 국제정치학 내 논의는 국제규범과 국제법의 실효성, 국제사회의 압력구조가 가지는 정치적 영향력, 인권 개선을 위한 구체적인 실천방안 등에 집중되어 있었다. 그리고 대부분은 국가주권을 근간으로 하는 국제질서와 냉전기 현실주의 국제정치로 인해 국제규범과 제도가 실질적 효력을 발휘하지 못했으며, 물리적, 법적 강제성이 결여된 국제정치적 현실 속에서 앞으로도 그 효과를 기대하기는 어렵다는 회의적 시각이 지배적이었다(이원웅 1998, 127-129). 하지만 탈냉전으로 기존 국제질서에 변화가 일어나고 민주화, 세계화 등으로 개인과 NGO(비정부기구, Non-governmental Organization)를 비롯한 비국가 행위자가 국제정치의 장에 등장하면서 국가는 새로운 정치적 현실을 마주했다. 이에 따라 규범과 법의 제도적, 정치적 영향력이 '국제규범의 국내적 수용'이라는 맥락 속에서 학문적으로 검토되기 시작했다.

국제정치학에서는 우선 국제체제 차원의 변수로 인권 준수에 대한 국내적 차원의 변화를 설명하고자 했다. 대표적으로 국제사회의 규범 발전과 법 제도의 강화는 국가의 조약 비준을 야기하고, 인권규약 및 조약에 따른 규범의 국내적 제도화는 국가 내부의 인권 개선에 긍정적인 효과를 발휘한다는 것이다.[9] 하지만 이에 반론을 제기하는 학자들은 국제체제 차원의 변수로는 국가마다 국제규범 위반 또는 준수의 정도가 다른 것을 설명하지 못하기 때문에 정부의 관리능력(state capacity), 해외 원조 또는 해외직접투자 유치 여부, 국가정치체제 등의 국내정치적 차원의 변수를 오히려 강조했다(Regilme Jr. 2014, 1393-1395). 하지만 각각의 국제 또는 국내 차원의 변수만으로 국가별 국제규범 수용의 변형(variation)을 설명할 수 없으므로 살바도르 레지메(Salvador Santino F. Regilme Jr.)는 국제적, 국내적 요인의 인과적 역학관계를 살펴보는 것이 중요하다고 지적한다. 그는 특히 피터 고르비치(Peter Gourevitch)의 제2 이미지 역전이론을 언급하면서 국내정치적 요소와 함께 국제적 차원의 영향력에 대해 고려해야 하며, 어느 한쪽만을 현상의 원인으로 지목하는 것은 지양해야 한다고 주장한다(Regilme Jr. 2014, 1395). 이렇듯 국제규범 수용에 관한 논의 속에서도 국제정치와 국내정치의 연계에 주목한 연구의 필요성과 유효성이 확인된다.

9 대표 저서로는 로프(Stephen C. Ropp), 리스(Thomas Risse), 시킨크(Kathryn Sikkink)의 *The Power of Human Rights: International Norms and Domestic Change*를 들 수 있다. 대표 학자인 핀모어(Martha Finnemore)는 국제인권규범의 도덕적 공감대와 국제사회와 연계된 비정부 행위자의 역할을 강조했고, 도넬리(Jack Donnelly)는 '인권레짐'의 개념을 통해 국가의 인권규범 수용을 설명하고자 했다(Regilme Jr. 2014, 1391). 특히 '인권레짐'의 개념은 기존에 국제법학의 영역에서 전개되던 인권규범에 관한 연구를 국제정치학 내에서 다룰 수 있도록 발전시키는 결과를 가져왔다(이원웅 1998, 129).

III 일본군'위안부' 문제의 발현과 국제화

탈냉전으로 세계질서에 변동이 일어나면서 일본의 국제적 환경은 크게 두 가지 면에서 변화했는데, 그 첫 번째는 국제인권규범의 형성과 "시민사회의 대두"로 정리되는 정치적 주체로서 NGO 및 비국가 행위자의 부상이었다. 이러한 국제정치적 환경의 변화는 '전후'의 역사를 다시 묻는 계기로 작동했고, 기존의 국가중심적 역사 인식 구조 속에서 냉전 시기 국가의 의도에 따라 우선 봉합되었던 식민지 지배 및 전후처리에 관한 역사갈등에 대한 문제 제기가 이루어졌다(나카노·김부자 2008, 26-35). 이에 따라 국제사회에서는 국가의 인권침해와 전쟁행위에 따른 책임의 의무가, 국내사회에서는 과거사 문제 해결에 대한 요구가 국가 정부를 향해 발산되었다. 특히 시민사회는 국제규범 수용의 주체로서 국제기구와 상호보완적으로 정치적 영향력을 강화해나갔고, 기존에 제기되지 못했던 일본군'위안부' 문제와 같은 개인과 사회의 문제들은 국제규범에 기초하여 현재화했다.

1. 1990년대 국제규범의 강화와 전후책임 문제

전쟁 이후 인권문제는 전 세계적으로 거대한 사회문제이자 정치문제로 부상하였으며, 20세기 후반에는 UN과 같은 국제기구 및 비국가 행위자를 중심으로 '인권레짐'이 형성되었다.[10] 그리고 이는

10 '인권레짐'이란 인권문제 영역에서 국가, 국제가구, NGO, 개인을 포함하는 국제사회의 행위자들의 기대가 수렴된 일련의 국제적 규범 체계 및 실행절차를 의미

탈냉전과 함께 UN의 역할이 주목받으면서 새로운 국제정치체제이자 엄연한 국제정치적 현실 중 하나로 인식되었다. 이에 따라 국가가 국제사회의 일원으로서 인정받고 국제적 역할의 확대를 주변국으로부터 승인받기 위해서는 국제사회와 지역사회에 대한 경제적, 정치적 공헌과 함께 국제규범 준수와 적극적 수용이 동시에 요구되었다. 그리고 국제적 기준을 설정하고 국가에 국제규범 수용의 압력을 가하는 과정에서 UN을 비롯한 국제기구는 주체적 역할을 맡아 기능하였고, 시민사회와 개인 활동가 등과 연계함으로써 국내정치과정에 직, 간접적인 영향력을 행사하였다.

UN은 인권문제가 논의되고 관련 규범이 형성되는 장으로서 존재했으며, 1990년대 당시 UN을 비롯하여 관련 비정부기구에서는 인권침해상황에 대한 조사, 국제기준 준수에 대한 국가 감시, 새로운 국제인권기준의 권고 등을 집행했다.[11] 특히 UN의 인권위원회는 산하의 소위원회를 정부 대표가 아닌 개인 책임자로 구성하고, 다시 그 산하에 세부적인 주제를 다루기 위한 작업부회(Working Group)를 설치함으로써 인권문제를 연구하고 그에 따라 수정, 보완된 국제인권기준을 작성하는 역할을 담당했다(김창록·이승욱 2003, 48). 그리고 이러한 과정에는 시민단체를 비롯한 NGO, 개인들이 적극적으로 참여했다. UN 산하 기관에서 회기마

하며, 국가 간 합의로 성립된 규약이나 조약을 비롯하여 행위자 간 묵시적으로 인정되고 있는 국제규범에 기초한 국제적 기준 및 관행을 총칭한다(이원웅 1998).

11 UN은 인권 분야에서 크게 ① 조사 및 연구에 따른 심의, ② 선언 및 조약안의 구성 또는 채택을 통한 기준설정, ③ 지속적인 관찰(감시), ④ 자문, ⑤ 회의 개최, ⑥ 홍보, 교육, 계발 활동, ⑦ 인권문제 관련 기금관리 및 운영의 일곱 가지 역할을 하고 있으며, 일본군'위안부' 문제에 관련하여 UN은 이 중에서 앞의 세 가지 역할에 집중하고 있었다.

다 이루어지는 회의에는 NGO가 참관인(observer) 자격으로 참석하여 보고하거나 질의를 할 수 있었고, 본 회기 전에 개별 보고서를 제출하여 해당 문제 또는 정부 행위에 대한 의견을 제시할 수 있었다.[12] 결과적으로 국제기구는 국제규범의 내용을 규정하는 국제기준을 수립하고, 이를 강화, 발전시키는 역할을 했다. 특히 관련 내용이 담긴 보고서를 채택, 결의하거나 정부에 권고 조치를 시행함으로써 국내정치과정에서도 "상대적"으로 존중되는 국제사회의 여론을 형성하거나, 시민사회와 연계하여 국내적으로 영향력을 행사함으로써 국가 정부에 대한 거시적 압력구조를 구성했다(김창록·이승욱 2003, 49). 다만 국제기구의 활동이 법적 구속력을 갖거나 국가가 반드시 이에 대응, 수용해야 하는 강제성을 갖는 것은 아니었기에 실질적인 한계 또한 함께 수반되는 것이었다.[13]

1990년대 당시 국제인권규범 가운데서 일본군'위안부' 문제와 가장 크게 연동한 것은 전쟁과 여성인권의 문제, 그리고 국가주도의 중대한 인권침해 문제에 관한 규범이었다. 그리고 그 내용은 일본군'위안부' 문제에 대한 인식의 방향성과 해결의 필요성, 실질적 해결에 이르기 위한 방법적 논의를 포함하고 있었다.

---

12 NGO가 제출할 수 있는 개별보고서의 종류는 두 가지이다. 그림자보고서(Shadow Report)는 정부 보고서를 검토한 후 보충 설명을 하는 개념의 보고서이며, 대안보고서(Alternative Report)는 정부 보고서의 검토 없이 개인 또는 단체 스스로가 인권문제에 대하여 본인의 견해를 서술하여 제출하는 보고서이다(Freeman, Chinkin, and Rudolf 2012).

13 인권위원회가 진행한 조사, 연구, 심의 과정이 일본군'위안부' 문제에 관한 선언이나 조약을 채택하는 등의 기준설정 행위가 아니며, 이에 관한 감시를 한 것도 아니었기 때문에 관련 보고서나 결의를 일본 정부가 강제적으로 따라야 하는 것은 아니었다(요코타 2001, 109-110).

우선 여성인권의 문제는 1960년대 후반부터 본격적으로 등장하여 UN에서는 1980년대 초반 실질적인 조직화를 통해 여성인권을 중요 의제로 다루기 시작하였다(UN Center for Human Rights 1994, 4-6). 1990년대 여성인권에 관한 문제는 성(sex) 또는 젠더(gender) 문제, 페미니즘 등으로 발현되면서 세계적인 위력을 발휘하고 있었다. 그리고 당시 국제사회에서 주목하고 있던 여성인권의 문제 중에는 전쟁 중 일어나는 여성에 대한 폭력 중 하나의 형태로 전시 성범죄 문제가 활발하게 논의되고 있었다. 보스니아 분쟁과 르완다 내전 중 발생한 여성에 대한 성폭력 및 집단 강간을 전쟁범죄로 인식하고, 이를 포함한 인종학살행위를 국제사회 차원에서 다루기 위해 설립한 국제형사재판소(International Criminal Court, ICC)의 설립이 그 배경이었다(신기영 2016). 국제사회에서 일본군'위안부' 문제는 "여성의 존엄에 대한 침해"의 "상징적 사례"로서 주목받았고(오누마 2008, 66), 전쟁 중 여성에 대한 인권침해 문제 가운데 "전시하 조직적 강간, 성노예제 및 그와 유사한 관행"(systematic rape, sexual slavery and slavery like practices during armed conflict)의 유형에서 함께 논의되었다.

국제규범의 또 다른 한 축인 국가 주도의 중대한 인권침해 문제에 관한 규범은 인권침해행위에 대한 국가의 책임, 다른 말로 일본의 전후책임 문제와 직결되는 규범의 유형이었다. 국제사회에서 '인권레짐'이 형성되고 탈냉전과 민주화로 인해 국가중심적 구조가 서서히 해체됨에 따라 이전에는 다루어지지 못했던 국가에 의한 인권침해 사례에 대해 개인의 문제 제기가 가능한 환경적 조건이 조성되었다. 문제로 제기된 대표적인 사례가 국가 간의 정치적 결착으로 마무리 지어졌던 일본의 전쟁책임과 전후보상의 실질적인 '미완결', 전쟁 중 자행되었던 일본의 전쟁범죄에 대한 공식적인 배상이었다.[14] 일본의 전후책임과 국가배상에 대한 요구는 정부의 법적 책임 여부와 대응의 의무, 그에 합당한 조치에 관한 논쟁으로 귀결되었다.[15] 그리고 그 과정에서 국가의 법적 책임과 배상의무의 기준을 형성하는 데 UN을 포함한 국제기구의 역할과 국제규범의 영향력이 두드러지게 나타났다(마에다 2007, 26). 일본군'위안부' 문제는 아직 해결되지 않은 일본의 전후책임 문제 중 하나로 인지되었고, 한국과 일본 시민단체가 국제법 위반에 대한 일본 정부의 국가책임 인정과 그에 따른 배상과 처벌을 요구함에 따라 1993년, 1994년에 걸쳐 UN 인권위원회, 인권소위원회, 여성차별철폐위원회, 국제법률가위원회(ICJ) 등을 통해 국제법과 국제규범에 따른 법적 평가가 제시되었다. 이렇듯 국제규범의 두 가지 축을 중심으로 형성된 국제기준과 이에 동조하는 국제사회의 여론은 일본군'위안부' 문제에 대한 일본 정부의 대응을 요구하고 또 평가했으며, 이러한 거시적 압력구조의 형성에 크게 기여하고 호응한 주

14　1980년대부터 시민사회가 제기한 일본 정부의 전후책임에 대한 문제는 전쟁피해를 비롯하여 전쟁포로, 민간인억류자, 전쟁범죄 등에 관한 인권침해행위에 대한 배상으로 넓은 범위의 것이었고, 문제를 제기한 행위자의 국적 또한 미국, 영국, 캐나다, 중국(홍콩 포함), 대만, 한국, 일본 등으로 다양했다. 특히 국가 행위의 적법성을 전제하는 '보상'과 불법성을 전제하는 '배상'이 구별되어 사용되기 시작한 것처럼 1990년대 시민사회의 문제 제기는 국가의 전쟁행위를 새롭게 정의하여 "위법한 공권력의 행사로 입은 손해에 대한 국가의 배상"을 요구한 것이었다(土野 2014, 1).

15　국제법상 국가책임이 인정되는 데 필요한 다섯 가지의 조건은 ① 국가기관의 행위, ② 직무상의 행위, ③ 고의로 인한 과실, ④ 손해의 발생, ⑤ 국제법 위반이다(김창록·이승욱 2003, 11).

체는 시민사회, 그리고 개인 활동가였다.

2. 시민사회의 문제 제기와 국제사회의 대응

1990년대 이전부터 전쟁을 겪은 군인이라면 일본군'위안부'의 존재를 알고 있었지만, 폐쇄적인 사회적 분위기에 더하여 식민지와 전쟁의 역사가 국가 간의 이해관계 속에서 '청산'되면서 피해자들은 침묵했다. 하지만 1980년대 한국의 민주화와 여성운동의 성장으로 '위안부' 문제를 다룰 수 있는 사회적 기반이 구축되었다(정진성 2016, 149). 일본군'위안부' 문제가 본격적으로 제기된 것은 1970, 80년대 한국 내 일본 관광객의 '기생관광'에 반발한 한국 여성운동 단체와 일본군'위안부' 문제에 관해 연구를 지속해온 윤정옥을 비롯한 연구자들이 함께 목소리를 내면서부터이다. 1990년 5월을 시작으로 한국 시민단체는 '위안부' 문제에 관한 일본과 한국 정부에의 요구를 담은 성명을 수차례 발표하였고, 같은 해 11월 36개의 여성단체가 한국정신대문제대책협의회(이후 정대협)를 출범하면서 운동을 본격화했다.[16] 이후 정대협은 국내외 다른 시민단체와 전문가, 정치인 등과 산발적으로 연계하면서 운동을 확산하였고, 그 목적을 진상규명 요구를 통한 범죄성의 증명, 그에 따른 책임의 주체로서 일본 정부의 사죄와 배상의 의무를 명확히 하는 데

---

16 한국 시민단체는 1990년 10월 사실의 인정, 공식사죄, 진상규명과 발표, 피해자를 위한 추모비 건립, 생존자와 유족에 대한 배상, 역사교육의 실천이라는 여섯 가지 요구를 담은 성명을 발표했으며, 이후에는 일본군'위안부' 제도에 대한 책임자의 처벌을 추가로 요구했다.

두었다.

시민운동의 커다란 발화점으로 작용한 것은 1991년 8월 14일 피해자 김학순의 공개증언과 1992년 1월 11일 일본 방위성 자료발굴에 관한 『아사히신문』의 보도였다. 김학순의 증언은 일본군 '위안부' 문제가 역사적 사실임을 증명했고, 이후 다른 피해자들의 신고가 잇따르면서 일본에서는 여성단체뿐만 아니라 일본의 평화주의 및 전후책임 문제 관련 단체까지 '위안부' 문제를 적극적으로 다루기 시작했다.[17] 시민단체의 지원에 힘입어 1991년 12월 6일 도쿄지방재판소에 제소한 태평양전쟁피해자 보상요구소송에 김학순을 비롯한 3명의 '위안부' 피해자가 원고로 참가하면서 일본군 '위안부' 문제는 공식적인 외교, 정치적 문제로 인지되었다(양기호 2015). 그리고 일본군'위안부'의 역사적 실체를 규명하고자 한 학자들의 노력이 이어지면서 1991년 11월 재미학자 방선주가 미국 국립문서기록관리청에서 일본군'위안부' 관련 문서를 발견, 발표하고, 1992년 1월에는 일본 츄오(中央)대학 요시미 요시아키(吉見義明) 교수가 일본군의 관여를 증명하는 자료를 방위성에서 발굴한 사실이 일본 언론에 보도되면서 일본 정부는 '위안부' 문제에 대한 본격적인 조치에 나서게 되었다.

더 나아가 1992년 중반 정대협을 비롯한 시민단체들은 국제사회에 문제를 제기함으로써 정체되어 있던 국내외 여론을 환기하고 일본을 비롯한 관련 국가 정부의 적극적인 대응을 끌어내고자

---

17 츠치노에 따르면 일본 시민운동단체는 피해자의 생활과 재판 등의 활동을 지원하는 '지원단체', 사회나 정부를 대상으로 영향력을 행사하고자 하는 단체로 나누어져 있었다(土野 2014, 1).

했다(강가람 2006). 일본군'위안부' 문제는 여성인권의 문제이자 반인도적 전쟁범죄의 문제로 제기되었고, 시민단체는 국제회의의 결과보고서 또는 특별보고관의 보고서에 '위안부' 문제에 대한 의견과 일본 정부에 대한 권고가 포함되어 발간될 수 있도록 조사를 요구하고 압력을 행사했다. 그 과정을 통해 '위안부' 문제는 국제사회 내에 형성되어가던 인권 규범, 특히 전쟁과 여성인권에 관한 문제와 국가 주도의 중대한 인권침해 문제를 중심으로 논의되었고, 이는 국제규범의 발전과 국제여론의 형성으로 이어져 일본 정부가 탈냉전 UN외교의 조건으로서 해당하는 국제규범의 수용을 고려해야만 하는 환경요인을 조성했다.

1992년 2월 일본군'위안부' 문제는 일본인 인권변호사 도츠카 에츠로(戶塚悅朗)를 통해 처음 UN 인권위원회에 제기되었다.[18] 같은 해 8월 정대협 또한 세계교회협의회(World Council of Churches)를 통해 발언권을 얻어 정식으로 문제를 제기하였고, '위안부' 문제는 여전히 존재하는 전쟁 중 여성인권 문제의 역사적 뿌리로서 주목받게 되었다. 1993년 8월 25일 UN 인권소위원회와 현대형 노예제 실무회의에서는 「전시노예제에 관한 결의」(No. 1993/24)를 채택하고, '내전을 포함하는 전시의 조직적 강간, 성노예 및 노예 유사 관행'에 관한 연구를 진행할 특별보고관으로 린다 차베스(Linda Chavez)를 임명하였다.[19] 그의 임무는 제2차 세계

18 UN Doc. D/CN.4/1992.SR.30/Add.1 재인용(도츠카 2001, 54). 당시 도츠카 에츠로는 1992년 5월 국제노동기구에서도 일본군'위안부' 문제가 노예제 금지 및 강제노동조약 위반에 해당한다고 주장하였으나 국제노동기구에서 '위안부' 문제를 본격적으로 다루게 된 시점은 1995년 이후였다.

19 결의문에 일본군'위안부' 문제에 대한 언급은 없지만, 이후 발간된 UN의 소식지

대전 중 일본이 저지른 범죄로서 성노예 및 유사 노예 관행 문제에 관한 사실을 조사하고 그에 대한 법적 분석에 따라 결론 및 권고를 하는 것이었고, 주요 언론과 관련 시민단체는 국제사회가 일본군 '위안부' 문제를 본격적으로 다루기 시작했음을 대내외에 알렸다 (도츠카 2001, 55). 1994년부터는 여성차별철폐위원회에서도 일본 군'위안부' 문제를 다루기 시작하였으며, 이후 1996년 1월 라디카 쿠마라스와미(Radhika Coomaraswamy) 특별보고관 보고서의 부속문서로 일본군'위안부' 피해자에 대한 사죄와 배상을 일본 정부에 권고한 진단 보고서가 첨부되면서 '위안부' 문제는 국제사회가 주목해야 할 중요 사례로 자리 잡았다.[20] 국제사회에서 일본군'위안부' 문제는 '전시하 조직적 강간, 성노예제 및 그와 유사한 관행'이라는 범주로 인식되었으며, 1990년대 중반 이후부터는 '위안부' 문제의 가장 큰 정체성을 구성하는 축이 되었다.

그러나 1990년대 초중반 일본군'위안부' 문제를 가장 크게 규정했던 것은 국가 주도의 인권침해 문제, 일본의 전후책임이자 전쟁범죄 문제라는 정체성이었다. 탈냉전과 함께 이전 국가중심적 구조에서 이뤄질 수 없었던 국가의 책임과 배상에 대한 개인의 문제 제기가 터져나오기 시작했고(李鍾元·木宮·磯崎·浅羽 2017, 183),

(1993.09.01.)에서는 이 결의가 '위안부' 문제를 겨냥한 것임을 밝히고 있다(김창록·이승욱 2003, 50).
20 1996년 1월 6일 여성폭력 특별보고관 라디카 쿠마라스와미가 제52회기 인권위원회에 제출한 보고서 부속문서(Addendum)의 제목은 「전쟁 중 군대 성노예제 문제에 관한 조선민주주의인민공화국, 한국 및 일본 조사 보고」(Report on the Mission to the Democratic People's Republic of Korea, the Republic of Korea and Japan on the Issue of Military Sexual Slavery in Wartime)였다(문서번호: E/CN.4/1996/53/Add.1).

UN 인권위원회에서는 이러한 세계적 흐름을 받아들여 국가 주도의 인권침해에 대한 국가배상에 관한 문제를 조사, 보고할 특별보고관으로 테오 반 보벤(Theo van Boven)을 임명했다. 그리고 현대형 노예제 실무회의는 그에게 일본군'위안부' 문제에 대하여 고려하도록 했으며, 정대협을 비롯한 시민단체에는 관련 정보를 보내도록 권고했다. 1993년 8월 인권소위원회에서는 테오 반 보벤의 「중대한 인권침해의 희생자에 대한 배상」(E/CN.4/Sub.2/1993/8)이라는 최종 보고서가 제출되었다. 해당 보고서는 국가가 직접 행한 인권침해행위에 관해 피해자는 개인의 자격으로 가해국에 직접 배상·보상 청구를 할 권리가 있으며, 국가의 인권침해행위에는 노예·노예 유사 관행이 포함됨을 명시했다. 더욱이 국가가 이에 대한 책임을 이행하지 않았을 시 이를 국제법상 '불처벌' 행위로 간주하고 이에 대한 보상을 청구할 수 있음을 명확히 했다(도츠카 2001, 79-80). 이를 통해 국제사회는 국가 주도의 인권침해에 대한 국가책임과 배상의 문제에서 보편적 기준을 마련하기 시작하였고, 이후 국제법적 견해가 더해지면서 국제기준을 형성하였다.

이렇듯 1980년대 후반부터 시작된 시민운동은 일본군'위안부' 문제를 현재화하여 관련 국가의 중요 의제로 설정하였고, 이후 '위안부' 문제의 해결 과정에서 시민단체는 국제사회와 적극적으로 연계함으로써 문제에 대한 대응과 해결의 방향성을 제시하는 정치적 환경을 구성하였다(정미애 2011, 29). 특히 일본 시민사회는 전후 일본의 '평화'라는 가치에 따라 1990년대 정치권 내에서 진행되었던 일본의 정치대국화와 역사 인식을 중심으로 한 국가 정체성에 관한 논쟁에 민감하게 반응하며 이에 참여하고자 하였다.[21]

결과적으로 1990년대 '위안부' 문제를 둘러싼 시민운동은 시민사회가 전통적으로 맡아왔던 정부의 정책이나 행위를 비판하는 역할을 넘어서서 단체 간의 연대 활동, 국제기구와의 연계, 정책결정자와의 논쟁 등을 통해 정치과정에 참여하고자 했으며, 이는 시민사회를 비롯한 국내사회의 '승인'을 '위안부' 문제 해결의 조건으로 제시하는 결과를 낳았다(오누마 2008, 31-32).

IV 국가의 등장과 일본군'위안부' 문제의 의제화

시민사회와 국제사회의 주체적 움직임에도 불구하고, 정책결정자로서 비정부 주체는 국가의 '사실상(de facto) 승인'[22]을 얻는 데 머물렀다. 그 결과 국가 정부가 시민사회와 개인의 '대리 주체'로서 문제 해결의 논의 대상으로 설정되었고, 국가중심적 질서와 논리가 우선시되었다. 즉, 시민사회와 국제기구를 중심으로 구성되던

---

21 이러한 일본 시민사회의 경향은 '생활평화주의'라는 개념으로 설명되기도 하며, 일본군'위안부' 문제를 비롯하여 전후책임 문제의 해결, 보상의 필요성, 자위대의 해외 파병 등에 관한 여론 조사 결과에서도 비슷하게 나타났다(오누마 2008, 23). 그러나 당시 일본 국내 여론은 전후책임에 따른 사죄의 필요성에는 전반적으로 공감하였으나 보상의 필요성에 대해서는 의견이 갈라섰다. 『아사히신문』의 1993년 여론조사에 따르면 여론의 약 70%가 사죄의 필요성에 동의하였으나 보상의 필요성에는 약 50%만이 동의하면서, 사죄와 보상이 반드시 함께 고려되지는 않았음을 보여준다(土野 2014, 86).

22 '사실상 승인'이라 함은 국제법상의 주체로서 인정하는 '법적 승인'과는 구분되는 것이며, '법적 승인' 없이 현실적으로 그 주체성을 인정하는 데 사용하는 표현이다. 본래는 국가승인에 관한 용어이지만, 여기서는 문제 해결에 관한 교신, 협력, 문제 처리 등을 하는 관계로서 국가/정부와 동등한 정치적 주체로 인정되지 않았다는 의미에서 사용하였다(천자현 2012, 56).

국제규범과 국제법 중심의 국제정치적 환경과는 별개로 '위안부' 문제의 확산을 경계하던 국가 중심의 국제질서가 국제정치적 환경을 조성했고, 그 과정에서 시민사회는 문제 해결에 대한 국내사회적 '승인' 여부를 판단하는 정치적 조건의 하나로서 그 역할이 한정되었다. 이에 따라 국제규범과 국제법적 평가에 따른 정부 책임의 인정과 조치를 요구하는 시민사회의 입장과는 반대로 일본과 관련 국가들은 국가의 법적 책임은 평화조약과 그 외 관련 조약으로 종결되었다는 일본의 주장에 합의하고, 일본군'위안부' 문제의 빠른 종결에 대한 국가 간 협의를 진행했다.

1. 탈냉전과 일본외교의 전략 전환

1990년대 일본을 둘러싼 국제환경의 두 번째 변화는 기존의 냉전적 구조에서 벗어난 새로운 국제 및 지역 질서의 형성이었다. 독일의 통일과 소련의 붕괴로 냉전은 종식되었고, 국제체제의 변화에 반응하여 국가들은 새로운 대외전략을 수립하고 실행에 옮겼다. 동아시아는 국가들이 냉전의 진영논리에 따라 격렬하게 부딪혀 온 지역이었지만, 거대한 압력구조가 사라지자 아시아 국가들은 전쟁 이전의 역사와 미래지향적인 관계에 대한 기대를 바탕으로 냉전 질서에서 벗어나 새로운 현재를 그려내고자 하였다. 그리고 UN이 새로운 국제정치의 장으로 주목받게 되면서 국제기구를 통한 다자외교의 전략적 가능성이 검토되었다. 이러한 국제환경의 변화를 인식한 일본은 외교 노선에 관한 국내 차원의 논쟁을 통해 1980년대 일본의 경제대국화에 합치하는 '정치대국화'를 목표로 설정하고, 전후책임 문제 '완결'을 시작점으로 설정한 아시아유화외교와 국제규범 수용을 통한 국제공헌의 UN외교를 그 수단으로써 적극적으로 검토하였다.

일본외교의 가장 큰 축을 구성하던 것은 안전보장에 관한 일본의 대미외교 전략이었다. 일본은 미국의 주도 아래 연합국과 1951년 샌프란시스코 평화조약을 체결함으로써 국제사회에 복귀했고, '경(輕)무장 경제우선 전략'을 표방하는 "요시다 독트린"을 수립했다.[23] 그리고 경제적 번영과 안보의 교환(bargain)이라는 샌프란시스코 체제는 역내 국가들의 정치 및 경제 엘리트들의 판단과 합치하면서 안정적으로 유지되었다(Calder 2004, 153). 대미외교 중심의 외교 전략 구성은 일본의 아시아외교에도 그대로 투영되어 미국 중심의 샌프란시스코 체제 아래 일본은 역사문제의 근본적인 해결보다도 우선적인 갈등 봉합을 정책 목표로 설정하고, 이에 동조한 아시아 근린국가와 정치적 결착을 이루었다.[24] 결과적

23 요시다 독트린이란 전후 일본의 미·일 동맹에 기초한 외교안보정책을 이르는 것으로 ① 미·일 동맹을 일본 안전보장의 기본 틀로 설정, ② 일본의 방위력은 최소한으로 억제(경무장), ③ 경제활동에 집중함으로써 통상국가의 활로를 개척(경제우선)을 특징으로 한다(이면우 2011, 47-48).
24 1965년 한일협상이 '배상'에서 '청구권', 다시 '경제협력'의 방식으로 '해결' 또는 '청산'되어 가는 과정에서 미국이 적극적으로 관여했던 점은 기존연구를 통해서 증명되어왔고, 초기 연구에서는 미국의 영향력을 가장 큰 결정요인으로 파악했다(Cha 1999). 다만, 이후 연구에서는 외부요인뿐만이 아닌 일본과 한국의 국내정치적 측면이 함께 논의되었다. 1965년 한일합의 외에도 1974년 박정희 저격 사건의 해결 과정에서 미국이 한국 측에 전달한 외교문서에는 한국 측의 양보를 통한 빠른 사태의 해결을 요구하는 지점이 확인되며(이정환 2013), 1982년 역사 교과서 파동이 일어났을 때도 미국이 사건의 해결 과정을 주정면밀하게 분석하고 일본의 움직임을 감시하는 과정이 관찰된다[RG59, Entry ZZ1005, Box F, Item 31 (1984.06.25)].

으로 냉전기 미국의 지도력 아래 일본은 전쟁책임에 대한 국가 차원에서의 '종결'을 달성하는 데 목표를 두었고, 그로 인해 일본과 주변국 간의 관계 회복은 제한된 채 일본에 대한 미국의 지정학적 영향력이 높아지는 효과가 발생했다.[25] 그러나 탈냉전으로 인한 국제체제적 변화와 시민사회의 부상에 따라 일본의 전쟁책임 문제에 대한 국가중심적 '종결'에 관해 문제 제기가 이루어지면서 일본 외교의 전략에 변화가 시도되었다(조양현 2018, 356; Calder 2004, 153). 일본은 정치대국으로서의 새로운 국제적 지위 확립과 국가 정체성의 전략적 재건을 시도했으며, 그중 하나의 전략으로 과거사에 대한 사죄(apology)를 바탕으로 한 아시아 주변국과의 국가 간 화해 정책이 시행되었다(Sohn and Jo 2017). 이는 근린국가와의 우호적 관계 수립을 통한 지역 내 역할의 확대, 더 나아가 국제사회에서의 역할 확대를 위한 포석이었으며, 미국은 이러한 일본의 국제정치적 역할 증대와 동아시아 안보 체계에서 일본의 전략적 역할 증대에 대한 지지를 보내고 이를 공통의 목표로 공유했다. 이에 따라 1990년대 초 일본의 대미외교와 아시아외교는 상호보완적 관계를 구성하게 되었다.

하지만 일본의 '정치대국화'를 위한 외교 전략 전환의 중심에 있었던 것은 결국 국제공헌을 통한 다자외교, 특히 UN을 중심으로 한 '평화유지'와 '국제협력' 활동이었다. 그동안 일본이 국제적 의

25 샌프란시스코 조약이 포함했던 모호성(ambiguity)은 역내 국가 간 갈등의 근원이 되어 일본과 주변국 간의 영토분쟁, 주권분쟁을 일으켰으며, 식민지 지배와 전쟁이 남긴 역사문제 미해결 논쟁의 근본적인 시발점이 되었다. 하여 칼더는 샌프란시스코 조약으로 봉합된 동아시아를 "위기의 활꼴"(Arc of Crisis)로 표현했다(Calder 1996).

무를 수행하고자 시행했던 다자외교는 ODA(Official Development Assistant, 정부개발원조)를 통한 대외원조와 경제협력을 중심으로 이루어졌다. 1954년 이후 점차 확대되어 1980년대 일본은 세계 최대 "ODA 대국"이 되었지만, 일본의 ODA는 자유 진영 국가들에 대한 집중적 원조, 소위 "분쟁 주변국"에 대한 전략적 원조로서 국제적 역할의 수행임과 동시에 냉전기 미국 전략에 일조하는 넓은 의미의 안전보장 수단이었다(조양현 2018, 356-357). 그러나 냉전의 종식과 걸프전의 충격[26] 이후 일본은 불안한 국제정세에 대응하여 이전보다 적극적으로 평화유지 활동에 참여하고, '평화국가'로서의 국가 정체성 확립, 정치대국화를 통한 국제적 지위의 상향을 목표로 했다(이면우 2011, 155-156). 그리하여 일본 정부는 UN 평화유지활동(Peacekeeping Operation, PKO)에 물적 공헌만이 아닌 인적 공헌을 수행하기 위해 자위대의 해외 파병을 국내적으로 검토했고, 그 결과 자위대의 파병을 조건하 용인한 「국제연합 평화유지 활동 등에 대한 협력에 관한 법안」(国際連合平和維持活動等に対する協力に関する法律, 이하 PKO 법안)이 1992년 6월 15일 성립되었다. 더 나아가 일본은 UN 안전보장이사회 상임이사국 진출을 시도하기 위해 인간안보, 민주주의, 인권 등 국제적으로 보편적인 가치를 지키기 위한 노력에 적극적으로 참여, 협력하는 자세를 명확히

26 1990년 8월 이라크의 쿠웨이트 침공에 미국 주도의 다국적 연합군이 투입되면서 미국은 일본에도 "평화유지에 대한 공헌"을 명목으로 전쟁에 대한 지원을 요구하였고, 군사적, 인적 공헌은 어렵다는 국내적 판단에 따라 일본 정부는 130억 달러의 전쟁비용 지원을 결정했다. 하지만 전쟁이 종결된 이후 국제사회는 군대를 파견한 국가만을 전쟁 공헌 국가로 승인하였고, 일본의 물질적 지원은 공헌으로 인정하지 않았다(배정호 1999, 6).

하고자 했다(배정호 1999, 61; 이면우 2011, 404). 그에 따라 과거 식민지 지배와 전쟁에 대한 일본의 전후책임 문제 해결 양상이 정치 대국으로서 새로운 역할을 도모하는 일본의 자세와 태도를 평가하는 기준으로 작용했고,[27] 개인과 시민단체 또한 국제기구 등을 통해 일본 정부의 인권침해행위 및 전쟁책임에 따른 국가배상을 상임이사국 진출을 위한 선결 조건으로 제시하였다.[28] 결과적으로 국제규범의 수용은 일본의 UN외교 성공에 중요한 전략 중 하나였으며, 국가 위신과 체면에 관한 국가 정체성의 문제였다.

다만 탈냉전으로 인한 일본의 아시아외교, UN외교 전략의 변화가 대미외교 중심으로 구성되어 있던 일본의 국가 간 관계, 안

27 한국, 미국을 비롯한 관련 국가들은 일본에 외교적으로 직접 문제를 제기하지는 않아도 각국 국회의 국내적 논의를 통해 국제규범 준수/수용 요구에 성실히 대응하는 일본의 자세를 촉구했다. 한 예로 1993년 7월 29일 윌리엄 로스 주니어(William V. Roth Jr.) 상원의원이 제출하여 상원 대외관계위원회(Foreign Relations Committee)에 소개한 결의안의 제목은 "German and Japanese membership in the United Nations Security Council"이었으며, 미국은 일본과 독일이 그 책임을 수행한다는 가정 아래 상임이사국으로의 신청을 지지한다는 내용이다. 그 책임이란 제2차 세계대전 중 일본 정부가 행한 행위에 대한 책임을 받아들이고 그 피해국이었던 주변 아시아국과 논의하여 필요한 정치적인 행동을 보여주는 것이었다(103rd Congress 1993).

28 1990년대 미국 국무부 자료 가운데는 일본은 국제사회의 일원으로서 마땅히 추가적인 조처를 시행해야 하며, 의무를 다하지 않는 한 일본의 상임이사국 진출을 반대한다는 내용도 포함되어 있다(RG59, Entry ZZ1005, Box SE, Item 9(1995.07.04); Box Y, Item 8A(1995.08.01); Box X, Item 12(1995.12.12)). 한 예로 캐나다의 시민단체인 War Amputations of Canada와 Hong Kong Veterans' Association of Canada는 일본이 UN 상임이사국으로 취임을 하거나 국제무대에서 더욱 큰 역할을 맡고자 한다면 반드시 먼저 지난 전쟁 중 일본이 저지른 중대한 인권침해에 대한 책임을 져야 할 것이라는 주장과 함께 일본군'위안부' 문제 제기에 대한 지지와 포로 억류와 감금에 대한 국가 책임을 호소하는 내용의 보고서를 UN 인권위원회에 제출했다(RG59, Entry ZZ1005, Box LC, Item 41(1993.02)).

보 체계, 미·일 동맹 중심의 국제질서를 근본적으로 변형한 것이 아니었으며, 이를 상호보완하는 측면에서 이루어졌다. 일본의 정치대국화 전략에서 미·일 동맹은 적극적으로 활용되었고, 미국과의 전략적 제휴를 통해 일본은 국제 및 지역사회에서 역할의 증대와 독자적 영역의 확대를 노렸다(배정호 1999, 61-65). 더욱이 전후 책임 문제를 다룰 때도 샌프란시스코 조약이 명시한 "전쟁책임에 따른 법적 의무 종결"이라는 명제를 변경하지는 않았다. 그리고 일본과 전략적 상호의존 관계에 있던 미국 정부 또한 일본의 전쟁책임에 관한 피해자 개인의 배상청구는 이미 종결되었으며, 정부 차원에서 추가 보상을 요구하는 일은 없을 것이라 선을 그었다.[29] 즉, 1990년대 이루어진 일본의 전후책임 문제 해결 노력은 샌프란시스코 체제 아래 형성된 미·일 관계를 둘러싼 국제질서 속에서 전후책임의 '완전한 종결'을 시도한 것으로 문제 해결 방식의 근본적 변화를 시도하지는 않는 선에서 전개된 것이었다. 이는 이후 일본군'위안부' 문제를 한국과 일본 정부에 대한 소극적 관여를 통해 관리하고자 했던 미국 정부의 모습과 국가 간 문제 '종결'에 대한 합의를 통해 일차적으로 '해결'하고자 했던 국가들의 모습에서 확

29 샌프란시스코 조약이 규정하는 일본의 "전쟁책임에 따른 법적 의무 종결"은 샌프란시스코 체제부터 확립되어 온 국가 간의 합의된 입장이었고, 이는 미국 국민을 상대로 미국 국무부가 보내는 일본의 전후책임에 관한 미국 정부의 견해 속에서도 뚜렷하게 나타난다. 1980년대부터 미국 내에서 일본군의 인권침해 행위(강제노동, 포로 대우 등)에 대한 보상을 요구하는 시민사회를 대상으로 한 미국 국무부의 일관된 답변은 지난 전쟁에 대한 일본의 모든 배상책임은 1951년 샌프란시스코 조약을 통해 완료되었으며 미국은 공식적으로 일본에 국가배상을 요구할 수 없다는 것이었다(RG59, Entry ZZ1005, Box SE, Item 9A(1995.08.04); Item 12A(1995.12.15); Box Y, Item 8B; Item 8C; Item 9(1995.07.06); Item 9B(1995.05.23); Box X, Item 12(1995.12.12)).

인할 수 있다.

2. 국가 정부 간 문제 '종결'에 대한 합의

1990년대 초 일본군'위안부' 문제가 발현되고 나서 일본의 외교 전략적 동반자인 미국을 비롯하여 문제의 당사국이었던 한국과 북한, 그리고 조사 진행에 따라 당사국이 된 중국, 대만, 네덜란드, 필리핀 등의 국가들은 각국 피해자 또는 시민사회의 '대리 주체'로 서 사안에 대한 자체적인 판단 아래 일본과 문제 해결을 위한 상호 합의의 가능성을 전제로 협의해나갔다. 일본의 국제적 역할의 확대를 바랐던 미국 정부를 비롯하여 일본과의 우호적인 관계 발전을 희망했던 당사국 정부들은 일본군'위안부' 문제의 빠른 해결을 요청하면서 북한을 제외하고는 국가 간 외교적 현안으로 크게 다루지 않을 것에 협의했다.[30] 그 과정에서 한일 양국에 대한 미국의 소극적 관여와 한국과 일본이 '해결'의 기준이 될 만한 선례를 만들어야 한다는 당사국 간의 암묵적 동의가 이루어졌고, 일본 정부는 일본군'위안부' 문제의 진상을 규명하는 과정에서 한국 정부를 제외한 다른 국가와의 협의를 우선하여 진행했다.

탈냉전에 대응하는 일본의 정치대국화 전략의 기본 질서를 구성하고 있었던 것은 미·일 동맹과 샌프란시스코 체제이며 미국은

---

30 당시 관련 국가의 정부 관계자들은 일본군'위안부' 문제가 "발현되지 않았었으면 좋았을 것"(wish the problem had never arise)이라고 언급하면서 이 문제가 일본과의 관계에 방해 요인이 되지 않기를 바라지만, 국내적 요구에 따라 문제를 제기해야만 하는 상황이며 외교적 현안으로 크게 다루지 않는 대신 일본 정부의 조처를 바란다고 요청해왔다(RG59, Entry ZZ1005, Box K, Item 7 (1992.08.02)).

여전한 일본의 외교적 동반자로서 전략적 제휴 관계를 유지했다. 미국 정부 또한 중요 외교 상대국으로서 일본의 국제정치적 역할 증대를 공식적으로 지지했고, 일본의 전후책임 문제 해결에 대해서도 미일 간의 긴밀한 협조를 통해 제한적이지만 일정 부분 역할을 할 것이라는 의지를 보였다.[31] 긴박하게 변화하는 동아시아 국제정세에 적절히 대응하기 위하여 미국은 한일 간의 관계 개선 및 협력을 양국에 요청했고, 그 과정에서 일본군'위안부' 문제 해결을 위해 소극적으로 '관여'함으로써 한국과 일본에 대한 거시적 압력을 행사했다.[32]

미국 정부가 일본군'위안부' 문제를 중요 외교적 현안으로 인식한 것은 1991년 12월 소송이 시작이었다.[33] 당시 미국 정부는 일본군'위안부' 문제를 한일 간의 역사갈등으로 인식하면서도 문제가 포함하는 위법성과 강제성에 주목했다.[34] 그에 따라 미국 정부는 일본군'위안부' 문제의 확산이 가져올 국가주의 또는 민족주의적 대응이 다른 주요 외교적 현안에 대한 방해요소로 작용하지 않도록 문제의 확산 양상에 예의 주시했고, 일본 정부보다도 빠르게 '위안부' 문제가 한일 양국의 문제가 아닌 아시아 태평양 지역 전체, 더 나아가 국제사회 전체의 문제라는 인식을 확립했다. 1992년 중반부터는 일본, 한국, 대만, 중국, 네덜란드, 러시아, UN 제네

---

31 RG59, Entry ZZ1005, Box K, Item 20(1993.05.27).
32 여기서 '소극적 관여'는 적극적 개입 또는 제안을 통한 주도적 행위가 아닌 긴밀한 연계를 통한 지속적인 감시, 진행 상황의 확인, 구체적인 정책 방향과 방안에 관한 논의 참여 등의 제한적인 관여를 말한다.
33 RG59, Entry ZZ1005, Box K, Item 2(1992.07.09).
34 RG59, Entry ZZ1005, Box V, Item 4(1992.01.15).

바, 호주, 인도네시아, 필리핀, 말레이시아 등을 포괄하는 넓은 범위의 지역권에서 일본군'위안부' 문제의 전개상황에 대한 보고를 최우선(priority)으로 중앙 정부에 전달하도록 했으며, '위안부' 문제의 확산을 우려한 미국 정부는 사태의 진정을 목표로 일본과 한국 주재 대사관을 통해 일본 외무성과 한국 외무부로부터 정부 대응에 관한 보고를 주기적으로 수신했다. 그리고 유사시에는 양국 대사관 관료, 특히 주일 한국대사관 관료를 포함하는 회의에 참여함으로써 양국 정부가 필요한 노력을 지속하고 문제 해결을 위한 한일 간의 협의가 빠르게 진행될 수 있도록 소극적으로 관여했다.[35] 그러나 미국의 관여는 분명 제한적인 것이었고, 그러한 의미에서 소극적인 것이었다. 거의 모든 논의과정에서 일본의 대응 또는 한국과 일본 간의 협의가 우선하여 진행되고 이에 대하여 미국 측이

35 미국의 '소극적 관여'는 일본군'위안부' 문제의 종결을 위한 일본 정부의 '보상조치'에 관한 논의에서 가장 뚜렷하게 확인되며, 미국 정부는 이에 관하여 일본과 한국 정부의 의사를 계속해서 타진했다. 1992년 1월 24일 주한 미국대사관의 보고서에는 미국 측이 일본 관료로부터 보상의 여부와 그 형태에 대하여 질의하고 답을 듣는 내용이 드러나 있고[RG59, Entry ZZ1005, Box V, Item 2 (1992.01.24)], 3월 9일부터 12일에 걸친 방일 일정 중 주한 미국대사관 관료는 "개인보상"의 가능성을 일본 측에 타진했다[RG59, Entry ZZ1005, Box M, Item 24 (1992.03.18)]. 특히 1992년 12월 3일 주일 미국대사관 회의록에는 주일 한국대사관 관료 1명(익명)과 정치부 소속 관료 제임스 포스터(James Foster), 이우(Woo Lee), 후지노 타다오(Tadao Fujino) 3명이 국제회관(International House)에서 회의를 진행하였으며, 그 자리에서 일본군'위안부' 문제의 해결을 위한 "보상"(compensation)의 형태로 독일-폴란드 사례를 따른 "기금"(foundation)이 논의되었고, 그 규모로 당시 4억 달러, 최종 시행 기한으로는 1995년이 제시되었다. 회의에 참석한 정치부 관료 3명의 소속이 밝혀져 있지 않지만, 각각 주일 미국대사관, 주일 한국대사관, 일본 외무성에서 정치부 담당자가 회의에 참석했던 것으로 짐작된다. 또는 주일 미국대사관의 정치부 관료 3명일 가능성도 존재한다[RG59, Entry ZZ1005, Box M, Item 21; Box V, Item 66 (1992.12.03)].

보고를 받거나 사후에 질의하는 경우가 대부분이었으며, 양국 정부의 판단과 대응은 자체적인 국내정치를 통해 결정되고 있었다.[36] 더욱이 미국은 일본군'위안부' 문제에 관한 조치는 일본 정부가 주도적으로 결정해야 한다는 태도를 견지했고,[37] 미국이 나서서 논의를 진행하거나 일본 정부에 특정 조치를 요구하는 상황은 확인할 수 없었다.

일본군'위안부' 문제가 국가 간 공식문제로 인식되었던 1991년 12월부터 한국은 일본 정부의 최우선순위의 상대국으로 존재했으며, 미국과 중국으로부터 한일 간의 결정이 위안부 문제 '해결'의 선례이자 기준이 될 것을 지적받으면서 양국은 조속한 '해결'에 대한 협의를 진행하고, 문제 해결을 통한 우호적 관계 수립을 위해 긴밀한 관계를 유지했다.[38] 한국 정부는 기본적으로 한일관계를 저해하지 않는 선에서 진상규명과 일본 정부의 일본군'위안부' 제도에 대한 "강제성" 인정을 목표로 움직였으며, 이는 한국 여론과 시민사회의 '승인'을 통한 사태의 원만한 수습과 일본 정부의 태도

---

36 "일본과 다른 국가들 사이에 이미 합의된 것이 있는 것 같다" 등 일본 측의 보고 차원의 논의가 자주 확인된다[RG59, Entry ZZ1005, Box K, Item 7(1992.08. 02)].

37 미국 국무부 차관보(Assistant Secretary of State for Legislative Affairs) 웬디 셔먼(Wendy R. Sherman)이 상원의원이었던 다이앤 페인스틴(Diane Feinstein)에 보내는 서한에는 전쟁 당시 일본에 의해 인권침해를 당한 피해자에 대한 보상은 "아시아태평양 국가들과 논의하면서 반드시 일본 정부에 의해 결정되어야 할 것"이라고 입장을 적고 있다[RG59, Entry ZZ1005, Box IP, Item 515 (1995.01.10)].

38 미국은 문제 해결 과정에서 한일 간의 협의에 가장 주목하였으며, 중국은 일본에 한국에 대한 일본의 조치를 기준으로 중국인 '위안부' 피해자에 대한 조치를 시행하기를 바란다는 의사를 문제 발현 초기 단계에 전달했다[RG59, Entry ZZ1005, Box EA, Item 32(1992.08.13)].

변화를 끌어내기 위한 전략이었다. 한국 측의 요청에도 일본 정부로부터 "강제성"의 인정은 어려울 것 같다는 답변이 돌아오자 한국 정부는 1992년 7월 31에 발표한 「일제하 군대위안부 실태조사 중간보고서」(이하 중간보고서)를 통해 일본 측이 아직 규명하지 못한 "강제동원" 부분을 철저한 조사를 통해 추가할 것을 촉구하고, 일본군'위안부' 문제가 일본의 "국가로서의 도덕성"을 평가하는 기준이 될 것이라 발언했다(와다 2016, 98-101). 이는 '위안부' 문제에 대한 실질적인 조치를 요구하기보다 우선 진상규명에 초점을 맞춘 정치적으로 신중한 대응이면서도, 역사문제에 대하여 일본 정부의 정직하고(honestly) 사태를 직시하는(squarely) 자세를 요구한 한국 정부의 강한 의사 표현이기도 했다.[39] 그리고 동시에 한일 간의 우호적 관계를 바라는 한국 정부가 일본군'위안부' 문제의 조속한 '해결'의 필요성을 의식한 정치적 판단이었다.

이러한 전략적 사고에 따라 한국 정부는 일본 정부에 보상을 요구하는 데 소극적인 태도를 보였으며, 1993년 김영삼 정권에 들어서는 '보상 미청구' 방침을 수립했다. 문제의 초기 단계였던 1992년 1월 미야자와 총리의 방한 이후 한국 정부는 진상규명과 이에 걸맞은 "보상 등의 적절한 조치"를 언급했지만(外務省 2014, 2), 이는 국내 여론을 인식한 발언이었으며 실질적으로 보상에 관해 한국 외무부에서 요구가 이루어진 것은 아니었다.[40] 결국, 1993

---

39 「2014년 일본 정부 검증보고서」에는 한국 측이 문제의 해결과 국내 여론을 인식하여 담화의 내용과 표현에 대해 문제를 제기한 부분이 강조되어 있지만, 미국 공식문서는 한국 정부가 그와 함께 일본이 역사문제를 대하는 태도의 중요성을 지속해서 강조했음을 드러내고 있다.

40 「2014년 일본 정부 검증보고서」에서는 한국이 법률적인 입장은 검토해보아

년 2월 김영삼 정권이 들어서고 얼마 지나지 않아 3월 13일 한국 정부는 일본군'위안부' 문제에 대해서 일본 정부에 철저한 진상 규명을 요청하지만, 물질적인 보상을 요구하지 않을 것이며, 이후 '위안부' 피해자에 대한 최소한의 생활과 복지 지원은 한국 정부가 실행할 것이라고 표명했다.[41] 그에 따라 1993년 6월 11일 김영삼 정권은 「일제하 일본군위안부에 대한 생활안정지원법」(법률 제4565호)을 제정, 시행함으로써 "국가가 인도주의 정신에 입각하여" '위안부' 피해생존자에 대한 최소한의 생활 지원을 개시할 것을 밝혔다.[42] 한국 정부의 이와 같은 대응은 일본군'위안부' 문제의 확산 방지와 국가 간 우호 관계 수립을 위해 한일 간 '해결'의 선례를 만들고자 한 양국의 이해관계가 합치하고 있었음을 보여주며,[43] 1965

야 한다는 태도를 보이면서도 보상을 실질적으로 요구하지는 않았다고 한다(外務省 2014, 3). 주한 일본대사관 관료는 미국대사관 부대사(Deputy Chief of Mission)에 한국 외무부 관료들이 보상에 대하여 분명하게(explicitly) 요구를 한 적은 없으며, 한국 외무부 장관이 일본에 보상을 요구했다는 한국 언론의 보도는 한국 외무부와의 확인을 통해 오보인 것으로 확인했다고 보고했다(RG59, Entry ZZ1005, Box V, Item 2(1992.01.24)]. 이후 보상을 비롯한 실질적인 배상 행위가 아닌 진상규명 요구에 치중한 한국 정부의 대응을 한국 시민단체는 "소극적" 대응이자 "아주 수동적이고 굴욕적인 자세"로 평가했다(김창록·이승욱 2003, 41).

41 이는 "역사바로세우기"라는 정권의 목표를 내세운 문민정부의 김영삼 정권이 국내정치적 지지를 확보하고자 한 까닭도 존재했다(조윤수 2014, 79).

42 법령 본문. 「일제하일본군위안부에대한생활안정지원법」, http://www.law.go. kr/법령/일제하일본군위안부에대한생활안정지원법/(04565,19930611), (검색일: 2018년 5월 12일).

43 1994년 1월 25일 한국은 주일 미국대사관 관료와의 회의에서 한국의 국내적 보상 조치와 '보상 미청구' 방침은 장차 일본이 일본군'위안부' 문제를 해결하는 데 큰 걸림돌이 될 것으로 판단되는 보상 조치를 의제에서 제거하기 위한 것이라고 설명했다(RG59, Entry ZZ1005, Box V, Item 37(1994.01.25)]. 덧붙여 한국 정부는 북한 문제, 무역 불균형 문제 등 한일 간의 다른 외교현안의 해결을 위한 미래지향적 한일관계를 지향하고 있음을 미국 측에 계속해서 강조했다.

년 한일 간의 조약과 협정으로 개인에 대한 보상 또한 완결되었다는 일본 정부의 태도를 수정하여 법적 책임에 따른 국가배상을 실현하기에는 많은 외교적 어려움이 따르기 때문에 기존의 국가중심적 국제질서에 따른 '해결' 방식을 수용한다는 정치적 판단에 의거한 것이었다.

일본군'위안부' 문제가 발현되고 진상이 규명됨에 따라 한국뿐만이 아닌 아시아 전반, 네덜란드를 포함하는 광범위한 지역에서 '위안부' 피해자가 등장하였으며, 각국 정부는 개인과 시민사회의 '대리 주체'로써 문제 해결을 위해 일본 정부와 협의를 진행했다. 미국과 한국의 대응과 공통적으로 각국 정부는 '위안부' 문제의 확산을 우려했으며, 문제의 발현이 일본과 우호적 관계로 발전하는 데 자칫 해가 될 것을 경계했다. 이에 따라 국가 간 결착을 통한 문제의 조기 '종결'에 동의하였고, 일본 정부는 '위안부' 문제 '해결'의 선례를 한일 간 협의를 통해 제시할 것과 앞으로 외교적 현안으로 제시하지 않을 것에 대한 관련 국가의 이해를 얻었다.[44] 그리고 대부분의 국가 정부는 국내 시민단체가 일본 정부를 상대로 사태를 '악화'시키지 않도록 관리하고자 했으며, 특히 중국과 인도네시아의 경우 일본군'위안부' 제도에 의한 피해를 주장하는 여성에 대하여 처음부터 국내적 차원에서 피해자로 인정하지 않았다. 그리고 이에 반대되는 목소리를 내던 북한이나 대만의 경우 국교가 수립되어 있지 않다는 이유로 일본 정부는 무대응으로 일관했다. 특히 북한은 1990년대 초 북일 국교 정상화를 위해 협상을

---

44 일본군'위안부' 문제에 대한 진상규명이 진행되어 일본의 상대국으로 상정된 국가는 한국, 북한, 중국, 대만, 필리핀, 말레이시아, 인도네시아, 네덜란드였다.

전개하던 상황과 맞물리면서 일본 정부의 국가배상을 통한 해결을 요구하였으나, 1992년 11월 5일 회의를 마지막으로 협상이 최종 결렬되면서 일본은 북한을 문제 해결 대상국에서 제외했다.

일본군'위안부' 문제를 둘러싼 국제규범 중심의 새로운 국제 질서가 등장하고, 일본의 탈냉전 안보 체계 구성을 위한 한미일 관계의 관성과 공조의 필요성이 작동함에 따라 일본 정부는 '위안부' 문제를 비롯한 전후책임 문제를 마땅히 해결이 필요한 문제라고 인식하였다. 덧붙여 문제의 조기 종결을 요구 또는 실행했던 관련 국들의 대응은 일본 정부가 일본군'위안부' 문제의 해결이 아시아 외교 성공 전략의 전제조건임을 인지하도록 했다. 하지만 비정부 행위자의 역할 축소와 '대리 주체'로서 국가 행위자가 등장함에 따라 기존 국가중심적 국제질서의 유지가 우선시되었고, 이는 일본 국내정치과정에서 국제기준이나 시민사회의 요구를 수용한 '적절한' 조치보다 정해진 시간 내에 현실적으로 '가능한' 조치를 마련하고자 일본군'위안부' 문제의 해결이 아닌 '종결'을 우선하여 제한적 규범수용으로 타협했던 정치세력의 논리를 강화하는 환경요인으로도 작용했다. 결국, 일본 정부는 문제의 빠른 '종결'과 현재의 위기를 기회로 전환하기 위해 제한적 규범수용을 통한 국제공헌의 UN정책이자 전후책임 완결을 위한 아시아 유화 정책을 수립한다는 정책 방침을 구성했다.

V 「고노 담화」와 일본의 문제 인식 과정

당시 전시하(戰時下) 여성범죄, 국가의 전쟁범죄에 관한 국제규범이 형성, 강화되고 있었던 점과 일본군'위안부' 문제의 해결이 일본외교 성공의 전제조건으로 제시되고 있었던 점은 일본의 정치대국화를 외교 전략으로 설정한 정책결정자들이 국제정치적 환경에 대응, 수용할 수밖에 없는 조건을 형성하였다. 더욱이 국가 정체성과 외교, 안보 노선에서 이념적으로 대립하며 논쟁을 거듭했던 정치세력의 존재는 일본 정부가 전후책임 문제와 여성인권 문제에 대한 국제사회의 요구를 수용하는 데 다양한 정치적 선택지가 있었음을 증명한다. 그리고 이는 1990년대 일본군'위안부' 문제를 둘러싼 일본의 정책 결과가 일본 정부의 결코 유일 가능하거나 당연한 결과는 아니었음을 알려준다.

 일본 정부는 일본군'위안부' 문제의 인식 과정에서 문제의 성격을 국가에 의한 여성 인권침해의 문제이자 일본의 전후책임 문제로 규정했고, 국내적 논쟁과정에서 국제사회와 아시아 근린국가를 대상으로 하는 일본의 주요 외교적 현안이자 국가 정체성 문제로 다루었다. '위안부' 문제가 국제사회로 확산함에 따라 미야자와 내각의 정치인과 외무성 관료집단은 외교대상으로 한국, 아시아, UN 중심의 국제사회를 설정하고, 일본의 정치대국화 외교 전략 속에서 일본군'위안부' 문제의 '해결'과 전후책임 문제의 '종결'이 가져올 긍정적 효과를 의식하여 실용주의 세력의 논리를 바탕으로 외교대상에 따른 전략과 방침을 결정했다. 결과적으로 미야자와 내각에서는 일본 국내적 합의와 논의과정을 통해 제한적 국제규범의 수용과 아시아 유화 정책을 통한 문제 '해결'의 논리로서 "도의적 책임"을 선택했고, 그 결과를 「고노 담화」로 발표했다. 이는 일본 정부의 일본군 '위안부' 문제 인정과 인식 과정에서 국제정치적 변화가 자민당 실용주의 세력의 정치 지도층 구성, 외무성 관료집단과의 긴밀한 논의구조 등의 일본 국내정치적 조건으로 인해 일부 수용, 제한되었음을 의미했다.

1. 일본군 '위안부' 문제를 둘러싼 일본 국내적 논쟁

1990년대에는 국제환경의 변화와 함께 일본 국내적으로도 많은 정치적, 사회적 변화를 맞이했다. 거품경제의 붕괴, 정치추문 등으로 인해 일본 사회 내 분위기는 폐색해갔고, 일본 여론은 변화를 요구하면서도 이를 두려워하는 이중적인 태도를 보이며 일본이 추구해야 할 미래상에 대해서는 분열하는 양상을 보였다(커티스 2003). 특히 일본 국내정치적으로 가장 큰 변화는 1993년 7월 18일, 전후부터 유지되었던 자유민주당(自由民主党, 이하 자민당)의 일당 지배체제인 '1955년 체제'가 붕괴한 것이었다.[45] 1993년 6월 18일 야당이 제출한 미야자와 내각불신임 결의안이 국회에서 가결되면서 미야자와 총리는 국회를 해산했고, 이후 7월 18일 총선거에서 자민당이 전체 의석에서 223석을 획득하며 과반수 획득에 실패

---

45 '1955년 체제'란 1955년 분열되어 있던 사회당이 통일되고 보수세력이 연합하여 자민당을 형성함으로써 탄생한 일본의 정당정치 체제이며, 자민당과 사회당 사이의 "보수와 혁신"이라는 이데올로기적 대립을 중심으로 자민당이 계속된 우위를 차지해온 일당 지배체제를 지칭한다(커티스 2003, 8; 박철희 2005, 39).

했다(와다 2016, 105). '1955년 체제'의 붕괴를 설명하는 가장 유력한 요인은 잇따른 정치추문으로 인한 '정치개혁'의 요구와 자민당 내 세력 싸움이지만, 그것 외에도 일본의 걸프전 전쟁 공헌이 인정받지 못하면서 발생한 '국제공헌' 및 '보통국가' 논쟁, 일본의 전후 책임 문제에 대한 논쟁으로 인한 세력 분열 등도 제시된다(커티스 2003; 박철희 2011). 그만큼 일본의 국제적 지위 및 국가 정체성, 일본군 '위안부' 문제를 비롯한 일본의 전후책임 문제는 일본 국내정치적으로 상당한 수준의 정책 논쟁을 수반했다.

전후 일본정치는 또한 일본의 평화헌법에 기초한 '평화국가'적 정체성과 요시다 노선에 입각한 '통상국가'적 정체성에 관한 논쟁과정이기도 했다. 이러한 국가 정체성에 대한 논쟁은 역사 인식 또는 전후책임 문제에 관한 논쟁 속에서 변형되어갔다. 1960년대부터 일본 중·고등학교 역사 교과서 논쟁을 중심으로 전개되어온 국가 정체성 논쟁은 '국제주의'의 '평화국가'와 '애국주의'의 '보통국가' 또는 '자주국가'라는 대립 구도를 형성하며 사관(史觀) 논쟁으로 이어졌다. 결과적으로 1990년대에는 "식민지 지배"와 "침략전쟁"을 모두 기술하는 아시아 유화적인 방향이 채택되었지만, 서로 다른 이념을 내세운 국내 정치세력은 첨예하게 대립했다(남상구 2016).

1990년대 일본군 '위안부' 문제는 이러한 역사 인식을 둘러싼 논쟁의 중심에 있었다. 그리고 '위안부' 문제에 대한 일본 정부의 대응은 일본의 국제규범 수용의 정도와 '평화'를 대하는 태도를 판단하는 기준으로 작용하면서 일본의 국제적 지위 및 국가 정체성에 대한 하나의 측면을 구성했다. 따라서 일본군 '위안부' 문제에 관한 정책 논쟁 구도는 ① 국제규범 수용의 정도와 ② 국제적 '평화에 대한 공헌'의 방식, 그리고 ③ '역사 인식'의 차이에 근거한 아시아 유화 정책의 선택 여부와 그 강도를 기준으로 형성되었다. 1990년대 초중반 일본군'위안부' 문제를 둘러싼 일본 정치세력 분열과 논쟁 구도를 정리해보면 〈표 8-1〉과 같다.

표 8-1. 1990년대 일본 정치세력 분열과 논쟁 구도[46]

	적극파 (혁신)	소극파 (보수리버럴)	반대파 (보수 중도)	반대파 (보수 우파)
정치세력	사회당, 시민사회	자민당 지도층, 관료집단	신진당 등 신당	자민당 내 파벌
① 규범	국제주의	실용주의	애국주의	애국주의
② 평화	평화국가	통상국가	보통국가	자주국가
③ 아시아	찬성, 유화	찬성, 편의/실용	반대, 강경	반대, 초강경
정책결과 (인식)	범죄성 인정	범죄성 미인정	무반응	존재 미인정
정책결과 (해결)	입법을 통한 배상	국가배상 불가 (민간기금)	불필요	불필요

주: ①, ②, ③ 항목은 앞서 설명한 기준을 의미하며, 각 정치세력, 그리고 논쟁 구도에 따른 정책에 대한 인식과 방향성, 함께 논의된 해결방안에 대한 부분을 추가하였다.
출처: 용어에 관해서는 기존연구를 참고하였으나 표의 작성은 필자가 하였다.

일본군'위안부' 문제의 해결을 위하여 적극적인 국제규범의 수용과 이를 통한 일본의 국가 정체성 확립을 주장한 세력은 사회당을 중심으로 한 '적극파'와 이를 지지하는 대다수의 시민사회였다. 이들은 일본의 평화헌법에 기반을 둔 '평화국가'로서의 정체성을 중요시하고, '국제주의'를 표방하며 국제여론과 일본의 전후책임 문제에 대한 국제사회의 비판에 민감하게 반응하였다. 그에 따라 일본의 법적 책임을 주장하면서 국제규범 수용에 적극적인 자세를 취했으며, 일본군'위안부' 문제에 대한 아시아 유화적 해결 정책에 찬성하는 세력이었다. 1990년 일본군'위안부' 문제 해결을 위한 정치과정에서 '적극파'는 "국제사회의 보편적 규범과 가치를 존중하는 방향으로 전후처리 정책을 궤도 수정해야 한다"라는 주장을 전개했다(김석연 2015). 문제의 초기 단계부터 사회당 의원은 국회에서 일본이 국제적인 명예와 지위를 얻고자 한다면 식민지 지배 등에 관한 전후보상을 비롯한 전후책임을 분명히 해야 한다고 발언했으며,[47] 일본군'위안부' 문제를 국가에 의한 전쟁범죄로 인정하고 국가의 책임에 따라 입법을 통한 국가배상 정책의 필요성을 지지했다. 특히 이들은 '평화주의'라는 이념을 뿌리 깊게 실천해오던 일본 시민사회와 여론의 지지를 기반으로 두고 있었으며, 정치권 내 '적극파'의 의지는 당시 시민사회의 부상에 힘입어 정치적 명분을 형성해나갔다.[48]

1990년대 자민당의 지도층과 관료집단을 구성하던 보수리버럴 세력은 '소극파'를 형성하며, 탈냉전 이후 정치대국화라는 새로운 국가 정체성 확립에 외교 전략적 기회를 찾고자 했다. 이들은 기존 보수세력의 '통상국가'적 국가 정체성을 중시한 실용주의 세

---

46   당시 1990년대에는 '적극파'와 '소극파' 사이에 '중도파'로 지칭할 수 있는 정치세력(신당 사키가케 외 소규모 정당)이 존재했지만, 일본군'위안부' 문제에 관한 주도적인 의견을 피력하기보다 '적극파' 또는 '소극파'의 의견을 수용하며 찬성 또는 반대하는 역할을 했기 때문에 논쟁 구도를 다루는 표에서는 제외했다.
47   사회당 시미즈 의원 발언. 122회 참의원 예산위원회 회의기록(1991.12.12).
48   「PKO 법안」 논쟁 당시 자위대 파병에 반대하던 여론은 58%에 육박했으며, 일본 전후책임에 대한 사죄의 필요성에 대해서는 대다수가 찬성하고 있었다(박철희 2011, 231; 土野 2014, 85).

력이었으며, 아시아외교 성공의 전제조건으로서 전후책임 문제의 '종결'에 합의하고 '적극파'가 주장하는 아시아 유화 정책의 필요성에 동의했다. 하지만 이들은 분명한 결과를 동반하지 않는 행위 또는 불필요한 행위는 취할 수 없다는 태도로 "일본의 전후책임은 법적으로 완결"되었다는 국가중심적 견해에 바탕을 두고 국가책임 인정에 따른 배상이 아닌 국제규범의 제한적 수용을 통한 국제사회 설득 시도를 주도했다.[49] 그에 따라 일본군'위안부' 문제에 대한 인권침해적 성격과 그 중대성은 인정하지만, 국가의 법적 책임을 유발하는 범죄성의 인정은 불가하며, 국가배상이 아닌 방식으로 해결할 것을 강조했다. 그리고 외무성 중심의 관료집단 또한 자민당 내 '소극파' 세력과 견해를 함께하며 아시아외교 전략을 수립할 때 선례 중시에 입각한 법률론적이고 원칙적인 태도를 관철했다. 사실상 '선례'가 없는 일본군'위안부' 문제에 대해서는 유사사례로 일본의 전후책임 문제, 특히 그중에서도 조선인 강제동원 문제, 국교 정상화 청구권 합의 등을 활용하여 규범과 법에 따른 질서보다 국가 중심의 기존 국제질서를 우선시했다.

일본군'위안부' 문제를 둘러싼 정치과정에서 반대 세력을 구성한 것은 소규모 정당 중심의 보수 중도 파벌과 자민당 내 보수 우파 파벌 중심의 '반대파'였다. 기존의 일본 국가 정체성에 반발하여 그들이 내세운 것은 '애국주의'에 기반을 둔 '보통국가' 또는 '자주국가'였으며, 「PKO 법안」 논쟁 당시 자위대의 파병을 적극적으로 추진했던 세력이었다. 그에 따라 국제규범의 수용이나 전후

---

49   이러한 법적 견해는 일본 사법부의 최고재판소 차원의 판결을 통해 일관되게 유지되었다(김석연 2015).

책임 문제에 대해서도 소극적이었으며, 일부는 강한 반대 의지를 보였다. 이는 과거 전쟁의 행위가 범죄 행위로 규정되는 것을 인정할 수 없다는 견해를 바탕으로 하는 것이었다(마에다 2007, 27). 이들은 일본 전후책임 문제에 대한 아시아 유화 정책에 반대하였고, 때로는 초강경 태세로 반발하였다. 그에 따라 일본군'위안부' 문제에 대한 기본 정책 방향은 문제를 부정하는 것에서 출발했다. 일본 정치권 내 '반대파'의 조직화는 1993년 8월 「고노 담화」의 발표와 호소카와 모리히로(細川護熙) 총리의 "침략전쟁" 발언 이후 본격화되었으며, 1990년대 후반에는 강력한 정치세력으로 발돋움하여 일본 국내적으로 이의제기의 통로를 완전히 장악, 봉쇄하기에 이르렀다(土野 2014, 75-76).

이렇듯 일본군'위안부' 문제를 둘러싼 정치권 내 논쟁은 다양한 정치적 가능성을 내포하고 있었으며, '소극파' 중심의 미야자와 내각은 외무성 관료집단과 함께 「고노 담화」 작성, 발표 과정에서 실용주의 논리에 입각한 정치 논리와 정책 방침을 구성해나갔다.

2. 제1차 조사와 「가토 담화」 발표

1990년대 초 한국 시민사회를 통해 일본군'위안부' 문제가 처음 제기된 후 일본 정부는 문제를 인정, 인식, '해결'하는 일련의 정치 과정을 거쳤다. 일본 정부가 위안부 문제를 인정한 것은 1992년 7월 6일 발표된 가토 고이치(加藤紘一) 관방장관의 「한반도 출신자의 소위 종군위안부 문제에 관한 내각관방장관 발표」(加藤內閣官房長官 發表, 이후 가토 담화)를 통해서였다. 여기서 말하는 '인정'이란 '위안부'의 존재와 제도에 대한 당시 일본군의 관여를 인정했다는 뜻이며, 일본 정부가 감당해야 하는 책임의 의미와 그에 따른 의무적 조치의 내용을 담고 있는 것은 아니었다.

일본 정부는 초기 단계에서 일본군'위안부' 문제에 대한 조사 또는 관련 조처를 하지 않는 '무반응'으로 문제를 일축하고 있었다. 1990년 6월 6일 일본 국회 참의원 예산위원회에서 사회당의 모토오카 쇼지(本岡昭次) 의원은 조선인 강제연행과 관련된 질의과정 중 "종군위안부(從軍慰安婦)"에 대한 진상 조사를 정식으로 요청했다. 그러나 그에 대한 답변으로 후생성 직업안정국장 시미즈 츠타오(清水傳雄)는 "종군위안부"는 "민간업자가 그러한 분들을 군과 함께 데리고 다녔다는 등의 상황인 것" 같으며, 이는 강제연행에 해당하지 않기 때문에 "이러한 실태에 대해 (중략) 조사해서 결과를 내는 것은 솔직하게 말씀드려서 어렵다고 생각한다"라고 응답했다.[50] 그리고 같은 해 12월 18일 사회당 시미즈 스미코(清水澄子) 의원은 중의원 외무위원회에서 한국 시민단체의 공개편지를 전달하며 "국가와 군은 위안소에 관여하지 않았다는 정부의 인식에 변함은 없는가"라고 질의했고, 이에 정부위원은 인식에 변함은 없으며 "관여하지 않았다"라고 답하였다.[51] 이후에도 일본 정부는 관련자로부터 증언을 청취하고 조사를 진행하였으나 "후생성 근로국, 국민근로동원서 모두 조선인 종군위안부의 문제에는 관여하지 않

---

50   118회 참의원 예산위원회 회의기록(1990.06.06).
51   시미즈 스미코 의원은 일본군'위안부' 문제가 제기된 초기부터 시민단체와 연계하여 여성의원과 함께 활동을 전개하였으며, 1991년 8월 27일 참의원 예산위원회에서도 문제의 심각성에 대하여 경고하는 등 활발히 발언하였다(와다·오누마·시모무라 2001, 50).

았다"라는 답변과 함께 기존의 태도를 정정하지 않았다.[52]

하지만 피해자의 등장과 일본 정부를 상대로 한 소송이 진행되면서 한국의 여론이 악화하고 일본군'위안부' 문제가 무시할 수 없는 파급력을 갖게 되자 한국 정부의 공식 요청에 따라 1991년 12월 12일 미야자와 총리는 내각관방 주재로 관계 성청 회의를 열고 '위안부' 문제에 대한 별도의 공식적인 조사를 지시했다.[53] 그리고 가토 관방장관은 국회에서 '위안부' 문제는 "법률이나 조약의 문제"가 아닌 "그 외에도 주시"해야 하는 문제라고 발언함으로써 문제의 의미와 중대성을 인정하면서도 정부 관여 사실인정에 대해서는 "자료가 발견되지 않았다"라는 말과 함께 신중한 태도를 보였다.[54] 그사이 한국 정부는 미야자와 총리 방한 이전에 '위안부' 문제에 대한 조치를 요청했으며, 일본 외무성은 내부적으로 군의 관여를 인정하고 "반성과 유감"의 뜻을 총리가 표명하는 방안, 구두 발언으로 한국의 여론이 납득하지 않는 경우 상징적인 조치로써 위령탑의 건립 등을 검토했다(外務省 2014, 1).

일본 정부는 1991년 12월부터 1992년 6월까지 일본군'위안부' 문제의 진상규명을 위한 제1차 조사를 진행했다. '무반응'에 가까웠던 일본 정부의 태도가 변한 것은 한국 정부의 공식 요청과 1992년 1월 요시미 교수의 방위성 자료발굴에 관한 1월 11일 『아사히신문』의 기사 보도로 인한 것이었다. 일본 정부는 지속적인 조사와

---

52 120회 참의원 예산위원회 회의기록(1991.04.01).
53 그전에는 '조선인 강제연행' 문제에 대한 조사 차원에서 일본군'위안부' 문제가 다루어졌다 (『아사히신문』, 1991년 12월 13일 재인용; 와다 2016, 91).
54 122회 참의원 예산위원회 회의기록(1991.12.12).

진상규명을 약속하면서도, 대내외적으로 1951년 샌프란시스코 조약과 관련 조약 및 협정으로 국가 간의 모든 전후책임을 법적으로 완료했다는 공식 입장을 확립했다.

미야자와 기이치(宮澤喜一) 총리는 1991년 11월 내각을 수립한 자민당 보수 주류의 정치인이었다. 그는 이전부터 한일 간의 갈등 해결에 깊이 참여해왔고, 새로운 한일관계 모색에 관심을 표하고 있었다.[55] 이는 일본군'위안부' 문제에 대한 신속한 대응이라는 정치적 결단으로 이어졌다. 『아사히신문』의 보도 직후인 1992년 1월 13일 일본 정부는 관방장관 담화를 통해 피해자에 대한 사죄와 지속적인 정부 조사에 따른 진상규명을 약속했다. 이는 보도 이전부터 군의 관여를 증명하는 문서가 내부 조사과정에서 이미 발견되었고, 이에 대한 논의과정이 사전에 진행되어 있었기 때문에 가능했다.[56] 그리고 약 일주일 뒤 미야자와 총리는 16일부터 사흘에 걸친 방한 일정 중 공식적으로 일본군'위안부' 문제에 관해 사과 발언을 하고 진상규명을 약속했다. 이러한 대응은 근린국가와의 우호적 관계구축을 목표로 한 일본 정부의 아시아 유화 정책 중 하나로서 '위안부' 문제뿐만이 아닌 전반적인 전후책임 문제에 대

55 미야자와 기이치는 1974년 다나카 카쿠에이(田中角榮) 내각의 외무대신으로서 김대중 납치사건의 정치적 해결을 추진하고, 1980년 스즈키 젠코(鈴木善幸) 내각의 관방장관으로서 밀사를 통해 김대중 사형판결의 단념을 요청했다. 특히 1982년 역사 교과서 왜곡문제가 불거졌을 때 "아시아 근린 제국과의 (중략) 비판에 충분히 귀를 기울여 정부가 책임지고 시정한다"라는 미야자와 담화를 발표했다(와다 2016, 90). 무엇보다 미야자와 총리가 취임 이후 처음으로 방문한 국가가 한국이었던 점은 이후 일본의 외교 전략에서 한국, 더 나아가 아시아의 중요성을 표현한 것이었다[RG59, Entry ZZ1005, Box V, Item 2(1991.01.24)].

56 일본 정부는 기사 보도 이전인 1월 7일, 방위연구소에서 군의 관여를 나타내는 문서를 발견했다는 보고를 받았다(外務省 2014, 1).

한 일본의 적극적인 태도를 보여주고자 한 미야자와 내각의 결정이었다.

일본 정부의 제1차 조사는 일본 국내 관계 부처에만 국한된 조사였으며, 그 실상을 밝히기에는 부족한 것이었다.[57] 더욱이 일본 정부는 '위안부' 문제를 조선인 강제동원 명단에 관한 조사의 연장선으로 이해하고 있었기 때문에 조사의 초점은 '위안부' 문제의 전반적인 실태보다도 일본의 전후책임 문제와 관련되는 당시 일본군의 직접적인 관여 여부, 강제모집의 여부 등 '위안부' 제도 전반에 걸친 국가개입의 정도, 그에 따른 책임의 정도를 가늠하는 데 맞춰져 있었다.[58] 따라서 일본군'위안부' 문제에 대한 역사적 사실을 해석하고 표현하는 과정에서도 일본 정부의 책임 여부와 그 정도를 규정하는 '위안부' 모집 및 제도운영 전반에 걸친 책임 주체 확인, 강제의 여부와 피해의 규모 등이 중점적으로 논의되었다.

1992년 7월 6일 가토 관방장관은 제1차 조사결과와 함께 일본군 관여 사실의 인정과 사죄 표명, 이후 조치를 시사하는 내용의 「가토 담화」를 발표했다. 조사결과로는 구체적으로 군 위안소

---

57   일본의 외무성, 문부성, 노동성, 후생성, 방위청, 경찰청의 6개의 성청을 대상으로 조사를 진행하였으며, 이에 발견된 문서는 방위청 70건, 외무성 52건, 후생성 4건, 문부성 1건으로 총 127건이었다(조윤수 2014, 77). 하지만 이미 일본군'위안부' 제도에 관한 문서가 조직적으로 파기된 정황이 제기되어 있는 상황에서 조사의 범위가 일본 국내의 일부 성청에 한정되어 있었던 것과 피해자의 증언이 조사 과정에 반영되지 않았던 것은 불완전한 진상규명을 증명하고 있었다.

58   이는 일본이 역사문제에 관하여 한국과 꾸준히 갈등을 겪어온 경험과 일본군'위안부' 문제가 발현되기 직전까지 '조선인 강제동원'의 문제에 대하여 대응을 하고 있었던 경험이 그들의 인식을 구성한 것이었다. 이후 조사과정에 관한 국회 질의에서도 조사의 내용이 "군이 어느 정도 관여했는가"에 대한 것임을 확인하고 있다[123회 참의원 예산위원회 회의기록(1992.03.21)].

설치, 모집을 담당하는 사람의 단속, 시설 설치 및 운영, 위생관리를 포함하는 감독, 관계자의 신분증명서 발급에 대한 정부 관여 사실을 인정했다. 담화에서는 앞서 1월 13일에 발표했던 내용과 거의 동일한 수준의 반성과 사죄를 표명하고, "국적, 출신지의 여하를 막론하고"라는 표현을 추가하여 일본군'위안부' 문제가 한국인만을 대상으로 하지 않음을 인정했다. 마지막에는 "우리의 마음을 어떠한 형태로 표현하는 것이 가능할지 (중략) 검토하고자 한다"라고 언급했다.[59] 다만 한국 정부가 국내 여론의 설득을 위해 요청했던 "강제연행," "강제동원" 등의 "강제성"의 인정은 이를 입증할 만한 자료를 발견하지 못했다는 이유로 포함하지 않았다(外務省 2014, 2-3). "평화국가로서의 입장을 견지"하면서 근린국가와의 미래지향적인 관계구축을 위하여 "사죄와 반성의 뜻"을 전하고, 이후의 조치를 검토하겠다는 의사를 표현한 것은 일본 정부가 일본군'위안부' 문제는 일본의 국제적 지위와 국가 정체성에 관한 문제이며 한국뿐만이 아닌 아시아외교 전반에 걸쳐 중요한 위치를 차지하고 있음을 인지한 결과물이었다.

3. 제2차 조사와 한일 간의 협의

제1차 조사결과 발표와 「가토 담화」가 문제 수습에 큰 효과를 발휘하지 못하고, 진상규명과 정부 조치에 대한 시민사회의 요구와 한

---

59   1992년 7월 당시 인정되었던 피해자는 한국인, 중국인, 대만인, 필리핀인, 일본인이었다(『교도통신』 보도 CIA 수집기사 자료, RG59, Entry ZZ1005, Box M, Item 30(1992.07.06)].

국 정부의 요청이 지속하면서 1992년 10월 미야자와 내각은 내각
외정심의실과 외무성을 중심으로 일본군'위안부' 문제에 대한 추
가 조사를 결정했다. 그리고 1993년 8월 4일 「소위 종군위안부 문
제에 대해」(いわゆる從軍慰安婦問題について)라는 제목으로 결과를 공
표함과 동시에 「위안부 관계 조사결과 발표에 관한 고노 내각관방
장관 담화」(慰安婦関係調査結果発表に関する河野内閣官房長官談話, 이하
고노 담화)를 발표했다.

1992년 당시 내각과 외정심의실 중심인물은 이시하라 노부오
(石原信雄) 관방부장관, 다니노 사쿠타로(谷野作太郎) 내각외정심의
실장, 후생성의 다나카 고타로(田中耕太郎) 심의관이었다.[60] 그리고
같은 해 12월 내각개편을 통해 자민당 고노 요헤이(河野洋平)가 미
야자와 내각 관방장관으로 임명되었다. 이들은 실용주의에 기초한
아시아외교에 찬성했던 '소극파' 정치가들이었다. 더불어 일본 전
후책임 문제 해결에 적극적인 태도를 보여왔던 사회당의 '적극파'
는 일본군'위안부' 문제의 전면적인 해결을 요구하며, 당 차원에
서 독자적으로 움직이기 시작했다. 1992년 8월, 당시 사회당 내에
서 일본의 전후책임 문제와 사할린 잔류 한국인 문제에 관하여 중
심적 역할을 맡고 있던 이가라시 고조(五十嵐広三) 의원은 사회당의
다케무라 야스코(竹村泰子), 시미즈 스미코, 오카자키 토미코(岡崎ト
ミ子) 등과 함께 한국, 홍콩, 대만 등을 방문하고, 정부 관계자와 시

---

60   다니노는 「고노 담화」 이후 '아시아여성기금'을 출범하기까지 중심적 역할을 하
      였다(外務省 2014, 3). 한국 외무부 관료는 미국 측에 '위안부' 문제 해결에 대한
      총체적 책임을 지고 있는 인물은 다니노 내각외정심의실장이라고 확인해주었다
      [RG59, Entry ZZ1005, Box V, Item 37(1994.01.25)].

민단체, '위안부' 피해자를 만나 문제에 대한 조사를 진행하였다. 그리고 그 결과보고서를 당과 정부에 제출하였다.[61] 그리고 1992년 12월 4일 중의원 외무위원회에서 이가라시 의원은 일본 정부의 성의 있는 조사를 위해 한국 외 국가에 대한 추가 조사, 피해자 면담을 통한 증언청취 등을 제안했다.[62]

이러한 국내외적인 요구에 미야자와 내각은 제1차 조사보다 대상 기관을 대폭 늘리고, 특히 제2차 조사에서는 특징적으로 자료조사 외에도 관계자에 대한 청취조사를 시행하였다.[63] 더욱이 한국의 '위안부' 피해자에 대한 면담을 진행하고, 피해자 증언을 자료수집 대상으로 선정했다.[64] 다만 피해자 면담은 피해자 증언의 적극적인 반영을 의미하기보다 국내외적 설득 과정에서 절차상의

---

61 이들은 한국에서 야당 대표였던 김대중, 여당 대표였던 김영삼, 한국 외무부 관계자들을 만나고, 정대협과 태평양전쟁희생자유족회를 비롯한 관련 시민단체, 마지막으로 일본군'위안부' 피해자와 직접 이야기를 나누었다(와다·오누마·시모무라 2001, 35).

62 125회 중의원 외무위원회 회의기록(1992.12.04).

63 미국 NARA를 포함하는 넓은 범위의 조사를 시행하였으며 그 결과 방위청 방위연구소도서관 소장자료 117점, 외무성 외교사료관 소장자료 54점, 후생성 자료 4점, 문부성 자료 2점, 국립공문서관 자료 21점, 국립국회도서관 소장자료 17점, 미국 NARA 소장자료 19점을 공식적인 일본군'위안부' 문제 자료로 인정했다. 그리고 청취조사를 한 관계자로는 일본 국내에서 구 일본군인 12명, 전 조선총독부 관계자 5명, 전 위안소 경영자 1명, 전 후생성 관계자 2명, 위안부 문제 연구자 3명, 관련 책 저자 3명, 총 26명을 선정했다.

64 피해자의 면담에 협력하지 않았던 정대협을 대상으로는 정대협이 1993년 1월 발간한 구술자료집 『강제적으로 끌려간 조선인 군위안부들 제1집』을 첫 해외 자료로서 인정하고, 이를 조사 대상에 포함하여 참고하기로 합의했다. 자료집만으로는 강제성을 증명할 수 없다는 일부 관료의 주장이 있었기 때문에 「고노 담화」의 원고를 완성하기 직전 한국의 태평양전쟁희생자유족회와의 교섭을 통해 1993년 7월 26일부터 30일까지 총 16명의 피해자에게 청취조사를 시행했다(와다 2016, 101-104; RG59, Entry ZZ1005, Box K, Item 26(1993.05.27)].

필요에 따른 최소한의 조처를 한 것이었다. 일본군'위안부' 문제에 관한 제2차 조사는 내각외정심의실을 중심으로 이루어졌지만, 「고노 담화」의 초안은 일본 외무성을 중심으로 작성되었으며 최종안 작성에 앞서서 한일 간의 협의가 이루어졌다. 그리고 작성된 원고를 내각 지도부가 승인하는 순서로 진행되었다.

일본군'위안부' 문제의 해결을 위한 한일 간의 긴밀한 협의 구조는 문제의 '종결'에 대한 국가 간 이해관계가 합치하고, 미국의 관여가 효과를 발휘하면서 초기 단계부터 유지되어 온 한일 간의 주요 외교적 메커니즘이었다. 결과적으로 일본은 '위안부' 문제의 일차적 '종결'을 달성하기 위해 한국 측에 담화문의 검토를 요청하였고, 이에 응답한 한국 정부와의 협의를 통해 「고노 담화」의 최종본이 완성되었다.[65] 그리고 양국 정부는 「고노 담화」 발표를 통해 외교적 현안의 종결을 선언하고자 한국 여론과 시민단체를 설득시키고 최종적으로 '승인'을 받을 수 있을 만한 내용을 구성해야 한다는 의견에 일치를 보았다. 당시 일본의 시민사회는 대체로 한국의 시민사회와 동조하며 뜻을 같이하고 있었고, 여론 또한 일본의 전후책임에 대한 사죄에 긍정하고 있었기 때문에 일본의 국내적 승인보다 한국의 국내적 승인을 얻는 것에 더욱 초점이 맞춰졌고 그에 따라 한국 정부의 의견이 강하게 반영되었다.[66] 그러나 양

---

65   「고노 담화」를 "한일 합작"으로 소극적인 평가를 하기도 하지만, 와다 하루키는 한일 간 인식을 공유하는 과정이었으며 화해를 위해 필요한 절차였다는 설명과 함께 "한일협력"이라는 적극적인 평가를 하고 있다(와다 2016, 106-108).

66   한국 측의 의견이 더 강한 영향력을 발휘한 것은 퍼트넘 양면게임이론의 '윈셋' (win-set) 개념을 활용하여 이해해볼 수 있다. 한국 측은 일본군'위안부' 문제의 국제화를 통한 사안의 쟁점화, 강경한 여론을 이용한 한국 정부의 결박(tie hand) 전략으로 한국의 국내적 승인을 얻기가 더 힘든 상황임을 인식시킴으로써 윈셋

국의 협의는 '위안부' 문제에 대한 서로 다른 인식을 다시금 확인

하게 했고, "전체적인 강제성"을 드러내는 것으로 최종합의를 보

았다.

일본 외무성에서 「고노 담화」의 초안이 내부적으로 작성되는

사이 한국에서는 노태우 정권에 이어서 1993년 2월 25일 문민정

부(文民政府)의 김영삼 정권이 들어섰다. "조기 해결"을 목표로 노

태우 정권 아래 일본군'위안부' 문제의 종결을 꾀하던 일본 정부

는 1992년 12월부터 선거기간으로 인해 한국 정부의 대응이 느려

짐에 따라 기존 방침을 수정할 수밖에 없었다. 김영삼 정권이 들어

서고 일본 정부는 곧바로 한국 측의 의견을 타진하기 시작했다. 우

선은 구체적인 내용의 조정, 표현의 수정이 진행되기 전에 그 방향

성에 대한 양국 간의 의견교환이 있었다. 한국 측은 문제의 해결을

위해 국내적 승인의 필요성을 강조하면서 반드시 "강제성"에 대한

내용이 들어가는 것이 중요하다고 주장했다. 이에 반해 일본은 "강

제성"을 증명할 만한 직접적 증거가 발견되지 않았기 때문에 이를

서술하는 것은 사실에 맞지 않는다고 주장했다. 그리고 그 과정에

서 한국 정부는 피해자의 면담을 제안했다. 이는 일본의 조사결과

가 한국 시민사회의 승인을 얻기 위한 절차상의 필요에 따라 조언

한 것이었다. 처음에 일본 정부는 피해자 증언청취에 부정적인 생

각이었지만,[67] 1993년 3월 23일 고노 관방장관은 자료만으로는 "불

의 크기를 상당히 줄였지만, 일본 측은 진상규명과 후속 조치를 포함한 "package
deal"이라는 아시아 유화 정책을 제안함으로써 양측의 원셋을 키우는 효과에 그
쳤다(You 2014, 44-56).

67 기무라 마사유키는 개인의 사생활 보장, 조사의 객관성 보장, 증언의 진실 여부
분별 등에 난관이 예상되며 청취조사는 곤란하다고 설명했대125회 중의원 외무

충분"하므로 한국에서 피해자 청취조사를 할 것을 결정했다.[68] 이는 절차상의 조치임과 동시에 "강제성"의 서술에 대해 일본 국내적 합의를 도출하기 위한 방책이었다.

그사이 일본에서는 1993년 6월 내각불신임 결의안이 가결되고, 7월 총선거에서 '1955년 체제'가 무너지면서 미야자와 내각은 새로운 국회가 열리는 8월 6일까지 정권을 유지하는 "사무처리 내각"이 되었다(와다 2016, 105). 미야자와 내각은 정권 교체 이전에 외교적 현안으로서 일본군'위안부' 문제를 종결하기 위해 최종안 마무리에 박차를 가했다. 따라서 8월 2일부터는 담화문을 완성하기 위해 한일 간 구체적인 표현에 관한 협의를 진행했다. 수정된 내용은 각각 "위안소 설치에 대한 군의 관여," "위안부 모집에 대한 군의 관여," 그리고 "모집의 강제성"에 관한 부분이었으며, 모두 "전체적인 강제성"을 드러내는 표현으로 정리되었다. 한국 정부는 위안소의 설치와 모집에 관한 군의 직접적인 관여와 피해자들이 자발적으로 '위안부'가 되지 않았다는 내용이 보이도록 군의 주체성을 드러내는 "지시"로 표현 수정을 요청했다. 일본 정부는 군의 지시가 확인된 바는 없으나 한국 측 의견을 반영하여 군의 "의향"에 따라 모집하였다는 기존의 표현을 "요청"으로 변경하고, 피해자들은 본인의 의사와 반하는 방식으로 '위안부'로 모집되고 위안소 생활을 강요당했다는 내용을 추가했다. 다만 군의 주체성을 증명하는 자료가 발견되지 않았다는 일본 정부의 주장에 따라 모집의 주체는 "군의 요청을 받은 업자"로 정리되었다(外務省

위원회 회의기록(1992.12.04)].

68   RG59, Entry ZZ1005, Box V, Item 49(1993.03.23).

2014).

한일 간 최종 확인 과정을 거친 후 일본 정부는 「고노 담화」의 최종안을 내부적으로 검토했다. 당시 임기의 종료를 앞둔 미야자와 내각에서 일본의 전후책임 문제를 다루는 중요한 정책이 시행된다는 점과 담화가 담고 있는 내용에 관하여 사회당의 '적극파', 자민당 우파를 비롯한 반대 세력이 문제를 제기하였지만, 고노 관방장관이 자민당 총재 선거에서 승리한 직후였던 시기적 우연성이 '소극파'에 유리하게 작용하면서 「고노 담화」 발표에 대한 일본 내부적인 반발을 어느 정도 막는 효과를 발휘했다(와다 2016, 111). 이러한 국내외적 합의를 통해 일본 정부는 1993년 8월 4일 제2차 조사결과와 함께 「고노 담화」를 발표했다.

4. 「고노 담화」에 담긴 일본 정부의 인식

1993년 8월 4일 발표된 제2차 조사결과와 「고노 담화」는 일본군 '위안부' 문제에 대하여 일본 정부의 '인식'을 나타내는 결과물이었고, 그 과정은 피해자 증언과 정부 조사를 통해 밝혀진 사실의 내용과 해석을 바탕으로 일본군'위안부' 문제의 정치적 의미를 결정하는 정치과정이었다. 「고노 담화」가 드러내는 일본 정부의 '인식'이란 ① 일본군'위안부' 제도에 관한 "전체적인 강제성"의 인정을 통해 '위안부' 문제가 국제인권규범을 위반한 여성인권 침해의 문제임을 인정; ② 일본군'위안부' 문제에 대한 한반도의 특수성을 인정하지만, 국제적인 문제임을 인식; ③ 일본군'위안부' 문제에 대한 후속 조치 필요성을 인지하고 있다는 것이었다.[69] 특히 일본 정부는 '위안부' 문제가 국제적 문제이자 국제규범에 저촉하는 인권침해 문제임을 인식함으로써 전후책임 문제에 대응하는 조처가 이전과는 다를 것임을 국내외에 표명한 것이었다. 그러나 일본 정부의 이러한 '인식'이 국제규범의 완전한 수용, 즉 인권침해에 대한 국가의 책임이나 국제기준에 따른 정부의 공식적 조치를 인정한 것은 아니었다. 국가배상의 의무는 이미 완료되었다는 논리에 따라 여성에 대한 인권침해 사실은 인정하면서도 국가의 인권침해 행위의 '범죄성'과 그에 따른 '법적 책임'을 인정하지 않았다. 후속 조치의 필요성을 인정하면서도 그 수단은 "역사연구, 역사교육"이었으며, 조치의 명분 또한 국가의 "마음"을 "표현"하는 것이었다. 이는 테오 반 보벤 보고서를 통해 제시되었던 국제기준을 편의적으로 해석, 반영한 것이었다. 즉, 일본 정부는 국제법상 정부의 책임이 인정되는 '국가 주도의 전쟁범죄로서 국제법을 위반하는 행위'라는 인식을 결여한 국제규범의 선택적, 제한적 수용을 통해 국가중심적 '해결'을 시도했다.[70]

이러한 '인식'은 일본 정부가 「고노 담화」를 통해 일본군'위안부' 문제에 대한 국가 간 일차적 종결을 시도했다는 점에서도 확인할 수 있다. 해체 이틀 전의 내각에서 제2차 조사결과와 담화를 발

---

69   고노 관방장관은 이어진 질의응답에서 "강제연행의 사실이 있었다는 인식인가"라는 질문에 "그러한 사실이 있었다고 해도 좋다"라고 답변하며 일본군'위안부' 제도의 "전체적인 강제성"에 대한 인식을 분명히 드러냈다(와다 2016, 110).

70   요시미 요시아키는 일본이 「고노 담화」를 통하여 "군과 관헌의 관여와 위안부의 징집·사역(使役)에서의 강제를 인정하고 문제의 본질이 중대한 인권침해였다는 것을 승인"하고 있으나, 그 주체에 관해서는 군 또는 업자라는 해석의 여지를 남기고 있으며, 분명한 국제법 위반이자 전쟁범죄의 문제임을 명시하면서도 그에 대한 조치에 대한 언급이 빠져있다고 지적한다(요시미 1998, 16-19).

표한 것은 본래 패키지딜(package deal)로 함께 시행할 예정이었으나 국내적으로 합의를 이루지 못한 '후속 조치'에 대해서는 정책을 유보하고, 「고노 담화」를 먼저 발표함으로써 한일 간 '위안부' 문제 '해결'의 선례를 만들고자 했던 실용주의 원칙의 '소극파' 자민당 지도층과 외무성 관료집단이 정치적 결단을 내린 것이었다. 정부 간 문제의 '종결'이 최우선이라고 생각한 당시 미야자와 내각은 「고노 담화」를 통해 일본의 전후책임 문제 해결을 위한 아시아 유화 정책 방침의 확립을 대내외에 알리고, 정부 차원에서 일본군 '위안부' 문제의 일차적 종결을 실현한 것이었다. 한국을 비롯하여 관련 국가들은 「고노 담화」에 대해 긍정적인 평가와 함께 외교현안으로서 '위안부' 문제의 종결에 찬성하고, 이후 후속 조치는 일본 국내정치에 일임하는 태도로 전환했다.[71] 이에 따라 '보상 조치'에 관한 정치과정은 국제정치보다 국내정치과정을 통해 정책이 결정되었다. 다만 인권침해 문제이자 일본의 전후책임에 관한 국가 정체성 문제이기도 했던 일본군 '위안부' 문제는 국가 간의 결착으로 끝낼 수 있는 것이 아니었다. 그에 따라 국제사회와 시민단체는 국제규범에 기초하여 「고노 담화」의 편의적인 국제규범 수용에 대

---

71 「고노 담화」가 발표된 날 한국 정부는 유병우 외무부 아시아국장의 발표를 통해 고노 담화를 긍정적으로 평가하며 앞으로 일본군 '위안부' 문제를 "한일 간의 외교현안으로서 제기하지 않을 것"이고 추가 조치에 대해서도 "일본 정부의 자주적 판단에 맡길 것"이라는 정부 방침을 밝혔다(『아사히신문』, 1993년 8월 5일 재인용; 와다 2016, 111). 이후 1995년 2월부터 주일 한국대사로 부임한 김태지 전 주일대사 또한 나름대로 내용이 갖추어진 "성의 있는 조치"였으며 "과거의 잘못을 인정, 반성, 사과하는 데 인색하거나 미적미적한 태도를 보이던 과거를 생각하면 상당히 진전된 상황"이라 평가하고 있었다. 김태지 전 주일대사는 한일국교정상화교섭, 한일어업협정, 일본군 '위안부' 문제, 야스쿠니 신사 참배 등의 한일 간의 쟁점에 깊이 관여하였다(김태지 2017, 123-124).

하여 비판하고, 문제의 확산을 우려하여 외교현안의 종결을 선언한 국가들의 선택에 대해 다시 문제를 제기했다. 반대로 일본 정부의 국제주의적, 아시아 유화적 대응에 이의를 제기하는 보수적 반대 세력도 본격적으로 나타나기 시작했다.

VI 결론: "도의적 책임"과 일본 정부의 정치적 논리

본 논문은 '일본 정부는 왜 "도의적 책임"을 일본군'위안부' 문제의 해결 논리로 선택하였는가'로 설정하고, 일본의 정치과정에 대한 역사적 접근과 분석을 통해 결정의 원인으로 작용한 국제정치적 환경과 국내정치적 조건을 규명하고자 하였다. 일본의 "도의적 책임"의 논리는 1990년대 일본을 둘러싼 국제정치와 국내정치가 복합적으로 작용한 결과물이었으며, 일본의 정치대국화를 위한 제한적 국제규범 수용의 UN외교 전략이자 전후책임 문제 '완결'을 위한 정치적 판단이었다. 미야자와 내각 당시 제1 여당인 자민당 내의 실용주의의 '소극파'가 정치 지도층을 구성한 것과 외무성 관료집단과의 긴밀한 논의구조는 일본의 국내적 조건을 형성하였다. 정책결정자 간의 타협이 국제정치적 요인을 재구성하면서 "도의적 책임"에 따른 일본의 사죄와 "보상을 대신하는 조치"라는 논리를 도출하였고, 이후 정부와 민간의 '혼합형 기금'인 여성을 위한 아시아 평화 국민기금(아시아여성기금 또는 국민기금)의 설립으로 일본의 일본군'위안부' 문제 '해결'을 타협해나가는 실용주의 세력의 정치적 논리 구조를 구성했다.

일련의 정치과정은 일본의 '위안부' 문제 인정과 인식의 과정이 하나의 고정된 상태가 아닌 정치 주체들이 다수의 가능성 중에서 논리를 구성하고 선택, 결정한 유동적인 정치적 현상이었다. 따라서 본 논문은 외교정책 결정 과정에서 국제정치의 영향력과 국내정치의 중요성을 포착함으로써 국제적 요인이 국내적 속성에 따라 새롭게 구조화되고, 국내정치적 조건과 논의과정을 통해 정책의 내용과 성격이 결정된다는 명제를 제시하고 있다. 그에 따라 국제정치학 내에서 국제정치와 국내정치의 연계를 구체적으로 드러내는 사례연구로서 그 학문적 의의를 찾아볼 수 있다.

　　"조금이라도 있는 것이 없는 것보다 낫다"(Something is better than nothing)라는 표현만큼 1990년대 일본의 일본군'위안부' 문제 대응의 정치과정을 잘 나타내는 구절은 없을 것이다. 시민사회를 비롯한 국제사회는 일본이 "조금"(something)을 만들어낸 것에 그친 것을 비판했지만, "무언가"를 남겨놓음으로써 "그다음"이 가능하게 되었고, 이러한 연속성 속에서 「고노 담화」를 비롯한 일본 정부의 시도는 그 의미를 찾을 수 있다. 그리고 "그다음"이 의미하는 것은 일본 정부가 드러낸 인식의 내용이 담고 있던 본질적 문제에 대한 시정이다. 1990년대 일본군'위안부' 문제에 대한 일본 정부의 정치적 논리를 강하게 규정하고 있었던 것은 문제의 완전한 해결, 즉 '완결성'이었고, 이는 당시 일본 정부가 구성한 인식의 본질적 문제를 드러내는 것이었다. 일본의 "도의적 책임" 속에는 문제 해결에 대한 의지와 함께 정치적 현실을 고려한 차선의 선택, 과거의 일단락을 통한 미래에의 투자라는 국가주의적, 가해자 중심의 희생정신 요구가 포함되어 있다. 1990년대 초 정부 간 문제

'종결'에 대한 협의가 진행될 때 일본의 법적 책임 이수에 대한 요구가 없었던 것은 국가 간 미래지향적 관계 수립이 먼저 고려되었기 때문이었다. 덧붙여 기금사업 이후 일본은 법적 책임의 완결에 이어 도의적 책임마저 이수함으로써 피해자 보상과 명예회복을 위해 이미 최선을 다했으며, 이에 따라 다자적 문제 해결, 국제중재, 특별법제정 등의 추가적인 조치나 개인보상의 의무는 없다고 선언했다(신기영 2016). 이는 "도의적 책임"의 의미가 가해자의 책임을 완수하고 이로부터 완전히 '해방'되기 위한 것이었음을 나타낸다. 같은 맥락에서 "속죄"의 의미와 목적 역시 기금사업을 통해 지난 과오를 '청산'하고 일본의 새로운 시작을 알리겠다는 국가 중심, 가해자 중심의 사고방식이자 일본군'위안부' 문제를 완전한 '과거'로 만들겠다는 완결적 성격을 가진 것이었다.[72] 이렇듯 "과거의 희생이 있었기 때문에 지금이 있는 것"이고 지금을 가능하게 한 과거의 희생을 존중해야 한다는 수사(rhetoric)는 당시 관련 국가 정부의 논리 속에서 공통으로 발견된다.[73] 결국, 일본군'위안부' 문제의 해결을 위해 앞으로 남겨진 정치적 과제는 이러한 '완결성'의 문제를 극복하고 당시 정책결정자들이 구성했던 '현실'과는 다른 현실

---

72 "속죄"의 사전적 정의에는 지은 죄를 씻어 없애거나 수정한다는 의미가 포함되어 있다. 일본어의 「償い(つぐない)」는 통상적으로 한국어로는 속죄, 영어로는 atonement라고 번역된다. 우선 「償い」의 원형인 「償う」의 뜻을 살펴보면 "변상 등으로 채워 넣음; 죄 또는 잘못을 보충함"으로 되어 있다. 특히 물질적인 행위를 통한 보충을 말한다(Weblio 2018). 영어의 사전적 의미 또한 "잘못 또는 상해를 정정하는 행위; 배상 또는 선행을 통한 죄의 보상"으로 정리된다(Oxford Dictionaries 2018). 그리고 속죄의 한국어 뜻을 살펴보면 "지은 죄를 물건이나 다른 공로 따위로 비겨 없앰; 죄를 대신 씻어 구원하는 일"로 설명되고 있다(네이버사전 2018).

73 RG59, Entry ZZ1005, Box Y, Item 9(1995.07.06).

을 시민사회를 비롯한 비정부 정치 주체와 함께 새롭게 만들어 가는 것이다.

참고문헌

1. 1차 자료

가. 미국 국무부 대사관 자료

본 논문에서 사용한 외교문서는 미국 국립문서기록관리청(NARA) 소장 일본군 전쟁범죄 관련 'Interagency Working Group(IWG)'의 문서군 중 RG59(국무부 일반기록)의 Entry ZZ 1005(A1 5697) 시리즈 가운데 일본군'위안부' 문제에 관한 1990년대 기록이다. 하위 서류철은 알파벳(A부터 Z까지)으로 구분되어 있는데, 특별한 순서나 주제를 상징하는 것은 아니다. 본 논문에서는 사용한 자료에 대한 위치 표기를 문서군(RG), 시리즈(Entry), 서류철(Box), 문서(Item), 작성날짜의 순서로 표기한다.

RG59, Entry ZZ1005, Box EA, Item 32 (1992.08.13.)
RG59, Entry ZZ1005, Box F, Item 31 (1984.06.25.)
RG59, Entry ZZ1005, Box IP, Item 515 (1995.01.10.)
RG59, Entry ZZ1005, Box K, Item 2 (1992.07.09.)
RG59, Entry ZZ1005, Box K, Item 7 (1992.08.02.)
RG59, Entry ZZ1005, Box K, Item 20 (1993.05.27.)
RG59, Entry ZZ1005, Box K, Item 26 (1993.05.27.)
RG59, Entry ZZ1005, Box LC, Item 41 (1993.02.)
RG59, Entry ZZ1005, Box M, Item 21 (1992.12.03.)
RG59, Entry ZZ1005, Box M, Item 24 (1992.03.18.)
RG59, Entry ZZ1005, Box M, Item 30 (1992.07.06.)
RG59, Entry ZZ1005, Box SE, Item 9 (1995.07.04.)
RG59, Entry ZZ1005, Box SE, Item 9A (1995.08.04.)
RG59, Entry ZZ1005, Box SE, Item 12A (1995.12.15.)
RG59, Entry ZZ1005, Box V, Item 2 (1992.01.24.)
RG59, Entry ZZ1005, Box V, Item 4 (1992.01.15.)
RG59, Entry ZZ1005, Box V, Item 37 (1994.01.25.)
RG59, Entry ZZ1005, Box V, Item 49 (1993.03.23.)
RG59, Entry ZZ1005, Box V, Item 66 (1992.12.03.)
RG59, Entry ZZ1005, Box X, Item 12 (1995.12.12.)
RG59, Entry ZZ1005, Box Y, Item 8A (1995.08.01.)
RG59, Entry ZZ1005, Box Y, Item 8B (not dated)
RG59, Entry ZZ1005, Box Y, Item 8C (not dated)
RG59, Entry ZZ1005, Box Y, Item 9(1995.07.06.)
RG59, Entry ZZ1005, Box Y, Item 9B (1995.05.23.)

나. 미국 의회 기록

103rd Congress(1993-1994). 1993. "S.Res.135." Library of Congress. https://
    www.congress.gov/bill/103rd-congress/senate-resolution/135 (검색일:
    2018년 3월 23일).

다. 일본 외무성

外務省. 1992.「加藤内閣官房長官発表」(한반도 출신자의 소위 종군위안부 문제에 관한
    내각관방장관 발표), http://www.mofa.go.jp/mofaj/area/taisen/kato.html
    (검색일: 2018년 1월 14일).
_____. 1993.「慰安婦関係調査結果発表に関する河野内閣官房長官談話」(위안부 관계
    조사결과 발표에 관한 고노 내각관방장관 담화), http://www.mofa.go.jp/
    mofaj/area/taisen/kono.html (검색일: 2016년 12월 20일).
_____. 2014.「慰安婦問題を巡る日韓間のやりとりの経緯～河野談話作成からアジア
    女性基金まで」(위안부 문제를 둘러싼 한일 간 교섭의 경위 - 고노담화부터
    아시아여성기금까지), http://www.mofa.go.jp/files/000042173.pdf (검색일:
    2018년 1월 12일).

라. 국회 회의기록(의사록)

국회회의록 검색 시스템(国会会議録検索システム, http://kokkai.ndl.go.jp/KENSA
KU/)을 활용하여 "위안부(慰安婦)" 또는 "종군위안부(從軍慰安婦)"에 관한 회의기록을
참고하였다. 본 논문에서 활용한 회의기록은 다음과 같다.

118회 참의원 예산위원회 회의기록 (1990.06.06.)
120회 참의원 예산위원회 회의기록 (1991.04.01.)
122회 참의원 예산위원회 회의기록 (1991.12.12.)
123회 참의원 예산위원회 회의기록 (1992.03.21.)
125회 중의원 외무위원회 회의기록 (1992.12.04.)

마. 한국 법령

「일제하일본군위안부에대한생활안정지원법」. http://www.law.go.kr/법령/일제하일본
    군위안부에대한생활안정지원법/(04565,19930611). (검색일: 2018년 5월 12일).

2. 2차 자료

가. 국문

강가람. 2006. "2000년 여성국제법정을 통해 본 초국적 여성 연대의 가능성: 한일 사회 내 일본군 '위안부' 문제를 중심으로." 이화여자대학교 석사학위논문.

기미야 다다시(木宮正史). 2013. 손석의 역. 『일본의 한반도 외교』. 서울: 제이앤씨.

김석연. 2015. "결과보고서: 한일회담 미해결 과제의 해법 마련을 위한 일본측 자료 수집, 해제 및 자료해제집." 기초학문자료센터. https://krm.or.kr/krmts/link.html?dbGubun=SD&m201_id=10040153&res=y (검색일: 2017년 3월 17일).

김창록·이승우. 2003. 『일본군'위안부' 문제에 관한 국제사회의 동향』. 서울: 여성부.

김태지 구술·진창수 면담. 2017.『한국 외교와 외교관 한일어업협정과 과거사 문제 김태지 전 주일대사』. 서울: 역사공간.

나카노 도시오(中野敏男)·김부자(金富子) 편. 2008. 이애숙·오미정 역. 『역사와 책임: '위안부' 문제와 1990년대』. 서울: 선인.

남궁곤. 2018. "외교정책결정요인." 김계동 외 16인 저.『현대외교정책론 제3판』, 23-51. 서울: 명인문화사.

남상구. 2016. "일본 교과서: 국제주의와 애국주의 중첩." 새로운 일본의 출현을 어떻게 볼 것인가?: 일본 보수화의 표상과 실상 서울대학교 일본연구소 심포지엄. 서울. 4월.

도츠카 에츠로(戶塚悦朗). 2001. 박홍규 역.『'위안부'가 아니라 '성노예'이다: 일본인 국제 인권변호사 도츠카의 10년 유엔 활동 기록』. 서울: 소나무.

마에다 아키라(前田朗). 2007. "식민지 책임론: 세계적 동향과 일본."『공익과 인권』 4(1): 13-38.

박철희. 2005. "1990년대 정치세력의 연합과 갈등의 구조." 이면우 편.『55년 체제의 붕괴와 정치변화』, 39-68. 파주: 한울.

_____. 2011.『자민당 정권과 전후 체제의 변용』. 서울: 서울대학교 출판문화원.

배정호. 1999.『탈냉전기 일본의 국내 정치변동과 대외정책』. 서울: 통일연구원.

서울특별시·서울대학교 인권센터. 2016.『문서와 사진, 증언으로 보는 일본군 '위안부' 이야기』. 서울: 서울특별시.

「속죄」. 네이버사전, http://krdic.naver.com/detail.nhn?docid=22129200 (검색일: 2018년 5월 14일).

신기영. 2016. "글로벌 시각에서 본 일본군 '위안부' 문제: 한일관계의 양자적 틀을 넘어서."『일본비평』 15: 282-309.

양기호. 2015. "한일갈등에서 국제쟁점으로: 위안부문제 확산과정의 분석과 함의."『일본연구논총』 42: 5-30.

오누마 야스아키(大沼保昭). 2008. 정현숙 역.『일본은 사죄하고 싶다: 일본군'위안부' 문제와 아시아여성기금』. 서울: 전략과 문화.

와다 하루키(和田春樹). 2016. 정재정 역.『일본군 '위안부' 문제의 해결을 위하여』.

서울: 역사공간.

와다 하루키(和田春樹)·오누마 야스아키(大沼保昭)·시모무라 미츠코(下村満子). 2001.
　이원웅 역. 『군대위안부 문제와 일본의 시민운동』. 서울: 오름.

요시미 요시아키(吉見義明). 1998. 이규태 역. 『일본군 군대위안부』. 서울: 소화.

요코타 요조. 2001. "'위안부' 문제와 국제연합의 인권보장." 와다 하루키·오누마
　야스아키·시모무라 미츠코 저·이원웅 역. 『군대위안부 문제와 일본의 시민운동』,
　105-115. 서울: 도서출판 오름.

유진석. 2018. "국내정치와 외교정책." 김계동 외 16인 저. 『현대외교정책론 제3판』,
　52-88. 서울: 명인문화사.

이면우. 2011. 『현대 일본 외교의 변용과 한일협력』. 파주: 한울.

이원웅. 1998. "국제인권레짐과 비정부기구(NGO)의 역할." 『국제정치논총』 38(1):
　127-146.

이정환. 2013. "박정희 저격사건의 한일관계: 국제구조의 제약과 국내정치의 영향."
　『일본연구논총』 37: 65-95.

정미애. 2011. "한일관계에서 시민사회의 역할과 뉴거버넌스." 『아태연구』 18(2): 17-
　41.

정진성. 2016. 『일본군 성노예제: 일본군 위안부 문제의 실상과 그 해결을 위한 운동』.
　서울: 서울대학교 출판문화원.

조양현. 2018. "일본의 외교정책." 김계동 외 16인 저. 『현대외교정책론 제3판』, 336-
　376. 서울: 명인문화사.

조윤수. 2014. "일본군 '위안부' 문제와 한일관계: 1990년대 한국과 일본의 대응을
　중심으로." 『한국정치외교사논총』 36(1): 69-96.

천자현. 2012. "화해의 국제정치: 국가 간 화해의 유형과 가해국 정책 결정 요인 연구."
　연세대학교 박사학위논문.

커티스, 제럴드(Curtis, Gerald L.). 2003. 박철희 역. 『흔들리는 일본의 정당정치:
　전환기 일본 정치개혁의 구조와 논리』. 서울: 한울.

허드슨, 벨러리(Hudson, Valerie M.). 2009. 신욱희·최동주·조윤영·김재천 역.
　『외교정책론』. 서울: 을유문화사.

나. 영문

"Atonement." Oxford Dictionaries, https://en.oxforddictionaries.com/definition/
　atonement (검색일: 2018년 5월 14일)

Calder, Kent E. 1996. *Pacific Defense: Arms, Energy, and America's Future in
　Asia*. New York, NY: William Morrow.

＿＿＿. 2004. "Securing Security through Prosperity: The San Francisco System in
　Comparative Perspective." *Pacific Review* 17(1): 135-157.

Cha, Victor D. 1999. *Alignment despite Antagonism: The United States-Korea-
　Japan Security Triangle*. Stanford, CA: Stanford University Press.

Finnemore, Martha and Kathryn Sikkink. 1998. "International Norm Dynamics and Political Change." *International Organization* 52(4): 887-917.

Freeman, Marsha A., Christine Chinkin, and Beate Rudolf, eds. 2012. *The UN Convention on the Elimination of All Forms of Discrimination against Women: A Commentary*. Oxford: Oxford University Press.

Gourevitch, Peter. 1978. "The Second Image Reversed: The International Sources of Domestic Politics." *International Organization* 32(4): 881-912.

Jervis, Robert. 1976. *Perception and Misperception in International Politics*. Princeton, NJ: Princeton University Press.

Putnam, Robert D. 1988. "Diplomacy and Domestic Politics: The Logic of Two-Level Games." *International Organization* 42(3): 427-460.

Regilme Jr., Salvador Santino. 2014. "The Social Science of Human Rights: The Need for a 'Second Image Reversed'?" *Third World Quarterly* 35(8): 1390-1405.

Rosenau, James N. ed. 1969. *Linkage Politics: Essays on the Convergence of National and International Systems*. New York, NY: Free Press.

Schweller, Randall L. 2006. *Unanswered Threat: Political Constraints on the Balance of Power*. Princeton, NJ: Princeton University Press.

Sohn, Sukeui and Bee Yun Jo. 2017. "Vacillating between the US-Centered and UN-Centered Security Postures: Japan's Reconstruction of Post-Cold War Strategic Identity in the 1990s." 『동아연구』 36(1): 103-137.

United Nations Center for Human Rights. 1994. *Discrimination against Women: The Convention and the Committee*. Geneva, Switzerland; New York, NY: Centre for Human Rights, United Nations Office at Geneva.

Waltz, Kenneth N. 1954. *Man, the State and War*. New York, NY: Columbia University Press.

You, Songhyun(유송현). 2014. "Discomforting Comfort Women: The Incomplete Combustion of Reconciliation(양면게임이론으로 분석한 위안부 문제)." Master's D. Diss. Seoul National University.

다. 그 외 언어

이종원(李鍾元)·기미야 타다시(木宮正史)·이소자키 노리요(磯崎典世)·아사바 유우키(浅羽祐樹) 編. 2017. 『戦後日韓関係史』. 有斐閣.

츠치노 미즈호(土野瑞穂). 2014. "「慰安婦」問題と「償い」のポリティクス : 「女性のためのアジア平和国民基金」を中心に." お茶の水女子大学 博士学位論文.

「償い」. Weblio, https://www.weblio.jp/content/%E5%84%9F%E3%81%84 (검색일: 2018년 5월 14일).

필자 소개

이민정 Lee, Min Jeong

조지타운대학교 에드먼드 월시 외교대학 졸업, 서울대학교 외교학 석사

이메일 lveronica93@snu.ac.kr

세계정치 시리즈

17권 동아시아에서 정책의 이전과 확산

정책의 혁신과 확산, 그리고 변형·유은하 | 중국에서의 환경정책 도입 및 확산의 실패와 한계·조정원 |동아시아 이동통신 기술표준의 확산·김웅희 | 분권화 개혁론의 일본적 변용·이정환 | 지방자치시대의 정책혁신의 확산·김대진, 안빛 | 한국 복지국가 형성에서 정책이전의 역할·최영준, 곽숙영

18권 커뮤니케이션 세계정치

냉전과 인터넷 커뮤니케이션의 구조·최인호 | ICT 교역의 글로벌 거버넌스·강하연 | 전자정부와 정부개혁·정종필, 손붕 | 문화 간 커뮤니케이션과 세계정치·김범수 | 국제정치경제의 변화와 미디어 지구화론·문상현 | 중국과 한국의 사이버민족주의 비교연구 서언·서이종, 탕레이 | 커뮤니케이션, 초국가적 공론장, 그리고 초국가적 연대·신기영

19권 젠더와 세계정치

페미니즘 안보연구의 기원, 주장 그리고 분석·황영주 | 여성, 평화, 안보의 국제규범 형성과 확산·강윤희 | 국제 여성인권운동과 여성인권의 지역적 실천·허민숙 | 개발협력과 젠더·임은미 | 다문화주의와 여성·문경희 | 국제이주와 여성·이지영 | 베트남과 필리핀의 결혼이주 관련 정책 연구·위선주

20권 국제정치학 방법론의 다원성

이론, 방법 그리고 방법론·이왕휘 | 탈실증주의 국제정치학 인식론의 모색·전재성 | '국제안보연구' 방법론 고찰·박재적 | 외교정책 설명과 방법론·은용수 | 세력 균형에서 협조 체제로·안두환 | 구성주의 국제정치경제·이용욱